省港澳大众文化与都市变迁

程美宝 黄素娟 主编

社会科学文献出版社
SOCIAL SCIENCES ACADEMIC PRESS(CHINA)

本书为广东省高层次人才项目"全球史视野下的岭南社会与文化"（项目号：11200-52010005）资助成果

本书作者

（按姓名拼音排序）

卜永坚　香港中文大学历史系
蔡思行　香港树仁大学历史系
陈晶晶　广州日报社
陈丽华　中山大学历史系、历史人类学研究中心
程美宝　香港城市大学中文及历史系、中山大学历史人类学研究中心
戴淑茵　香港中文大学逸夫书院
丁　蕾　广东省博物馆藏品管理与研究部
何文平　中山大学历史系
黄爱玲　香港电影资料馆
黄健敏　翠亨孙中山故居纪念馆
黄素娟　广东财经大学人文与传播学院
黄晓恩　香港公开大学人文社会科学院
黎俊忻　广州大典研究中心
潘淑华　香港中文大学历史系
沈秉和　澳门瓦舍曲艺会
宋钻友　上海社会科学院历史研究所
谢少聪　罗　韵　中山大学历史人类学研究中心粤剧粤曲文化工作室
曾金莲　广东工业大学政法学院
张宝珊　澳门天主教海星中学

前　言

近十年来，我把较多精力投入到华南粤语地区大众文化研究，并逐步聚焦到以16~20世纪"省港澳"三个都会城市为中心的分析视角。十年来，我和我的学生们一起，围绕这个主题展开研究，发表和编撰了好些文章和专著，完成了数篇相关的博士、硕士学位论文。我们的研究主要依托两个研究项目来进行：2009~2012年由我主持的以"近代省港澳大众文化与都市变迁"为题的教育部人文社会科学重点研究基地重大项目，以及从2014年起由我主持的题为"全球史视野下的岭南社会与文化"的广东省高等学校高层次人才项目。借着这些项目的资助，我得以组织研讨会，汇聚研究兴趣相近的学者，集思广益。2012年9月，在中山大学历史人类学研究中心的支持下，我组织了"省港澳大众文化与都市变迁"学术研讨会。会议以"省港澳"为名，参加者大多来自省（广州）、港（香港）、澳（澳门），由于好些因缘的、历史的原因，自然而然地也邀请到来自上海、美国和澳大利亚的学者——在本书的一些讨论中，或多或少地反映了大凡论述"省港澳"，便不能忽略"沪"，而由两座"金山"所象征的美洲和大洋洲，也是许多来自四乡再经省港澳外出闯荡的人的目的地。无独有偶，该次会议在广东省中山市三乡镇某宾馆举行，旁边就是近代著名买办郑观应的家乡雍陌村。郑氏生于雍陌，但大半生活跃于上海，又在澳门建置大宅寓居多时，这样的经历，也是许多中山人的写照。我们身处这家现代化宾馆的会议室和客房，很容易会忘记其实我们身在乡村，但这个乡村并没有因为它是"农村"而与世界隔绝，因为它连通澳门，与香港也不过是一水之隔。我们要理解这些人及其时代，不应独去他们的家乡"寻根溯源"，而必须首先从省港澳出发，才能一窥他们的大世界。

该次会议后，我们得到部分与会者的首肯，征集了他们的文章，加上编者个人的几篇相关论文，加以修订，组合成眼前这本书的格局。我们从城市规划和现代景观讲起，是因为不论是省城（广州）、香港还是澳门，都是"都市"，自然也都经历了一个城市建设和规划的过程，到19世纪末，形成了某种十分类似的现代景观。三地既是珠江三角洲的铁三角，自远古迄唐宋都是海上瀛洲，自明清乃至近现代要拓展商住范围，都得靠填海（河涌）造地。省城的西关和长堤、澳门的下环、香港的西环，以至20世纪下半叶香港新界沙田海两岸因填海工程而长出一条"城门河"，均是城市发展的结果（见"城市规划与现代景观"各文）。这些商住地区往往也是娱乐场所云集之处，而19世纪末至20世纪中期省港澳及四乡最流行、最具商业价值的大众文化，则莫过于戏曲和电影。清末广州、澳门和香港的戏院便分别集中在西关、下环和西环。当我们把目光集中在投资者或经营者时就会明白，某企业或商号"位于"何处，不应轻易被定义或定性为"广州的"、"澳门的"或"香港的"。何贤家族"二战"后在香港经营的戏院便是一例（见"演出场所的建造经营"各文）。毕竟，不论是工商学绅、贩夫走卒、歌伎名伶还是党徒盗匪，其在省港澳间的流动聚散，在20世纪50年代以前，都不会因为三地分属三个政权而有所限制。个人的去或留，往往是基于对摆在眼前的选择的衡量，而非对意识形态取向的考虑（见"人群聚散与资源流动"各文）。

都市的变迁也反映在大众文化的演化上。游泳健身并非都市独有的活动，但在运动场按照游戏规则举办区域性或全国性竞赛，在备有一定设施的场所游泳，并且要遵循一些公共规矩，则无疑是都市人的玩意儿。香港的南华会和上海以粤人为主的精武会，正是此种活动的积极推手。即便是"传统"的武术，经过现代媒体（铅印小说、电影、电视）的包装，也能再造传统、生产英雄，造就像"黄飞鸿"这类风靡省港澳以至海内外的形象（见"竞技运动与身体政治"各文）。知识分子热衷宣扬的民族意识，在20世纪往往表现为革命话语，通过在城市新兴的博物馆和展览会向大众传播。有时候，对民国政局时弊的愤慨、对现代市政建设的不满，无须通过国语新文学来表达，而可以像廖恩焘般，用粤语旧诗体来冷嘲热讽（见"革命话语与民族精神"各文）。

当粤语书写"还原"为口语，再经空中电波广播，地域就更加不是区隔和分类的准绳了。本书大多数文章以省港两地为主要研究对象，但正如前文所说的，要更确切地理解20世纪中期以前的省港澳，不能不关注大上海。

19世纪中期开埠之后，沪上因为有大量的广东人当买办做生意，可以处处听到"广东声音"，这种以"省城白话"为标准的"广东声音"，在各种音乐玩家的同乐会中流传着，在戏园或戏院里逐步发展着，再依靠广播技术的兴起通过空中电波得以无远弗届地远近共享。然而，随着1949年中国政权的变易，港澳和广州越走越远，就连"广东声音"也变成有"大陆腔"和"香港腔"之别，粤剧发展也有两地分途之势。有趣的是，由上海和华南影人共同成就的香港电影事业，在20世纪80年代逐渐摆脱上海甚至华南的烙印逐渐树立起"香港特色"，时至20世纪末，竟然是通过将"由沪而省而港"的《七十二家房客》，用借尸还魂的形式演化为《功夫》去表达，并且获得票房上巨大的成功，最后片中更隐喻着香港电影借大上海做大中华梦，全面进军内地市场（见"粤人之声的扩散变易"各文）。

也许，"省港澳"中的"省"就是在香港的"大中华意象"中逐渐消失，而越来越被"粤"所取代的。一字之差，象征着一个多世纪里发生的种种政治社会变迁；这种变化，也体现在身处省港澳各地不同世代的每个个人的认知和表达上（见"导言"）。就好像这本书一样，诸位作者遍布省港澳沪，老中青俱全，各人书写的历史，受其身处的现实所牵引；其感受的现实，又为其认识的历史所形塑。读者在阅读本书时必定会发现，在相对于"港"的论述中，不同作者在"省""粤""中"，甚至"西"等字眼的采用上各有不同，在某些方面与"导言"隐含的主张颇有相左，我也曾为此感到纠结。不过，后来将全部文章读完，不但感到从诸位作者的讨论中获益良多，更觉得这样的差异，恰恰印证了我所指出的近百多年来发生了从"省港澳"到"粤港澳"种种事实与言辞之变化并非无的放矢。"风物长宜放眼量"，我们可以预计，这本集众人之力结成的小书，也将成为日后研究这个地区曾经有过的论述的一个样本。如此，则"省港澳"也好，"粤港澳"也罢，都没有什么可揪心的了。

程美宝

识于九龙塘香港城市大学

2016年2月29日

目 录

导言　从"省港澳"到"粤港澳"
　　——历史失忆与现实定位 ………………………………… 001

城市规划与现代景观

第一章　18～19世纪下环区与澳门城市化 ……………… 021
第二章　破墙而出：清末民初广州西关地区景观的延续与变迁
　　………………………………………………………… 032
第三章　城市建设与土地产权
　　——以清末广州兴建长堤为例 …………………………… 049
第四章　20世纪上半叶广州的道路修筑与城市规划 ……… 065
第五章　"香港的莱茵河"："二战"后新界河道修复与新市镇成败的关系 …………………………………………………… 083

演出场所的建造经营

第六章　清末粤商所建戏园与戏院管窥 …………………… 097
第七章　晚清澳门中国戏院初探 …………………………… 122
第八章　何贤家族与"二战"后香港戏院业的演变 ……… 134

人群聚散与资源流动

第九章　清末民初的粤港澳流动与广东社会秩序
　　——以匪患为例 …………………………………………… 167
第十章　20世纪粤剧从业人员的流动 ……………………… 187

竞技运动与身体政治

第十一章　闲暇与身体政治：民国时期广州的游泳时尚…………… 205
第十二章　运动竞赛背后的竞赛：1924年全国运动会及其
　　　　　引发的争端……………………………………………… 223
第十三章　走向公众：20世纪上半叶粤港地区黄飞鸿
　　　　　形象的塑造……………………………………………… 234

革命话语与民族精神

第十四章　民国时期公共展览的策划与展示
　　　　　——以广州市市立博物院的建立为例………………… 257
第十五章　乡邦文化与民族精神：李仙根与1940年香港广东
　　　　　文物展览会……………………………………………… 276
第十六章　廖恩焘和粤语文学…………………………………… 291

粤人之声的扩散变易

第十七章　近代地方文化的跨地域性：20世纪二三十年代粤剧、
　　　　　粤乐和粤曲在上海……………………………………… 325
第十八章　播音里的广东声音
　　　　　——兼论地域文化在上海传播的原因………………… 353
第十九章　由"大陆腔"一词引出的思考：粤剧"芳腔"探微…… 367
第二十章　从粤剧《再世红梅记》看多元文化的现象…………… 380
第二十一章　从《七十二家房客》到《功夫》：谈香港电影史上
　　　　　　三个关键阶段的面貌…………………………………… 386

导　言

从"省港澳"到"粤港澳"
——历史失忆与现实定位*

程美宝

楔子：看不见，唱得出

1975 年，瞽师杜焕（1910～1979）在香港上环富隆茶楼以粤语龙舟腔演唱《大闹梅知府》，在开场白中说道：

> 咁呀，初初出身哩走江湖嗰阵时呀，就系唱龙舟。系哩四乡岛哩呀，咁呀唱龙舟嘅。后至喺河南哩嗰阵唱南音喇，咁所以转咗南音。咁呀，在茶楼唱龙舟哩好耐噻各位，我曾经系同我地个行家盲华喺西环嗰

---

* 笔者近年发表了一些以广州、澳门、香港以及上海粤籍群体为研究对象的文章，对省港澳三地的关系做过一些粗浅的思考。这些文章包括《近代地方文化的跨地域性——20 世纪二三十年代粤剧、粤乐和粤曲在上海》（《近代史研究》2007 年第 2 期）、《清末粤商所建戏园与戏院管窥》（《史学月刊》2008 年第 6 期）、《水上人引水——16～19 世纪澳门船民的世界》（《学术研究》2010 年第 4 期）、《Pidgin English 研究方法之再思——以 18～19 世纪的广州与澳门为中心》（《海洋史研究》2011 年 11 月）、《澳门作为飞地的"危"与"机"——16～19 世纪华洋交往中的小人物》[《河南大学学报》（社会科学版）2012 年第 3 期]、《破墙而出：清末民初广州西关地区景观的延续与变迁》（载苏基朗主编《中国近代城市文化的动态发展：人文空间的新视野》，浙江大学出版社，2012）、《省港声色味——从 20 世纪 20 年代两地画报所见》（载陈平原、陈国球、王德威主编《香港：都市想象与文化记忆》，北京大学出版社，2015）等。本章的主要观点，乃综合上述各文而成，并已在贺照田、高士明主编《人间思想》第一辑（金城出版社，2014）发表。个别课题的详细讨论，请参见相关文章。

间嘅建苑唱到过家下喇，喺茶居唱龙舟就。好喇……①

杜焕说起"四乡""河南""西环"时，是何等的朗朗上口——四乡是省城的腹地，与省城水陆相通；"河南"就是省城暨珠江以南的"河南岛"，属乡郊地带，长年是货栈盐仓之所，尽管靠北的部分也纳入晚清的省城地图，在民国时期属广州市管辖，但不能跟省城同日而语。对于今天的年轻人特别是香港人来说，"四乡""河南"甚至"省城"，都显得很遥远、陌生，但对于这位生于20世纪初、在襁褓中三个月大即失明的歌者来说，从四乡到广州河南，从广州河南到香港西环——为了生计，他从一个地方走到另一个地方——这些地方于他来说，都属于同一个世界。

这段开场白是杜焕对其个人经历的回忆。有趣的是，杜焕不仅记得他实实在在的个人经历，他的演唱更残存着他自己没有经历过的时代的印记。他20世纪二三十年代在香港妓院演唱的板眼《两老契嗌交》（又名《烂大鼓》），后来在1975年再演唱录制，其中便有这样一段唱词：

讲到打官司唔似我咁地利
讲出来就吓死你喔
我认老窦哩，做知台（另场唱：埋头执吓马屎）
我阿叔哩，做布政（另场唱：持鸡尾）
大伯父，喳喳地都系将军嚃（另场唱：衙门埋头打更就和扫地）
我大佬呀，南海县（另场唱：咁就拉板子呀）
细佬系河泊所，保住你喇咩！（另场唱：出入周时捧住嗰条叫做青龙旗）……

---

① 《〈玉葵宝扇〉之〈大闹梅知府〉、〈碧蓉探监〉——瞽师杜焕演唱龙舟版本》光盘，荣鸿曾、吴瑞卿编辑、策划，香港中文大学中国音乐资料馆，2012。曲词由荣、吴整理，见光盘所附小册。开场白大意是："我最初出身行走江湖时，就是唱龙舟的，是在四乡唱的，后来到广州的河南岛就转唱南音。我在茶楼唱南音已经很久了，曾与'盲华'在香港西环建苑一起演唱，在茶居就唱龙舟。"其中，"四乡岛哩呀"的"岛"字，应该是象声词，是"处""哪里"的意思。

原来你系一个倔头光棍认做行商①
..

这分明是清代人对广州省城官衙的印象,而靠洋行贸易富甲天下的行商,在这段唱词中也有一席之位。这首《两老契嗌交》更直接的背景应该是广州珠江河畔陈塘烟花之地。杜焕应该是在河南岛或省城跟他的师傅学过,后来把这首曲子"带"到香港的庙街演唱的。

杜焕,广东肇庆人,1914年珠江西水泛滥,父亲离世,家庭顿入困境,母亲将他送到一位失明老师处学艺。未几,杜焕在河南岛南华西环珠桥附近机缘巧合认识了一名师傅,学唱南音。20世纪20年代,内战频仍,广州市面混乱,杜焕与几个师兄经中山石岐到澳门,1926年辗转到香港,开始在油麻地、旺角等地卖唱。约从1955年开始,杜焕在香港电台定期演唱南音,至1970年节目中断,幸获老顾客接济。70年代以后,南音在香港被一些学者重新发掘,杜焕亦应邀在大会堂等正式表演场地演出。1975年,在美国匹兹堡大学荣鸿曾教授的安排下,杜焕以富隆茶楼为表演场地,录制了一批南音、板眼和龙舟,这批作品近年陆续出版,使我们有幸听到旧日的声音。②

在学者的努力下,杜焕的声音被留住了,是当之无愧的"绝世遗音""文化瑰宝"。不过,如果仅仅说它是"香港的",则未免贬低了它的价值。事实上,杜焕的经历跨越香港一隅。杜氏生于肇庆,在广州(河南和省城)入行,经中山石岐、澳门抵港,最终长住香江并在此地终老,他的经历,正是许多从乡下到城市寻求生计的人,在省港澳三地间往来穿梭,最终因某些历史原因而"定格"一地的写照。杜焕的声音,实际上也是"省港澳"这

---

① 唱词据杜焕唱《板眼:两老契嗌交》(收入《香港文化瑰宝系列之三》光盘,荣鸿曾、吴瑞卿编辑、策划,香港中文大学音乐系中国音乐资料馆,2011)所附小册第16页,原文"荷薄所"应为"河泊所"之误。大意是:"谈起打官司,你就不像我那么厉害了,我说出我的后台来,一定会把你吓坏。我的爸爸是知台(按:'知台'并非正式官衔,据下文的官阶顺序,可能他说的是'抚台',即巡抚),我的叔叔是布政使,我的大伯父是广州将军,我的哥哥是南海知县,弟弟是河泊所官,这还不能保住你?原来你也不过是个空心老倌而已,却装成是行商!"括号内的"另场唱"指唱者装成第三者从旁插嘴讽刺两个主角吹嘘夸大。
② 杜焕生平见《失明人杜焕忆往》光盘所附小册,荣鸿曾制作,香港历史博物馆、香港特区政府康乐及文化事务署,2004。

个曾几何时的文化共同体的声音。我们听懂了，就能"听到"更多过去的历史。

"省港澳"这个用词，大约是在杜焕出生前半个世纪开始通行的。如今，"港""澳"二词大抵不会引起什么误解，但许多人已经不知道"省"指的是"省城"，也就是狭义的广州，而误以为是指广东全省。把三个地名连作一词的例子，较早很可能就是19世纪60年代成立的"省港澳轮船公司"。[①] 至晚清，"省港澳"特别是"省港"一词，不论在官方文献、报刊，抑或是通俗小说，都触目皆是，加上粤商在各城市以联号分支的形式创办企业、制造货品、营销服务，"驰名省港澳"更成为清末以来各种商业广告常见的宣传语句。事实上，在许多人事活动与场合中，"省港澳"都呈现出一种一体却又分立的关系，这在经济不景气或政局动荡时尤为明显。为清楚起见，以下权且分而论之，但恰恰由于上述联系，论述中不免分中有合，合中有分。

省城的行政地位与都会气象

所谓广州"省城"，指的是明清时期广东全省的政治行政中心。由于围绕官衙而建并发挥防卫作用的是四壁城墙，这样的建置景观顺理成章地被称为"省城"。"城"在这里应形象地理解为城墙及其所包围的行政中心，而不是具备近现代意涵的"城市"，尽管省城连带其附近的商业地带往往会呈现出一种都会气象。由此定义出发，广州建城，从史籍文献和考古材料推敲，最早可追溯到两千多年前秦任嚣、赵佗修建增筑的城池，其后历朝屡有扩充。由于今中山五路的高地自宋以来便传说是禹山，又认为番禺城是择高地而建的，因而该处被视为地望所在，历代建城大体皆以该地为中心。随后重心稍向西移，至明初扩筑北城至越秀山，建五层楼，由北而南形成的中轴

---

① 笔者一时未能找到更多直接与省港澳轮船公司有关的专著，暂据中国军舰博物馆网站（http://60.250.180.26/ss/6518.html，最后访问日期：2013年10月15日）。该网站谓1849年英商在香港成立了"Hong Kong Canton Navigation Co."，1854年香港半岛东方汽船航运公司（The Peninsular and Oriental Steam Navigation Company）经营来往于澳门、香港、黄埔和广州间的客运，1865年由英国与葡萄牙航商联合组成的公司，则命名为"省港澳轮船公司"。

线更是明显，至20世纪落成的公共建筑，包括民国时期建成的越秀公园、中山纪念堂、市府大楼、中央公园，中华人民共和国成立后建的市人大常委会和省人民政府大楼，大体都坐落在这一中轴线上。换句话说，两千年来广州城的中轴线基本维持不变，这在中国甚至世界的城市当中实属罕见。广州省城的政治中心性在长时段的物质建置中得到充分的体现。

明清时期筑建的城墙范围，基本上定义了此后人们心目中的"省城"的边界。北城在明初洪武十三年（1380）扩建，北面城墙向东北伸筑至象岗脚，沿越秀山北到桂花岗南，沿山水井坑东南和越秀路接大东门，以五层楼为制高点，南至归德门、正南门，即今天的大南路、文明路所在。至嘉靖四十四年（1565），北城的南界再向南扩展，新城将北城外的繁华商业区包围起来，新城南面的城门大抵位于今天的一德路至万福路上。至清代，城池的东西南北四隅已无扩充余地，只能利用城南珠江北岸的滩地，顺治初年在新城以南两侧加建翼城为护。① 套用今天的道路系统来理解，明清城池的范围，就是北至越秀山，东至东濠涌高架桥，西至人民路，南临珠江。人们所说的"省城"，狭义的定义指涉的只是这个范围，在新中国成立前成长的本地人，今天不假思索地用到"广州"一词时，往往也是指旧"省城"这个范围，换句话说，城外和河南的地方，不被认为是"广州"。"历史心性"或"历史记忆"使人们对眼前世界的认知有异于当代行政的界定。当人们这样界定"省城"或广州时，实际上表达的是对这片地方作为行政中心遍布机关衙门所代表的政治秩序的认知。"赴省城办事"，往往说的就是跟衙门机关打交道。

然而，"省城"的意义又溢出其行政意涵。"省城"二字散发出一种都会气息，城外包括河南地区也发展出许多乡村与聚落，但在人们的心目中，这些地方是郊外，始终不如省城。直到最近，仍然有"宁要河北一张床，不要河南一间房"的说法。这种都会气息是由商业繁荣带动的，而省城在清代所呈现的商业繁荣，是数百年来中外贸易的结果。同治《续修南海县志》"墟市"篇谓："十三行互市，天下大利也，而全粤赖之，中外之货，坋集天下，四大镇殆未如也。蛮楼轰起干云，油窗粉壁，青锁碧栏，竟街兼

---

① 有关广东省城历代建置参见曾昭璇《广州历史地理》，广东人民出版社，1991，下篇第3章。

巷……乾嘉之间，其极盛者乎！"① 这个所谓"墟市"，主要是指西关。由于在城内发展有所局限，绝大部分商业皆集中在城外西面这块水网交错、交通方便，又能堆填成陆、建筑楼房的地带。西关是十三行及夷馆所在，横街直巷布满无数大大小小的批发店和杂货店。1875 年在香港出版的 John Henry Gray 所著的《漫步广州》（Walks in the City of Canton）一书，对广州省城各区的街巷做了非常具体的描述，更详细地记录了位于西关地区的商号及其售卖货品的种类。我们由此可以知道，当年在西关大街小巷售卖的货品不但有禽畜、猫狗肉、茶叶、生烟、衣布、绣巾、绳缆、灯笼、蜡烛、锡材、金鱼、金银纸扎、殡仪用品、日晷、罗盘、瓷器、洋瓷、铜器、漆器、玻璃、木雕、酸枝家具、玻璃画、玻璃灯笼、珍珠贝母装饰、燕窝鹿鞭等名贵中药，更有来自海南及马六甲的槟榔及椰子、孟买的棉布，甚至曼彻斯特的货品和英国各地的五金器具。这里的玉石匠打造的玻璃手鈪是一种仿冒玉鈪，买家包括巴斯人（Parsee）和信奉伊斯兰教的商人（Mohammedan），他们把这些广州制造的产品，分别转到孟买和加尔各答售卖给印度女顾客。这里除了有至今尚存的华林寺、西来初地和锦纶会馆外，还有西禅寺、仓沮祖庙、徽州会馆、乞儿头会馆和开设门诊的爱育堂，也是"伍浩官"和"潘明呱"等行商大屋的所在。固定的商铺似乎不足以满足需求，这里还有一个清晨 5 点开始 8 点结束的旧货墟和"天光墟"。在这种商业环境中，当然少不得银铺和典当业，外国人甚至把西关的一条街道比作伦敦大小银行和放款店林立的"Lombard Street"。②

销售业的繁荣自然带动娱乐和房产生意，西关陈塘在清末民初是歌舞平康之地。晚清广州较早的戏院在 1889~1890 年兴建，位于多宝桥外。"戏班眷属多住在黄沙、恩宁一带"，恩宁路是今天八和会馆的所在，附近一带一直到 20 世纪 80 年代仍然住有不少戏班中人，可见这种清末形成的格局的延续性。③ 西关的宝华路一带自同光年间已发展为住宅区，有街有市。至清末，泮塘、南岸附近一带的沼泽地越来越多地被填为陆地，商人在其上发展

---

① 同治《续修南海县志》卷五《建置略二·墟市》，第 18~19 页。
② John Henry Gray, *Walks in the City of Canton*（Hong Kong: De Souza & Co., 1875）.
③ 《南海新秋》，《申报》1896 年 9 月 9 日。

房地产，很快便有人购买或租住，并沿用乡村"约"的方式建立街区组织。① 广州笼统称为"西关大屋"的各式民宅，就是在这时陆续发展起来的。今天年届八旬的"老广州"，谈起"贵族住的地方"，还有"河南岐兴里，河北宝华坊"的记忆。② 在宣统《南海县志》中列举的西关地区街道便有1700多条，门牌4000多个，可见人口之密集。③ 如此浓厚的商业和消费氛围孕育出"西关大少"和"西关小姐"，也就不足为奇了。西关商人和文人阶层所操的粤语，发音清晰细腻，舌齿音尤为明显，以致成为人们不知不觉仿效的楷模，即所谓"西关话"，④ 20世纪更成为粤语戏曲、广播和有声电影演员的发音标准。在这个意义上，"西关"不只是一个地区，还是一个人们向往的有助于爬上社会阶梯的文化象征。这一点对于我们理解日后香港和澳门的华人精英阶层的文化非常关键。

民国肇始，广州的市政规划逐步走向现代化，"拆城墙，建马路"很快被提上议程。1918年10月，广州市政公所成立，结束了广州分属番禺、南海的历史，帝国时期的省城建置亦为现代的市政机制所取代，大规模的拆建工程由是展开。1922年，城墙基本全部拆清，城内城外连成一片。城墙拆毁后留下的空地也成为第一期新辟马路的基础。一方面，西关仍然是"本市最冲要之区，商场云集，交通频繁"，有"亟应开辟马路"的需要；另一方面，原来城内的街道很快发展成以今天的北京路为中心的商业街区，繁盛程度与西关相当。⑤

---

① 《珠海近闻》，《申报》1897年1月24日。
② 笔者与孔宪珠先生闲谈，2010年8月28日，广州。孔先生是广东粤剧院演员，长居广州，改革开放初期因出演电视连续剧《万花筒》中的"胜伯"一角而家喻户晓，1986年主演珠江电影公司制作的《绝响》更获金鸡奖"最佳男主角"奖提名，不论从其个人经历还是扮演的角色看，孔先生均堪称"老广州"。
③ 宣统《南海县志》卷六《建置略》，第3~4页。
④ 在清代的中文文献中，不大可能出现"标准粤语"的说法，只会有语音"清浊"的评价，但当外国人要学粤语时，则必须面临一个口音选择的问题。19世纪80年代在香港任职传译员的英国人James Dyer Ball便注意到，所谓"纯正的粤语的正确发音"（"the correct pronunciation of pure Cantonese"），应以西关话（他翻译为"West End speech"）为准，见James Dyer Ball, *Cantonese Made Easy: A Book of Simple Sentences in the Cantonese Dialect*, prefaced 1883, forth edition, revised and enlarged, by A. Dyer Ball (Hong Kong: Kelly and Walsh, Ltd., 1924)。
⑤ 有关19世纪末至20世纪40年代广州的城市建设更进一步的讨论，可参见黄素娟《城市产权与都市发展：近代广州市区规划研究》，博士学位论文，中山大学历史系，2013。

20世纪上半叶，帝国时期的城墙拆除了，民国初年的政局亦分崩离析，广州先后被不同的政治势力所控制，但自20年代开始，它粗具市政机制，以"省城"的历史地位领衔，以精致的西关商人文化著称。在许多方面，广州俨如一个老大哥，连接港澳，形成一个盘踞珠江口的"铁三角"。三个城市关系密切，是因为在16世纪以来中外贸易发展的长河中，广州扮演了上承澳门、下启香港的角色。可以说，清代广州的外贸传统是对明代中后期澳门机制的完善，而鸦片战争后香港初期的外贸发展则是广州贸易的延续。在某种意义上，清代广州的"前史"要由澳门讲起，香港的"前史"则非从广州开始不可。

澳门在全球贸易中的位置[①]

澳门在"省港澳"中排名最后，在今天全球贸易中所扮演的角色亦微不足道，但从欧洲发现新大陆和新航道的世界史视角出发，澳门作为一个早期近代（early modern）世界商埠的历史在三地中率先绽放光芒。自16世纪以来，随着葡萄牙人和欧洲各国商人向东拓展，三面环海、直通大洋的澳门，是外国商人借以涉足中国的一块洋面与陆地。在1553~1559年间，葡萄牙人从"借地晾晒"到"来则寮，去则卸"，以至"列廛市贩"，逐步以澳门为贸易和定居基地；1559年，由于"倭寇"侵扰浙江、福建并蔓延至广东，"始禁番商及夷人，毋得入广州"，由是广州在一段时间内禁止贸易，而原来从成化、弘治年间逐步建立的在珠江河口外的海澳湾泊贸易模式（即对进入广州的番舶有所限制，安排它们在珠江河口两岸的海口湾澳停泊，顺势将非朝贡贸易限制在海口沿岸湾澳进行），至嘉靖年间随着葡萄牙人的东来、澳门贸易的加强，"诸澳俱废"，转为变相以澳门为唯一口岸的贸易模式。[②]

[①] 笔者与同人的一本专著对此课题有较详尽的发挥，见程美宝、何文平、胡雪莲、黄健敏、赵立彬合著《把世界带进中国：从澳门出发的中国近代史》，社会科学文献出版社，2013。

[②] 关于此时期贸易模式的转变，参见郑永常《来自海洋的挑战：明代海贸政策演变研究》，台北，稻乡出版社，2008，第7章。

话虽如此，"澳门贸易"（Macau Trade）的运作，向来不能独立于广州。① 所谓的"澳门贸易"得以进行，必有赖于与内地生产商和供应商有紧密联系的广州商人来澳，方能成事。每当葡萄牙船只到达澳门，广州商人便沿河而下到澳门洽商，他们会安排子弟或合伙人分工合作，一些负责澳门事务，另一些通过帆船贸易系统到东南亚或北上赴内陆地区采购货物，还有一些留在广州，专门管理洋船事务。在制度层面，康熙年间开海禁后，设立粤、闽、浙、江四海关，其中设于康熙二十四年（1685）的粤海关税收较多，专设监督，权责较大。粤海关大关设在省城五仙门，"东起潮州，西尽廉，南尽琼崖"，口岸以虎门最重，澳门次之；沿河海各处设正税口或挂号口，在澳门设的是正税总口，且设有大关监督行署。② 可见清廷的海关体系层级鲜明，而澳门的地位亦因为它长年"杂处诸番，百货流通"而与其他口岸不可同日而语。由葡萄牙人主导的澳门贸易、长期掌控东南亚和东亚的帆船贸易、16世纪加入南中国海的洋船贸易，以及生产茶叶、丝绸、瓷器等商品的中国内陆市场，既相对独立，也互相牵连。这种流转在涉及资本流动、商品供求、商人往来等方面尤为明显。与此同时，"澳门贸易"的相对独立性，也体现在澳门维持着一套与广州不太相同的准绳——较低的税率、较优的银价兑换率、不同的税则和度量衡制度，使澳门有着比较优势，吸引广州商人愿意付出交通的代价到澳门进行贸易；只是在清廷海关的眼中，澳门是粤海关的其中一个税口，未必一定注意到欧洲人所谓"澳门贸易"的特性和中外商人如何从中得益。

不过，也恰恰因为澳门"率先"被葡萄牙人拉进东西贸易体系，位于珠江口上游的广州得以独享闽、浙、江三个海关所缺乏的外贸优势和所需的知识，与此同时，由于广州"省城"的政治与经济地位以及控制和防御的需要，澳门在晚明至清初海禁期间一度扮演的唯一的中外贸易港口的角色，始终要让位于广州。研究者认为，早在17世纪90年代左右，广州已形成某些贸易常规，提供了一个十分灵活的机制让外国商人乐于到此交易，同时又

---

① 目下有关16~19世纪"澳门贸易"与"广州贸易"及两者关系的研究，以范岱克的最为详尽深刻，见 Paul Van Dyke, *The Canton Trade: Life and Enterprise on the China Coast, 1700-1845* (Hong Kong: Hong Kong University Press, 2005)，以下几段有关澳门贸易的论述，主要借鉴范氏的见解。
② 见梁廷枏总纂《粤海关志》卷五，广东人民出版社，2002。

让清廷放心，就连户部也处处要求其他海关要按"粤例"办事。因此，一般以为广州"独口通商"的地位要从乾隆二十二年（1757）清廷颁布谕令开始算起，但实际上粤海关早已在四个海关中鹤立鸡群，乾隆的上谕只是把既成事实加以规范化而已，外国人所言的"广州贸易"（Canton Trade）时期，由是至迟应由1700年前后算起，以1842年鸦片战争结束告终。

澳门所扮演的角色，造就了广州的"胜出"，广州在贸易地位上最终凌驾澳门，但在很长一段时间内，两地唇齿相依。一些中国官员曾希望干脆把贸易中心设在澳门，但许多因素和考量使澳门始终无法胜任——用舢板载货行走于省城和澳门之间是不切实际的，澳葡当局也不希望澳门常驻一大批其他欧洲人，尤其是他们许多人并非天主教徒。从清廷管理和控制的角度看，洋船停泊在澳门意味着要动用更多人力、物力沿河巡逻，以防走私。广州既是海港，亦是一大内河港口，因而也更容易得到内陆各种商品和贸易物资诸如包装和造船材料的供应。澳门所发挥的缓冲和过滤作用——洋船进入十字门时先由澳门引水人领航并向官府提供情报，洋商在非贸易的月份必须移驻澳门——有助广州监控洋人且又与之保持一定距离。但这种"距离"并不等于澳门在行政体系上独立于广州，从乾隆九年（1744）在前山寨设的"澳门海防军民同知"属广州知府的副手这个事实看来，广州府与澳门的行政层级关系非常明显。①

鸦片战争后，条约港时代开始，标志着"广州贸易"时期结束，葡萄牙政府也仿效英国政府取得香港的做法，逐步把澳门纳入其正式管治。1845年，葡萄牙单方面宣布澳门为"自由港"；1887年中葡双方签订条约，葡萄牙对澳门的管治才算有正式的条约可依。② 广州和澳门过去数百年间在中外贸易上分工合作的关系告一段落，而广州长年在华洋贸易中的独占地位，亦为其他条约港所分享。自18世纪在广州贸易中独占鳌头的英国商人，在香港被纳入英国的殖民统治后，迅速将阵地移往香港，配合其在上海及其他通商口岸逐步建立的势力，全面打入中国市场。19世纪60年代后，广州配合

---

① 据吴志良、汤开建、金国平主编《澳门编年史》第2卷，广东人民出版社，2009，第936页。
② 据吴志良、汤开建、金国平主编《澳门编年史》第4卷，第1612、1969页。相关条约见南京图书馆古籍部编《澳门问题史料集》下册，中华全国图书馆文献缩微复制中心，1998，第1005~1008页。

澳门原来连接中国内陆、华南地区、东南亚地区以及欧洲的经济体系的角色越来越多由香港代替，故香港开埠初期可说是"广州贸易"制度一时的延续。

不过，差不多就是在广州贸易体系退场的时候，欧洲人特别是英国人已经可以自己种植茶叶、制造优质的瓷器和丝绸，无须仰赖中国供应，并且走进工业时代最辉煌的时期，积极把工业产品向外倾销，中国在中外贸易体系中，逐步由生产者转为消费者。香港在国际贸易中扮演的角色，很快便脱离了"广州体系"的阴影。香港航运业和转口贸易的迅速发展，使外国来华贸易的远洋轮船将其视为对华贸易的第一中继港，由此再转运到包括广州在内的各通商口岸。在殖民统治下，香港和澳门也逐渐建立起自身的法律和政治制度，具备了广州所没有的一些特性。19世纪末以来省港澳既一体又分立、共存共生的格局，也就呈现出愈加复杂的态势。我们也许可以这样比喻：澳门和广州更像一对孪生姊妹，经过多年的共处，被迫要拆伙；香港是广州的"女儿"，长大成人，亭亭玉立，加上成长环境不一样，很快便走出自己的道路；但恰恰是因为这种姊妹、母女的亲缘关系，使三个城市总是血浓于水。

省港澳的一体与分立

尽管香港是后起之秀，但其与广州的关系，比起澳门与广州的关系，更见密切。我们会频繁地用到"省港"的说法，却较少提起"省澳"一词。一个也许能够说明这个差别的语言现象是：许多长年居住在市区特别是港岛的"老香港"所讲的粤语，总的来说更接近广州的西关口音，而在许多长年居住在澳门市区（主要是本岛）的"老澳门"当中，西关口音亦随处可闻，但总有些人是带有中山口音的。广州与澳门之间沿珠江口上下往来的航行路线由来已久，广州与港岛之间倒是远隔大洋，且至香港开埠后才真正变得交通频繁，但"省港"的口音远比"省澳"接近，理由何在？澳门的情况不难理解，澳门本属香山县，自成为葡萄牙人的贸易基地以来，来澳门寻求工作机会的通事、买办、工匠等，大多是中山人，与此同时，尽管也有商人是来自广州的，但澳门本岛面积有限，居住区域按阶级分层的情况不如香港明显。我们不妨这样问：香港本属新安县，新安县乃从东莞县析出，新界地区的居民和水上居民也有自身的口音，为何香港的"城市之音"不是东莞口音或后来称为"原居民"的口音？换句话说，香港和澳门的"城市之音"为何会出现两种不同的情况？要知道，九龙和新界地区，分别是在第二次世界大战后和20世纪70年代才更大规模地被整合到城市发展之中的，英国人在香港开埠后的前半个世纪里，着力发展的是港岛北面面向维多利亚港沿岸至山顶一带。到香港寻求谋生机会的，有来自珠江三角洲各地甚或潮州地区的人，口音也自不相同，但陆续到香港的华商，追循的仍旧是广州西关商人的谈吐举止。这批华商的经济实力也很快与英商分庭抗礼，自19世纪80年代开始，"中上环半山区"逐渐成为上层华人聚居的地段，这一情况至今没有多大改变。与此同时，香港具备有利于远洋轮船运输的天然深水港的地理优势，加上英国统治者与英商的刻意经营，香港很快便超越同属"自由港"的澳门，更进一步吸引实力雄厚的华商到香港拓展生意。

澳门这个古老的商埠在19世纪末的国际贸易舞台上黯然失色，但广州长期的政治与文化中心的地位却难以动摇，并非一时可以由香港取代。更重要的是，华人特别是华商的流动性使三地的华人社区（甚至是省外和海外的粤人社区）逐渐发展出一些共同的都市景观和社会机构。香港中上环的华人社区几乎就是广州西关"立体化"的呈现。西关的华洋分居最初体现在洋行地带（其后是沙面）与本地居民的居住分离，华人社区则由不同阶层的居所混合相间，既有大屋豪宅，也有平房和贫民窟；在黄沙一带特别是靠近码头处有各种批发店，在上下九一带衍生了各种饮食、娱乐、消费场所如酒家和戏院，又有各种社会机构如善堂及医院等。相映成趣的是，港岛的华洋和贫富地段是沿山而"下"的，山顶是洋人，半山区后来容许上层华人建房定居，山脚则很早便是以华人为主的平民和贫民聚落。而山下中、上、西环的格局，俨然是西关的复制：两处销售着种类相同的以华洋顾客为对象的批发零售货品；西关有莲香楼、陶陶居，中环亦有莲香楼、陆羽茶室、镛记酒家；西关有广庆、平安等戏院，上环有高升、太平戏院；西关是方便医院和爱育善堂的所在，上环也陆续建立了以东华医院为代表的慈善医疗组织，俱由实力雄厚的商人领导；西关平康之地在陈塘，港岛风月之场在石塘咀。同样的，澳门也有镜湖医院和同善堂，福隆新街也汇聚了各色饮食娱乐场所，如清平戏院、烟馆和妓寨。

省港澳三地不只在景观文化上类同，更在人情网络上相通。华商因为生意的需要，在各地开设联号，家分几头的情况比比皆是。他们不忘故里，在乡下筑庐建舍，以便他日告老还乡，但实际上他们在广州、香港、澳门，甚至上海、天津以至海外，都设有居所、分号、办事处或联络处，以便坐贾行商。① 香港开埠不久，广州及邻近地区的行商和富户便纷纷赴港设栈经营，19世纪末，使用机械化生产的总部在广州的企业也相继在香港建立起分局或分行。至20世纪初，内地出现设厂高潮，许多广州和广东各地的企业、商号将业务扩及香港。同样的，始设于香港的企业亦有在广州及珠三角其他城镇、上海和海外开设分号的。由于内地和香港在市场、关税、政府政策等方面都有很大差异，联号企业在经营上有明确的分工，一般是国内部分主要负责内地市场的产销，香港部分则分担联系海外的业务。今天我们熟悉的陈李济、王老吉等中药企业，都采用了这种模式。大型百货商店如永安、先施等，需要较广的联系面和雄厚的资金，亦需联号支持。这种经营方式一直到太平洋战争爆发时才由盛转衰，至国共内战结束、中华人民共和国成立推行新的经济制度后才全面停歇。②

商人为运输物资和旅客建立的交通网络也方便了其他社会文化事业的发展。港澳二地因为身处殖民统治之下，长年以来华人并不能在正式的议政场所中占有重要席位，因此东华医院和同善堂等由商人主导的慈善组织便担负起处理华人事务的角色，并且与广州的九大善堂、方便医院，上海的广肇公所等联系密切，特别是在处理涉及"活人和死人的流动"的问题上——将被拐卖的妇女和儿童送返原籍，将客死异乡的尸首运回故里——无不依赖这些能够调度庞大的交通网络和资源的社会组织处理，这也正好填补了三地政府机构力所不逮的真空。③ 商家有联号，老牌名校亦然。真光、岭南、培

---

① 有关华商家分几头的现象，可参见黄健敏关于近代香山买办徐润和郑观应在上海、澳门、香山皆置建家业的讨论，见程美宝、何文平、胡雪莲、黄健敏、赵立彬合著《把世界带进中国：从澳门出发的中国近代史》，第173~188页。

② 相关讨论可参见张晓辉的研究，如《中国近代华资联号企业释义》（《广东社会科学》2007年第6期）及《清末香港与内地的华资联号企业》[《暨南学报》（哲学社会科学版）2008年第4期]。

③ 相关研究可参见 Elizabeth Sinn, *Power and Charity: A Chinese Merchant Elite in Colonial Hong Kong* (Hong Kong University Press, 2003)；叶汉明编著《东华义庄与环球慈善网络：档案文献资料的印证与启示》，香港三联书店，2009。

正、培英等在清末或民国成立的中小学，或同时或先后在省港澳三地都有办学，几所学校之间的联系，更使"真光猪，岭南牛，培正马骝头，培英女子温柔柔"这句口头禅在三地新老校友中传诵至今。这些名校的中学生，当年在华南地区升学的选择自然也离不开香港大学、岭南大学和中山大学。

虽然商家宣传的口号经常是"驰名省港澳"，但由于澳门到了19世纪末之后在经济和交通方面所能起的作用不大，市场容量亦相当有限，加上自1911年通车的广九铁路，更大大促进了省港两地的联系，而广州澳门之间的铁路，却仍属纸上谈兵。因此，真正旗鼓相当的两个城市是广州和香港，实际的经营运作也主要是依赖"省港"这个杠杆。可能因为如此，"省港"比比皆是，"省澳"则甚少听闻。20世纪20年代，牵涉省港两地最著名的事件莫如"省港大罢工"。20世纪20年代兴起的工联主义，联结了广州和香港的工人共同行动，对港府施加压力，是省港关系一衣带水的又一历史明证。另一个常见的"省港"标签是粤剧戏班中的"省港班"。"省港班"是指从20世纪初至三四十年代，以在广州、香港、澳门等城市演出为主，名角比较集中，规模较大的戏班。为了适应大城市和国内外观众的需求，应对电影的激烈竞争，求存和发展，省港班从组织到演出剧目、音乐唱腔、表演、舞台美术等都做了许多变革，刻意与"落乡班"划清界限。[①] 值得注意的是，使三地以至海外各埠头气息相通的是各种报刊。民国年间在粤语群体中流通的报刊，编辑印刷要么在香港，要么在广州，而通讯和销售网络都遍及省港澳及海内外其他有粤人社区的埠头。[②]

三地人民之所以往来流动，也在于三地具备共同的文化环境之时，各自的政治情势和制度又不相同，发挥互助互补的作用。太平天国时期，大批广州和珠三角的商人挟资移往香港；港澳既是反清革命分子的温床，也是不愿服膺民国的晚清遗老可以继续执教经史之地。民国年间广州政局不稳，军事

---

① 有关"省港班"较近期的研究，可参见 Wing Chung Ng, *The Rise of Cantonese Opera*, Hong Kong University press, 2015, ch. 2。
② 这类例子数不胜数，下文提到的20世纪20年代出版的《香花画报》和《非非画报》等，即为其中例子。《香花画报》在广州印刷，在香港摆花街和广州丰宁路同时设有通讯处，代理处省港两地俱有；《非非画报》在港岛、九龙各有一发行处，估计印刷地也在香港，代售处则包括香港、广州、厦门各大书坊，其刊载文章往往以"本港"的口吻叙述，编辑人员实际上是活跃于省港两地的著名文人画家。

活动频仍，港澳是广州居民尤其是商人可以安身的地方；1925～1926年省港大罢工期间，不少人从香港回广州，工潮结束后才返港。两地人才、工资、物价的差异，往往也是劳工选择流向的主要因素。20年代末的香港酒家往往以聘得广州名厨为标榜，上环水坑口的乐仙酒家、皇后大道的武昌酒家、油麻地上海街的大总统酒家便是这样宣传的。① 不过，广州虽然有好厨子，却由于政府禁止酒楼聘用"女招待"而没有漂亮"茶花"，茶客要看"茶花"，便要到香港了。② 同一位校书（妓女）的芳踪，时在广州陈塘，时在香港石塘咀，她们或因两地行业规管的制度不同，或因广州政局动乱，或因市场竞争，或因个人理由，游移于省港两地之间。③ 总之，她们跟许多游走于两地的市民一样，在两地都有人脉，对两地都足够熟悉，可以随时迁移，改名换姓，北返南归。以曲艺为业的女伶，在省港大罢工期间因广州歌坛一度受到打击，香港茶居老板以女伶声色为招徕计刺激生意，她们便陆续到香港谋生，到1928年广州市面秩序恢复，歌坛复苏，部分茶楼又礼聘著名女伶从港回省献艺。④ 也是在1928年，梅兰芳到广州和香港两地演出，对省港班造成威胁，结果要采取"梅在省则来港，梅在港则上省"的策略。⑤ 女伶白燕仔曾移巢香江，与港四巨头争一席地，但僧多粥少，深感"港地无可恋，而濠镜又非所欲"，结果选择到上海发展，因为"粤侨旅此众多，且粤商所开之茶酒楼，皆染广州化"。⑥ 总之，省和港，是彼此的缓冲区，凡遇上要"逃之""避之"的场合，上省落港，总是最自然、最便捷的选择，如果省港都没有可留恋之处，则要考虑到上海闯世界了。

至于澳门，则总是"最后的选择"。日军侵华期间，上海（1937年11月）、广州（1938年10月）、香港（1941年12月）相继沦陷，澳门却因葡

---

① 见《香花画报》第2期（1928年9月）第20页、《非非画报》第5期（1928年11月）封底及第10期（1929年11月）第30页的广告。
② 哈哈子：《香港的女招待》，《海珠星期画报》1928年第6期，第19页。
③ 时人以"莺燕南来北往"比喻粤籍校书流连于省、港、沪之间的情况，见春山《妓女与莺燕之比》，《海珠星期画报》1928年第8期，第11页。其他例子可见《天趣画报》第3期（1928年2月）第9页及第4期（1928年3月）第1页等。
④ 见妙谛《香江顾曲谈》，《海珠星期画报》1928年第8期，第10页。报道时在香港谋生的女伶燕燕、月儿、湘文等受广州茶楼聘请回省献艺的消息。
⑤ 爱楳（寄自广州）：《广州人之迎梅忙》，《非非画报》第5期，1928年11月，第30页。
⑥ 周修花：《白燕仔赴沪确讯》，《海珠星期画报》1928年第5期，第8～9页。

萄牙政府保持"中立"而在战争期间成为省港人士的逃身之所或辗转逃回内地之中转站，各种政治、文化和戏曲活动一时云集澳门。不过，澳门这种短暂的繁荣随着抗战胜利便告销声匿迹，各种活动的重心很快又转回省港两地，澳门重归往日的宁静。难怪在抗日期间，有报纸社评认为，"乐善与安分"是澳门社会的特征。作者说：

> 澳门一地，开辟较早，为珠江入口之重镇，□粤鼎足而立，世称省港澳三埠，然久居港粤者，虽仰慕乎巨大都市之繁荣，而莫不感觉纷扰奔竞，精神紧张，不似澳门之宁静安乐。……世变亟矣，星火燎原，烽烟四起，而澳门以世外桃源见称，岂偶然哉！具"乐善"与"安分"二种美德，有以使之然也，记者不敏，亦澳门市民一份子，敢不追随三十万市民之后，争相勉励，以保持此"乐善"与"安分"之特征乎！①

余音：听不出？看不见？

16、17 世纪的澳门，是英国人和荷兰人极希望从葡萄牙人手中争夺的东方好望角；18～19 世纪初的广州，是欧美冒险家为了从事中国贸易一朝发迹引颈以待的中国海港；20 世纪的香港，是国际银行家投资者认为最有效率的世界都会。顾名思义，"澳"者，海边弯曲可以停船的地方，大澳、淇澳是也；"门"者，是指夹在两片陆地之间可让船舶通过的海峡，屯门、虎门是也；"省"者，省会、省城是也；"港"者，海港是也。由名而实，"省—港—澳"表达的是由历史时序衍生成的空间关系。然而，省港澳的联系，至 20 世纪 50 年代随着中国政治进入一个全新局面而发生了戏剧性的变化。1949 年前，中国内地和香港之间基本上没有正式设立出入境机关，市民可以自由进出或定居。50 年代开始，港英政府陆续颁布各种有关出入境和居民身份的法例，甚至一度限制由澳门去香港的华民数量，而内地对于国

---

① 《市民日报》1944 年 8 月 17 日，第 1 版。

民的出境限制也越加收紧。① 1949 年 10 月开始，直通车客运服务中断，一直到 1979 年才恢复通车。② "文革"十年期间，两地关系由于内地政治动荡显得更加隔阂，1966 年和 1967 年香港爆发暴动，后者更与"文革"直接相关。70 年代开始，香港工业和金融业有了长足的发展，经济起飞，政府有足够的资金投入到社会建设上，如此种种，皆强化了"香港人"的身份和自豪感，要与内地这个"穷亲戚"划清界限。这短短二三十年间的历史发展，使许多在中华人民共和国成立初期因为许多偶然因素临时分居省港的同一家庭成员，居然从此分别变成"广州人"和"香港人"，甚而产生难以逾越的隔阂，对于在香港出生成长的一代而言，感觉尤其疏远。

1979 年，中国实行改革开放政策，先后在深圳、珠海、厦门、汕头等地设立经济特区，吸引外资，港澳商人陆续到广东各乡镇投资设厂。广州不是特区，对很多香港人来说，又不是"故乡"，省港的关系，并没有因为内地开放而得到明显的恢复，双方文化、教育、艺术和大众娱乐方面的交流，谨慎而有限地进行。更令人费解的是，香港在 1997 年回归之后，港府和工商各界积极与北京、上海等城市交流，针对华南地区，则大谈粤港合作，"省港"一词，自 90 年代至千禧年交替之际，几乎全面被"粤港"取代。"省城"二字既尘封已久，就是"广州"此地对很多香港人来说也相当陌生。有些香港年轻人不知道自己讲的实际上是"广州话"（CANTONese），也不知道广州人"会"讲广州话，甚至惊讶地"发现"广州人"也"吃叉烧包。对于来去自由的许多香港人来说，"广州"竟是莫名其妙的遥远。相形之下，包括广州在内的珠江三角洲居民自改革开放以来看了 30 多年的香港电视，从各种渠道阅读到香港报刊，香港媒体多年来对珠江三角洲发挥的影响，实不可小觑。近年来由于"自由行"政策的推行，对于许多广州人来说，"香港"是一个随时可去的十分亲切的地方。不少广州人对香港的认识，比许多香港人对广州的认识为多。广州《南方人物周刊》2010 年刊登了一篇题为《爱广州的 60 个理由》的文章，所列举的第一个理由是"离香

---

① 香港政府历年的出入境政策可参见郑宏泰、黄绍伦《香港身份证透视》，香港三联书店，2004。
② 见九广铁路官方网站，http：//www.kcrc.com/tc/about/history2.html，最后访问日期：2013 年 10 月 15 日。

港近，有事没事都可以去透透气"。① 可见香港在许多广州人心目中的位置，也可见香港能够给广州市民提供一些本地社会所没有的元素。

由"省港澳"变成"粤港澳"，"港澳"身影依旧，"省城"却在指谓广东全省的"粤"之中隐没了。半个世纪急速的历史变迁，不但影响着现在与将来，也足以改变过去——改变了人们对过去的认识，使人们每每用今人的词汇来叙述前人的经验——瞽师杜焕听惯的应该是"省港澳"这种说法，要他吐出"粤港澳"这种用词来，实在难以想象。一字之差，反映了三个城市现实关系的变化，这种变化局限了后人对前人的空间感的拿捏与想象，由是看不到许多历史面相，也听不出散布在四乡、省城、港湾、埠澳的同气与同声。

---

① 《爱广州的60个理由》，《南方人物周刊》2010年第40期，第78页。

城市规划与现代景观

第一章
18~19世纪下环区与澳门城市化

张宝珊

澳门原本是一个人烟稀少的小聚落，是"水上人家"及"闽籍"渔民、商人的落脚点。随着葡萄牙人于16世纪东来，小渔村逐渐发展起来，转变成举世闻名的东西贸易商港。鸦片战争爆发后，西方各国开始在中国建立殖民地或租界，葡萄牙也不例外，澳门成为它们的囊中物。1849年前后，澳葡政府进一步加强对澳门的管治，澳门半岛亦随之开始城市化。

城市化衍生出不少复杂的问题，城内的华人与葡萄牙人本是分治共处，澳葡政府正式成为管治者后，"华洋杂处"的情况越见明显，这一方面有助于澳门半岛的城市化发展，另一方面也改变了原本的华人社区，包括族群管治区内的秩序。因机遇而致富的华人，逐渐成为华人社群的领袖。本章将以澳门内港下环区为例，简单分析18~19世纪华人社区如何融入澳门的城市化发展之中。

内港范围

对澳门本地人来说，"内港"是指今天的妈阁至沙梨头一带（别称"旧区"），也是澳门以船务运输为主的商业活动和渔业的中心地带。今天的"内港"与过去文献记载和地图上标记的"内港"不尽相同。"内港"[①] 一词最早出现在1780年的澳门地图上，其范围比较广泛，包括从妈阁至青州

[①] 地图上显示为英文"Inner Harbor"。

面对珠海湾仔的部分。本章所讨论的"内港",是指今天所称的"内港",即由北湾与浅滩两部分所组成的聚居点。

北湾北有大炮台山,南有妈阁山,构成一个天然良好的避风港,很早就是华洋贸易的重要落脚点。据《澳门掌故》,北湾的海岸线乃"沿目前河边新街的渔栏至司打口,至桥仔头、上芦石中塘,经关前街、快艇头里至沙栏仔。沿路之埠头有:桔仔围尾水口、植槐巷水口、第头巷水口、吉庆里水口、十八间尾水口、旧茂记水口等,直至木桥街、新埗头、柴船尾、船澳口、快艇头、呵嗨码头、大码头,而终于沙栏仔之八角亭码头"。① 北湾的自然形态,据说也是澳门又被称为"濠镜"的原因。《澳门纪略》的"形势篇"云:"有南北二湾,可以泊船。……二湾规圜如镜,故曰濠镜。"②

北湾是澳门的经济中心地带,清廷也在此设立海关监督行台,负责对外来船只收税及规管水上人家的秩序。康熙二十四年(1685),清廷宣布开海禁,设立粤、闽、浙、江四海关。③ 粤海关共有7口,其中以省城大关和澳门总口最为重要。康熙二十七年(1688),清政府在今关前正街建立海关监督行台,附近设税馆,负责管理关闸、大码头、南湾、娘妈阁4个小口。④ 龙思泰(1759~1835)曾将部分海关条文翻译成英文,其中有"第二号法令:疍家艇和其他小舢板在夜晚允许停泊在税馆前的小沙滩的岸边"。⑤ 葡文中"Praya pequena"意即小沙滩,位于海关监督行台对面。从今天尚存的码头位置,史料中提及的澳门大关、税馆、街道名称,以及货仓的区域推断,小沙滩所在地即今天的大码头街,其两侧就是北湾。⑥ 今天,该处已变成内街小巷,令人难以想象在18~19世纪北湾满泊大小渔艇、商船的情景。

北湾一带的陆地在18~19世纪成为澳门的贸易中心,也是"华洋杂

---

① 《澳门掌故》,第311页。
② 《澳门纪略·形势篇》,第24页。
③ 严忠明:《保甲制、理瑶法与明清中国政府对澳门的管理》,《澳门历史研究》2005年12月第4期。
④ 严忠明:《保甲制、理瑶法与明清中国政府对澳门的管理》,《澳门历史研究》2005年12月第4期。
⑤ Anders Ljungstedt, *An Historical Sketch of the Portuguese Settlements in China and of the Roman Catholic Church and Mission in China* (Hong Kong, 1992), p. 169.
⑥ 相关资料参考《澳门百科全书》,中国大百科全书出版社,1999,第93页。

处"之地。大体而言，北湾的华洋社群的聚居状况可分为"山上"和"山下"两个世界。"山上"是葡萄牙人之聚落，从妈阁沿妈阁斜巷往上走，可以看到一系列葡萄牙风格的建筑物，包括公共建筑（教堂和剧院）及具防卫功能的城墙。沿多条小斜路往下走，在"山下"则可看到华人社区的民居、庙宇、土地、社坛及商业区等，主要范围包括红窗门、下环街、沙梨头一带。

北湾的另一侧是"浅滩"。据《澳门百科全书》载，由沙栏仔以北，沿沙梨头、新桥至莲峰山的海湾，即称"浅滩"。由于澳门是出海口，从关闸至沙梨头北面一带有较多沙泥冲积，因而形成浅滩，适合渔民晾晒渔网等岸上活动。以渔业或船业为主要生计的华人聚居点逐渐形成，成为独立的华人社区，如沙梨头坊（村）、新桥坊（村）等。

要言之，"内港"泛指澳门半岛西侧的沿岸区域，也是澳门城市发展建设最重要的区域之一。

下 环

早期澳门华人主要以渔业为生。清初吴渔山《澳门杂咏》云："一曲楼台五里沙，乡音几处客为家。海鸥独拙催农事，抛却濠田隔浪斜。（地土纵横五六里，隔水濠田甚瘠。居客不谙春耕，海上为商。）"[①] 可证早年聚居在澳门的华人不谙耕种，以发展海上生计为主。又云："晚堤收网树头腥，蛮蜑群沽酒满瓶。海上太平无一事，双扉久闭一空亭。"[②] 可见水上人家在岸边的活动。民间宗教组织是早期华人社群联结之重要因素，水上人家都会祭祀与渔业有关的神明，如海上的保护神妈祖。妈阁庙便是澳门最早建立的供奉天后的庙宇，而在今天的民居中，也能看到不少香火旺盛的土地神坛。土地神坛一般是陆上定居的农村社区祭祀的神明，这说明澳门华人社会中的生活经济模式发生了变化。原因可能有二。第一，明嘉靖年间，澳门成为葡萄牙人的商埠后，经济活动发生变化，加上希望寻求安定的生活，一部分水上人家上岸从事相关的渔船事业。生活模式虽然转变，但其宗教信仰并没有改

---

① 吴渔山：《吴渔山集笺注》卷二《三巴集》，章文钦笺注，中华书局，2007，第161页。
② 吴渔山：《吴渔山集笺注》卷二《三巴集》，第161页。

变，只不过在崇拜天后的基础上，新加入了土地社稷，两者并存。第二，也许是因外来人口迁入而改变。张廷茂认为华人进入澳门的途径不同，从而其聚居地点也不同。随着时间的不同，职业及地位的变动，华人社区会重新进行整合。①

早期澳门的华人大多来自福建和广东。他们在沿岸地区发展聚落，如妈阁村、沙梨头村、望厦村、马交石村等。随着人口增长，聚落向附近扩展。部分来自广东的人群在城外聚集成村，如新桥村（坊）、沙冈村、塔石村、龙田村，它们约在清初至清中叶形成。明清时期，澳门的华人社区一直受香山县管辖，以"村""社""坊""街"为单位。其中以"坊"命名者最多，如下环坊、沙梨头坊（村）、新桥坊、雀仔园坊等。直至今天，澳门华人社区组织仍然保留着"坊"的特质，称坊众互助会或街坊会。

下环位于澳门北湾。本地人称之为"下环街"，也称"旧区"，是澳门最繁荣的街区之一。昔日的下环街区是岸边的小沙滩。这从今天郑家大屋外的护土石墙和英国画家钱纳利（1774~1852）旅澳门期间留下的画作都可以得到证实。

下环坊很早就有华人聚居及活动。据《清代澳门中文档案汇编》载，"本年（乾隆五十七年，1792）十一月初九日，据铺户郭端盛禀称：蚁在下环街开张端盛店杂货生理……"② 可见，下环在乾隆年间已慢慢发展起来，与渔业、船业相关的渔栏、货仓、维修船只、杂货等商号活跃。今天，在下环街一带仍然可以看到这些相关行业的店铺。

下环街华洋人口杂居，纠纷交涉亦越见频繁。《清代澳门中文档案汇编》载："据澳夷若瑟山多报称：置贯三层楼地方铺头十间，因年久朽烂，欲为修整，以防倾颓失业。但曾赁与民人开张，不肯搬空付整，合将情由转禀，恳为严押该人等搬空。"③ 文中提及的三层楼，即今天下环的三层楼街。华人人口上升，对土地需求日增，但不少洋人希望收回物业，因此华洋租务纠纷越来越多。这些纠纷最后闹进官府，由香山县县令审理。而经济能力稍

---

① 张廷茂：《清乾嘉时期澳门华人研究三题》，澳门《文化杂志》2007年冬季第65期，第35~48页。
② 刘芳辑，章文钦校《清代澳门中文档案汇编》上册，澳门基金会，1999，第332页。
③ 刘芳辑，章文钦校《清代澳门中文档案汇编》上册，第258页。

逊的水上人家或居住在渔船上，或利用破旧渔船在沙滩上建立船屋，逐渐形成一个船屋群。奥古斯特·博尔热（1808～1877）的《广州散记》提到：

> 就在广场（妈阁庙）附近的地方的海边，我看到一艘破破烂烂的旧船，船停在两堆石块之间，避在一棵枯萎的老树的树阴下；一些稻草和几张布席盖着这个破败得无法保护它的主人的住处，而它的主人比它还要悲惨。①

可以推测，下环坊发展的历史是船屋居民逐渐迁移上岸的过程。最初的发展是在今天的火船头街至下环街的沙滩上，随着澳葡政府在清同治年间对下环进行较大规模的填海，② 一些水上人家放弃沿岸的船屋，上岸居住及活动，下环坊随之逐渐发展成形。毗连下环德福祠的街区逐渐变得井然有序，每一条小巷都是相通的，而且相隔不远都会设立土地社稷。

位于下环河边新街的德福祠的碑文提及同治年间填海造地兴建该庙的情景，可以让我们了解下环坊的发展过程及聚落的构成基础。首先，关于区内的土地扩展，碑文中提到，同治年间，下环坊附近进行大规模填海。其次，下环坊的华人原本生活在小艇、船屋及沙滩岸边，在大规模的填海后，才陆续上岸定居。碑文提到"须就下街搭盖蓬厂为行祠，供设福神龙牌"，这很可能是原来水上人家的祭祀方式。上岸定居后逐渐祭祀"土地福神"，反映了水上人家上岸后生活习惯的转变。由碑文内容也可见建庙完全是由坊内居民自行组织的。今天下环街仍然是一个华人的聚居点，每逢节庆时坊会发挥其功能，如土地诞时，下环坊会组织在各德福祠举行祭祀活动；天后诞时，则在妈阁庙前地举行水陆神功戏；等等。

随着澳门内港地区逐渐成为主要的商贸区域，北湾和浅滩也发展成华人聚落。其聚落的发展过程也与下环相似，随着填海造陆，最初以船艇为居的水上人家迁移上陆。他们仍保存了不少渔民的生活习惯，如建供奉天后的庙

---

① 奥古斯特·博尔热：《奥古斯特·博尔热的广州散记》，钱林森、张群、刘阳译，上海书店出版社，2006，第81页。
② 1850年对三巴仔横街与下环之间进行填海。1866～1910年，澳葡政府对北湾和浅滩进行填海，下环正街等街区都是在此期间填海而成。

宇（妈阁庙）。其后有些人慢慢放弃了出海捕鱼作业，而转在岸上进行农业耕种、商业活动或从事与船务相关的活动等。加上华人在 18～19 世纪也不断地从陆路移入，聚落中的生活模式不知不觉地改变。这也影响到民间宗教信仰的发展，内港的两个华人聚落出现了土地庙。因此，下环的发展、生活模式的转变使得不同的民间信仰能够并存在同一社区内。

土地扩展与华人社区转型

19 世纪中叶是澳门发展史上的一个转折点。16～19 世纪中叶，澳门是由清廷管治。在澳门城内的葡萄牙人，虽然建立起城内的市政及商业组织，但受着清廷的诸多限制。1849 年以后，澳葡政府已达到扩张领土的目的。但本地华民人数远比统治者多，若以西方市政管理模式来管治澳门，殊为不易。与此同时，华人社群组织也因环境变化而发生改变。在原来以地缘、血缘、宗教、行业为主的社会组织之外，又衍生出以有财有势的华商为主干的以代表"全澳""合澳"利益自居的组织。

澳葡政府以欧洲的管理模式重整、发展澳门。把欧洲政府的专营权方式引入澳门，在推行市政管理时，鼓励华商参与，务求澳门华人接受新的管治措施。这影响到澳门个别华商的升降浮沉。1850 年以后，可以看到澳门各种各样的商业和公共项目，都是以专营模式进行。这些专营权的运作，最初是以简单直接的"夜冷"（arrematante，即拍卖）方式进行的。《澳门宪报》中提到：

> 缘澳中猪栏批期将满，预定本月十八日十一点钟，在议事亭从新出投夜冷，如有愿承充此行买卖揽头者，到亭声出若干批银，以出高价并遵规条者，准冷承充。为此谕知。道光三十年十二月初三日谕。[①]

可见，专营制度是以"价高者得"的方式推行，较有实力的华商自然具备优势。专营制度的实行范围十分广泛，除了各项商业活动外，还有城

[①] 《澳门宪报》1851 年 1 月 11 日第 8 号。

市的公共卫生及大型建设。管理模式的改变使澳门的城市化发展向前推进了一步。

对于澳葡政府来说，整顿澳门的卫生及防火事务是十分困难的。在钱纳利的画作中及当时洋人的书信、日记中，华人社区是十分狭窄、肮脏的。若要将所有街区一下子整顿到位，必定产生很多问题。关闸事件①后，澳葡政府对华人不敢再采取过分激烈的行为。在可行的情况下，澳葡政府愿意保留华人社会的传统活动。例如，庙宇焚香烧纸是导致火灾的重要原因。特别在节日搭台演戏祭神的时候，人山人海，一旦发生火灾，伤亡尤为严重。然而，澳葡政府只做出了一些限制，并没有阻止神功戏。② 为了有效地让市民得悉火灾发生，"政府于1858年11月13日的政府公报公布了出现火警后将在大炮台悬挂的信号。白天将在竖起的旗杆上挂上汽球，晚间将挂灯笼。据此，沙梨头、板樟堂、风顺堂、圣安东尼堂、望厦、妈阁等地都可以看到"。③

火灾会造成人员伤亡和财物损失，但它也是澳葡政府重新规划华人社区的机会。澳门总督基马拉（1852~1863年在任）对澳门进行的公共建设就包括重建火灾后的灾区。《澳门编年史》载：

> 基马拉上任之初，（澳门）公共财政直虚，负债累累……在不到三年的时间里，还清不少欠债，减少了葡国对澳门的拨款。同时，尽管澳门面临公共设施建设，筹建水警……他在任期间搞了一系列耗资甚大的工程，如修缮总督府，填海平整南湾，重建被大火烧成灰烬的商业区，使之再成为城市生活的一部份。④

可见，澳葡政府在火灾后锐意加速城内的发展，但限于缺乏土地，填海

---

① 发生于1849年8月22日，极力推行殖民扩张的澳门总督亚马留被望厦龙田村村民沈志亮等人刺杀。经此事后，华人社群对澳葡政府的扩张，没有再出现大规模的暴力反抗，大抵只能"逆来顺受"。葡萄牙人破坏了清廷设在澳门的官府，并赶走中国官员，俨然成为"正式"的管治者，拥有一切决策权。
② 《澳门宪报》1851年7月19日第35号，第4页。
③ 《澳门宪报》1851年7月19日第35号，第133~134页。
④ 施白蒂：《澳门编年史（十九世纪）》，金国平译，广东人民出版社，1998，第150~151页。

造陆成为唯一可行的办法。在上述引文中提到的火灾发生后，澳葡政府在三条大街附近开展了填海工程。三条大街是指今天的营地大街、草堆街及关前街。其中税馆衙门坐落在关前街。三条大街是华洋贸易最集中的地方。

由于澳葡政府积极支持实力雄厚的华商参与填海，所以随着填海区域扩大，城内华商的地位也逐渐提高。北湾是明末清初澳门最繁华的商业地带，清乾嘉时期在议市亭附近建了"三街会馆"。该会馆建立在营地大街旁，最初是为了方便商人不用跑到妈阁庙或莲峰庙洽谈生意。此举淡化了妈阁庙及莲峰庙在商业上的角色，却加强了澳门城内华商之间及其与澳葡政府的联系。19世纪60年代起，澳葡政府对北湾一带进行填海。三街会馆成为商人商讨物价及与洋人贸易相关的事宜的场所。

填海与华人社区的扩展

随着海外贸易日渐发达，华洋的经济活动扩展至内港沿岸的码头、货仓一带。从1850年起，澳葡政府在三巴仔和下环街一带进行填海。填海工程完成后，下环坊街区成为华人的聚居地，以及与渔船业相关的商业的集散地。1862年三条大街一带发生火灾，澳葡政府乘机进行重整及填海，从而扩大内港商业区。华商也参与投资了填海及整治街区工程，从中获取丰厚利润。华商王禄于1860~1870年承担填平清平直街、福隆新街、白眼塘街一带，并铺筑了十多条街道。这些街区在19世纪末20世纪初成为重要的娱乐场所。除了烟馆、妓院、赌馆外，还有于1875年开业的清平戏院，夜夜笙歌。①

1877年7月2日~1881年3月4日，澳葡政府在十月初五街一带进行更大规模的填海。在新填海地上允许兴建铺屋，所得的新街区与三条大街连接，拓展成繁盛的商业区域。《澳门宪报》中提到："惟此际该地屋宇组已建成，如复拆毁，必至虚费资本不少。盖其资本非独准填地之人所出，又有别商人见该地经已填好，分开数段，定其街界，故信心购买该地，不惜资本建造铺宇。"② 华人的活动空间和居住空间增多，逐渐发展成一个以位于十

---

① 《澳门百科全书》（修订版），中国大百科全书出版社，2005，第295页。
② 《澳门宪报》1882年3月11日第10号，第64页。

月初五街的康公庙为中心的商业街区。1882年填海工程后，新建的街道包括巴素打尔古街（Rua do Visconde de Paco d'Arcos）、通商新街（Rua Nova do Comércio）、葛地利亚街（Rua do Corte Real）、贡士旦甸奴街（Rua do Constantino Brito）、美基街（Rua do Miguel Ayres）、燕主教街（Rua do Bispo Ennes）、非利喇街（Rua do Coronel Ferreira）、伯多禄街（Rua do Pedro Nolasco）等。

澳葡政府对重整及填海得来的街区在管理和设计上进行了改善，首先体现在铺设街道照明系统上。《澳门编年史》载："1871年1月28日，位于风顺巷25号的闽南行老板关才通过公开竞投获得了全城2302盏油灯的公共照明专营权。"① 可见，此项工程仍照专营制度公开招标，由华商承包。1881年5月21日《澳门宪报》载，议事亭以公开招标方式，招人承充公共照明设施："定于本月三十日一点钟，在咁嘛喇公所，当本公会前将澳门城厢内外捻火水街灯出投招人承充，谁出价最低者得。"②但承充照明设施存在风险，同年7月23日《澳门宪报》载："现据承充点街灯人禀称，街上之灯有被人窃去灯数枝及灯筒酒精灯胆等件，查此物转系售与烂铁店及民人。"③ 故很快就无华商愿意承充，需由市政厅承担。同年12月3日《澳门宪报》载："……查点街灯事务，现归咁嘛喇管理，是以咁嘛喇费用迩来加增，故欲预筹其支用所加之使费，是以欲将公物会所收之钞照抽收数项内每百员议加抽十七员。"④ 不过，这种做法可能也时断时续。1893年12月27日的《镜海丛报》就曾刊登一则由湾仔陈姓商人承充街灯照明的消息。⑤

设置消防设施是街区的另一项重要工程。澳葡政府除设置消防水车外，也鼓励华商自行在街区设置消防水车。1879年11月1日《澳门宪报》记录了城内不同街区官民设置的消防水车，包括"第一号：救火水车公所水车；第二号：救火车公所水车；第三号：洁净街道馆水车；第四号：宏隆坊水

---

① 施白蒂：《澳门编年史（十九世纪）》，第139页。
② 《澳门宪报》1881年5月21日第21号，第45页。咁嘛喇又称金巴喇，是指葡文 cãmara，即日后的 Senado da cãmara。
③ 《澳门宪报》1881年7月23日第30号，第50页。
④ 《澳门宪报》1881年12月3日第49号，第368页。
⑤ 汤开建、陈文源、叶农主编《鸦片战争后澳门社会生活记实——近代报刊澳门资料选粹》，花城出版社，2001，第401页。

车；第五号：船澳口水车；第六车：三街水车；第七车：果栏街水车；第八号：八角亭水车；第九号：泗孟街水车；第十号：下环街昌记水车；第十一号：沙梨头水车；第十二号：新桥水车"。①

华商在城市化过程中的地位日益重要。在城市的建设过程中，产生了不少公共工程。由于大部分工程是为"华人"服务，且在承包整顿过程中有利可图，所以华商十分积极地参与澳门的填海及街区公共事业项目。于是城市在扩张之际，也成就了"华商"逐渐成为华人社会的领袖。"合澳"华社组织逐渐成为主流，以"血缘""地缘"为基础的华社组织则趋向为次要的。在两种模式相补之下，城市化过程中华人社会联系更加紧密。

结　语

大体而言，澳葡政府接手管治澳门后，将整个澳门填海造陆，并利用华商的力量，把城市化进程延伸至华人社区。澳门半岛的城市化进程由此渐入轨道。随着填海的持续，下环沿岸浅滩的街区与司打口紧密连接，形成船只补给、渔获上岸的集散街区。填海后仍有不少公司将货仓设置在附近地势较高的街区中，促进了环抱司打口的红窗门一带山腰之地的开发。三条大街填海后，十月初五街、芦石塘等新街区出现。新马路将各街区连接，形成澳门内港最繁盛的商业地段。

不过，华洋居住区的核心仍有区别。在填海造陆的过程中，澳葡政府兼顾葡人之前所建立的公共空间及长期以来"山上""山下"的居住生活习惯，没有在传统的葡人社区中做太大改动，尽量保存已有的公共空间。对葡萄牙人而言，公共空间是由"直街"向外延伸而去。② 巴拉舒云："昔日的澳门直街主要是分布在今天的沙栏仔街附近，连接圣安多尼堂，直至大三巴街，再向营地大街发展，又接上龙嵩街，直至风顺堂，此成为了澳门直街的主干街道。整个葡萄牙人的聚落、商贸活动及公共建设，则往直街两侧扩张

---

① 《澳门宪报》1879年11月1日第44号，第44页。
② 直街（Rua Central）就是整个城镇最古老且最具传统特色的街道。官龙耀的《葡萄牙图文并茂》中说："澳门也有一条直街，它没有摆脱葡萄牙的这一传统。"葡萄牙人利用"直街"连接各个堂区的交通网络中心，把整个澳门连为一个整体。

开去，形成了'鱼骨状'的发展。"① 在欧洲的城市规划中，公共建设影响整个城区的发展，教堂是最重要的公共建设。葡萄牙人最早的聚居点都在教堂附近，包括圣安多尼堂区及风顺堂区。② 16~19世纪，葡萄牙人的聚落由堂区与直街交会，形成以议事亭前地为中心的市政公共建设及商业中心。因此，澳葡政府的填海造陆并不仅仅集中在华人聚居的内港区域，在外港的沙滩也同时进行。19世纪末填海后，在今天的南湾大马路发展出以洋人商贸为主的新商业中心街区，与十月初五街一带的内港华人商业街区相互辉映，构成了澳门的早期城市化格局。

---

① 巴拉舒（Carlos Baracho）：《澳门中世纪风格的形成过程》，澳门《文化杂志》1998年第35期，第58~59页。
② 严忠明：《一个风吹来的城市：早期澳门城市发展史研究》，广东人民出版社，2006，第58页。

第二章

破墙而出：清末民初
广州西关地区景观的延续与变迁

程美宝

广州西关地区自清代以来的商业发展和景观变迁，是广州享有独口通商的地位后，洋行贸易驱动的结果。所谓"西关"，大体是指省城城墙外以西，北至第一津，南至沙面，西往泮塘方向逐步延伸的一个区域。正如帝国时期其他省城一样，广州城内的建设向为衙署主导，间以庙观及少数摊肆。城北为越秀山，城南临珠江，城东为旱地，多辟为教场，发展都有所局限，因而绝大部分的商业发展集中在城外西关这块水网交错、交通方便，又能堆填成陆、建筑楼房的地带。西关成陆是长年以来河滩自然冲积和人工堆填的结果，因此，西关的发展并非一蹴而就，而是经历了一个由北而南、自东向西的延伸过程。

关于广州西关地区的情况，已故地理学家曾昭璇先生早就做了许多筚路蓝缕的研究。[①] 本章尝试在曾先生研究的基础上，利用近年陆续出版的中外文献与地图，对西关地区的发展做一较微观的描述。由于1918年之前，广州城由南海、番禺两县分治，县城与府城同时设在广州；两县分治之地均由督捕厅直接管辖，故两县县志均称这些地方为"捕属"。西关地属南海县，亦属"捕属"，由捕房而非巡检司管治。也因如此，历次编修的《南海县志》是本章依据的主要文献。巧合的是，清道光以降，南海出现了专攻天文地理的学者，使得《南海县志》附载的地图有异于许多同时期县志的地

---

* 本文已收入苏基朗主编《中国近代城市文化的动态发展：人文空间的新视野》，浙江大学出版社，2012，第180～201页。

① 见曾昭璇《广州历史地理》，广东人民出版社，1991，下篇第3章第2节第二部分。

图。笔者在浏览各种地图的过程中，体会到不同时期西关地区的地图在细节上的异同，不纯是一个能否"精确"反映"真实"的"技术"问题。这些异同，往往提供了许多地图以外的信息，我们若能将之与中西文献和其他图像结合使用，对一个具体地区的空间的发展进程，当能达致更动态的认识。

半塘西关

清初屈大均《广东新语》谓："广州郊西，自浮丘以至西场，自龙津桥以至蚬涌，周回廿余里，多是池塘，故其地名曰'半塘'。"① 直到现在，"半塘"（泮塘）仍然是西关一个地名（更准确的说法应是"水名"）；"半塘"二字，也是对西关地势一个十分贴切的形容。据曾昭璇研究，西关平原处河湾冲积之地，随着沙泥淤积日多，长年以来，平地不断向西、向南推进；这块通过占积珠江河滩而成的新立坦地平原，地势较低，每逢大雨即淹水，部分街区低处标高更在珠江高潮面之下，潮涨便淹入内街。西关荔湾及半塘地区大片禾田、池塘、河涌，都是在19世纪末至20世纪才填为陆地的。因此，谓西关"半塘"（一半是水塘），至今仍然名副其实。

曾昭璇有关西关地区珠江河岸线演变的研究，也提醒我们不能把西关地区蓬勃发展的历史推至太早。根据淤泥层和蚬壳层的深度、考古发现、文献和地图考察，曾昭璇认为西关地区珠江河岸大致经历了如下变迁。（1）六朝：西关沼泽地区开始成陆较多，"西来初地"即为公元526年的码头区；（2）隋：已见"杨仁里"地名，杨仁里位于西来初地以南，可见河岸线又进一步南移；（3）唐：三角市（花田）已达十八甫南江岸；（4）宋：江边以南海西庙为界，位于今文昌路；（5）明：十八甫大观河、下西关一带已大部分成陆，十六甫是明代街道，江岸当在此街之南；（6）清：据《广州城坊志》，清初时，宜民市是安插在泮塘、西村等地的"无业疍民"的贸易集场地。"番禺疍户约万人，遂择柳波涌以及泮塘、西村，准其结寮栖止。此辈网耕罟耨，不晓耕作，惟日售其篙橹以糊口。"可见仍到处是水面，但又有局部的陆地可做集市。据曾昭璇的研究，西关河岸边界在1647年位于

---

① 屈大均：《广东新语》卷二十七《草语·莲菱》，中华书局，1985，第704页。

回澜桥附近，至 1777 年左右南移至豆栏南，1846 年则再南移至二马路北侧，到 1856 年，靖远街更南伸近长堤。① 从 1900 年出版的《粤东省城图》可见，原来十三行外的渡头、埠头和税馆所在，至 20 世纪初已向外延展成一条条的直街，与 1861 年填筑完成的沙面北岸成直角，形成一个十分齐整的景观。②

神仙西关，园林西关

从上述地理知识出发，我们会较易明白为何在清代官修方志和民国年间黄佛颐编纂的《广州城坊志》中列举的许多据说可追溯至较早时期的寺观，都集中在第八甫以北地势较高或过去的海岸线也就是码头附近的地方。清顺治十二年（1655）落成的华林寺，据说是南北朝萧梁普通七年（526）达摩从西竺国泛海至粤城西南登岸所在，故名"西来初地"。③ 不论此传说是否可信，公元 5~6 世纪时此处是海岸线当属无疑。位于华林寺附近的长寿庵建于明万历三十四年（1606），④ 在旧顺母桥故址，可见本亦属津泽之地。据说始建于宋朝的西禅寺（明代一度改为方献夫祠，清初复建）位于龟峰（岗），⑤ 顾名思义是隆起之地，道光《南海县志》附省城地图也以山形标之。明清不断改建，至道光《南海县志》标记为"浮丘寺"的所在，相传为"浮丘丈人得道之地"的浮丘山，万历《南海县志》谈到此处的地理状况时谓："昔在水中，今去海已四里，惟余山顶高仅数尺。"⑥ 据说创建于宋皇祐四年（1052）、重修于明天启二年（1622）的仁威庙，位于泮塘地区，但乾隆五十年（1785）重建时有碑曰："泮塘地附郭，多陂塘，有鱼稻荷芰

---

① 参见曾昭璇、曾宪珊《西关地域变迁史》，《荔湾文史》第 4 辑。有关"宜民市"的引文见黄佛颐编纂《广州城坊志》，广东人民出版社，1994，第 552 页。
② 《粤东省城图》，羊城澄天阁点石书局印，1900，收入中国第一历史档案局等编《广州历史地图精粹》，中国大百科全书出版社，2003，第 81 页。
③ 黄佛颐编纂《广州城坊志》，第 572 页；同治《续修南海县志》［同治壬申（1872）锓版］卷十二，第 37 页。达摩登岸时间一说是萧梁大通元年（527），见《华林寺开山碑记》［康熙二十年（1681）］，收入宣统《南海县志》卷十三，第 11~12 页。
④ 黄佛颐编纂《广州城坊志》，第 561 页。
⑤ 黄佛颐编纂《广州城坊志》，第 550 页。
⑥ 万历《南海县志》卷二《舆地志二》。

之利，无沮洳垫隘之苦。"① 如果至乾隆年间此地仍是多陂塘，在宋代时已成陆并有建置的可能性不大。

荔枝湾和泮塘一带半水半陆的沼泽地貌，倒是方便建置园林景致之地。万历《南海县志》说荔枝湾位于"城西七里。古图经云：广袤三十余里，南汉创昌华苑于其上，今皆民居，莫详其处"。② 泮塘则据说曾有一华林园，宋末犹存。③ 近代西关地区最著名的园林是位于泮塘的海山仙馆，是以务盐致富、曾独力出资重建贡院考棚的商人潘仕成的产业。宣统《南海县志》说："潘德舆仕成以鹾起家致巨富，有别业在泮塘曰海山仙馆……贵交往来，手牍如游，碑林目不暇给，四面池塘，芰荷纷敷，林木交错。"④ 据说后来海山仙馆因潘氏盐务大不如前，用售卖抽奖券的方式变卖。宣统《南海县志》续说：

> 咸同以后，鹾务凋敝，主人籍没园馆，入官议价六千余金，期年无人承领，乃为之估票开投，每票一张，收洋银三员，共票二千余，凑银七千员，归官抵饷，官督开票，抽获头票者，以园馆归之。时有好事者，将"海山仙馆"四字，拆分为六字，曰："每人出三官食"，隐与此事符合，然则命名之初，早已成谶，岂所谓事皆前定耶？

今天，这些园林虽皆烟飞迹灭，但1958年在这一带动工兴建荔湾湖公园时挖出数个人工湖，一方面解决西关地区的水患，另一方面为市民提供公共休憩的场所。因"半塘"而造就的园林西关，始终是此地的一大特色。

商业西关

官修方志和文人所撰志书、诗文笔下的西关，大多偏重于载录庙宇寺

---

① 同治《续修南海县志》卷十二，第12页。
② 万历《南海县志》卷二《舆地志二》。
③ 黄佛颐编纂《广州城坊志》，第642页。
④ 宣统《南海县志》卷26，第54页。潘仕成独资重建考棚事见同治《续修南海县志》卷四，第5页。

观、园林胜迹，对西关商业繁盛的景象，只是一笔带过，尽管这些庙宇和园林的主要赞助人，往往就是在西关起家的商人，但"商业"这个主题在传统的中国文类中，罕有详细描述。虽然西关是十三行及夷馆所在，夷馆地产多属洋商伍浩官和潘启官，街巷里有无数小杂货店、钱店、故衣（刺绣）店，让洋人兑换银钱及购买零星物品，[①] 但在大多数官修《南海县志》中，西关中西货物杂陈的商业景象并没有得到凸显，只归在传统方志"墟市"之中。

在官修县志的记载中，因十三行生意而变得大盛的下西关墟市情况直至道光《南海县志》才有所反映。万历《南海县志》中所列城内外的"市集"有"城内外有大市、西门市、撒金巷口市、新桥市、大观桥市、沙角尾市、半塘街市"；[②] 此后崇祯（卷一，第12页）、康熙（卷二，第23页）、乾隆《南海县志》（卷二《建置志》）中列举的情况相同。道光《南海县志》记捕属新城外的墟市情况有较明显变化，在撒金巷口市、大观桥市、沙角尾市、半塘街市之外，新增了长寿庵墟、宜民市、青紫坊市、三摩地市、清平集市和十七甫市。[③] 同治《南海县志》的记载比较详细，但经历了鸦片战争后，对于这个地方的历史叙述颇有弦外之音。历次编修的《南海县志》"市集"或"墟市"篇，一般只列举墟市地点，但同治《南海县志》的"墟市"篇，却附了一段详细的说明：

> 捕属：十三行互市，天下大利也，而全粤赖之，中外之货，坋集天下，四大镇殆未如也。蛮楼轰起干云，油窗粉壁，青锁碧栏，竟街兼巷……乾嘉之间，其极盛者乎！乃咸丰丙辰，天夺其魄，尽毁于火，后移市河南鳌洲等处，营缮草创，瑰丽巍峨，迥不逮昔，盖各商乐居香港，独司事留耳。迨己未又言定移市中流沙，殆即拾翠洲，俗称沙面……乃欲如精卫填海，白鹅前导，香象未焚，沿岸各炮台余址，甓石尚多，尽徙而投之江，无过问者。复量沙舂土以实之，珠湄歌舫，迁泊谷埠，谓将恢宏图而复理故业也。费至二十余万，均由都门犒赏拨扣。

---

① 梁嘉彬：《广东十三行考》，广东人民出版社，1999，第三篇第三节"十三行与十三夷馆"。
② 万历《南海县志》卷一《舆地志·市集》。
③ 道光《南海县志》卷十三，第25页。

昔之珠帘绣柱，烟波画船，玉箫金管，顿作衰草黄沙……又自北岸开冲起煤炭厂，迄油步头，各修石磡，并于石磡上筑直路至联兴街连接填平，俗称鬼基，乃八九年中始新建，楼观六七座，屹然如窜，堵波涌现楼台于佛界，颇极庄严……乃至聚优伶、诱博篆，黔驴之技，殆可知已。夫粤地狭民稠，力穑者罕，逐末之氓，十居六七，而市舶之利独巨，虽□恒货殖，与蕃商水火无交者，亦因市舶之丰歉为赢缩，倘仍旧观，则百物骈臻，商贾辐辏，而全粤又安矣。全粤又安，戎氛永靖，然未敢必也，且吴楚闽越，移市等处，亦未闻其珍藏盈物也。甕算之愚，古今一辙，殆卒两败俱伤耳。①

鸦片战争和由此引发的广州入城问题让人犹有余悸，上述引文的表述小心翼翼，并非无因，但其传达的信息至少有两处值得我们注意，配合方志附载的《县治附省全图》阅读，尤有趣味。首先是沙面的建置问题。正如引文所说，沙面原为一片面对白鹅潭，名叫"拾翠洲"的沙洲。② 第二次鸦片战争签订《天津条约》后，租界制度推广，英国要求在沙面恢复十三行被烧洋馆，1859年7月经两广总督同意填筑沙面岛，在沙面北面挖出一条人工河，名曰"沙基涌"。所有堤岸用花岗石砌筑，围合成一小岛，岛内用沙砾石填充，建东、西二桥连接"沙基路"（即今天六二三路）。1861年9月《沙面租界条约》签订，沙面正式成为英法租界。③ 但同治《南海县志》既没有提英法租界等事实，所附之《县治附省全图》也没有标明这片人工填筑之地是租界，反而刻意标上"西炮台、西宁台故址"——即使明知各炮台已"尽徙而投之江，无过问者"。这样的标图方式，明显表达着一定的惯性和"政治正确性"。

其次，经历了咸丰六年（1856）的大火后，十三行沿江边一带进行了大规模的重建。上述引文谓"并于石磡上筑直路至联兴街连接填平，俗称鬼基"，当年中西贸易的盛况，只剩下一个"鬼"字让人回味。1900年的

---

① 同治《续修南海县志》卷五，第18~19页。
② 康熙《南海县志》卷一，第9页。
③ 汤国华：《广州沙面近代建筑群：艺术·技术·保护》，华南理工大学出版社，2004，第1页。

《粤东省城图》标记了联兴街所在，几条从十三行延伸的直路清晰可见。同治《南海县志》附图大体描画了这条变得平整的岸线，显示了新近的变化，绘画的方法和效果显然也比道光《南海县志》更接近"现实"，但其在西关地区标记的地名，主要集中在上西关，而且主要是明末清初已出现的地名和庙观，而商业繁盛的下西关部分，虽然画上虚线显示了一些街道，唯标记的地名既寥寥可数，又没有反映最新的商住情况，人文地理的信息量还不如道光《南海县志》的附图。

以现代地图绘制标准衡量，道光《南海县志》的《县治附省全图》只能算是一幅示意图，但其标记的街巷名却比同治和宣统《南海县志》密集得多。图中十三行新街前的几个很特别的图标，分明就是标记楼高两层的"夷馆"和洋人当时在沿岸所建却为一些中国官员不悦之栅栏。这些栅栏是码头的附属建筑，在当时以商馆为题的油画和水彩画中十分常见。道光十一年（1831），广东巡抚朱桂桢到洋行参观自鸣钟，看见洋行前的"鬼子码头"及其附属建筑，勃然大怒，勒令洋商伍崇曜督工将之拆毁。① 道光《南海县志》成书于1835年，编纂似乎未够敏感，还在地图上画上这个让官员大怒的栅栏，也许当时的政治局面还没有让本地官员和士大夫感到山雨欲来风满楼；又或许是栅栏拆除不久之后，外国商人又故态复萌，否则，为何在1835～1840年绘制的外销油画上，这些栅栏仍清晰可见？果真如此，则道光《南海县志》也不过是反映现实而已。无论如何，道光《南海县志》的《县治附省全图》中外国商馆与栅栏并存，让人隐约感觉到道光年间西关地区中西商贸一派乐观的气象。我们固然不能要求目的是标记县治所在的道光和同治《南海县志》附图，能像现代地图般给我们提供翔实的信息，但其标记地名的选择性或惯性，却值得我们思索地图绘制者在决定收入什么信息时所做的考虑。

前述同治《南海县志》的引文，也隐约透露了鸦片战争后广州西关地区的商业发展情况。广州十三行的贸易显然因为鸦片战争后五口通商和割让香港而今不如昔，但由十三行贸易带动的相关生意，显然使没有直接参与中外贸易者长期受益。方志编纂者也希望当年的盛况能够继续，因此说"倘

---

① 黄佛颐编纂《广州城坊志》，第618页。

仍旧观……而全粤又安矣"。我们也必须注意到，恰恰是这数个世纪以来的中外贸易带动的商业活动，使咸同以来的西关地区继续发达，否则也不会有经济基础去"聚优伶、诱博簺"。

有关下西关在同治年间更具体的商业情况，同治《南海县志》等官方文献有所欠奉，我们只能从文人的诗词或竹枝词的字里行间感受到那种商业氛围，而读书人又总是不忘对所谓的奢华之风加上几分贬抑。幸好，英国圣公会香港会吏长、曾任英国驻广州领事馆牧师（Consular Chaplain）的 John Henry Gray（1823－1890），1875 年在香港出版了 *Walks in the City of Canton*（《漫步广州》）一书，对广州省城各区的街巷做了非常具体的描述，更详细地记录了位于西关地区的商号和售卖货品的种类。[①] 为方便浏览，兹按其在西关的游览路线及沿途所见商铺情况列表如下（该书插有中文铅字，下表街道和商号的中文名称，除特别说明外，皆出自该书）。

表 1　《漫步广州》所见广州各主要街道沿线商号或商品

街道名	商号名/售卖货品
兴隆大街	左右两侧商店有批发零售来自孟买的棉布，再往里走有卖英国五金器具 合义：出售猪油 各种牲畜（鸭、鹅、野鸭、龟、蜥蜴、腌老鼠）
溶（容）光街	永泰：蛋店（腌蛋在麦栏街）
Tai-Wo Sai Kai（北帝庙附近）	有数家茶叶工厂（笔者按：街道中文名不详，音近"太和西街"）
槟榔街（北帝庙附近）	槟榔及椰子，来自海南及马六甲；来自鹤山的茶叶
显镇坊	Glue（笔者按：glue 意为"糨糊"，但是否有更具体之所指，待考）
杉木栏	福生布行、很多卖绳子的商店（rope-walks）如顺兴缆绳铺、三益染房、合成面铺、同珍茶叶铺、永茂生烟铺、友信夏布铺、金纶新衣铺
白米街	宝兴瓷器铺（顾客以洋人为主）、怡昌瓷器铺
长乐街	金银纸扎、寿鞋、爆竹、蜡烛、寿帐、寿扇 （西人称之为"The Street of Undertakers"，意即"殡仪业街"）
登笼街	灯笼、蜡烛、锡罐材料、水管工、铜匠

[①] John Henry Gray, *Walks in the City of Canton*（Hong Kong: De Souza & Co., 1875）.

续表

街道名	商号名称/售卖货品
从鸡栏再转入长乐街	木雕
朝圣门	焕香猫狗肉铺,太和及茂隆(鸦片烟寨)
十七甫	爱育堂,开设门诊(朝八午二);元贞当铺、桨栏街(宁波会馆)、泰隆燕窝铺、保滋堂(药店,出售鹿鞭)
十八甫	伍家(Howqua,即浩官)大屋、潘明呱大屋、李仲良大屋、古董店、棺材店
下九甫	仓沮祖庙、徽州会馆(标明为"绿茶茶商会馆")、冯济时(医生)、净修庵(从十八甫过德兴桥,到洪圣庙,旁为天后庙,庙前空地称"乞儿地方")
庆云里(西来初地附近)	协记漆器铺
华林寺(西来初地附近)	关帝庙、鞋里店
贤梓里	旧货墟,早上5~8点,又售当铺货、贼赃;茂林园(出租或售卖花卉,宴饮)
永兴大街	仁信吹玻璃铺
福星街	另一"天光墟"
长兴街	玉石匠、玻璃手钏[仿冒玉钏,买家包括Parsee(巴斯人)和Mohammedan(伊斯兰教)商人,分别转到孟买和加尔各答卖给印度女人]
畴春洞	丝织厂、猪麟岗、珠玥岗(义冢,附近有财神庙、线香庙等)
聚星园、珠秀坊	卖金鱼,乞儿头会馆,西禅寺
长寿里	卖妇女丝裙(边条在彩虹桥附近制造)、广隆玻璃灯铺
晓珠里	经常堆满曼彻斯特的货品
瑞兴里	祥茂蕰画扇铺
兰桂里	义昌、义兴:做珍珠贝母装饰
杨巷	泰源玻璃铺、宏盛玻璃铺、绣花丝鞋、烟枪
新豆栏	裕成瓷器铺(出售各式"现代"瓷器,酸枝家具,价钱较贵) 再转入装帽街、桨栏街、太平街
打铜街	银行(西人称之为Lombard Street,位于伦敦,是各大小银行和放款店的所在)、胜隆丝线铺、泰盛洋瓷店(兼卖铜器)
第八甫	义经(Eking)绣巾铺、永盛绣巾铺(番名义兴Ehing)
眼镜街	玻璃画、玻璃灯笼、袋装日晷、罗盘

表1所列街名,大部分可在1900年的《粤东省城图》中找到,据此及书中其他的内容可知Gray行走西关的路线是由南往北再折返南,经太平门入城。他描述的许多货品或商号,有不少明显是"十三行市舶之利"的延

续。这里除了有满足本地人日常需要和商人的奢侈消费如燕窝等物品外，还售卖英国及其殖民地的货品，包括英国的五金器具、曼彻斯特的货品（估计是工业纺织品）、孟买的棉布，以及相信是来自印度的鸦片。种类繁多的工艺品，包括瓷器、玻璃画、扇画、珍珠贝母装饰，尤其是蒳草画，应该有不少是以洋人为对象的。其中一种冒充玉锯的玻璃手锯，作者更说明其买家包括巴斯人和穆斯林商人，他们将之分别转到孟买及加尔各答，卖给印度女性。此外，"永盛绣巾铺"注明"番名义兴 Ehing"，"义经绣巾铺"的英文名字则注明是"Eking"，"Ehing"和"Eking"这类英文商号，都是鸦片战争前售卖外销货品的广州商店习惯使用的。由此可见，尽管鸦片战争后广东十三行顿然衰落，但中外贸易所奠定的商业基础在同治以至民国年间仍一定程度上延续着。①

玩乐西关，房产西关

广州平康之地本集中于沙面。"省城西关外十三行之上曰沙面，妓船鳞集以千数，有第一行、第二行、第三行之目，其船用板排钉，连环成路如平地。"② 咸丰年间（1858）避乱佛山的倪鸿记曰："广州妓馆，以珠江为优；珠江数处，以沙面为最。沙面在城西南江中起一沙州，妓女以板筑屋，其名曰寮。咸丰丙辰（1856）六月忽遭回禄，焚烧殆尽，南海令华樵云（廷杰）禁止不许重建。"③ 这场大火，使一个多世纪以来江边外国商馆林立的景象从此一去不复返，加上英法租界的建立，原来位于该处河面的歌舞平康之所向东移往谷埠，而沙面以北的陈塘以及附近的水面，至迟在民国初年亦妓馆林立。1919年出版的《广州指南》曰："准设妓宴之酒楼有两处，一在东堤，一在西关陈塘"；"水面妓艇有三处，一在东堤沙面，一在米埠与沙面间之河面，俗名鬼棚尾"。④ 这种局面一直维持到20世纪50年代。

时至清末，另一种在西关呼之欲出的新式娱乐场所是戏院。光绪年

---

① 见慈航氏编辑《广州指南》，新华书局，1919。
② 刘世馨：《粤屑》卷三，上海申报馆光绪丁丑年（1877），第3页。
③ 倪鸿：《桐荫清话》卷三（版本信息不详，约刻于咸丰年间），第1页。
④ 慈航氏编辑《广州指南》卷四。

间，有商人思量在广州城外择地兴建戏院。① 光绪三年（1877），位于沙面租界的美国旗昌洋行向南海县丞提出在十三行新填地开设戏馆的建议，但不获官府允许，最后不了了之。当时的南海县丞认为，上海、香港容许设戏馆，是因为那里"地已归外国"，与广州不能同日而语，且该新填地毗邻西关，而西关又"烂匪最多"，即使有领票验票制度，秩序亦难控制。②

十年之后，约1889~1890年，某商人向官府申请批准其在城外西南两关偏远处所购地段建设戏院，得到的答复是"多宝桥外河边地段，东西水绕，南北津道，一带偏隅，四围阔辽，余地尤多。就此建设，无居民比栉、行人拥塞之碍"。③ 多宝桥位于西关，该商人乃分别在西关和南关建立戏园，每园每年报效海防经费银一万二千元。④ 由此，"戏班眷属多住在黄沙、恩宁一带"，⑤ 恩宁路是今八和会馆的所在，附近一带一直到20世纪80年代仍然住有不少戏班中人，可见这种清末形成的格局的延续性。

清末以来"西关"一直往西延伸跟商人购地建房大有关系。据前引曾昭璇研究，西关的宝华区一带自同治、光绪年间已发展为住宅区，有街有市。至清末，泮塘、南岸附近一带的沼泽地越来越多被填为陆地，商人在其上发展房地产，很快便有人购买或租住，并且沿用乡村"约"的方式建立街区组织。据《申报》报道，至1897年，"西关新建房屋以逢源众约为首屈一指，该街房屋无论大小一律整齐，大壮观瞻"。⑥ 宣统《南海县志》谓："太平门外率称西关，同光之间，绅富初辟新宝华坊等街，已极西关之西，其地距泮塘、南岸等乡尚隔数里。光绪中叶，绅富相率购地建屋，数十年来，甲第云连，鱼鳞节比，菱塘莲渚，悉作民居，直与泮塘等处，

---

① 详见本书第六章。
② 杜凤治：《南武日记》第三十七本，光绪三年十月廿四日条。有关杜凤治的生平及其日记的情况，见邱捷《知县与地方士绅的合作与冲突——以同治年间的广东省广宁县为例》，《近代史研究》2006年第1期。
③ 张光裕：《小谷山房杂记》卷一《禀牍》，此书笔者至今未见，引文转自王利器辑录《元明清三代禁毁小说戏曲史料》（增订本），上海古籍出版社，1981，第202~204页。
④ 《粤东纪事》，《申报》1890年9月7日。
⑤ 《南海新秋》，《申报》1896年9月9日。
⑥ 《珠海近闻》，《申报》1897年1月24日。

壤地相接，仅隔一水，生齿日增，可谓盛已。"① 广州笼统称为西关大屋的各式民宅，就是在这个时候开始陆续发展起来的。今天年届八十的"老广州"，谈起"贵族住的地方"，还有"河南岐兴里，河北宝华坊"的记忆。②

对于光绪年间西关地区的发展情况，宣统《南海县志》是有所反映的。首先，"墟市"的焦点已从同治《南海县志》中详论的十三行，延伸到新兴的住宅地带，包括"宝华市（十五甫），逢源市（逢源街），多宝市（多宝大街）"。③ 其次，配合新政措施于光绪二十八年（1902）设立的广东巡警总局，在老城和新城分别只设两个分局，在人口稠密、范围已越来越大的西关地区，则设了12个分局之多，兹列表如下（见表2）。

表2　西关各警察分局所在地点

分局	所在地点
第一分局	景云里
第二分局	西禅寺
第三分局	浮邱寺
第四分局	允贤坊
第五分局	华林寺
第六分局	长寿寺
第七分局	第十甫庚网庵
第八分局	十三洋行会馆
第九分局	陈塘南
第十分局	大笪地同德大街
第十一分局	永庆街
第十二分局	宝源北街

因为巡警局须查户口、钉门牌，对各警区的街道数目和具体的街道乡里名称，有非常具体的掌握，兹据宣统《南海县志》列表各区街道和门牌的数目如下，以示当时街道之密集（见表3）。

---

① 宣统《南海县志》卷四，第20页。
② 2010年8月28日孔先生访谈。
③ 宣统《南海县志》卷四，第54页。

表 3　宣统《南海县志》中所载各区街道和门牌

区次	区所、分驻所、派出所所在	街道数目（条）	门牌数目（号）
西路第三区	西禅寺、西山寺、浮邱寺	544	11491
西路第四区	长寿寺、华林寺、允贤坊	494	12469
西路第五区	陈塘南、第十甫庚网庵、十三行	317	9237
西路第六区	永庆街、大笪地同德大街、宝源北街	357	7760

警区的设立和钉门牌制度是宣统《南海县志》《舆地略·捕属》一节能够用数十页的篇幅详细列举近两千条街道的原因。新城以南长堤一带，本来也是清末发展得相当蓬勃的地方，但县志说明："长堤一带，近日纷纷建筑房铺，未编门牌，暂从缺。"① 可见，县志的编纂者也意识到新编县志未能反映最新的情况。

有趣的是，宣统《南海县志》的编纂者尽管在文字方面很注意按最新的情况更新，但在舆图方面却似乎有意地"停滞不前"。宣统《南海县志》采用的地图，绝大部分是沿用同治《南海县志》的。编纂者就此做法解释说：

> 按本邑所属各图前为邹徵君伯奇所绘，界线明晰，雠校精美，此次重修，未便再行更易，只将旧本摹印，间有村落地名讹误遗漏者，按照采访册订正之、添补之，并增入京师新旧会馆暨附属公产地段图、学宫附设邑小学堂图、城西本邑中学堂图，及粤汉铁路干线图、三省铁路支线图，以昭完备。②

上述"粤汉铁路干线图"和"南海属三省铁路支线图"，均附有十万分之一比例尺和方向标，后者并附凡例。绘制者招贺慈，是广东陆军测绘学堂优等毕业优贡生，受过西方绘图训练。在其绘制的"南海属三省铁路支线图"中，沙面就标曰"沙面"，没有再标上"西宁、西炮台故址"。

然而，编纂者就沿用旧图所做的解释，谓"本邑所属各图前为邹徵君

---

① 宣统《南海县志》卷六，第 3~4 页。
② 宣统《南海县志》卷一《图序》。

伯奇所绘"，并不完全符合事实。据同治《南海县志》，在设局修志之初，的确是想延请本地著名学者邹伯奇负责绘制地图。邹伯奇（1819～1869）是广东地位最高的学术机构学海堂的学长，也是当时有名的数学家和天文学家，曾在郭嵩焘任广东巡抚期间被延请开局绘广东地图，积极购买"番字沿海之图""番字行海洋历"，以及其他所需绘图器具，但后来因"工料无资"而无法成事。① 大抵当时年事已高或体力不济，邹伯奇婉拒了南海志局的邀请，谓"绘地之法，较算天尤难，算天可安坐而推，绘地必举足亲历，我深明其法，而不能身任其劳"。于是他推荐了能够运用他的方法的几个本地文人，包括邹琎（监生）、罗照沧（监生）和孔继藩（生员）负责此事。邹、罗等人先造了一把配备指南针的"指南分率尺"，在1867～1871年，登山涉水，测绘量度，至图成之时，邹伯奇已去世，于是他们把有关方法详细记载在同治《南海县志》中，还附了该把"指南分率尺"的图样。② 在刊刻同治《南海县志》的同时，更鉴于"志书篇幅短狭，总图势不能详"，而将《南海县全图》的总图完整地刻印在一张约142厘米×76厘米的大纸上，表扬"邹特夫徵君高弟子"邹、罗二人之功。③ 30年后编纂的宣统《南海县志》，没有重印同治《南海县志》的相关说明和标尺，却只留下一个传说——说地图是邹伯奇所绘，明显是因为邹在广东的学术地位；明知西关情况已大不相同，却仍沿用旧图，为的也是要标榜地方上引以为傲的知识传统。

社会西关

至晚清新政时期，自上而下的立宪运动和与之配合的地方咨议会选举，促成大批商人赞助的社团在省城和珠三角较大的城镇中出现；在广州，不少这类社团就位于西关。1910年出版的《全粤社会实录初编》记录了作者邓雨生所知的当时广东各种社团（时称"社会"，取 societies 之义）的概况。据此，可知位于西关地区的社团情况（见表4）。

---

① 见程美宝《地域文化与国家认同：晚清以来"广东文化"观的形成》，三联书店，2006，第180页。
② 同治《续修南海县志》卷二，第51～52页。
③ 见《南海县全图》，1870，广东省中山图书馆藏。

表 4 《全粤社会实录初编》所见广东社团

社团名	地址	成立时间
两粤广仁善堂	历次搬迁： 南关大巷口(1884)→西关新豆栏(1893)→靖海门外迎祥街(1895) 另设医局在长寿寺前	19世纪80年代
方便医院	西关第一津高岗	1894年
崇正善堂	初在西关第九甫,后迁十一甫	1896年
省港善堂商会行商平粜公所	西关十七甫爱育善堂内	1907年
广东戒烟总会	西关华林寺内	1907年
粤商自治会	西关华林寺内	1908年
广东赈灾慈善会	长堤如意茶居中座,办卖物会赈灾筹款在西关逢源街尾	1908年
中国改良会（性质类似红十字会）	西关华林寺	1908年
庸常善社	南关增沙	1908年
寿世善堂	南关	光绪初年
医学求益社	西关十二甫	1908年
德育女学堂	西关宝源正街	1908年

表4所列各机构的办公或聚会地点大多位于西关，就连《全粤社会实录初编》的寄售处，也一无例外地位于西关。[①] 省港善堂商会行商平粜公所临时借用的爱育善堂的情况，进一步揭示了这些房产和资金的来源。宣统《南海县志》曰："爱育善堂：在城西十七甫，同治十年邑中绅富钟觐平陈次壬等倡建，堂地为潘观察仕成故宅。时仕成以盐务案被封产业，钟觐平等与钟运司谦钧商榷，备价三万八千四百余两，承该屋业为建堂地。"[②] 有些机构的所谓地址如华林寺，应该只是临时聚会的地

---

① 寄售地点包括改良会账房（华林寺）、自治会账房（华林寺）、赤十字总会（黄沙）、国事报馆（十八甫）、广生印务局（十八甫）、新昌隆号（顺母桥），见邓雨生编辑《全粤社会实录初编》，广州，宣统二年（1910）。
② 宣统《南海县志》卷六，第10页。

点。

当绅商与官府合作时，这些慈善团体可"助长行政"，"而其人民所怀抱之目的，与政府所怀抱之目的，习焉同化"。① 然而，当彼此的利益相左时，这些团体便变脸成为与官府抗衡的"社会"。1905 年拒美禁华工新约暨禁用美货运动，以及由于广东绅商与地方官员在收回铁路后商办抑或官办的问题上发生分歧而引发，由包括爱育在内的九大善堂和七十二行商会组织的 1905~1906 年的粤路风潮，集会和动员地点都主要在西关。② 在粤路风潮中跟两广总督岑春煊对着干的绅士黎国廉被官府押捕之时，正在其西关兴贤坊的寓所睡觉。③ 粤路风潮中的积极分子在筹办戒烟运动巡游时，会所设在华林寺。④ 宣统二年（1910）南海县属城治议事会董事会成立，也是假华林寺为会所。⑤ 这一系列由集中在西关地区的绅商机构发动的事件和积极的参政活动，是辛亥革命爆发时广东宣布"独立"的铺垫。有关晚清广东商人所发挥的政治力量与清末政治及社会发展的关系，Edward Rhoads 和钱曾瑗已有相当细致的研究。钱氏更是较早对《全粤社会实录初编》善加利用的研究者，本章就不在此问题上拾人牙慧，而只是突出西关地区因绅商云集而成为晚清政治动员中心的这个方面。

余 论

民国肇始，广州的市政规划逐步走向现代化，"拆城墙，建马路"很快便被提上议程。1918 年 10 月，广州市政公所成立，结束了广州分属番禺、南海的历史，11 月起开始大规模的拆建工程。陈晶晶指出，在这个拆城墙、建马路的过程中，赞成者为城内的人，反对者则是城外西关和长堤的业主，因为城外的地价一向比城内高数倍至十数倍，一旦拆城，城内地皮价格上

---

① 冯翼年：《全粤社会实录序》，邓雨生编辑《全粤社会实录初编》。
② 见陈玉环《论 1905 至 1906 年的粤路风潮》，广州市文化局、广州市文博会编《羊城文物博物研究——广州文博工作四十年文选（一）》，广东人民出版社，1993。另见《申报》1905 年 6 月 18 日。
③ 《申报》1905 年 12 月 14 日。
④ 见《广东七十二行商报二十五周年纪念》，广州，出版年不详，约 20 世纪 20 年代末。
⑤ 宣统《南海县志》卷二，第 78 页。

升,势必影响到西关和南关的地价。① 1922年,城墙基本上全部拆清,城内城外连成一片。城墙拆毁后留下的空地,也形成了第一期新辟的马路的基础。② 笔者一时没有更多的资料去证明拆墙建路之后是否形成城内外的地皮价格此起彼落之势,至少就1928年的情况而言,西关仍然是"本市最冲要之区,商场云集,交通频繁",也有"亟应开辟马路"的需要。③ 估计其商业地位在抗战前夕至少与城内逐渐发展起来的商业街区仍然是旗鼓相当的。

　　就长时段而言,商人不断"破墙而出"是官府不断建墙企图包围商业活动的过程的一体两面。自唐宋以来,以外国商人聚居的蕃坊为中心的广州城西,已形成一大片繁华的商业区,其后以这片商业区为基础修筑起来的"西城",是宋代广州三城中最大的一个;从南宋开始,广州的商业中心逐渐南移,在城南濠畔街一带形成了新的商业区,后来又被明嘉靖四十四年(1565)筑建的"新城"包围。官方的诸多规定和限制,使经商者不断寻求突破,至明末清初,"新城"一带开始衰落,加速了西关的发展。④ 西关发展速度之快和范围之广,已经不是官府建墙可以框限的。晚清的政治发展,更使西关一时成为绅商与官府抗衡的集中点。与此相反,到了民国时期,新兴的政治意识形态和城市发展理念,把帝国时期的城墙几乎完全拆毁,将城墙内外的商业区完全打通,原来城内的商业区域得以大肆发展。时至今日,原来位于城内的今天北京路的中心位置难以取代,原来位于城外的西关一带反而经过历次改造逐渐只剩下"上下九"被发展成"步行街",许多横街小巷亦被冷落而显得大为失色;各色"西关大屋"也随着新的房地产发展而被拆毁无数。由行政力量主导的"破墙",最终却筑起了一堵无形的墙,把旧的商业力量围困,将"西关"的内涵抽空。"西关"作为一个"概念",不只在一代又一代的本地人心中扎根,近年还成为许多广州政治和商业宣传的"元素",只是这些"概念"和"元素"的物质基础已成残砖败瓦,无复旧观。

---

① 见陈晶晶《1910至30年代广州市政建设》,硕士学位论文,中山大学历史系,2000,第4章。
② 见《广州市第一期新辟马路名称图》,制作年份不详,广东省中山图书馆藏。
③ 广州市市政厅:《广州市市政厅新年特刊》,1929,第45页。
④ 关于唐宋至明清广州城的发展,参见刘志伟《明清时期广州城市经济的特色》,《广州研究》1986年第1期。

第三章

城市建设与土地产权
——以清末广州兴建长堤为例

黄素娟

长堤是指东起川龙口（该地名已不存，大致位于今白云路与东川路之间），西至黄沙沿珠江河岸线修筑的堤岸。始建于1900年，竣工于1914年，是清末广州城市空间扩展的主要公共工程。主体工程在筑成后分别称为"东堤"、"南堤"（南关堤岸）及"西堤"。① 20世纪20年代，长堤是广州的交通中枢和商业中心。长堤将铁路、马路、水路三大运输系统相连，沟通了广州的东西两端。东接广九铁路，连接东山、沙河；西至沙基、沙面，直通至黄沙粤汉铁路车站；沿线又有各类码头供船舶"群相寄碇"。便捷的交通有利于商业发展，东堤集中着酒楼、妓院等声色娱乐场所，南堤是鱼栏、蟹栏、生果栏、咸鱼栏等大宗批发贸易，西堤是各类公司、百货、酒店的所在地，更是"红男绿女"喜好的休闲娱乐场所。②

兴筑长堤延续的是张之洞整体开发土地的理念。清末新政时期，长堤分三部建设，首先兴筑的是黄沙段，始于1900年商人的发起，后归并粤汉铁路公司办理；其次兴筑的是南关堤岸，1903年由广东当局成立堤工局负责；最后建设的是沙基段，1910年由堤工局招聘一家英国工程师组成的商行建造。杨颖宇在《近代广州长堤的兴筑与广州城市发展的关系》一文中梳理了兴筑长堤的缘起、过程及其对广州城市的影响，勾勒出近代长堤的梗

---

① 在习惯上，东堤和西堤之间的堤岸也统称为"长堤"。见吴兴慈航氏编《广州指南》卷一《总纲》，新华书局，1919，第3页。
② 刘再苏编《居游必携广州快揽》，世界书局，1926，第5~6页。

概。① 然而，在官府财政紧张、行政管理权限不清的情况下，由谁来开发及怎样建设长堤是颇具争议的，其中牵涉官府、商人、乡绅、居民及外国人的利益，情况相当复杂。只有探讨各段堤岸背后的形成因素，才能更好地理解长堤何以形成如是样貌。

"见利思争"：黄沙堤岸的兴筑

黄沙堤岸的兴筑与粤汉铁路的倡建密切相关。工程初由宏兴公司承筑，但其利之所在立刻引来粤汉铁路公司的争夺和黄沙乡绅的阻挠，加之黄沙鱼栏反对搬迁，堤岸最终划归铁路公司办理。

黄沙坦地在粤汉铁路确定兴工后开始备受关注。黄沙位于沙面之西，濒临珠江，与西关仅隔柳波涌。该处隶属南海县安利司管辖，是疍民、船户搭棚建寮之地。19世纪90年代，阛阓渐盛，"铺户人家墙楼栉比"。② 当地居民有开修船铺和鱼栏的疍户、有戏班和龟鸨的眷属、有开杉店的铺户，时人称之"良莠杂处"。③ 河岸散布着仓库、鱼栏，岸前水面密集长筏、舢板和疍艇。光绪二十五（1899）和光绪二十七年（1901），盛宣怀代表清政府先后与合兴公司签署两份合同，粤汉铁路兴工在即。④ 消息传出，铁路所经的黄沙、芳村附近一带吸引大批商人投资置地，且有"多多益善之势"。⑤ 如能在黄沙建堤，沿堤泊船起货，能极大缓解珠江河岸的拥挤状况，"于商情大为方便"。⑥ 投资商敏锐地觉察到黄沙堤岸潜在的巨大商机，"将来开街建

---

① 杨颖宇：《近代广州长堤的兴筑与广州城市发展的关系》，《广东史志》2002年第4期。
② 见《吴吉临控刘学询豪恶六款据实条陈清折续》，香港《华字日报》1895年6月22日；《蛇噬童手》，1895年7月3日；《抢匪即擒》，1895年10月11日；《雨中火警》，1897年7月6日；《篷中藏金》，1897年10月19日；《南海新秋》，《申报》1896年9月9日，第2版；《南海疍歌》，《申报》1896年10月21日，第2版（本章大量引用香港《华字日报》内容，该报在1914年前无版数，特此说明）。
③ 《抢匪即擒》，香港《华字日报》1895年10月11日。
④ 宓汝成编《近代中国铁路史资料》中册，沈云龙主编《近代中国史料丛刊续编》第40辑，台北，文海出版社，1989，第501~503、511~515页。
⑤ 见《先求旺地》，香港《华字日报》1901年6月23日；《河南树界》，香港《华字日报》1902年1月7日。
⑥ 《光绪二十七年广州口华洋贸易情形论略》，广州市地方志编纂委员会办公室等编译《近代广州口岸经济社会概况》，暨南大学出版社，1996，第401页。

铺，另设码头，为湾泊外洋轮船，俾以收回权利"。地方政府支持商人的投资，认为"有益地方，大兴商务，而增国帑"。① 1900年3月，一群商人以"卢少屏"的名义组设宏兴公司，集资30万元，请筑黄沙堤岸，获得两广总督李鸿章批准。工程东至米埠，西至大坦尾，共长500余丈（约1666.7米），南北长数十丈不等。筑成后每年缴纳官租5000两。②

但堤岸工程受到来自多方的阻力，首先，铁路公司以堤岸为铁路"必经之地"为由，欲将堤岸改由该公司办理。1901年5月2日，铁路大臣盛宣怀发咨文给两广总督陶模，其内容有三：①除卢少屏承筑的黄沙水坦500丈外，长堤其余1200余丈，"应归铁路公司承筑，勿令他商承办，以免将来建路时于大局有所窒碍"；②如果卢商办理黄沙不善，"应请仍归铁路承办，勿被他商搀承，免误要工"；③如果铁路公司需用黄沙坦地，每年只分缴官租，"该商不得因公司需地过多，致生事执，亦不得高抬地价，欲收回填筑成本"。③ 可见，盛氏对堤岸"势在必得"，试图控制整个长堤工程。他以一种"施恩"的态度，准许卢商办理黄沙堤岸。条件极为苛刻：不补回工本，只分缴官租，不得高抬地价，稍有不善即收归。他令粤汉铁路总董张振勋（1840～1916）与广东当局交涉。张氏遂活跃在省城，与各方协商铁路事宜。至1902年初，卢商被不断禀控，筑堤工程受阻，陶模命广东善后局、南海知县会同张振勋商酌如何统筹兼顾。④ 同时，宏兴公司内部分裂为两派，相互控诉。3月，士绅余棠熙出面，禀着"两商工本固不可亏，铁路工程又不可碍"的原则调处各方。⑤ 经过协商，铁路公司做出让步，补回宏兴公司筑堤成本。8月，盛宣怀特派陈希贤、何其坦来粤，会同洋工程师李治等到黄沙勘验，并由粤汉铁路总公司发还卢商8万元。⑥

其次，黄沙地方乡绅"恐堤成将有水患"，阻挠堤岸建设。1900年堤岸兴工之际，黄沙上游九十六乡士绅黄嘉礼等以"阻塞海道"为由反对兴工。

---

① 《商利大兴》，香港《华字日报》1901年3月27日。
② 见《粤海春涛》，《申报》1900年3月25日；《商利大兴》，香港《华字日报》1901年3月27日。
③ 《宪札照录》，香港《华字日报》1901年5月23日。
④ 《事待和衷》，香港《华字日报》1902年1月13日。
⑤ 《调处筑坦》，香港《华字日报》1902年3月14日。
⑥ 《给价承坦》，香港《华字日报》1902年8月8日。

黄是南海县人，登光绪甲午（1895）科进士，官授知县。① 他一直活跃在省城，在反对黄沙筑堤事件中充当主要角色。② 支持堤岸建设的总督李鸿章又调任，工程遂中止。1901年4月，总督陶模以筑堤"有益地方"，准予继续办理。③ 随着堤岸动工，乡绅的反对愈演愈烈。黄嘉礼以堤成"田禾必至被浸"等语，唆使附近乡民。他雇请雅瑶、大沥等处乡民数百名，各执灯笼大书"南番清花四邑乡民"字样，拥至黄沙海旁抛掷砖石，不准各船艇盘运泥沙登岸，并致伤1人。南海知县大为恼火，派出差役抓捕了9名乡民。④ 攻击随即转向宏兴公司本身。有人质疑承商卢少屏的身份不实。公司的股东出现分裂，相互控诉。该公司最初由东莞举人卢邠岐发起，以其弟卢少屏的名义向官府备案。公司列名的股东包括卢邠岐、卢少屏、叶德谦、叶翰谱、蒋焕章、黄瑞云、易兰池、郭冰壶、陈殿波、钟瑞符、吕瑞廷等人。不久郭冰壶引新会人卢炳南入股，顶冒卢少屏的名字，引起卢邠岐不满。公司事务又多为叶德谦等人处理。卢邠岐愤而向南海县控诉卢炳南冒名、叶德谦把持公司事务，并控蒋焕章、黄瑞云未交股本。⑤ 公司的"内忧"鼓舞乡绅加大攻击力度。南海县属浔峰河荣局绅举人招嘉哲等控卢少屏填河舞弊，请派员踏勘，以免水患。⑥ 番禺慕德里局绅举人黄廷章等也以其"有碍水利"禀藩辕，请令停筑。⑦ 至1902年1月底，筑堤工程已有停止之势，而

---

① 宣统《南海县志》卷十四《选举表》，第2页。
② 由于资料欠缺，笔者尚未能查清黄沙上游九十六乡的范围。但出面参与反对的县包括番禺、南海、三水、花县和清远。见《秉公勘坦》，香港《华字日报》1902年1月18日。堤岸拨归粤汉铁路后，"而各乡舆论，仍以水患为忧，日筹抵制之策"。黄嘉礼可能仍起主要作用，引起官府不满。岑春煊任内借大沙头掳妓案以"庇盗"罪名革去黄氏的功名，并发南海县永远监禁。直至1908年黄氏才获释。见《堤局预防水患》，《广东日报》1904年5月31日，第2页；《有请开复黄嘉礼功名者》，香港《华字日报》1909年8月4日。
③ 《商利大兴》，香港《华字日报》1901年3月27日。
④ 《黄沙筑坦汇闻》，香港《华字日报》1901年10月23日。
⑤ 《筑坦意见》，《安雅书局世说编》1901年9月24日，第38页；《父为子辩》，《安雅书局世说编》1901年12月5日，第77页；《冒名事败》，《申报》1901年10月26日。卢邠岐，东莞人，名铭勋，号邠岐。光绪戊子年（1888）科顺天中式，内阁中书，考取总理衙门章京，改选道用。见民国《东莞县志》卷四十七《选举表》。叶德谦后积极投资建设堤岸，在泮塘、筑横沙一带均有其投资身影。见《请将官坦修筑街道》，香港《华字日报》1913年2月26日；《查勘河道》，广州《民国日报》1923年12月19日，第7版。
⑥ 《又控筑坦》，香港《华字日报》1902年1月10日。
⑦ 《纷纷阻筑》，香港《华字日报》1902年1月16日。

控告者仍"纷纷未已"。

但官府却不认同"水患"之说。李鸿章批黄嘉礼等人"见利思争"。① 陶模也认为,"如果实于水道有碍,该举人等何以早不具禀？直至卢少屏等同伙涉讼之后,始据各该绅士陆续禀攻。其为各有偏袒,互相争利,可以想见"。② 在官府看来,"水患"之说只是试图阻扰商务的幌子,乡绅禀请多被批斥驳回。

最后,黄沙鱼栏反对搬迁。黄沙河坦是随珠江河沙沉积形成,界限和地权模糊,岸边的鱼栏、商铺向不赞同筑堤,"舆情未协"。陶模在准办堤岸时,曾令"将该处河旁沿途铺户将契呈验,如需要填筑之地,若非官荒,则酌量补回地价"。③ 可见,契据是补价的唯一标准,无契的河坦将被视为"官荒"。土地纠纷就在所难免。筑堤伊始,八和会馆司事古大福控告筑堤侵占了会馆埠头。④ 此后,番禺慕德里局绅举人黄廷章等又多次控告宏兴公司多占百余丈土地,与原案不符。⑤ 而该公司试图搬迁鱼栏,激起民众反抗。清末鱼栏悉聚黄沙,粤海关报告载:"该市场是一大批竹木小屋,建在打入水中的木桩上面。"⑥ 据20世纪20年代统计,该处鱼栏共13家,占水埠90余丈（约300米）。⑦ 宏兴公司起初"搭丁字浮桥数十丈,以便往来,复许鱼栏搭蓬暂作买卖",后决定令其搬迁,"待堤岸工竣,再择地租与鱼栏营业"。1901年11月16日,杨崇勋、陈勉畚等鱼栏业主率怡怡、利贞、合和、安满记等店发动罢市。⑧ 南海知县裴景福软硬兼施,逼迫鱼栏开市。他在示文中说：

> 黄沙鱼栏数家上下码头本是官地,当堤岸兴筑之时,理应迁

---

① 《又阻筑堤》,《安雅书局世说编》1902年1月3日,第78页。
② 《筑坦近闻》,香港《华字日报》1902年1月29日。
③ 《商利大兴》,香港《华字日报》1901年3月27日。
④ 《批示筑坦》,香港《华字日报》1901年10月8日。
⑤ 《原案不符》,香港《华字日报》1902年3月5日。
⑥ 《粤海关十年报告四（1912~1921）》,广州市地方志编纂委员会办公室等编译《近代广州口岸经济社会概况》,第1098页。
⑦ 《呈为泮塘未照原案筑好万难迁往饬粤路查照原案办理暂缓催迁事》（1926年11月8日）,广州市档案馆藏,档案号：4-01/11/329-6-170。
⑧ 《南海县正堂示》,《安雅书局世说编》1901年10月23日,第38页。

让……倘一味恃强，以为罢市可以挟制官长，本县亦有两层办法：一准如鱼船自行上街出卖，并由差勇随时保护，如有人阻挠索诈，即行拿究；二准无论军民人等，有愿开设鱼栏者，本县即发给示谕，并派勇弹压，或在黄沙或在近域江岸，准其即日择地开设，以期便民。现在屡奉朝旨力行新政，不啻三令五申，建筑码头振兴商务，亦新政之大端。况黄沙系奉督抚宪饬办之案，无论如何阻挠均事在必行。而该鱼栏竟愿因至此，其中必有主谋为首之人，俟本县访查得实，当惩办一二以儆效尤。①

在裴知县看来，鱼栏所在为官地，让建堤岸是"理所当然"。他用准渔船上街及换商开鱼栏威吓罢市民众。鱼栏遂在3天后复业，但坚持不搬迁。直至堤岸归并铁路公司，鱼栏仍在营业。铁路公司与粤海关理船厅多次想令鱼栏搬迁而不得。②

可见，宏兴公司面对众多"见利思争"的对手，惨遭失利。有雄厚资金和政治背景的铁路公司独占鳌头。该公司获得黄沙坦地开发权后，以"按契偿价"收购附近"阻碍轨道"的民房，进行扩建。③ 这样，黄沙堤岸比原拟建筑面积增大了好几倍。1905年前后，堤岸从粤汉火车站头沿路修筑，直达泮塘海口。堤上筑花岗石路面，华洋商人竞相买地建洋房、货仓，"地价陡涨"。④ 有趣的是，20世纪20年代，市政厅填筑黄沙如意坊一带堤

---

① 《示平挟制》，《申报》1901年11月1日，第9版。
② 黄沙鱼栏的搬迁颇费周折。据《民生日报》载，1913年5月，粤汉铁路公司备价购买鱼栏所在河坦，粤海关理船厅也称渔船屯泊导致米埠前及沙面西边河道淤塞，故请广东当局迁徙鱼栏。当局试图将鱼栏搬迁至泮塘，制定《泮塘新街市规则》。但搬迁计划未能实现。据李颖明研究，1921年5月，广东全省公路处称黄沙鱼栏为官产，需缴价承领，粤路公司出面争承，双方为业权争执不下之际，理船厅再次"献议"孙科将鱼栏搬迁至泮塘。1923年9月，市政厅制定《广州市迁拆黄沙鱼栏办法》。但搬迁仍延而未办。1924年12月1日，黄沙鱼栏一带发生大火，粤路公司乘机收回该地。但此次搬迁又遭遇粤路公司逼迁、粤路与市厅争执填筑路、泮塘坦地业权纠纷、鱼栏业主不愿搬迁等问题。至1927年3月黄沙鱼栏始迁往泮塘营业。见《拟饬鱼栏迁地》，《民生日报》1913年5月10日，第7页；《泮塘新街市规则》，《民生日报》1913年5月20日，第3页；李颖明：《黄沙鱼栏搬迁与1920年代广州的官商关系》，硕士学位论文，中山大学历史系，2009，第11~45页。
③ 《按契偿价》，香港《华字日报》1902年9月8日。
④ 《新堤兴盛情景》，香港《华字日报》1905年9月16日；《粤海关十年报告三（1902~1911）》，广州市地方志编纂委员会办公室等编译《近代广州口岸经济社会概况》，第966页。

岸时，遭遇的阻力竟如出一辙：附近乡村仍以"水患"为词反对筑堤；铁路公司争执河滩的业权、干预堤岸内建筑；鱼栏一再反对搬迁。①

堤岸与航道：南关堤岸的兴建

鉴于黄沙堤岸的各种争端及新填地权的考虑，广东善后局自行筹款成立堤工局，办理南关堤岸。其范围从西关德兴街起，至鸡翼城外川龙口一带。粤海关以"未免阻碍航道"为由介入堤岸线的设计，故南关堤岸是华人工匠按照西方人的规划所建。而官办堤岸的种种弊端令工程延续7年之久。

堤工局成立后，招商承筑，划定界线，饬水陆沿线民居、船户迁避等事宜陆续展开。1903年正月，广东当局设堤工局于南关大巷口，专司长堤之事。总办委员是候补知县杨荫廷，其他委员包括蔡康为、沈牧麟、钱局洋监工怀恩等。② 1903年二月初，杨荫廷与陈联泰、冯润记订立承筑合同。③ 陈联泰承办堤岸自堤东之川龙口起至堤西源昌街止，共长870余丈（约2500米），估价银25万余两；冯润记在米埠承建可泊轮船的堤岸，计长40余丈（约133.3米），宽10丈（约33.3米），估值银3.5万余两。④ 筑堤工程于

---

① 见《商量筑堤》，广州《民国日报》1924年1月26日，第7版；《总商会为鱼栏请令》，香港《华字日报》1921年5月26日，第2张第3页；《函粤公司请饬粤路工程处及路警对于工务局处理黄沙海坦有人擅自建铺厂一案勿得干涉》，《广州市市政公报》1926年3月10日第216期，第14~16页；《鱼栏大火后之建筑问题》，广州《民国日报》1925年9月16日，第10版；《呈为泮塘未照原案筑好万难迁往饬粤路查照原案办理暂缓催迁事》（1926年11月8日），广州市档案馆藏，档案号：4-01/11/329-6-170。

② 《堤岸请款》，《岭东日报》癸卯年（1903）二月初二日；《委兼堤差》，《岭东日报》癸卯年（1903）二月二十一日；《岑云帅批查堤岸》，《岭东日报》癸卯年（1903）六月初七日。杨荫廷字左槐，山西人，拔贡，曾于光绪十三年（1887）、十六年（1890）任番禺县令，光绪二十年（1904）任南海县令。见宣统《南海县志》卷九《职官表》，第1页。

③ 《堤岸请款》，《岭东日报》癸卯年（1903）二月初二日。陈联泰是清末广州著名的机器厂。19世纪30年代，南海西樵人陈淡浦创建陈联泰号于广州十三行新豆栏街，经营制衣针和修理机器。19世纪70年代，陈联泰开始经营缫丝机器业务。1876年，陈淡浦子濂川将店铺扩至十八甫，改称"陈联泰机器厂"，工场规模不断扩大。1900年前后，该厂拥有天字码头联泰东栈、河南联泰南栈、惠安煤栈等物业，工人近200人，自制江永、江汉、江电、江明、江利、江元、江飞等小火轮船8艘，经营多种机器制造业务。司事人包括陈启猷、陈远猷及其子陈元燎、罗耀庭等。见陈滚滚《陈联泰与均和安机器厂的概况》，载《广东文史资料》第20辑，1965，第146~151页。

④ 《堤岸请款》，《岭东日报》癸卯年（1903）二月初二日。

1903年3月19日正式兴工，分为10段，依据河道的宽度分别填宽10~50丈。堤工局颁布《筑堤章程》，凡必须拆卸房屋给予一定补偿，疍户用松椿木板搭成的棚寮则补偿搬迁费用。① 同时，令水练、保正等通知沿河界内停泊船只迁避。② 西关段、南关段、米埠段先后兴工，1904年1月，德兴街至谷埠首段即将告竣，时人估计长堤"大约春灯时节可告成功"。③

粤海关以"为防有碍航道"为由，介入堤岸线的规划。海关管理港口的权限始于船钞部（Marine Department）的设立。1868年，海关总税务司赫德创设船钞部，由海事税务司管辖。该部的工作包括：设置灯塔、浮标和标桩，配置引水人，设置理船厅（Harbour Master）管理舶停泊秩序等。赫德将中国沿海划分为北、中、南三段，各指派一巡查司（Divisional Inspector）专司船钞部的工作。南段巡查司驻福州，监督厦门、淡水、台南、潮州、广州等港口的理船厅。广州设二级理船厅一员，负责监督港口引水、持照引水、灯塔看守、巡港吏等人员的工作。④ 1870年底，理船厅的管理权转到海关税务司手中。1881年，海事税务司改为巡工司（Coast Inspector），行政和管理事务权限大为削减，成为技术负责人，是理船厅的技术顾问和最终技术权威。第一任巡工司是原南段巡查司美国人毕士璧（Bisbee）。⑤ 1901年，英国人戴乐尔接任巡工司，加大疏浚和管理河道力度，将建设和革新助航设备推入鼎盛时期。⑥

---

① 《筑堤章程》，《岭东日报》癸卯年（1903）二月十六日。
② 《堤工劝谕》，《岭东日报》癸卯年（1903）二月二十八日。
③ 《堤岸将成》，香港《华字日报》1904年1月9日。
④ Circular No. 10 of 1868. Marine Department, *Documents Illustrative of the Origin, Development and Activities of the Chinese Customs Service, Volume I: Inspector General's Circulars, 1861 to 1892* (Shanghai: Statistical Department of the Inspectorate General of Customs, 1937), pp. 86–95. 此文献由李爱丽副教授提供，特此致谢！
⑤ 魏尔特：《赫德与中国海关》，陈养才、陆琢程、李秀风等译，厦门大学出版社，1993，第400~407页。
⑥ 陈诗启：《中国近代海关海务部门的设立和海务工作的设施》，《近代史研究》1986年第6期。戴乐尔（William Ferdinand Tyler, 1865–1928），1865年出生于英国，青年时作为后备军官随英国"中国舰队"来华，后转入赫德主持下的中国海关，长期在缉私舰船上服役。1894年受雇进入北洋舰队，亲历了黄海海战、威海卫保卫战等。北洋舰队覆灭后，他返回海关任职，1901年接任毕士璧成为巡工司，长驻上海。此后任职至1920年才回国。他记录在华经历的 *Pulling Strings in China* 一书于1929年出版。见戴乐尔《我在中国海军三十年（1889~1920）——戴乐尔回忆录》，张黎源、吉辰译，文汇出版社，2011。

在此背景之下，粤海关对珠江河道的管理也加强了。1901年底，鉴于省城河道"民船蜂囤蚁集，拥挤殊甚"，粤海关应各国领事之请，制定扩拓河道章程。该章程试图规范船只停泊，以期能湾泊更多轮船。例如，规定沙面水道只容泊洋船，原停靠沙面前的香港渡移泊到海珠前。该章程也获得广东当局批准。税务司马根称之极有成效，"今各船湾泊已次序秩然，有条不紊，河面大为改观"。① 1902年9月5日，中英签订《中英续议通商行船条约》（又称《马凯条约》），其中第五款规定："中国允于两年内除去广东珠江人工所造阻碍行船之件。又允准将广州口岸泊船处整顿，以便船只装载货物。既整顿之后，允为设法随时保持，其工程归海关办理，而经费由华英两国商人照卸装货物抽捐充用。"② 粤海关据此获得更多管理省城河道的权力。一方面，在戴乐尔的指导下，粤海关飞虎巡船管驾官夏立师督拆了中法战争时期设置的长洲木栅、沙路铁闸、大石闸等；③ 另一方面，前税务司马根为免长堤筑成有碍航道，制定32条《省河商船泊界新章》（又称《广州口船只停泊起下货物章程》，1904年7月颁布，以下简称《新章》）。④ 《新章》所定省河泊船之界限为：

> 南界由绥靖炮台中心对正东起至对正西止，西界由五层楼对南偏西六十六度起横河而过至大坦尾之两边止，东界由天字码头正南对至河南军工厂止，黄埔泊船之界由第三沙滩之峰西北对至六步滘之东小岗为东界或称为下界，又由土瓜之南沙峰对至北边一漏滘，又由新洲头东边直至大沙之北岸为西界或称上界。⑤

---

① 《光绪二十七年广州口华洋贸易情形论略》，广州市地方志编纂委员会办公室等编译《近代广州口岸经济社会概况》，第408页。
② 《中英续议通商行船条约》，奉天交涉署编《约章汇要》，奉天交涉署，1927，第119页。
③ 该工程从1904年10月开始兴工，由粤海关飞虎巡船管驾官夏立师督理，归巡工司节制。工程包括拆卸长洲木栅、沙路铁闸、洪福市桥闸、大石闸、琶洲闸、猎德江闸等，由一家中国公司和一家由英国工程师组成的香港商号承包。至1905年8月竣工。见《光绪三十年广州口华洋贸易情形论略》，《粤海关十年报告三（1902～1911）》，广州市地方志编纂委员会办公室等编译《近代广州口岸经济社会概况》，第432、966～968页。
④ 马根曾于1901年出任粤海关税务司，1904年已由梅尔士担任粤海关税务司。《广州口船只停泊起下货物章程》常被误认为颁布于1914年。见商务印书馆编译所编《国际条约大全》下编卷7《行船》，商务印书馆，1925，第7～9页。
⑤ 《省河商船泊界新章》，《岭东日报》光绪三十年（1904）六月十五日。

《新章》不仅规定驶入泊界的船只能由"指泊吏"指示停泊，而且规定在泊界建筑须呈报，"凡商人欲于口内停泊趸船，或西关扁，或打桩入水，或搭盖蓬厂，或侵占河道，须先绘图贴说，呈报海关，再由该管官员或领事官察核，方准举行"。① 换句话说，在泊界河岸建筑均须呈报粤海关。这也是粤海关介入堤岸线的依据。1904年9月，戴乐尔认为堤工局所定堤线过宽，须将界线缩小。这令堤工局大感为难，因为一旦堤线改小，则所余地段不敷开设马路之用，而博济医院、五仙门一带沿河的业主又不肯让地辟路，故总办杨荫廷大力反驳修改堤线。② 11月，两广总督岑春煊派洋务处委员温宗尧、堤工委员等，会同关巡工司重勘堤岸界线。新界线实际由戴乐尔设计。他在回忆录中写道："一些无计划的工作已经展开了，但我现在将其系统化，并建造了一堵弧形的，长达数英里的江堤。"③ 该堤岸线在1907年德国营造师舒乐测绘的《广东省城内外全图（河南附）》中可以清楚看到。新规划与堤工局原规划不符，"自其昌街至谷埠加宽二丈，谷埠以东渐次缩窄"，导致已填筑砌礴的堤岸段须毁拆返工。④ 德兴街首段须拆八尺（约2.7米），油栏门外谷埠迎珠街一带即将竣工的堤段，须拆埋十丈（约33.3米）。承筑商又以此举增加工程量，要求增加工价。⑤

　　加之筑堤经费无法保证、承商舞弊、堤岸坍塌等弊病，长堤拖延至1910年夏才得以竣工。1903年7月，两广总督岑春煊率军征剿广西叛乱，提调筑堤经费作为军饷，堤工局只好采用"随筑随卖"以便周转工费。⑥《堤岸价值章程》将堤成后的马路、码头分别划分为三等，按照地段兴旺程度定价出售。商人领地一度踊跃，善后局几月内收得地价40多万元。⑦ 随后善后局提高地价，极大打击了商人领地的热情，"以至领地

---

① 《广东全省商务局章程续》，《岭东日报》光绪三十年（1904）六月十八日。
② 《堤岸让地为难》，香港《华字日报》1904年9月22日。
③ 戴乐尔：《我在中国海军三十年（1889～1920）——戴乐尔回忆录》，第127页。
④ 《堤岸重勘界线》，《广东日报》1904年11月3日，第2页；《堤岸界线之更正》，《广东日报》1904年11月5日，第2页。
⑤ 《又拆已筑堤岸》，《岭东日报》光绪三十年（1904）十一月初十；《堤岸须拆》，香港《华字日报》1904年12月28日；《堤岸近事姑纪》，《广东日报》1905年1月9日，第2页。
⑥ 《填筑长堤近闻》，《岭东日报》癸卯年（1903）六月初八日。
⑦ 《堤岸地段加价》，香港《华字日报》1904年6月14日。

者观望"。① 1905年、1906年又多次发生堤岸坍塌。粤海关税务司梅尔士抱怨，原本为利便交通的堤岸工程，反成为河道的损害，影响河道的可航性。② 至1906年底，仅完成工程的一半，却已用银80余万两，是工程预算的两倍多。③ 两广总督周馥将其归于承商陈联泰舞弊。该厂司事陈远猷、陈元燎、罗耀庭3人被拘押，所有店铺、货栈、轮船一律被查封。④ 1907年10月，继任总督张人俊大力整顿堤工局，任道台朱咸翼为会办，另设帮办、提调、副提调兼总监工、文案、收支、收发等各一员。⑤ 朱氏上任后令工师考察各段堤身、堤脚，分别坚固浮松，勘丈堤岸、领地及监修工程等陆续展开。⑥ 1908年3月，新商同兴公司将各段同时开筑。⑦ 由于未聘专业工程师监督，工程坍塌仍时有发生。⑧ 堤工局因此饱受舆论诟病，全然是"不裁何待""背章贪利""腐败"的负面形象。⑨ 1910年夏天，南关堤岸告竣。时人对官筑堤岸失望至极，认为"中国官场只图成功，不图善后。恐他日又瓮积崩裂，漫无修理也"。⑩

大体上看，南关堤岸可视为"中外合作"的产物。粤海关为保证航道畅通，将管理航道之权扩大至河岸建筑，进而担任起规划堤岸线的角色。自此，凡关涉河堤建设均须呈报粤海关。原本完全掌控堤岸的堤工局，转变为按照西方人的规划来建设。而筑堤的种种弊端，令工程长达7年之久。官办

---

① 见《承地前后异词》，香港《华字日报》1904年8月31日；《商人请办长堤》，香港《华字日报》1904年11月12日。
② 《光绪三十一年广州口华洋贸易情形论略》，广州市地方志编纂委员会办公室等编译《近代广州口岸经济社会概况》，第442页。
③ 《1906年广州口岸贸易报告（译文）》，广州市地方志编纂委员会办公室等编译《近代广州口岸经济社会概况》，第455页。
④ 《承办堤岸商店被封》，香港《华字日报》1907年1月22日；《堤工之牵涉案》，《中国日报》1907年2月20日，第2页。
⑤ 《朱道整顿堤工办法》，香港《华字日报》1907年10月25日；广东清理财政局编订，广东省财政科学研究所整理《广东财政说明书》，广东经济出版社，1997，第749~750页。
⑥ 《朱道整顿堤工办法》，香港《华字日报》1907年10月25日。
⑦ 《批斥阻误堤工商人》，香港《华字日报》1908年3月23日；《堤工告竣之希望》，香港《华字日报》1908年4月24日。
⑧ 《新堤坐塌》，香港《华字日报》1908年12月16日。
⑨ 见《堤工局不裁何待》，香港《华字日报》1911年1月14日；《堤岸篷寮被火》，香港《华字日报》1911年8月3日；《堤工局腐败岂止一炉》，香港《华字日报》1911年10月4日。
⑩ 《堤岸工成》，香港《华字日报》1910年6月28日。

堤岸之无效率，令商人及沙面的外国人大为失望，进而使沙基堤岸兴筑的难度增加。

中外交涉：沙基堤岸的修筑

长堤竣工后，另一段沙基堤岸的修筑被提上日程。沙基堤岸指源昌大街轮船码头起西至沙面涌口段，长约180丈（约600米），又称"第七段堤岸"。外国人对广东当局筑堤缺乏信心，沙基的洋人业主一再要求工程必须处于有力的管理之下才能进行建造。① 加上该处中外产权交错，行政管辖权模糊不清，中外双方诸多交涉，工程进展极为缓慢。

沙基涌管辖权是筑堤前中外双方多次协商的首要事项。1910年4月30日，《华字日报》载："省城堤岸近西一带至今尚未兴筑，系因沙基内河所阻碍，迭经当道与外人磋商，迄无成议。"② 沙基涌是填筑沙面时人工开凿出来的河涌。在相当长的一段时间里，该涌的管辖权模糊不清。1904年，沙基巡防第八营管带杨洪标以"稽查沙基水埔货船及各小艇为名"，向涌内湾泊的船只收取船牌费，供沙面修治街道之用。③ 此后，沙基涌的船只牌照由沙面工部局颁发，由巡防营代收费用。据《广东日报》载，各船艇牌照费为大沙艇2元、小沙艇1元、大货艇4元、小货艇3元、大乡艇10元、小乡艇5元、油豆火水丝艇15元。④ 借此，沙面可以借巡防营之力干涉沙基事务，而巡防营也乐于以此为借口勒索商家。"由是沙基店铺建一骑栈、盖一天遮，某弁以阻碍沙面为词，无不尽情讹索而后已。"⑤ 在一定程度上，沙面与沙基巡防营达成了一种互惠互利的关系。1909年3月，沙基合隆栈糠米店的货艇与停泊在沙基涌的沙艇发生冲突，第八营勇包庇沙艇，殴伤合隆栈司事，砸抢合隆栈铺面。⑥ 此事引发沙基铺户的巨大愤慨和商人的普遍

---

① 《1906年广州口岸贸易报告（译文）》，广州市地方志编纂委员会办公室等编译《近代广州口岸经济社会概况》，第456页。
② 《展筑西堤之规划》，香港《华字日报》1910年4月30日。
③ 《勘丈赎回官地》，香港《华字日报》1910年8月9日；《饬查杨苏私卖官地案》，香港《华字日报》1910年9月30日。杨洪标，字植生，与外国人交往甚密，其子杨苏为教徒。
④ 《省河船牌费表》，《广东日报》1904年4月26日，第1页。
⑤ 《沙基上下街上袁督禀稿》，香港《华字日报》1909年9月4日。
⑥ 《第八营勇酿事详述》，香港《华字日报》1909年9月3日。

关注。沙基上下街全体商店联名上禀两广总督袁树勋,要求"所有沙基涌内船只牌费改归水巡征收,不使该防营借口洋人干涉沙面以外之事"。① 但广东当局迟迟未能解决该事。

粤商自治会的介入为广东当局增加了谈判的筹码。邱捷指出,粤商自治会的创办人陈惠普、李戒欺等是争取粤汉铁路商办的"风潮主动人物",1907年借着反对英国攫夺西江缉捕权成立了"粤商自治会"。该会常常出面维护商人的利益,在保护西江缉捕权、抵制日货、澳门勘界等事件中都起到重要作用。② 1910年3月,粤商自治会将沙基涌案列入自治会大会讨论事项。在会议上,米行、豆行、油行、丝行及沙基上下街各代表依次陈述,提出广州官府曾设"新涌委员会"管理沙基涌,认为船只牌照本应由中方颁发,"今各艇复收取外人牌照,受人所愚,此等所为要皆华官放任。前沙基大营劣弁办事糊涂,有以致之想,非英法政府之所许。应即联请督院早日与英法领事和平交涉"。③ 换句话说,商人们认为沙基涌的管辖权应由广东当局收回,之前的混乱是由巡防营所致,与沙面的英法政府无关。

商人关注的不是民族主义情结问题,而是考虑其切身利益。商人坚决要求官府收回船牌费,担心的是巡防营借口沙面随意勒索。4月的自治会大会上,再次议决"沙基新涌事应请督辕责成水巡局切实编号换牌,不得放弃责任"。④ 粤商自治会关注此事的一个重要原因是其主要领袖与沙基关系密切。钱曾瑗(Michael Tsin)指出,自治会会长陈建基(又名陈惠普)是银号商人,其他领袖似乎也都是广州受西方影响的最新变化中的获利者。⑤ 沙基恰好是丝庄、银号等对外商贸最集中的区域。陈建基在营勇肇事发生后就曾以商董身份上禀袁树勋,要求严惩肇事者。⑥ 代表商人利益的香港《华字日报》对该事件的持续追踪报道,本身也说明事件对商人的重要性。在舆

---

① 《沙基上下街上袁督禀稿》,香港《华字日报》1909年9月4日。广州水巡警局建立于1906年正月,由水师提督统率,设正局及东、北、西三路分局并抽收牌费处。广东清理财政局编订,广东省财政科学研究所整理《广东财政说明书》,第491页。
② 邱捷:《辛亥革命时期的粤商自治会》,《近代史研究》1982年第3期。
③ 《自治会廿四日开大会议》,香港《华字日报》1910年3月8日。
④ 《自治会初五日大会议》,香港《华字日报》1910年4月16日。
⑤ Michael Tsin, *Nation, Governance, and Modernity in China: Canton, 1900–1927* (Stanford: Stanford University Press, 1999), pp. 26, 37.
⑥ 《袁督澈究第八营弁勇闹事之批词》,香港《华字日报》1909年9月14日。

论压力下，沙基涌船牌费在 1910 年底改由水巡局颁发。① 借此，广东当局回收沙基涌及沙基水闸的管辖权，沙基堤岸得以顺利兴工。

此后中外交涉的尚有沙基岸边滩地业权和码头迁移问题，这些交涉使堤工局得免裁撤。堤工局与沙面当局于 1910 年 4 月达成协议。工程委托给一家英国工程师组成的兴华洋行，7 月兴工，订期 10 个月完工。② 但遭遇滩地所有权及码头迁移问题，工程一再延误。沙基巡防第八营管带杨洪标私占沙基东水闸脚，建筑了一座木屋，售予法国人。该处恰好是堤岸必经之地，广东当局大为恼火。7 月底，水师提督李准批示南海县，饬杨洪标之子杨苏将该地赎回。广东当局与法国领事馆交涉近一个月后，以 3 万元赎回该地。这笔钱由承办老新城、南关缉捕经费商人万鸿图代缴。③ 缉捕经费是番摊赌税的代称。④ 何汉威指出，随着咨议局出现，民情舆论大张。总督袁树勋在舆论压力下，提出分步禁赌日程。彩票定于 1909 年底停售，闱姓定于 1910 年为截止限期；而赌饷最大宗的番摊与山铺票，则因库款不足，迟迟未禁。⑤ 万氏代赎沙基水闸地表面上是为了免于"丧失土地"，但实际上极可能与继续承办缉捕经费有关。随后，省港澳轮船公司及招商局的码头不愿迁移。⑥ 堤工局会办朱咸翼与沙面英商、上海招商局进行了多次交涉。1910 年 10 月，因行政职权不清、贪污腐败等问题，咨议局议员莫伯泖提出《议裁并省城堤工局案》。其依据大致有 4 点：①堤岸为道路工程，应归巡警道行政科管辖；②堤工局不应拥有独立财政权，应归藩司或度支司；③堤工局人员冗繁，耗费过大，难以列入省预算案；④延误建筑、骚扰商民，导致民怨纷腾。因此，莫氏认为在法理和民怨上，堤工局已"不得不裁"，建议或将之归并巡警道，财政收入归并财政公所，或移交劝业道。提案获大多数议员赞

---

① 杨颖宇：《近代广州长堤的兴筑与广州城市发展的关系》，《广东史志》2002 年第 4 期。
② 《议裁并省城堤工局案》，《广东咨议局第二次常年会议报告》，第 90 页。
③ 《沙基水闸木屋已缴价赎回》，香港《华字日报》1910 年 8 月 26 日。
④ 1900 年，两广总督李鸿章令分路举办缉捕，责各营推广番摊赌规，名为"缉捕经费"。官府设缉捕经费总局，分地招商承办。见广东清理财政局编订，广东省财政科学研究所整理《广东财政说明书》，第 262 页。
⑤ 何汉威：《清末广东的赌博与赌税》，《中央研究院历史语言研究所集刊》1995 年第 66 本第 2 分，第 531~532 页。
⑥ 《示筑沙基长堤》，香港《华字日报》1910 年 7 月 15 日；《粤海关十年报告三（1902~1911）》，广州市地方志编纂委员会办公室等编译《近代广州口岸经济社会概况》，第 965 页。

成,"录案呈报"两广总督张鸣岐。① 张氏在札复中拒绝了该提案,文曰:

> 惟地段最繁盛、交涉最烦难者第七段工程,计180余丈。于本年四月间,经堤工局与兴华洋行大班熙露磋议明白,订立合约10个月完工,并订明倘有意外及工人罢市兼交涉等件不入限内。计自七月兴工起至今,打桩、挖沙等工尚未及半。再该段内有洋商码头两座,迭经前宪袁照会英领事饬拆,迄今尚未定议。又有招商局码头两座,现堤工局会办朱道咸翼方至上海,与该局磋商。第七段工程交涉之事甚多,且系堤工局与洋商订立合同办理之件,若骤易经手,恐难接洽。即使立即归并,亦必仍须委员办理,所省亦属有限。应俟该局第七段工程完竣后再行提议。②

可见,张氏保存堤工局的依据主要是其处理的各项对外交涉不宜换人。与洋行签约筑堤,与英领事洽谈拆卸码头,以及与招商局磋商,"若骤易经手,恐难接洽"。堤工局得以继续运作,但其交涉事宜却未见成果。堤岸不得不分段建筑,留出缺口让轮船码头及海关验货厂与岸上衔接,严重妨碍工程的连续性。1911年后期局势动乱,工程不得不暂停。③ 1911年底,堤工局收归广东军政府管理。④ 1912年8月,堤岸工程归并民政司办理,堤工局退出历史舞台。⑤ 至1914年沙基堤岸才竣工。⑥

总体而言,沙基段堤岸可谓是在中外双方交涉声中兴建起来的。广东当局在无力收回沙基涌管辖权之际,粤商自治会等商人组织的加入为之增加筹码,由此堤岸得以在中外妥协之下动工兴筑。后续的滩地产权、码头迁移等问题,无不显示出看似独立的沙面,实际上却也拥有广州部分地权,进而对广州城市建设有着实质性的影响。

---

① 《议裁并省城堤工局案》,《广东咨议局第二次常年会议报告》,第90页。
② 《议裁并省城堤工局案》,《广东咨议局第二次常年会议报告》,第90页。
③ 《粤海关十年报告三(1902~1911)》,广州市地方志编纂委员会办公室等编译《近代广州口岸经济社会概况》,第965~966页。
④ 《堤工局总办马镛桂通告》,香港《华字日报》1911年11月16日。
⑤ 《堤地限期换照》,《民生日报》1912年8月7日,第4页。
⑥ 《粤海关十年报告四(1912~1921)》,广州市地方志编纂委员会办公室等编译《近代广州口岸经济社会概况》,第1011页。

小　结

1914年长堤工竣，除黄沙段外，修成一条从沙面直达广九铁路大沙头终点站的马路，路宽50英尺（约15.2米），全长2.25英里（约3621米）。马路上整齐的路树，高架的电线和路灯，奔跑着的人力车，高楼崇阁的西式建筑，沿堤湾泊各类船艇，使得长堤形成别具一格的新空间。

而统观长堤之兴建，却是各种势力相互妥协的结果。长堤兴建对扩展广州的城市空间的重要性和迫切性，得到地方官府、商人和外国人的共同认可。其兴建过程，却根本不似张之洞修筑天字码头段时那么简单。看似"无主"的河坦地，有着商人势力、地方乡绅、中央政府及外国势力等通过各种不同的途径来施加影响。黄沙是粤汉铁路首站，铁路公司对堤岸势在必得；附近乡村士绅也对之"虎视眈眈"；而黄沙鱼栏也视河滩为"己物"，反对搬迁让建。南关堤岸本由堤工局所掌控，但粤海关将管理航道的权力扩大至河岸建筑，堤岸线由巡工司测绘制定，堤工局遂变成是按照其规划，来建筑堤岸。此后历届广东当局在开发堤岸时，均受到粤海关一定的制约。沙基堤岸的兴筑则处处均须中外交涉，从沙基涌管辖权到滩地产权，再到码头迁移，反映出沙面对广州城市建设的影响力，也再次印证了城市土地产权之复杂性。

第四章

20世纪上半叶广州的道路修筑与城市规划

陈晶晶

近代城区的变化因为旧城墙的拆除和新道路的修建而发生，城市规划的整体性因为逐渐明确的市区范围而完善。20世纪上半叶，具有近代化意义的市政建设在广州铺开，本章将重点讨论其中的道路修筑与城市规划，尝试梳理出一条较为清晰的广州城市发展脉络。

道路修筑的全面铺开

古代城市之区别于近代城市，城墙这一传统封建城市的象征功不可没，但是伴随近代以来广州城垣周邻地区的不断开发和拓展，曾经为了护城而修建的城墙已失去防卫功能，反而成为广州城市发展的障碍。

拆除古老的城墙，修筑现代化道路，是城市空间拓展的第一要务。民国初年到1918年市政公所成立之前，广东省巡警总局即警察厅在办理市政和维持社会治安时，已经致力于拆除街道与街道之间的街闸（闸门）。1918年1月17日晚，广州城南永汉街发生火灾，附近数条街道64间房屋被焚毁。广州当局趁机拆除永汉门和受灾邻近地段的一些房屋，修成永汉马路（今北京路）。

1918年10月市政公所成立，督军莫荣新和省长朱庆澜任命财政厅厅长杨永泰任总办，警察厅厅长魏邦平任帮办，后来又加派孙科为会办。在他们看来，拆城筑路第一需要钱，就任命财政厅厅长兼总办；第二怕群众反抗，就需要武力，便同时任命警察厅厅长兼帮办。此二人都不常驻市政公所办公,故在他们之下设一坐办主理全盘事务,担任这一职务的是杨永泰的老师曹粲之。此外还有总稽核、总务科、工程科、经界科、总测绘等部门。市政公所在公布的第一号布告中指出:"近世城垣,已如古代兵器,无存在之理由。广州老城新城,尤为天然障碍。辛亥鼎革之初,早经议拆,今当赓续实行,廓而清之。然后一切交通,方可措手。"① 为了发展公共交通、拓展市区,市政公所一成立就开宗明义地表示要以拆除城墙为首要任务。

市政公所10月成立,11月起已经开始大规模的拆建工程,很快,除留下两道北门和长达4000英尺的城墙以保护都督官署外,其余城墙及15座城门,加上相邻的5000多间房屋均被拆毁,一并改建为宽敞的新式马路。城墙的拆除打破了新旧城区的人为隔阂,使原城垣与业已开发的郊邻区域融为一体,为20世纪30年代广州市区范围的正式确定铺平了道路。

大兴土木难免存在各种不顺利,拆除城墙之初同样遇到诸多障碍。魏邦平在就职总办时曾说:"第一难矣,首为拆城,次为辟路。"② 清末民初的广州城原有内城和外城之分,又有老城和新城之分。老城区由观音山(今越秀山)起,经今日的越秀北路、越秀南路,右转经文明路、大南路、大德路,再右转经丰宁路(今人民中路)及长庚路(今人民北路)、盘福路,仍回返越秀山。新城区的原址为今日之越秀南路起,经万福路、泰康路、一德路,右转至太平南路(今人民南路)的太平桥。③ 对于拆除城墙,大体说来,城内的人是赞成的,城墙拆了,城内外畅通,交通方便得多。但城外西关和长堤一带地价本来就比城内高数倍至十数倍,很多城外的地主担心,一旦城墙拆除改建为马路,旧时的城内地皮也将随着商业区的扩大而涨价,从而影响到城外的地价。对此,一些"老广州"回忆道,当时"西关方面的财主们十分不愿意,首先是怕开筑马路,西关的古老街道也将要拆宽改为马路,其次是怕城内的官风洋气冲刷西关的封建社会堤防。后来,果然借故大闹大嚷了一场"。④

---

① 广州市档案馆编《广州档案史料》(民国时期广州建市专刊),1995。
② 《一件呈请辞市政公所总办》,《筹议市政公所》,广州市档案馆藏,档案号:4-01/1/263。
③ 黄佛颐编纂,仇江等点注《广州城坊志》,广东人民出版社,1994,第438页。
④ 韩锋等:《旧广州拆城筑路风波》,《广州文史资料》第46辑。

道路修筑的推进更是极为艰难。孙科对于筑路过程中的国民心理曾有一段评论：

> 人们心里狃于旧习，懒于革新，苟且偷安，得过且过，普通社会的心理是这样的，中国的群众，尤其是不能跳出这种圈套，所以在中国无论举办什么新政，在人民方面近视的观察看，都认为未见其利先见其害，因感受社会习惯的心理压迫，自然就要害怕起来了，由害怕而反对起来了。①

社会上首先就筑路提出意见的是商人。在广州经商的番禺商人方海寿等人联名呈书"为幸福未至痛苦已成，联恳迅处死刑，以为展拓马路之先声，而免无辜颠连困苦以自毙事"；鹤山商人胡竹琴、何子云等也呈书"为同是为公竟受众谴，恳请迅赐批示以慰云霓之望而施雨露之恩"。商人们的共同理由是，他们的家庭都依赖这一地区的经营而谋生，如果他们的商铺因为筑路而被拆去，许多人就将面临饥饿甚至死亡的威胁。"一旦拆卸，工商停歇，无以为生。"② 由于执行起来十分困难，魏邦平在辞呈中写道："以城根铺户鳞羽比连，痛苦之所关，即群起而反对"，"路线所经，切割更苦，因辟文昌宫荣泰宫两路，竟有士夫推波助澜，加以毁圣灭学之罪名……势不能不凭借警察强制执行"。③

广东省议会也对市政公所的行为予以质疑。当时的广东省议会议员陈世恩书面陈词，质问彼时的代理省长翟汪：其一，市政公所是一"非驴非马""不官不民"之物；其二，筑路进程过于迅速，不合省议会议决的拆城办法大纲。④ 省长就这些问题给予详细的解释，但也因此要求市政公所更加谨慎地安排每个筑路步骤，"慎选人才择理并改造预算咨文"，"一俟拟有办法，编有预算，即咨送会议在案，现在市政公所依何手续成立，有何办法，亟应依照朱前省长咨复原案，将所有办法预算分别交由

---

① 孙科：《广州市政的实际观察》，上海《民国日报》1922年10月10日。
② 《广州市政公所呈纸》，《筹议市政公所》，广州市档案馆藏，档案号：4-01/1/263。
③ 《一件请辞市政公所总办》，《筹议市政公所》，广州市档案馆藏，档案号：4-01/1/263。
④ 《令广州市市政公所现准》，《筹议市政公所》，广州市档案馆藏，档案号：4-01/1/263。

本会议方得开办"。① 同时，广东省长公署也再三向省议会强调，"各事将来自有详审之办法"，一切事务均在草创时期，"要之市政为今日最要之事，市政公所之设原以应时势之需求，且拆城之举于地方实有裨益，似不必过于疑虑"。②

租界洋人也跳出来阻挠道路的修筑。旧中华路（今解放路）原定由小市街直通出长堤，但长堤有基督教之青年会及法国人办的韬美医院（今工人医院），这两个单位的洋人跳出来阻挠，结果这条路不能直通长堤，改由靖海路转出去了。同样，现在的一德路石室附近拆城时，因石室（天主教堂）有不少产业是背靠城墙的，城墙拆了便要割去一部分，教堂神父便出面干涉，借口曾与政府订有合约确定"教堂范围"，不让拆城，工程一时被迫停顿。后来由市政公所特许天主教堂在割余地段多建楼房（不限高度），才算达成协议，工程得以继续。甚至到 20 世纪 20 年代末程天固任广州市工务局局长时，筑路仍遭到洋人的百般阻挠。③

但是拆城筑路毕竟势在必行，而且修筑城墙的材料——砖和石的混合物，正可用于铺设道路，既经济又实用。由表 1 可以较为直观地看出市政公所成立后近十年里广州道路修筑取得的成绩。

表 1　1918 年以前及至 1928 年广州道路修筑情况

单位：米

时间	花砂路	三合土路	蜡青路	合计	连上年合计
1918 年以前	40200	0	0	40200	40200
1919 年	18800	0	0	18800	59000
1920 年	35000	0	0	35000	94000
1921 年	26000	0	0	26000	120000
1922 年	17000	0	0	17000	137000
1925 年	0	1622	1278	2900	151400

---

① 《广东省长公署训令第八二号》，《筹议市政公所》，广州市档案馆藏，档案号：4-01/1/263。
② 《广东省长公署咨》，《筹议市政公所》，广州市档案馆藏，档案号：4-01/1/263。
③ 程天固：《程天固回忆录》，台北，龙文出版社，1993，第 115~120 页。

续表

时间	花砂路	三合土路	蜡青路	合计	连上年合计
1926 年	22040	1560	0	23600	175000
1927 年	600	0	2480	3080	178080
1928 年	8400	0	11000	19400	197480

资料来源：《广州特别市马路小史》，《道路月刊》第 30 卷第 2 期，1930 年。

20 世纪 30 年代有调查显示，自工务局局长程天固再次上任以来，广州马路建设仅仅 1930 年当年就达到 23000 米，1929～1931 年的筑路成绩甚至两倍于 1928 年以前所完成的总数，[①] 在 1932 年刘纪文担任广州市市长时达到顶峰。

1932 年 11 月，广州市政府公布的《广州市道路系统图》显示当时广州的道路系统呈棋盘形，向城郊以放射状延伸，南北干道为子午线，东西干线则用以连接与黄埔路的交通，环行干线主要用以连接市区各纵横干道及河北、河南、芳村、大坦沙一带。"此后全市道路之建设，便有准绳，而市民建筑房屋，亦可免重行拆让之苦，盖长远彻底之计划也。"[②] 30 年代中期，广州城市道路系统基本形成，完善的交通规则也初步成型。1936 年之后，由于陈济棠统治广东政权的结束，广州失去了 20 年代末 30 年代初的一段较为安定的时期，紧接着政府忙于抗日，广州市政建设中的重要一节——筑路暂告一段落。

城市规划的近代化进程

1921 年 2 月 15 日，广州正式设市，以孙科为首任市长。广州市政厅设立后的重要职责之一就是通过法规性政策的制定和有计划的城市建设进程，将原来模糊不清的城区范围确定下来，使杂乱无序的城市规划有序化，让城市居民能享受到城市生活的便利。

---

① 陆丹林：《建设中之广州市政》，《道路月刊》第 36 卷第 2 期，1932 年 3 月 15 日，第 1～3 页。
② 广州市政府编《广州指南》，广州市政府，1934，第 5 页。

城区范围的拓展

在广州原先城墙环围的各城区内，不同程度地保存着一些农田和树林。进入近代以后，城市人口增长，建设兴起，城区土地紧张，这些农田、树林陆续被改造为建筑用地，抹去了先前的田园风光。不仅如此，城市经济的发展，人口源源不断地汇聚，使旧城区已完全不敷应用，绝大多数城区都突破限制向城郊延伸。

对于市区范围，市政厅规定"暂以现在警察市区区域标准"。① 广州警区的设立，始于清光绪末年。1922年，城墙基本拆完，城内城外连成一片，市区亦随之不断扩展。然而，"各区警察区域虽已略定而全市区域究属含混"，警察区域毕竟不是正式市区的明确区域，范围上有诸多局限，"市区界限尚未确定于设计上辄感困难"。② 而且成立不久的广州市政府认为广州市"商务繁盛，人口亦日渐增加，自非展拓市区范围，不足以资安集，而规久远"。③ 因此，由陈炯明委托廖仲恺、胡毅生、陈达生、魏邦平、程天固等人，组织广州市市区测量委员会，于1923年12月拟定出广州"权宜区域"。④

不久又确定广州"拟订区域"，水上面积2.9万华亩（688英方里）、陆上面积26.1万华亩（6191英方里），合共29万华亩（6879英方里）。清末最后两年的警区面积为陆上18909亩，水上30888亩，共约5万亩。⑤ 拟订区域范围已经大大超过了警区面积，它利用山、河等自然地理屏障为界；西部拟以增步对河两岛为界；北部拟以白云山为界；南部拟以河南及黄埔为界。因为广州东部冈陵起伏，地势较高，适宜居住，且官荒既多，自易发展；增步则为广州自来水厂所在地，自当圈入市区，善加保护，以期洁净；白云山为广州风景名胜，应开发成市民游览之所，使名山大市唇齿相依；而

---

① 《市长孙呈报暂定市区区域标准文》，《广州市政公报》第3号，1921年3月14日。
② 《指令广州市政厅呈拟展拓市区范围情形连同假设图呈核示遵由》，《广东公报》第3190号，1923年7月2日。
③ 广州《民国日报》8月27日载："广州自市政改良后，日趋繁盛，人口亦增数倍，市政当局近为适当时势之需求，决将市区面积展拓。"
④ 《省长廖仲恺呈请广州市政厅拟订展拓广州市权宜区域范围连同图说转呈鉴核由》，《广东公报》第3339号，1923年12月26日。
⑤ 广东省公安局编《市民要览》，广东省公安局，1934。

黄埔仅与河南相隔，若开辟成良冈，且架以桥梁，与河南连成一体，则将成为广州之商贸重地。① 但是由于这个区域规模实在过于庞大，开发经费浩繁，短期内难以奏效。"以现在时势观之，似觉辽阔于保卫地方及征收税项诸事骤由一市机关以为经理恐难推及"，② 于是，广州市政府决定暂采用广州权宜区域，水上面积11000华亩（261英方里）、陆上面积81000华亩（1922英方里），合共92000华亩（2183英方里）。范围为：东界瘦狗岭，西沿牛牯沙，南至南石头，北临平安市。③ 权宜区域较拟订区域大为缩小，"经济无须浩繁，保卫之术易周，征催之烦可免"。④ 显然这个面积更符合当时广州城市空间拓展的实际情况。

地域的划分与行政区域的划分密不可分。广州市初设时期，"地域犹分属南海、番禺两县，行政之权未能统一，于一切兴革事宜之进行殊多阻碍，非变更其旧日之区域，统一行政之治权，无以适应时势之需求，而增进人民之幸福"。⑤ 并且"原日以双门底为界，东属番禺，河南一带入，之西属南海芳村一带附焉，自清末设巡警道，划定省城警界线南番两县治权遂而减缩，迨民国兆兴改设广东省会警察厅，南番两县对于省会之管辖权因此完全消灭"。⑥

拟订权宜区域时，工务局首任局长程天固的想法是："其中设施有时应超越此权宜区域之外，以期市区逐渐推广，跻于世界名都之列"，⑦ 因此常常"侵犯"番禺南海境界，引起许多争议。就后者而言，它们不愿意被列入广州市区范围，其一因为治权的关系；其二则因为拓入后在实际设施设置方面并不能很快与老市区平等，如"沙河久为市府视作市辖地，而又为车马辐辏之区，其建设程度为如何与广州相较，不啻秦越人之相视，而乡内之电灯电话迄未挂设，足其明证遑论其他"；⑧ 其三是唯恐市府治安力量不能

---

① 《工务局报告》，广州市市政厅总务科编辑股编《广州市市政概要》，广州市市政厅总务科股，1922。
② 《广东公报》第3191号，1923年7月3日。
③ 《计开广州市权益区域范围表》，《新广州》第1卷第1期，1930年9月，第108页。
④ 《广州市政公报》第109号。
⑤ 《广州市政公报》第1号。
⑥ 《广东公报》第3190号，1923年7月2日。
⑦ 《广东公报》第3191号，1923年7月3日。
⑧ 《番禺与广州市争界卷》（训令第72号），广东省档案馆藏，档案号：3/2/297。

推及各乡，负保护各乡人民生命财产安全之责，于是有番禺县因办理市区地方自治权限争议一案。① 它们认为，"若将民乡等划归市辖，必将从来乡落淳朴之风一染而变城市奢靡之习，其弊害不可胜言，民乡等未获其利先蒙其害"。② 番禺县各区委员会联请暂缓将划定区域移交市辖。因此，在办理海幢、蒙圣、南洲、黄埔、东郊、花地南岸各区地方自治时，广州市政府均与番禺县发生过争端。

1930年，广州市政府继续函请南海、番禺两县划清界线。其公文写道：

> 何局长以本市区域多在南海番禺两县范围，特呈请市府咨行南番两县，派员会同该局，将主要各地点树立坚固明显之界线，以清疆界。林市长特分函南番两县政府云……计附发省市县堪界条例一份下局……在本条例公布以前，如早经明白界定界线，从未发生争执，及有如何不利便者，应准恃其固有区域界线适相符合。又查该条例第十一条内载，省市县行政区域，无论旧界新界，其界线既经确定以后，应即于主要地点树立明显坚固之界标，并绘具区域界详图三份，送由内政部分别存转备案云云。复查本市区域，在未改市制以前，原属南番两县，所有权宜拟定各区域，仍复在该两县所属范围内，奉令前因理合备文呈请钧府迅赐咨行南番两县，派员会同职局，将重要各地点树立坚固明显之界线，以清疆界而符定制……③

1935年，广州市政府在处理这类冲突时，采取了较为合理的办法：在市区行政区域内，所有已设置警察局所之地段，全归市辖；市郊及乡村其未经省会公安局设置警察所之地段，暂时仍归县辖，并拟定了五项办法。④ 这些办法基本能解决地方上的事端，使市区分界最后得以确定。

30年代中期之后，广州市区又有新的拓展，"原属南海县的三元里、瑶台、王圣堂、上下沙涌、上步、粤溪、松溪、罗冲、南岸、澳口、坭

---

① 《番禺与广州市争界卷》（训令民字第2937号），广东省档案馆藏，档案号：3/2/297。
② 《呈属县属各区委会联请撤消移交划入市府行政地方原案转呈查核由》，《番禺与广州市争界卷》（训令第8110号），广东省档案馆藏，档案号：3/2/297。
③ 《广东民政公报》第65号，1930年。
④ 《广州市政公报》第504号。

城、西场、大坦沙、沙河、增步、秀水、贝底水,以及原属番禺的天河杨基村、冼村、猎德、石牌、新庆、甲子、谭村、员村、程界、棠下、上社、车陂、琶洲、黄埔、新洲、赤沙、北山、仑头、官州、新村、龙潭、冈村、土华、小洲、大塘、上涌、西滘、东朗、新爵、南滘、西朗、麦村、白鸽滘、黄鹿塘、林和、燕塘、沙河、凤凰村、下塘等地划入广州市区",并奉内政部《市、县勘界条例》,测绘界址,竖立界石。① 北以白云山为界,西以增步对河两岛为界,西南以贝底水石围塘为界,南以河南黄埔为界,东以黄埔对河之东圃圩及棠下车陂涌,北上至水七岗为界,划分市内30区,郊外5区,合计全市35区。至此,广州城市有了正式而明确的界线,为城市规划的实施和市政建设的进一步铺开提供了空间上的条件。

近代城市规划方案的制订

近代城市,无论是工业化推动城市化,还是商业贸易带动城市化,与主要是政治中心,市区呈四方形的古代城市相比,经济功能是其主导功能,地域结构呈现出复杂和多样的特点。

中华民国成立之前,虽然旧时广州城没有编制过城市总体规划,历代城市建设布局均由地方长官决定,但是均继承了先秦时期的基本思想,重视中轴线建设,形成从越秀山上的镇海楼往广州衙门到江中海珠石的传统城市中轴线。1929年观音山上修筑的高37米的中山纪念碑,为当时广州的最高建筑物;1931年在越秀山南麓建成的高55米的中山纪念堂,是举世闻名的庄严雄伟的宫殿式大会堂建筑;1934年在中央公园北部建成的高35米的市政府合署大楼,是传统大屋顶式的宏伟建筑,中山公园的南部则是1933年建成的具有独特风格的广州第一座跨江大桥——海珠桥。标志性城市建筑的建设延续着这条传统中轴线,广州这座城市正是在继承和沿袭的基础上,进行着具有近代化意义的革新和实践。

但是什么才是近代意义的"城市规划"?广州市民通过沙面这个缩小的西方城市代言人渐渐了解原本陌生的西方物质文化范畴,以及与此相关的市

---

① 《番禺与广州市争界卷(一)》(广东省政府训令第2287号),广东省档案馆藏,档案号:3/2/297。

政管理制度。这些物质文化包括服饰、生活方式，市政管理制度则包括道路、煤气灯、自来水、电灯、电话、火车、公园、公共卫生以至整个城市建设的整体规划。

从对租界所体现的多方现代城市的设施和理念的心向往之回到城市自身，孙中山早在1919年的《实业计划》的第三计划中已经提出广州城市规划的雏形——将广州建设成为南方大港和花园城市。他说："迄于今世，广州实太平洋岸最大都市也，亚洲之商业中心也，中国而得开发者，广州必恢复往昔之重要者。"① 他还提出新广州的建设"应跨有黄埔与佛山，而界之以车卖炮台及沙面水路"。② 将港口建在黄埔深水湾与后航道一带，市中心的商业区应向河南发展，工业区则应向芳村和佛山一带发展。他还提出填塞河南与河北之间水道的设想，认为广州应当向南发展。

有学者将孙中山的构想归结为早期中国城市规划的几点原则。其一，国民需要原则。孙中山认为城市的一切设计，应当从城市居民的生产和生活需要出发，"皆务使居人得其安适"，国家应当设一个特别建筑部，"以考察人民习惯，营业需要，随时加以改良"。其二，抵抗最少原则。强调城市规划的基本出发点、最终评价和需要建立在遵循自然规律、利用大自然赋予人类的条件的基础之上。其三，城位适宜原则。在市区内，应有科学的功能分区及合理的空间结构，孙中山设想，在新的广州市，商业区、工业区和住宅区相互独立，秩序井然。③

在封建君主政体专制的统治下，广州没有城市计划可言。辛亥革命后，孙中山拟就的"南方大港"计划堪称中国城市规划的起点和典范。这个计划的问世，为广州的城市整体规划提供了标准，尽管当时由于战事频仍、社会不安定而未能实施，但它提出的许多内容足以为后人借鉴。

1921年广州建市时就成立了市政设计委员会，同年通过《广州市工务局工程设计委员会简章及议案》，规定城市规划的内容包括：（1）划定市区界线案；（2）划定市区区域案（甲）市廛区域，（乙）住宅区域，（丙）工场区域；（3）建筑铁路总车站案；（4）改良街道案；（5）建筑公园与公共

---

① 《孙中山全集》第6卷，广东省中山图书馆，1992，第301页。
② 《孙中山全集》第6卷，第308页。
③ 余子明：《孙中山与中国城市化》，转引自《孙中山全集》第6卷。

运动场案；（6）建筑行政合署案；（7）沿江堤岸之修理案；（8）市内桥梁之建筑案；（9）明暗渠之修理案；（10）东郊外展拓市区案。①

20年代末到30年代中期，陈济棠统治广东8年，政局比较稳定，实行了一系列鼓励发展经济的措施。1928年，为了更好地规划广州的建设与发展，广州市政府第四届委员会第一〇一次会议通过了《广州市设计委员会组织章程》，其中明确提到"广州市市政厅为改良发展新旧市区，建设本市为世界商港起见，特置城市设计委员会，掌理全市之设计事务"。② 1930年，程天固再次出任广州市工务局局长后主持编著了《广州市工务之实施计划》，其思想为"都市演进，变化靡常，故都市设计所须适应之环境，亦至为复杂无定；为策应将来及避免今后设计之互相抵触起见，则一切计划之实施期限，固不宜过长，而设计之眼光，尤贵乎远大，然后凡百设施，庶能纲举目张，统筹兼顾也"。③

《广州市工务之实施计划》提出，将广州按功能划分为工业区、商业区和住宅区；制订发展河南的计划以及对道路、桥梁与内河堤岸的建设进行设计等。该计划还对全市的渠道、濠涌、公共建筑、娱乐场所及公园的建设进行了全面细致的规划。在此基础上，1932年8月，广州市政府根据对广州市发展的规划，公布了《广州市城市设计概要草案》，后来根据情况变化又颁布了续本，其在序言中明确指出：

> 本市兴办市政由来已久，唯尚未及将市区以内之市政设施做一统筹之计划，往往只切中一时的需要，而造成局部之发达。绪至近日，本市人口日渐增加，交通愈形拥挤。又因道路线未及全部确定之故，以至市内发达繁荣之部，偏重一隅。是以地价日益增大，生活愈见艰苦。今为急谋挽救之计，极宜将全市区域以内做成一整个之计划，度可将一切道路、路线确定齐全，分区计划，按步实施。夫如是而后市区之全部土地，可以平均发展，将来可更负交通之发达速度，将失去人口之分配范

---

① 见广州市市政厅总务科编辑股编《广州市市政概要》，广州市市政厅总务科股，1922。
② 《广州市政公报》民国十七年（1928）年刊。
③ 程天固编《广州市工务之实施计划》，广州市工务局，1930，第9页。

围扩大，则以后市民之生计将增加舒适不少矣。①

这是广州市城市建设、规划史上的第一部正规文件。

城市功能分区基本形成

经过1930年和1932年两次城市规划的大力推行，广州的城市整体布局和市容市貌发生了较为明显的变化。主要特点如下。

其一，分区规划构成广州市政府工作重要的一部分，分区制的推行促进了城区建设的发展。林云陔就说道："所谓设计者何？分区制度是。"② 当时的市政府基本达到共识，分区制"在于企图都市之合理发达，同时使市民得实际之便利"。③

早期都市里的各式建筑，是为配合住商混用的形态，当然由于历史原因，一些地区很早就形成了专门区域，如为保护商业贸易的发展，自唐、宋以来，广州多次拓展城垣，把原位于城外的商业贸易纳入城垣之中，因而在城区的西南边缘等地，分布着大片的商业街区。但是进入近代，"市内居民众庶，五方杂处，繁盛之区，铺户林立，犬牙相错，凌乱无章；而市肆之喧嚣，煤烟之熏扰，街道之拥塞，管治之困难，在在均为道路见者之大碍"，④ "店户工厂之杂处不分，则居住安宁，尽为尘嚣肆扰"。⑤ 由于认识到"本市系由旧式城市改造，其区域之划分，概根据自然结合，积习相沿，形格势禁，翼其彻底改革，实为事势所不许"，⑥ 当时的广州市政府决定将旧城区定为混合区域，工厂逐步迁出，变成纯粹的商业区。同时，他们也意识到不能采取过于激烈的方式进行强制分区，"土地得就国家经济政策，地方需要情形，及其所能供使用之性质，编为各种使用地"，"市地得分为限制使用及自由使用区"，"采渐进主义，就目前之现状，因劳利导，以期逐渐推行，

---

① 程天固编《广州市工务之实施计划》，第1~3页。
② 《广州市政纪要》（1928~1931），第3页。
③ 广州市政府编《广州市政府新署落成纪念专刊》，广州市政府，1934，第35页。
④ 徐家锡：《都市设计与新广州市之建设》，《广州市政公报》第384号。
⑤ 程天固编《广州市工务之实施计划》，第26页。
⑥ 广州市政府编《广州市政府新署落成纪念专刊》，第35页。

务使本市之地域，由自然的结合变为合理的疆域"。① 经过一番努力，30年代，如西关永汉路、惠爱路等处成为商业区；大北、小北一带成为住宅区；新开发的河南集中了许多工业工厂，自然成为工业区；广卫路、越华路则成为行政区；等等。

其二，市政府的一个重要职能是通过示范性建设，使城市建筑合理化和科学化，为社会所效法。

由于从孙中山开始，就已经确立了广州城市建设的目标——将广州建成一个花园都市，历任市政府均致力推进。1921年广州市政厅初设时，孙科提议改善"街道污秽，尘埃飞扬，偶遇时疫发生，辄辗转播传"的中国城市居住环境，② 规划模范村。他们建议的模范居民区为一种花园式住宅，在住宅前后多留空地以作园圃，内有警署、学校、公园、音乐亭、运动场、图书馆等。1928年林云陔市长上任后通过了《筹建广州市模范住宅区章程》，鼓励了一部分华侨，当时有美洲华人三人联名向政府呈文"请即日派人员竖立路标"，③ 他们愿意出资兴建。1935年广州市政府在《开辟石牌中山公园住宅区说明书》中提到："所谓园林新市，已成为各国之普遍建设矣。本市因人口日增，最密之区，每平方公里占居民八万以上，人口过密，于市民卫生，殊不适宜。民十九年林云陔任市长时，曾有梅花村（初名模范村）、竹丝、马棚及东山等住宅区之开辟，其道路楼宇之建筑，均采取美术化，规模具备，是亦园林新市之本意也，惟本市近年以来，市民日益加增。"④

但是，由于财政紧张，广州市政府的"花园都市"计划不能在全市铺开，最终导致建成的市民居住区变成上层市民才租住得起的高尚住宅区。时人有如此说法："西关附近居民之生活状况，说该处居民，多是日出而作，日入而息，辛辛苦苦自食其力的，东山的居民通通都是住洋楼，坐汽车，衣锦绸，食珍馔，何等阔绰，都是军政界、归国华侨、学界等。"⑤ 如此看来，政府的美好初衷发生了质的变化，"东山的住宅较好，到底非平民所得而

---

① 广州市政府编《广州市政府新署落成纪念专刊》，第35页。
② 广州市卫生局编《广州卫生》，广州市卫生局，1935。
③ 广州市政府编《筹建广州市模范住宅区一览》，第67页。
④ 《开辟石牌中山公园住宅区说明书》（广州市市政建设丛刊第十种），1935。
⑤ 广州《民国日报》1925年12月3日。

住"。① 于是政府开始建筑平民住宅区，如1929年林云陔就计划在大南路军事厅旧址建筑"平民宫"，并制定《建筑平民宫之具体办法》。② 市政府好心办了坏事，居民区的划分越发明显——贫民区、富人区、中产阶级区，住宅区的贫富差异因为政府的刻意行为加大了。

其三，重视发展河南新区。当时的广州市政府认为，"广州市北阻于山，西尽趋势，将倾向于东南两面。然东郊旷地虽多，究离市心过远；惟河南一处，与市内繁盛地区最为接近，且居民密度，不亚河北，水道交通，尤见便利，倘本计划之内港建设与郊外马路，及期完成，则河南一岛，东连黄埔商埠，西据广州内港，珠江铁桥接通河北，前后航线环绕其左右，此诚海陆交通之枢纽，华洋贸易之总汇也；以言发展，宁可限量"。③

于是，1928年计划修筑珠江大铁桥，以解决原来"有珠江横贯市区，非为河南河北二部，水道交通，固益利便，而陆路往来，中彼隔断市内居民，究未甚便"的问题。④ 大桥于30年代建成，40年代有游人赞叹广州"有工程伟大的海珠铁桥，使广州和南岸的河南岛接通，成为全市商业最繁盛之区"。⑤

其四，市政府逐渐将眼光由市内马路建设转移到郊区马路和内港建设。

1923年林云陔主持市政期间已决定开辟郊外马路。"拟区划郊外为东西南北四方面，开辟马路共三十五条，合计长约五十五万九千五百六十尺，分三期兴筑。"⑥

而对广州内港的建设，则开始于20年代末。有远见的人意识到，"夫都市设计乃整个的社会建设问题，而非单纯技术上之目的，尚安在哉？乃本市往昔之工程规划，竟多中斯弊。例如：交通建设之实施也，则萃全力于市内马路之建筑，而内港与私交公路之开辟，事同重要，又付诸阙如，因此外来商品，非经多重转折，不能入市，运费既多，成本自重，而奸商巨贾，复可乘机操纵；市民生活，遂大受其累矣"。⑦ 他们频频提出"港口窄浅，大

---

① 方逊生：《市政与广州市》，《道路月刊》第41卷第2期。
② 广州《民国日报》1929年10月26日。
③ 程天固编《广州市工务之实施计划》，广州市工务局，1930，第30页。
④ 《民政要闻》，《广东民政公报》第44号。
⑤ 宋翙新主编《粤江流域游记》，广州大东书局，1947，第19页。
⑥ 《民政要闻》，《广东民政公报》第44期。
⑦ 徐家锡：《都市设计与新广州市之建设》，《广州市政公报》第384期。

船难入，致往来商船皆停泊香港，而广州商业，遂被香港掠夺"。① 1929年，市政府最终决定根据工务局的提议，开河南洲头咀为内港，这个举措被当时的报纸评论为"既有利于河南的开发，也促进广州的商业发展"。② 在1932年的城市规划中，继续将白鹅潭规划为内港，黄埔为外港，并对港口码头进行治理，规定以石围塘至下芳村一带的码头停泊开往上海、厦门的轮船，黄沙一带停泊港澳开来的轮船，为了免于影响市容和阻碍交通，还规定沙面到大沙头宜尽量少停泊轮船。③

总之，广州"自逊清季世，筹设辟市以后，直至最近之两年来（20世纪30年代初），始将本市建设之系统编成整个计划，分别按步施行，匠心苦运，缔造维艰，不待言矣"。④ 改造一个旧都市较建设一个新都市要困难得多，广州作为一个已存在了上千年的旧都市，市区辽阔，人物繁杂，社会各种情况也复杂异常，改造设计之艰难，自是不言而喻。

城市建设中的财政问题

广州市政公所在建立之初就意识到筹款的重要性。最初由财政厅杨永泰任市政公所总办，后来杨永泰推荐曹粲之为坐办，这些官方名义的任命都是为了能较为顺利地解决财政问题。当时拆城筑路的经费筹措主要从变卖"旗产"着手，即对市内前清旗人的居屋，按市政公所定下的"捐免办法"，由房屋所有人一次缴纳年租50倍或月租100倍，然后发给"地照"归其使用。此外，对西门口一带的旗人聚居地，则分期将旗人房产、马房、空地及街巷拍卖，价高者得，当时价最高的是西瓜园一段。因此，拆城筑路尚未正式动工，市政公所已经筹得巨款，名义上是供市政建设的财政支出，实际上的受益者是主持该项规划的官绅巨贾。

1920年陈炯明掌控广东之初，则向外国银行借款。他曾同香港的英国银行签订协议，以市政收入为担保，以年息6%借得1400万英镑，其中指

---

① 《民政要闻》，《广东民政公报》第44号。
② 见广州《民国日报》1929年9月10日刊文。
③ 关于广州内港建设的内容可见 Canton, Itsport, Industries and Trade (The Canton Adertising and Commission Agency, 1932)。
④ 方规：《广州市政总述评》，《新广州》第1卷第2期，1930年10月，第5~10页。

明用来市政建设的为200万英镑，这笔借款当然大部分被用于军阀之间的混战了。最终陈炯明不得不将广州市政开支的监督权交给了英国人。

1921年广州市政厅设立后，财政局承接了前市政公所经营的各财政事项，以及原财政厅划交给广州市内的各种税捐事项。财政局在向市政厅报告办事经过时提出，财政好坏"关系全市财源命脉，欲市政发达，必先使市民有纳税之责任心，乐于捐献，欲引起市民责任心必也财政修明，铲除情弊，将财政数目公布，务期家喻户晓"，① 期望使新税推行过程中的阻力减少。但是因为课税没有良方，建设常因此停止。有学者就曾说道："我国城市，直可谓无课税之法，既强言有之，亦甚简而不详……不合于科学方法，不合于税法原则。"② 广州同样如此，以致出现问题：其一，税种太多，且常常税名重复，混乱不堪，多如牛毛；其二，没有统一的税收征收单位，例如"不动产税契由财政厅至市政公所办理时，均只按专章征收，没有特殊方法，甚至机关之间可以互相征收，导致征税的户主无所适从，于买卖投税，咸怀观望，故此项税契收入较前几年减半"。③ 造成市民的负担过重，抱怨不断，不能积极支持政府的市政建设工程，且由于多个机关征税，将款项分散，不免出现中间环节贪污、存留的问题，影响到市政府的财政收入。

1921年，广州市政厅曾就市政建设费用做了一个预算，从中可基本了解其资金来源（见表2）。

由表2来看，广州市政府收入的大部分来自向房屋、戏院、土地、车辆等征收的商业捐税，以及租户使用城市财产所交付的租金。其中省政府拨款占12.18%，直接税收占2/3，其余杂费占不到5%。这一年的预算出入相差之数，政府称依旧增设新捐以补偿。这些收入每年持续下来，随着新的城市事业的建设增设捐税和租金。"就以广州市而论，铺屋有警捐，住客有警捐，洁净有捐，租金有捐，土地有捐，粪溺有捐，以及期于各种库债等券均有捐。"④ 30年代程天固对广州市工务建设进行预算时，制定预计的建设

---

① 《广州市政公报》第16号。
② 白敦庸：《市政述要》，商务印书馆，1928，第3页。
③ 《广州市政府改组成立报告》，《广州市政报告汇刊》（1924～1925）。
④ 《番禺与广州市争界卷（一）》（训令第72号），广东省档案馆藏，档案号：3/2/297。

表 2 1921 年广州市政府所收捐税

单位：元

税种	税收数额	税种	税收数额	合计
房捐	645045	医生执照费	5000	
花筵捐	518000	特别营业执照费	1270	
戏院捐	77700	造屋捐	3600	
影戏捐	12420	首款者捐	1500	
船捐	28956	杂要费	500	
人力车捐	291458	公安局罚款	15180	1969997
废物捐	7200	公安局充公款	414	
摆摊捐	3583	工程局罚款	960	
太海岛捐	2170	公赈费	800	
公地捐	63520	公立医院人数捐	1200	
省政府捐助	240000	地契等费	49000	

资料来源：《广州市政实况》，《申报》1922 年 1 月 1 日。另笔者计算合计数字与资料有些微出入，应为当时官员笔误所致。

经费来自"（1）由市民负担，及直接征诸市民者，如筑路费、修桥梁；（2）由建设而得之收益，如海珠与内港新填地及住宅区之地价等；（3）由市库补助；（4）特别收入，如罚款、借款、捐款及撙节经费所得之余款是也"。①

20 年代广州市政府还有一项收入，是来自要求市民将私产进行官方保证，从中取得收益。② 1923 年广东全省官产清理处成立，将官产和民业进行区分。1924 年 3 月，广州市民产保证处成立，由业主填具申请书，缴验契据，按契据上所写产价缴纳 3% 的保证金，由局长发给"民产保证书"收执。业主一旦领有保证书，无论是市财政局还是其他任何机关，一律无权过问。据统计，1925 年，民业申请保证的达到 6.7%，"民业亦为收入之大宗"。③ 这种方法就官方来看，既能确保民业业权，还能替市库增加不少收入。

在近代广州的城市建设中，政府没有固定收入来源，必须经常从民间筹

---

① 程天固编《广州市工务之实施计划》，广州市工务局，1930，第 108~115 页。
② 详细情形请见周瑞颂《1924 年广州的民产保证》，《广州文史资料》第 9 辑；梁永：《孙中山大本营时期的官产清理和租捐征收》，《广州文史资料》第 43 辑。
③ 周瑞颂：《1924 年广州的民产保证》，《广州文史资料》第 9 辑。

措相应的资金。当时的《纽约时报》曾言广州市政建设有其独到之处,"随建随筹,随筹随建",① 主要是向受益者筹集资金。正如工程专家们所说,这符合"中外都市,向有征收特别估税,以为建设费者,如筑路向两旁户口征费,建公园向环近民房征费等"的原则,其用意在"使直接受益之人,负责任,至公允也,广州市筑路,沿用此法,于是所谓'六街成案',乃成为一切筑路之章程"。② 这是受益者负担经费的制度,最大的弊病即利益不甚平均,以筑路为例,六街处在商业繁盛地带——西关,此地居民经济稍为宽裕,修筑的路线就会较直,居民损害不大,而其他开筑之路,由于所处地区贫富居民夹杂,导致路线曲直不定,影响了日后市政的整体规划。

1910年至20世纪30年代的二十几年里,财政问题一直困扰着市政主持者们。广州市政府无法像20世纪初的北京"收入分为两部分:一是中央政府的拨款,二是北京市的税收";③ 广州或许会得到省政府的部分支援,但相对来说少得可怜,它主要依靠向城市居民征收各类捐税,但是这些收入不仅要支持包括修筑道路在内的市政建设,还要支付军费开支和维持地方安全,往往不敷使用。政府财政紧张,使得各项建设进程缓慢。

---

① 《广州市政公报》第385号。
② 陈良士:《广州市停筑马路之评论》,《工程季刊》第3卷第2期。1923年10月,广州市政厅为了统一辟路办法,就广州西关六街情况制定了规则。其内容为在靖远、同兴、同文、同德、永安、荣阳六街,修筑马路等费均由该处两旁铺户主客出资。详情参见《广州市市政规章集刊》,1930。
③ 史明正:《走向近代化的北京城——城市建设与社会变革》,北京大学出版社,1995,第39页。

第五章

"香港的莱茵河"："二战"后新界河道修复与新市镇成败的关系

蔡思行

引 言

  河道修复（river restoration）并不是现代概念，赖利（Ann L. Riley）指出，在世界史中，早于公元前 3500 年中东的幼发拉底河和流经东非至埃及的尼罗河，便已经进行人工河道保育的措施，在河流两岸遍植树木，并开挖人工河渠，以改善当地炎热的天气，提供进行业余运动、宗教仪式的场所。波斯文明着重上述水文（hydrology）的人工建设及将这些河道作为当地居民康乐的场地，并将此做法通过地中海传至欧洲的西班牙以至意大利等国。历史学家一般相信古代文明的衰落源于不擅于管理或保育河道：美索不达米亚文明（Mesopotamian Civilization）的没落源于其农业生产使河道和运河淤塞，以及沿河农田泥土受盐化污染；巴比伦文明（Babylonian Civilization）的没落源于其灌溉用水道的沉降。[①] 因此，本章运用上述河道保育和水文修复的历史学和地理学概念，试图剖析香港 20 世纪 70～90 年代尝试在沙田城门河和屯门河修复河道成败的原因，及其与当地新市镇建设计划的关系。

城门河——地区盛事的平台

  20 世纪 50 年代末，东莞的移民来到沙田定居，由于他们属于客籍人

[①] Ann L. Riley, *Restoring Streams in Cities: A Guide for Planners, Policymakers, and Citizens* (Washington D. C.: Island Press, 1998), pp. 190 - 191, 193.

士，所以多在贫瘠的山地务农，但出产不多，于是改为经营养猪，以至兴盛一时的养鸽场，当中以厚和农场为新界历史最悠久的鸽场，供应区内经营的食肆。然而，这些农场产生不少家禽的废物，直接排入城门河，成为该河初期污染的源头。70年代，香港政府将大围以西、火炭、小沥源和石门划为工业区，进一步加深城门河的污染问题。①

1979年，香港政府计划将沙田塑造成香港最成功地自给自足的卫星城。要做到自给自足，除了有足够的工作机会、教育和交通等配套设施外，更重要的元素是如何令沙田这个新市镇变成一个宜居城市（livable city）。基于这样的发展理念，沙田城门河成为这个目标能否达到的关键。1979年4月10日的《沙田星报》称历时两年的城门河疏浚和兴建水上活动中心的工程能令城门河的环境"媲美伦敦泰晤士河"。②

1979年10月10日《华侨日报》的"新界版"将城门河的改善污染工程和河畔的发展计划比拟为流经欧洲瑞士、奥地利、德国和法国的莱茵河（Rhine）："计划中的城门河及其两岸将改建为水上康乐及风景区。沿河两岸垂杨绿柳，岸上设有散步、单车专线及公园。而河上则可作泛舟、划艇及风帆等各种活动。故此有人称城门河为'沙田之莱茵河'。"而为此，香港政府以两年的时间将大围火车桥至火炭一带的城门河以强力吸管机械将河底污泥吸出运走，再将河床挖深半英尺，使退潮时城门河水深达四英尺以上，并在河水中注入空气，以增加河水的含氧量，从而清除该河积水所发出的臭味。③ 城门河分为两段以用于水上活动：西段近狮子山隧道公路一段长2000米的水道，目标成为当时亚洲最佳的龙舟竞渡国际比赛的场地；东段近火炭路一段则供赛艇之用。④

城门河的莱茵河想象愿景固然是基于第二次世界大战之后欧洲莱茵河绿化和保育工作成功的事实，但同时也无意中触及此愿景的历史前身正是城门河1970年初的情况。19世纪初，法国领袖拿破仑便构思将莱茵河整治为人工运河，使之成为法国工业革命的摇篮。虽然拿破仑的政权在1815年结束，

---

① 《河去何从：城门河》，香港绿色力量，2011，第32~33、37页。
② 《城门河发展计划七月动工，二年后成水运胜地》，《沙田星报》1979年4月10日，第3版。
③ 《两岸垂绿柳可游览泛舟，城门河媲美莱茵河》，《华侨日报》1979年10月10日，第7张第1页；《城门河清理工程进行顺利》，《沙田星报》第32期，第2页。
④ 《城门河两岸，辟漫步回廊》，《工商晚报》1983年1月23日，第6版。

但他对莱茵河的愿景很快便在工程师的努力下实现。1816年，首只蒸汽轮船行驶至莱茵河上游，开启了莱茵河运输钢铁和煤炭的时代。而欧洲因维利纳会议（Congress of Vienna）而进行统合，整条莱茵河被划入莱茵河委员会管理，一方面强调莱茵河属各国河段的自由通航，另一方面使莱茵河为工业发展服务，由一条河流（river）变成一条讲求经济效益的运河（canal）。20世纪50年代，西欧民众由于莱茵河新污染物的出现，逐步对19世纪德国卫生学权威佩滕科费尔（Max von Pettenkofer）所提出的河流有无限的"自我洁净"能力的说法表示怀疑，从而产生对整条莱茵河最终由于工业发展而全部报废的严重忧虑，这是对莱茵河进行环境修复行动的重要背景。[①] 城门河虽然没有牵涉如莱茵河般国与国之间统合管理的问题，但同样由一条原来服务各地区居民生活的河流变为一条为工业发展提供经济效益的人工河道，这与莱茵河在19世纪的发展出奇地如出一辙。而其后对城门河以至下文所述屯门河污染问题的关注，亦是跟从莱茵河发展的同一理路。

然而，政府当局对城门河进行了两年多的疏治工作，城门河的污染情况却并未迅速改善，而政府虽将吐露港设为水质管制区，又立法例禁止工厂将污水排入城门河，却又未能以身作则，居然将沙田滤水厂处理污水后剩下的污泥排入城门河，以致成为该河污染的主要原因之一。此外，城门河水亦因为城门河及火炭河的水流缓慢，加上附近工厂和住宅推出大量污染物和垃圾，以致河中大肠杆菌的含量超出世界卫生组织的标准。因此，即使国际划艇赛事及香港首次龙舟竞渡比赛在城门河举行，但各国参赛的选手都因城门河的卫生问题而不敢下水游玩或赛后动手清洗赛艇，这未能达到当局原来最理想的目标。[②]

痛定思痛，政府在1984年公布一系列进一步整治城门河的计划，决心

[①] Mark Cioc, *The Rhine: An Eco-Biography, 1815 – 2000* (Seattle: University of Washington Press, 2002), pp. 3 – 4; Thomas Lekan, "Saving the Rhine: Water, Ecology, and Heimat in Post-World War II Germany," in Christ of Mauch and Thomas Zeller, eds., *Rivers in History: Perspectives on Waterways in Europe and North America* (Pittsburgh: University of Pittsburgh Press, 2008), p. 117.

[②] 《中大新亚生物系学会发表报告，城门火炭河污染严重》，《沙田星报》第21期，第1页；《当局应优先处理滤水厂排出淤泥》《城门河污染情形多数居民感担心》，《沙田星报》1985年10月20日，第5页；《城门河污染未改善，影响划艇健儿水平》，《沙田星报》1983年5月，第2版第6页；《城门河龙舟竞渡，端午前盛大举行》，《沙田星报》1984年3月，第1版第8页。

将城门河发展为名实相符的水上乐园,当中可见政府不同部门能够在各自的职权范围内负起城门河工程的责任。第一,海事处出动名为"海上女巫"的机动船只清理城门河道的废物;第二,路政处负责在城门及火炭防洪渠清理淤泥;第三,海事署在城门河一段可以通航、长4000米的河道设置障碍物,防止渔艇驶进而带入油污,以及防止其他船只妨碍划艇活动的进行;第四,在1986年沙田市中心到沙田亚公角和马鞍山的道路网建成后,禁止来往沙田及两地的"街渡"继续在城门河上运行。除了河道的工程外,政府亦在城门河沿岸广植榕树,离岸较远处则种植杨柳,以便绿柳成荫,成为居民和游客漫步和踏单车的优质康乐用地。① 更重要的是,沙田区议会颇积极跟进城门河最困扰居民的问题:河水臭味涌入民居,存在影响人体健康的安全隐忧。为此,区议会接纳当时理工学院(今理工大学)环境学中心的建议,监察城门河周围空中硫化氢浓度,从而了解城门河臭味对不同区域居民的影响程度,从而能够有重点地对不同河段开展整治工程。②

除了从实际疏浚工程来改善城门河的水质外,城门河工程的成功在于当局善于举行"嘉年华"式的公众活动来建立城门河的正面形象。例如,1987年3月沙田区议会在沙田市中心的新城市广场举行"爱护城门河露天音乐会",除了邀请歌手献唱外,该区议会辖下的关注污染问题工作小组的成员在音乐会中献唱《爱护城门河》。此外,同年9月又举行"城门,River Music旧曲新词比赛",通过召集沙田区市民为《爱护城门河》一曲谱填新词,进一步加强他们对城门河工程的支持。同年11月又举行时任港督卫奕信(David Clive Wilson)与6000名沙田居民手牵手围绕城门河的大型慈善活动,为香港公益金筹得善款120万港元。③ 这些活动颇能引起沙田居民对

---

① 《城门河将成水上乐园》,《沙田星报》第111期,第1页;《城门河发展佳》,《沙田星报》1983年12月,第2版第7页。
② 《卫生教育福利委决定,对城问河进行研究》,《沙田星报》第198期,第1页。
③ 《爱护城门河音乐会,推广环境卫生讯息》,《沙田星报》1987年3月5日,第8页;《旧曲新词歌唱比赛两项活动,唤起市民关注城门河畔环境卫生》,《沙田星报》1987年7月20日,第10页;《千手万心筹款活动,城门河两岸有创举》,《沙田星报》1987年11月5日,第15页。"城门,River Music旧曲新词比赛"的冠军作品歌词是:"在昨天的它是片小溪流,水清清悠悠在我右,弥漫花香风中轻浮,好风光眼底收;又见小鱼仔在水中游,海鹏飞翔翔在宇宙,遥望山光水色优悠,这美丽我拥有!"见《觅食飞翔海鸥喜见两岸城河》,《沙田星报》1988年3月20日,第4页。

维护城门河清洁的信心,并增强了他们对沙田小区的凝聚力。因此,即使工程无法立即改善城门河的水质,城门河的正面形象已逐步建立起来了。

为了进一步提升城门河作为沙田区举行盛事的平台地位,1987年12月沙田区议会不惜花费25万港元资助在城门河畔挂起18000多盏五彩灯,当中尤以立于沙燕桥中央的"天使传播佳音"灯饰牌匾最为壮观,《沙田星报》如此形容这灯饰的吸引人之处:"当巴士驶经翠榕桥时,小孩子都会攀窗指手划脚肆意欣赏,引来其他乘客也张目远眺呢!"①虽然这样的描述不无夸张之处,但此项活动成功将圣诞节这一同样"嘉年华"式的节庆元素加入城门河的形象建构上。此外,沙田城门河亦是香港首屈一指举行端午节龙舟竞渡比赛的地点,1988年的比赛便吸引136支队伍参赛,是当时历届赛事数目之冠和全港之冠,更吸引访港的香港《基本法》中国内地起草委员会委员胡绳、萧蔚云、许崇德、邵天任、吴建藩和王淑文到场观赏,可见此项比赛不只是沙田区的盛事,更是香港一年一度的盛事。②从这些沙田区区议会主办或协办的活动中,可见当时沙田区议会颇善于经营城门河的形象工程。

屯门臭河——新市镇成败的指标

今天的屯门河是人工明渠,起于蓝地,讫于青山湾,全长5000米,最宽处约100米,最窄处约60米。③ 1977年,香港政府决定将屯门新墟至未来屯门新市镇北端的一段屯门河进行疏浚,一方面防止因台风吹袭引起海水倒灌而造成对新市镇泛滥;另一方面通过该项工程同时收回21万平方尺的私人耕地和343万平方尺的私人建筑地,使沿屯门河的地段成为发展私人住宅的用地,以便在1984年让屯门新市镇能够容纳两万多人居住。④

19世纪末,由于屯门河尚未有工业的发展,所以河面颇宽,河水卫生水平尚佳,以致位于上游的村落可以在村口附近的屯门河河段进行龙舟竞渡

---

① 《城河灯饰耀两岸,普世欢胜在沙田》,《沙田星报》1988年1月5日,第10页。
② 《龙舟鼓响彻城门河》,《沙田星报》1988年6月20日,第6页。
③ 《继沙田城门河之后,屯门大渠兴土木,辟作水上活动河》,《大公报》1982年4月19日,第1张第7版。
④ 《屯门疏通河道防洪,辟地建私人住宅》,《香港工商日报》1977年7月16日,第8页。

比赛。屯门河的污染问题约于20世纪80年代初出现。屯门河污染的源头有二：一是屯门河中游沿岸工厂所排出的工业废水；二是屯门河中上游农田和家禽饲养场每月约1500吨的废物和动物排泄物。政府当局因此一方面鼓励工厂在排放污水前采用"气泡氧化"的方法来减少污染，另一方面劝谕家禽饲养场不要将动物排泄物倾倒至屯门河中。① 当局虽然已劝谕区内的工厂主停止将工业废水排入屯门河，但他们大多直接将污水通过雨水渠排入屯门河，而非将之接驳往污水渠排出，致使旱季退潮时，屯门河大部分河段的河水维持在"劣""极劣"的清洁水平，河水亦由于废水的流入而变黑。②

因此，屯门居民在20世纪八九十年代一般以"屯门臭河"来称呼屯门河，以示对该河所散发的臭味的厌恶。1983年9月报道屯门地区新闻的《屯门星报》首次以《屯门河臭，令人难受》为题报道邻近屯门河新发邨居民投诉屯门河堆积垃圾及沿河几间染布厂流出的污水严重污染河水，使河水发出阵阵恶臭，令人难受。而染布厂和镀电厂所排出的污水含有高度的腐蚀性，排入雨水渠自然污染屯门河的自然环境，即使是排入污水渠，亦容易对污水系统造成破坏，所以需要先在工厂经过处理再排入污水渠。③ 比查特（Sara B. Pritchard）在分析美国和欧洲环境史学时，指出美国的学者较欧洲的学者更晚认识到"自然"（nature）并非绝对的概念，如果同时运用环境史和科技史的概念，以环境科技的角度（enviro-technical perspective）去认识环境问题的话，便会发现"科技的自然性"（the nature of technology）本身便会成为科技的局限。④ 这可以解释为什么20世纪80年代香港政府开始有针对屯门工业区进行废污处理的呼声：工厂污染屯门河问题已久，但直至屯门工厂开始将污水排往污水系统，由于污水系统本身对容纳酸性污水浓度的技术限制，进一步推动工厂必须加强自身污水处理的系统。换言之，科技本身的技术限制，可以理解为科技的"自然性"，它成为屯门区工厂减废的

---

① 《城市发展速 屯门河污染：当局研究解决》，《华侨日报》1981年10月12日，第7张第1页。
② 《人手资源俱受限制，屯门河污染难解决》，《屯门星报》1986年8月18日，第6页；谢肃方：《积极对付水质污染》，《屯门星报》1986年11月18日，第3页。
③ 《新发邨住户投诉：屯门河臭，令人难受》，《屯门星报》1983年9月，第1版第3页；《漂染电镀工厂污染问题严重》，《屯门星报》1987年5月18日，第4页。
④ Sara B. Pritchard, *Confluence: The Nature of Technology and the Remaking of the Rhône* (Cambridge, Mass.: Harvard University Press, 2011), pp. 11–12.

推动力之一。

官方和民间对于屯门河水发出恶臭的主要原因有不同的看法。政府认为屯门河的污染主要是由于上游530家农场所饲养的数以十万计的猪和鸡所排出的污物所造成，以致屯门河及青山湾水中的大肠杆菌含量颇高。然而屯门的区议员则认为工业废水才是屯门河污染的主要原因。由于这样的分歧，政府认为在屯门河源头兴建污水渠较在全段屯门河挖泥更能有效根治屯门河的污染问题。① 为什么政府认为农业而非工业需要为屯门河的污染负上最大的责任？如果参照19世纪90年代至20世纪30年代美国的环境修复概念，便可以理解政府对屯门河问题的政策理念的由来。美国总统西奥多·罗斯福（Teddy Roosevelt）时代的环境修复概念与今天我们一般的理解有根本的分别，它不是以环保取向（environmental perspective）出发，而是视环境本身为一种资源，政府的课题是如何通过"理性的规划来鼓励所有自然资源的有效发展和运用"。②

20世纪90年代初，香港环保署改为主张屯门河上游的污水主要来源于住宅污水，禽畜污染只占少数。而环协顾问公司的评估报告亦显示，当时的创兴染厂是屯门河最有可能的污染源头。屯门河超出当时世界卫生组织大肠杆菌的含量标准，顾问公司认为原因有三：第一，建荣街的染布厂、河水街的饮品厂和巴士厂非法将未经处理的污水接入雨水渠，直接排入屯门河；第二，屯门一些没有污水排放的村落如井头村和杨小坑村等把住宅污水直接排入屯门河；第三，污水排放系统有溢流和管道裂缝导致污水流入河中。而政府亦承认屯门河的污染"严重影响市容，更失去原意作为绿化景观及康乐用途"。③ 可惜的是，当时政府显然对工厂非法排放污水的情况束手无策，以致屯门区议会的屯门河污染问题专责小组提出，既然屯门区的工厂主不肯投资设置排污系统，而政府又未对科学化处理污水问题做出投资，唯有待工

---

① 《环署称农业废料污染海滩》，《屯门星报》1987年8月3日，第1页。
② Ann L. Riley, *Restoring Streams in Cities: A Guide for Planners, Policymakers, and Citizens* (Washington D. C.: Island Press, 1998), p. 194.
③ 《屯门河水质仍远离标准，影响民生危害自然生态》，《屯门星报》1993年4月3日，第8页。笔者曾居住在屯门区，在20世纪90年代往返位于新墟的小学，途经井头上村村口的出水口时便可闻到阵阵恶臭。

厂搬回中国内地或将工厂关门这一消极被动的方法可为。①

参照沙田城门河成功的例子，1982 年，政府计划在 1985 年将屯门河建成香港第二个水上活动中心。要做到这点，当局需要在屯门河的上游、中游和下游共兴建三座污水过滤厂，才能令屯门河的卫生程度适合居民在其中开展水上活动。② 然而这样理想的计划只闻其声，未见其行。其中的主要原因是屯门河并不如沙田城门河般整条河道划入新市镇发展的规划内，而是只有部分河段划入，结果不但不能如城门河般发展水上活动中心，而且对于上至兆康苑，下至市中心的新发邨和友爱邨居民投诉屯门河河水臭味难挡，房屋署以不在其职权范围内为由未受理投诉，而负责市镇发展的拓展署，一方面以成本过高为由，否决将接近民居一段的屯门河兴建上盖以阻挡臭味的治标方法，另一方面对于屯门河兴建大型污水处理厂的治本方法又显得有心无力。该署只在兆康苑加建抽水站，将部分污水输往望后石污水厂处理，而对于中游屯门工业区的污水排放问题束手无策，缺乏整治屯门河的全盘计划。③

1994 年，屯门区议会委托顾问公司就屯门河问题进行研究，发表了《改善屯门河水质问题研究总结报告》，指出对屯门区居民所做的调查显示，八成的受访居民认为屯门河应作为美化环境的风景区和水上活动中心，而不只是排放污水的人造明渠。屯门区居民对屯门河有此期望自然与当时城门河的成功不无关系，研究报告亦建议应参照城门的经验：第一，参照 1987 年城门河出口——吐露港划入水质管制区的做法，1992 年的《水质污染管制法例》亦将屯门纳入西北区水质管制区，当局应该严格执行所有屯门工厂主需要向环保署申请牌照才能排放污水的安排；第二，城门河整治工程政府部门间的合作远较屯门河为好，负责屯门河问题的政府部门包括中央河道维修及管理委员会、屯门拓展署、渠务署、土木工程署、环保署等，政出多门，在资源分配和分工方面的效果较城门河工程项目逊色。此外，报告亦指应将当时该河的具负面意思的英文译称"屯门渠"正名为"屯门河"，以令

---

① 《议员关注屯门河污染，要求尽速清理淤泥》，《屯门星报》1993 年 8 月 3 日，第 4 页。
② 《继沙田城门河之后，屯门大渠兴土木，辟作水上活动河》，《大公报》1982 年 4 月 19 日，第 1 张第 7 版。
③ 《兆康苑侧建抽水站，将屯门河污水疏导》，《华侨日报》1983 年 5 月 14 日，第 7 张第 4 页。

该河在区内外得以建立正面的形象。①

虽然20世纪80年代和90年代初政府改善屯门河水质的尝试失败了，但至少已见其对屯门河发展理念有根本的改善：不再视屯门河为工业经济发展的"资源"，而是视之为需要"管理"的对象。这样的理念变化亦可在美国环境史中找到相似的轨迹。早于1864年这个后美国内战时代的起始年，美国首位环保主义者马什（George Marsh）出版了《人与自然》（*Man and Nature*）一书，强调破坏自然的平衡最终会长远影响人类的福祉，所以需要人类努力使其自行运作，以恢复以往自然环境的平衡。然而，马什的思想超越了时代，当时美国工业革命的浪潮方兴未艾，仍然视自然为资源，尚未有保育环境的呼声。直至20世纪30年代富兰克林·罗斯福（Franklin Roosevelt）的"新政"（New Deal）时代，马什的思想才得到落实，水资源不再单单作为食水供应、水力发电等经济资源看待，管理水资源的当局需考虑水资源的整体社会利益：可持续发展，康乐性质的渔业、生物保育、旅游，以及保存具历史和自然价值的水文资源等。②

实际上，直至20世纪90年代初，屯门区议会尚未提出积极的方案去活化屯门河，而是消极地等待屯门工业区的工厂陆续搬往中国内地，使屯门河污染问题自然解决，这并不是历史上的特例。第二次世界大战之后的美国工业城市匹兹堡（Pittsburgh）亦面对同样的难题。由于惧怕匹兹堡重演20世纪20年代战争结束后工业发展萎缩的困境，将该市三条河流仍视为支持工业发展的基础建设，而20世纪50年代所提出的"匹兹堡复兴"（Pittsburgh Renaissance）计划，只是将上述河流的河滨发展为高速公路和停车场这些属于战前发展思维的建设，并强调"大部分与河流连接的土地必须继续为工业和商业所占领以支持本市的继续发展"，致使工厂污水继续排入河中，恢复河流的生态环境实无从说起。直至20世纪80年代匹兹堡工业发展崩溃，匹兹堡市政府和开发商才重新考虑将这些河流改作康乐休闲和环境保育用途

---

① 《屯门河严重污染，阵阵恶臭影响环境》《居民及厂户农户问卷调查，显示普遍对环保认识不足》《政府部门工作欠协调，宜以城门河作为借镜》《研究报告提改善建议，多项工程将陆续进行》，《屯门星报》1994年1月12日，第13页。
② Ann L. Riley, *Restoring Streams in Cities: A Guide for Planners, Policymakers, and Citizens* (Washington D. C.: Island Press, 1998), p. 196.

的可能性。①

1994年，屯门有区议员向政府要求在重建楼龄已达20多年的新发邨的同时，在附近的屯门河加建上盖，但主要用意不是用来隔挡屯门河的臭味，而是在其上建筑未来连接元朗和市区的西北铁路车站。此外，政府在同年与油公司达成协议，批出友爱邨隔邻近屯门河的空地的两年租约，成为首个石油气车辆停泊的试点，距离民居只有150米的距离。② 此举相关的安全隐患暂且不论，却有重要的象征意义，政府20世纪90年代基本上放弃了积极发展屯门河为类似城门河的风景和康乐区。最终，作为西铁项目的屯门车站2003年12月在原来新发邨附近的屯门河上盖启用，而屯门站亦仿照香港铁路公司自90年代开始发展铁路站上盖的策略，在2013年建成大型私人住宅和商场项目，原新发邨的位置成为该区最商业化的地段之一。这与原来政府和屯门区居民的期望存在不少的落差。

今天，经过21世纪前十年的整治工程，屯门河已不再散发阵阵恶臭，屯门工业区基本上已没有未经处理的污水排入屯门河，而实际上该区工厂的运作规模远不及20世纪80年代的全盛年代，屯门区居民可以在北至兆康苑，南至蝴蝶邨的屯门河两岸踏单车或跑步，不用担心吸入充满臭味的空气而影响健康。而屯门区的龙舟竞渡比赛亦在位于屯门河口的青山湾举行，不用担心受屯门河污染影响，但不能如初时预计般在市中心的屯门河河段进行比赛，因为原新发邨位置的西铁屯门站和西铁兆康苑上盖已差不多将屯门河遮盖，即使举行比赛，居民也不能清楚观赏整个赛事的进行，而当参赛者将龙舟划入西铁上盖的庞然大物之下时，其中的黑暗局促不会令人觉得适意。这样的屯门河整治工程是否较20世纪80年代进步成功？传统环境史学家不免将自然和人类社会放在对立位置，怀特（Richard White）在其著作《有机的机器》（*The Organic Machine*）中并不同意这样的论述，他高呼人类"从没有杀死河流"。他认为将自然和人类完全对立无助于理解人类如何真

---

① Timothy M. Collins, Edward K. Muller, and Joel A. Tarr, "Pittsburgh's Three Rivers: From Industrial Infrasture to Environmental Asses," in Christof Mauch and Thomas Zeller, eds., *Rivers in History: Perspectives on Waterways in Europe and North America* (Pittsburgh: University of Pittsburgh Press, 2008), pp. 54 – 56.

② 《要求新发邨重建屯门河加上盖》，《屯门星报》1994年4月23日，第2页；《地政署与油公司达成协议，屯门河空地作油车停泊区》，《屯门星报》1994年7月13日，第6页。

正改变河流："我们不能将河流简单地视为纯粹的自然，而将所有水坝、养猪场、渠道、抽水站、城市、牧场和纸浆厂视为仍然与之有关的自然系统中丑陋和不必要的污点。"①乔克（March Cioc）强调"死河"（dead river）只能用来形容一条已经干涸、无法再养育任何生命的河流。②因此，以乔克的理论来看，在整治前和整治后的屯门河，不论是以往上游的养猪场还是中游的工厂，从来都没有"杀死"屯门河。以往的"屯门臭河"还是今天仍然无法进行水上活动的屯门河，它无法给予当地居民城门河般的活力，从而令他们或论者以负面的词汇形容屯门河，这可以说是将屯门河作为一个象征（symbol），来诉说屯门作为新界新市镇之一发展仍然相对落后的证据。

结 语

不论是沙田城门河还是屯门河，在未经人工整治工程前都是充满曲流的自然河道，但到20世纪70年代先后被香港政府加以人工拉直的"运河化"（canalization）。观乎当时的记录，难见这些河道工程本身所代表的发展理念。虽然欧洲河道环境史的情况未必能够完全照搬至上述的城门河或屯门河的情况进行分析，但它们共同被"运河化"和被拉直的过程，却与欧洲莱茵河在19世纪的发展历史有十分类似的轨迹。几乎当时欧洲的所有工程学教科书都视莱茵河为人类的"敌人"，需要被"驯化"（domesticated）、"驯服"（tamed）和"驾驭"（harnessed）。而以整治莱茵河而闻名的德籍军事工程师图利亚（Johann Gottfried Tulla）便称他的莱茵河蓝图是总体行动计划，用以"抵御'莱茵河'的攻击"。1825年政府一名副官亦称赞图利亚的工程"使我们终于有一战争策略去对抗莱茵河的河水，使之能够被理性所设想，所以才有成功'整治'的可能"。③当然，19世纪莱茵河工程主要

---

① Christof Mauch and Thomas Zeller, "River in History and Historiography: An Introduction," in Christof Mauch and Thomas Zeller, eds., *Rivers in History: Perspectives on Waterways in Europe and North America* (Pittsburgh: University of Pittsburgh Press, 2008), p. 6.
② Mark Cioc, *The Rhine: An Eco-Biography, 1815–2000* (Seattle: University of Washington Press, 2002), p. 6.
③ Mark Cioc, *The Rhine: An Eco-Biography, 1815–2000* (Seattle: University of Washington Press, 2002), p. 39.

针对河水泛滥问题，处理工业污水仅为次要的考虑，20世纪80年代城门河和屯门河的工程刚好与其主次有所不同。然而，其中的经济考虑和人类征服自然的心态则如出一辙。而城门河较屯门河工程的优胜之处在于它能够脱离纯粹考虑河道效益的迷思，使城门河能够与沙田新市镇的发展产生更良好的互动关系。

演出场所的建造经营

第六章

清末粤商所建戏园与戏院管窥

程美宝

导 言

本章所讨论的戏园和戏院①,是指有特定的建筑格局,公开售票,以营利为目的的戏曲演出场所。田仲一成认为,完全摆脱祭祀性、以娱乐营利为目的的戏园设施,清初在北京开始日见流行,在江南地区,则是到清中叶以后才渐次成熟和越趋繁荣的。② 至于在广州,戏园的出现似乎最早也不过道光年间,且属私家性质。倪云癯《桐阴清话》有云:"广州素无戏园,道光中有江南人史某始创庆春园……其后怡园、锦园、庆丰、听春诸园,相继而起。"③ 这在嘉道年间广东著名学者、学海堂学长张维屏的诗文中亦有所反映。张在道光二十六年(1846)宴游庆春园和怡园,有"升平歌舞好亭台"等句,④ 三

---

* 本文已发表于《史学月刊》2008年第6期,并收入姜进、李德英主编《近代中国城市与大众文化》(新星出版社,2008)。

① 一般而言,"戏园"是指将戏台和各类座位设于一个比较通风宽阔的园子里的演出场所,而"戏院"则更多是指一栋备有舞台、座位等设施的建筑物。由于时人常将"戏园"和"戏院"二词混用,好些文字材料亦没有清楚描述具体的空间摆布和设施,加上本章所用的部分史料为英语材料,当中出现的"theatre"一词,在不同的情况下,含义亦不同,故本章的题目和讨论部将"戏园"和"戏院"并列,当陈述具体的事实时,则尽量按照有关材料原来的用词。

② 田仲一成:《中国戏剧史》,云贵彬、于允译,北京广播学院出版社,2002,第369~440页。

③ 倪云癯:《桐阴清话》卷八,上海埽叶山房,1914,第6页。

④ 《春游简诸同人》,张维屏:《新春宴游唱和诗》,第2页。

年后（1849）他在怡园观《周忠武公别母乱箭》一剧，为之感动落泪。[①] 从种种零碎的资料看来，道光年间广州这类戏园招待的似乎只限于与园主熟稔的诗人墨客，并非以公开售票的形式经营。

广州富商文人这种笙歌曼舞的景象，随着太平天国及红巾之乱一度沉寂，正如倪云癯所说："比年以来，间阎物力，顿不如前，游宴渐稀，诸园皆废。自客岁羊城兵燹之余，畴昔歌场，都已鞠为蔓草矣。"[②] 也就是在这一时期，海内外几个埠头——香港、上海、三藩市等地的开放和日趋成熟，吸引了大量珠江三角洲的商人和劳工到这些新天地寻求投资或打工的机会，戏班也沿着这些人的足迹，到异乡的舞台演出。他们或把舞台带到异乡去，或在异乡建立起属于自己的舞台。从时序上来看，三藩市和上海的粤商在当地赞助粤班戏曲活动和投资兴建戏院或戏园之举，就是在咸同年间广州私家戏园衰落、公共戏园未兴之时发生的，反观广州和佛山，一为省城，一为商业重镇，且都具有悠久的戏曲演出传统，却一直到光绪中叶才见有戏园出现。

这种看起来有点"时空错位"的现象，与当时各种政治、经济因素导致的粤商在各大城市间的流动不无关系。田仲一成在其《中国戏剧史》中，从地方乡村社会的视角出发，注意到清代中期以后，乡村戏剧、宗族戏剧和市场戏剧向其他区域的转移和传播，与"地域内部社会阶层之间变化的加强，地域之间的交流日渐兴盛"有关。[③] 本章以清末粤商兴建的戏园和戏院为题，尝试引申这个观点。清末粤商在各大城市之间的流动，正是田仲指出的清中期以来地域之间交流日渐兴盛的现象的一个例证。本章的讨论也因此随着19世纪中叶以来粤商的足迹游移——先谈三藩市的戏院，再述上海和广州的戏园，至于这"海内外"的联系，暂时只能稍做推敲，待日后发掘到更多资料方能做进一步的论证。

三藩市粤商赞助之戏曲演出活动

自1848年开始，随着寻金的热潮，珠江三角洲的华人陆续来到美国加

---

① 《周将军行》，张维屏：《松心诗集·癸集·草堂集》卷二，第2~3页。
② 倪云癯：《桐阴清话》卷八，第6页。
③ 田仲一成：《中国戏剧史》，第369页。

州，华人入境的数字从1849年的数十人急升至翌年的近800人，至1851年，抵达美国的华人已是数以万计。尽管大部分人的寻金梦不久就破碎了，但加州还是有不少就业机会，吸引这批华人留下。在这些华人当中，有少数是资本雄厚的商人，他们很快就成为当地华人社区的领袖。在三藩市，自1851年起，各同乡会馆陆续出现，至1862年左右，部分同乡组织更联合组成"中华会馆"，向当地政府登记注册为华人六大公司，西人称之为"Chinese Six Companies"。①

正是这批人数众多的粤籍人口特别是财力雄厚的粤籍商人支撑起19~20世纪三藩市的中国戏曲表演活动，这在当时三藩市出版的英文报纸中屡有报道。② 1852年10月18日，一个声称拥有123名成员、音译为"Tong Hook Tong"的戏班抵达美国，在三藩市Sansome Street的American Theatre进行了为期5天的演出，以下是当地报纸 *Daily Alta California* 当天广告的部分内容。

> American Theatre Sansome Street
> More Novelty!
> First performance in America of the celebrated
> Celestial Tong Hook Tong Dramatic Company,
> consisting of 123 performers,

---

① 据 William Hoy, *The Chinese Six Companies: A Short, General Historical Resume of Its Origin, Function, and Importance in the Life of the California Chinese* (San Francisco: China Consolidated Benevolent Association, 1942) pp. 1 - 2。此书的出版者即中华会馆本身。所谓"六大公司"，含"冈州"（即新会县）、"宁阳"（台山县）、"三邑"（即南海、番禺、顺德）、"阳和"（即香山县）、"人和"（包含来自宝安、赤溪、东莞等地的客家人）、"合和"（开平和恩平县）等同乡组织。又据李春辉、杨生茂主编《美洲华侨华人史》，东方出版社，1990，第151、155~156、183页。

② 早在1944年就已经有研究加州历史的美国学者，运用19世纪在当地出版的英文报纸，挖掘了不少相关的材料，详细地展现了19世纪中后期粤籍商人在三藩市唐人街赞助中国戏曲演出和兴办戏院的情况。其中，以 Lois Rodecape, "Celestial Drama in the Golden Hills: The Chinese Theatre in California, 1849 - 1869" (*California Historical Society Quarterly*, Vol. 23, No. 2, January 1944, pp. 97 - 116) 一文最为严谨详尽。笔者在本部分的讨论，主要是参考了三藩市公立图书馆的索引以及Rodecape征引的文献目录，查出相关的报纸翻阅，故在发掘原始资料方面，Rodecape在当时条件有限的情况下，可谓居功至伟，笔者不敢掠美。

  accompanied by an Orchestra of their own music,
 under the management of Mr. Likeoon, Norman Assing, Tong Chick①

  这则广告显示的三个经理人的名字虽然看起来像西方人，但多少却带有华人姓名的痕迹，这种似是而非的拼写方式在当时寓居海外和香港的华人中十分普遍。其中名为"Tong Chick"的，很可能就是曾称"唐亚植"的唐廷植。唐廷植（1828~1897），字建安，号茂枝，曾用名阿植、国华，生于广东香山县唐家村，曾就读于马礼逊学堂，1845~1846年曾在上海的英国领事馆任翻译和传译员，自1847年10月起，受聘于香港政府总巡理府（Police Magistracy）任传译员，1851年9月因故遭辞退，②随即跟叔父到加州经商，成为三藩市成功的商人，并积极参与香山同乡会阳和会馆的事务。唐在1862年回国后，用"唐国华"的名字接替其弟唐廷枢在中国海关的工作，其后主要在上海发展，是旅沪粤人中最具影响力的组织广肇公所的创办人之一。③ 假若二唐为同一人，则后来成名的唐廷植早年曾兼做戏班班主一事，也属鲜为人知。事实上，当时许多戏班班主是由经营其他买卖的商人充任的。据当时的英文报纸报道，从来自中文报纸的消息得知，Tong Hook Tong戏班这次的旅费、戏台设施和道具的搬运费，是由一群广州商人支付的，总值至少2000英镑，部分戏班成员也是股东。④ 这都反映了粤商的流动如何把其爱好的文化活动带到寓居地去——虽然这时来自广州的戏曲还没

---

① Amusements, *Daily Alta California*, 1852-10-18. 这段广告的大意是："美国戏院，Sansome街。更多新奇事物！享负盛名、来自天国的Tong Hook Tong戏班，成员共123人，以他们自己的乐队和音乐伴奏，在Mr. Likeoon、Norman Assing和Tong Chick的管理下，首次在美国演出。"当时加州通行的中文专有名词的英文音译，大多源出粤语或四邑话，且没有一定准则，像"Tong Hook Tong"三字，在另一些报道中则写作"Tung Hook Long"，因此，在本章里，除非确实知道有关词汇的中文原称，否则一概不以汉字标示，以免因一再转引而以讹传讹。

② Carl Smith, "The English-educated Chinese Elite in Nineteenth-century Hong Kong", in Carl Smith, *Chinese Christians, Elites, Middlemen and the Church in Hong Kong* (Hong Kong: Oxford University Press, 1985), pp. 146-147.

③ 《唐绍明　唐廷植》，《珠海历史名人》编纂委员会编《珠海历史名人》第2卷，珠海出版社，2004，第35~41页。

④ Chinese Theatricals, *Daily Alta California*, 1852-10-20.

有后来的那种"粤味"。①

广告还刊登了 Tong Hook Tong 的演出剧目，首晚演出的包括"The Eight Genii""Too Tsin Made High Minister by the Six States""Parting at the Bridge of Parkew of Kwan Wanchang and Tsow Tsow""The Defeated Revenge"，前二者明显就是《八仙贺寿》和《六国封相》，即早期粤班的"例戏"，表演的很可能是清末民初仍然流行的昆腔和弋阳腔的曲牌。② 第三出戏很可能是《灞桥送别》；③ 第四出戏的英译过于简单，难以凭之判断中文剧目名称。10 月 20 日的演出，其中一个剧目是"Sung Kong: The Robber Chief of the Laong Hills"，也就是《水浒传》中宋江的故事。④ 21~22 日晚的剧目也有所不同，大抵为了吸引外国观众，22 日晚还加插一些武术表演。⑤ 相关的报纸报道还揭示了许多有用的资料，但就本章目的而言，以下谨选择与演出场地有关的材料略加讨论。

根据报道，Tong Hook Tong 戏班原来是带备材料，准备在当地搭棚演出的。不过，似乎他们并没有即时实行这个方案，而是在位于 Sansome Street 的 American Theatre 开演。由于中西戏剧表演的形式不同，American Theatre 的舞台设置也要做出一些调适——舞台的两翼（wings or sides）被移走了，演出的空间因而有所扩充；乐队按照自己的习惯，不坐在乐池里，而是坐在舞台的后方，乐手且不时抽烟，让西方观众为之侧目。⑥ 至于座位的档次和定价，则似乎是按照当地剧场既有的习惯，首晚的价目分别是：包厢

---

① 有关 19~20 世纪粤商在上海赞助文娱活动及粤剧在近代逐渐形成的特色，参见本书第十七章。
② 据陈非侬《粤剧六十年》（香港，出版人陈非侬，序于 1982 年，第 31 页）说："从前粤剧演出一台戏，多数是四日五夜共演九套戏的（也有一台戏演五日六夜共演十一套戏的），在第一夜即开演的第一天晚上，例必先演《八仙贺寿》，演完《八仙贺寿》，接续演《跳加官》，演完《跳加官》，接着演《六国大封相》。"关于当时通行的唱腔，参见赖伯疆、黄镜明《粤剧史》，中国戏剧出版社，1988，第 156 页。
③ 据《申报》1873 年 9 月 22 日一篇名为《夜观粤剧记事》的文章，一名离乡多年的粤人在上海观粤剧，其中有《灞桥送别》一剧，可见《灞桥送别》是当时粤班或广班会演出的剧目，参见黄伟、沈有珠《上海粤剧演出史稿》，中国戏剧出版社，2007，第 2 页。
④ Amusements, *Daily Alta California*, 1852-10-20.
⑤ Amusements, *Daily Alta California*, 1852-10-21; Amusements, *Daily Alta California*, 1852-10-22.
⑥ Chinese Theatricals, *Daily Alta California*, 1852-10-20. 又据欧阳予倩《谈谈粤剧》一文谓："以前广东的棚面也和其他剧种一样是放在舞台正中靠后的地方。"见广东省戏剧研究室编《粤剧研究资料选》，出版地不详，1983，第 119 页。

(Private Boxes) 6 美元，花楼和正厅后排（Dress Circle and Parquette）4 美元，楼下正厅（Pit）3 美元，顶层楼座（Gallery）2 美元。到了 20 日，除了包厢价钱维持不变外，其他票价都分别减了 1 美元。①

就在 Tong Hook Tong 演出之后不久，戏班就筹谋在当地兴筑一演出场所。据 Rodecape 研究，这所戏院的建筑框架是戏班从中国带过来的，而携备建筑材料到三藩市搭建楼房，是早期华人移民十分普遍的做法。这座被当时的报纸称为"The New Chinese Theatre"或"The new Theatre of 'Celestial John'"的戏院，位于时称"Little China"的 Dupont Street（今 Grant Avenue）和 Union Street 的交会处，于 1852 年 12 月 23 日首演。与当地剧场的习惯不一样，这间中国戏院的首演是在早晨举行的，未知是否与需要择定吉时有关；开张后，则每日定时在早 11 点和晚 7 点开演。戏院不设包厢，正厅的观众席饰以具备东方色彩的绘画及 22 盏中国灯笼，由高而低共排座位一千多个，部分座位有靠背和椅垫；舞台前设一乐池，可容纳 40 名乐手。在一名到访加州的游客眼中，这座戏院活像一座奇异的宝塔。尽管戏院内外修饰得色彩斑斓，建筑物却似乎还是临时性的，在翌年 3 月 25 日，建筑物被公开拍卖，由一个叫 David Jobson 的人以 1150 美元投得，其后又变为招呼刚到埠的华人移民的接待站。而 Tong Hook Tong 也在一个叫 George W. Beach 的人的带领下转往纽约，准备在"水晶宫赛会"（Crystal Palace Exhibition）中演出。尽管广告以其戏服新奇且价值不菲作为招徕，但 Tong Hook Tong 到了纽约后，观众反应颇为冷淡，成员在纽约和新泽西流转一年后，在一些美国人的资助下，方得以回国。②

然而，Tong Hook Tong 戏班的离去和上述戏院的易手，不意味着中国戏曲的演出在三藩市以及加州其他有华人聚居的地区只属昙花一现。尽管美国政府对华人入境的限制与日俱增，但三藩市和加州部分地区的华人人口却一直有增无减，粤商组织、同乡会以及秘密会社的势力，也越加膨胀，这都足

---

① Amusements, *Daily Alta California*, 1852 - 10 - 18; Amusements, *Daily Alta California*, 1852 - 10 - 20.
② Lois Rodecape, "Celestial Drama in the Golden Hills," *California Historical Society Quarterly*, Vol. 23, No. 2 (1944), pp. 102 - 104; The New Chinese Theatre Will Soon Open, *Daily Alta California*, 1852 - 12 - 20; The new Theatre of "Celestial John", *Daily Alta California*, 1852 - 12 - 25; The Tong Hook Tong Dramatic Company, *Daily Alta California*, 1853 - 4 - 1.

以支持戏班来美演出。据 Rodecape 的罗列和笔者自己翻阅的报纸报道，19世纪 50~80 年代，三藩市和加州部分华人聚居的地区不时有来自中国的戏班登台表演。①这些戏班会搭建戏棚或临时性的演出场所，也有租用当地既有的西式剧院表演的。例如，1855 年秋，在三藩市 Washington Street 南面 Dupont Street，开设了一间两层高的"Shanghai Theatre"，经理人是 Messrs. Chan Akin 和 Lee A-Kroon，戏班名为"Grand Musical Opera of Kwangtung"。同年冬季，在加州的 Sacramento，又开设了一间可容纳 100 名观众、名叫"Canton Chinese Theatre"的戏院，用以演出木偶戏。② 1856 年 10 月，一个约 30 人的戏班到加州的 San Andreas 演出，在当地搭起临时的戏棚，对此，当时的报纸描述如下：

> 这戏院是用棚架搭建的，长 100 英尺，宽 45 英尺，高 30 英尺，盖以帆布，花费 1500 美元。所有布景、构件和舞台上的家具，都是本地的工匠制造的。舞台上用的椅子须另外制作，以便适用于其他用途。舞台上铺了地毯，没有脚灯，但在舞台两翼却各设三盏大灯，灯盏是陶制的，用铁架吊起，燃点的是中国油（即不是用煤气的意思——引者注），每半小时须添油一次，每次都把火焰搅动起来。乐队共有 9 名乐手，坐在舞台后方，靠近垂幕，因此演员是在乐队和观众之间演出的。③

上文述及的所谓戏院（theatre），实则更像临时搭建的戏棚。在搭棚演出的同时，戏班有时仍会在当地的西式剧院演出，而报纸剧评人的关注点之一，就是中国戏班在舞台运用方面与西方戏剧有何差异。1856 年 12 月，某

---

① 有关中国戏班在三藩市和邻近地区演出的消息，在 1856~1877 年的 *Daily Evening Bulletin*、*Daily Alta California* 等加州的报纸上不时都有报道，并参见 Lois Rodecape, "Celestial Drama in the Golden Hills" (pp. 104 - 112) 的讨论。
② Lois Rodecape, "Celestial Drama in the Golden Hills," *California Historical Society Quarterly*, Vol. 23, No. 2 (1944), p. 104.
③ Chinese Theatricals at San Andreas, *Daily Evening Bulletin*, 1856 - 10 - 7. 相关报道并见于 Celestial Theatricals, *Daily Alta California*, 1856 - 10 - 8。据陈非侬《粤剧六十年》（第 61 页）说："在电灯未发明前，粤剧晚上演出时，只是在台前的上端，挂上三盏煤气灯（俗称'大光灯'），用以照明。有了电灯后，粤剧才有电光照明。"

戏班在三藩市的 Adelphi Theatre 上演 "The Return of Sit Ping Quai"（可能是《平贵回窑》——引者注），事后有评论曰：

> 每幕有数"场"，不过，跟我们的戏剧不同，他们的场景不是通过转换绘画的布景来表现的，而是举起一个小牌子，或书"丛林"，或书"城楼"，或书"城中"，来说明场景的。读者一定会马上联想到莎士比亚时期的剧场，当时的"场景"也是用举牌子的方式表现，让观众自行想象，而当时的女角也是由男生饰演的……中国舞台的幕在演出期间是一直打开的，不设垂幕。在舞台的后方有两道门，一道让演员进入，另一道给演员离开。在两道门之间，也就是在舞台的中央，有许多箱子、凳子和条凳，供乐队使用……还有一些穿着与我们在街上看见的中国人一样的仆人，于演出进行时，在舞台上来回走动，穿插在盛装的演员之间。他们一时给这位演员斟茶递水，一时为配合剧情，又给另一位演员呈刀送剑。①

这样的描述与粤剧艺人陈非侬（1899～1985）的说法相若。陈说：

> 从前的粤剧是没有布景的。台上只有二度布门，一度是出场用的，布门上写着"出将"二字，一度是入场用的，布门上写着"入相"二字。如要说明戏中场景所在，则用一椅子，上铺黑色的"鬼衣"（小武穿的戏服），鬼衣上放一小黑板，用白粉写"花园"或"城楼"等字，即代表花园或城楼。②

另一份报纸的评论，除了注意到没有布景、不设垂幕、场景用说明牌表示等中国戏曲表演的特色外，还对戏院里的观众做了一些描述：

> 观众中有男有女，楼下正厅坐的是市井之辈，包厢则为贵胄中人，当中有些是我们认识的"最显赫"的中国公民，包括 Kum - See、O

---

① The Chinese Drama in San Francisco, *Daily Evening Bulletin*, 1856 - 12 - 6.
② 陈非侬：《粤剧六十年》，第 60 页。

Look、Let Up、Sam-Hill、Wash Ing、Wun-Bit。楼下正厅的女观众用漂亮的头巾盖住她们的头,而包厢里的女士则在她们的头上涂上一层蜡油。①

Adelphi Theatre 其后被废弃多时,结果在 1858 年 6 月遭祝融之灾。②同年春天,原来在 Adelphi Theatre 演出的戏班在该剧场对面租用一栋楼房演出。舞台设施的运用和过去大致相同,唯一的差别是乐队再不是坐在舞台后方中间的位置,而是靠在舞台的其中一侧。③ 1860 年 3 月,另一个戏班抵达三藩市,租用 Union Theatre 演出,在舞台设施的运用方面,仍是按照老办法,也就是不设场景和垂幕。在这些演出中,到场观众绝大部分是华人;在座位安排方面,花楼的前三排座位完全划归女士,其余座位虽有男性就座,也与邻近的女性相隔一个空位,据说是各不干扰,正厅则全属男性。某些观众的行为——抽烟、嗑瓜子、吃糖果、用煤气脚灯燃点方头雪茄、脱掉木屐并把光脚搭到别人的椅背上去等,更成为英文报纸的笑柄。④

两个月之后,又一个戏班从香港乘船抵达三藩市,据说其中包括五个为当地华人所熟悉的伶人 Ah Wing、Ah Kung、Ah Chun、Ah Ping 和 Ah Wye。演出场地是由爱尔兰人经营的 Maguire's Opera House。为了招徕观众,剧场在报纸上刊登措辞夸张的广告,宣称这个戏班曾在中国做御前演出,并即将到巴黎给法国皇帝表演。报纸上对这次表演的点评中特别提到:

> 这些 John Chinaman 开始采用我们的舞台——应该说是马戏班的伎俩,那就是,演员开始习惯给观众致以一个深深的鞠躬,以表达谢意。⑤

尽管评论者不忘加上自己的诠释,认为演员此举更像"用袖子遮掩他

---

① The Chinese Theatre, *Daily Alta California*, 1856 – 12 – 14.
② Burning of the Adelphi Theatre, *Daily Evening Bulletin*, 1858 – 6 – 2.
③ Lois Rodecape, "Celestial Drama in the Golden Hills," *California Historical Society Quarterly*, Vol. 23, No. 2 (1944), p. 106.
④ Chinese Theatricals, *Daily Evening Bulletin*, 1860 – 3 – 1; An Evening at the Chinese Theatre, *Daily Evening Bulletin*, 1860 – 3 – 5; Lois Rodecape, "Celestial Drama in the Golden Hills," *California Historical Society Quarterly*, Vol. 23, No. 2 (1944), pp. 107 – 108.
⑤ Opera House, *Daily Evening Bulletin*, 1860 – 5 – 17.

对'外夷'的嗤笑",但如果此报道属实,则可见演戏完毕鞠躬谢幕这一西式礼节,早在1860年就已经有中国戏班的演员仿效了。

三藩市粤商集资建造的戏院

三藩市第一家由华人集资兴建的专供中国戏班演出的永久性戏院是位于Jackson Street 的"Hing Chuen Yuen"。据称,这座戏院于1867年11月动工,翌年1月落成,兴建费用达4万美元之巨。[①] 在一篇有关该戏院在1868年1月27日席设 Hang Heong Low 的开幕宴会的报道中,可知戏院的股东包括 Lee Kan、Yee Teen、Ah Fook、Ah Young、Lee Yook、Yee Chi、Thong 等商人(其中 Yee Teen 似乎也是一个叫 Lung Quong Toy 的戏班的班主,1869年9月曾经安排戏班到位于 Montgomery Street 的 Metropolitan Theatre 演出[②]);宾客则包括三藩市政、军、商界要人,每席皆设一华人传译员,负责招待美国宾客。据当时的报纸报道,这座可容纳1100名观众的戏院的建筑和内部结构是这样的:

> [这座建筑物]从外部看来,颇觉平凡,不甚招摇铺张。戏院的主体建筑在后方,颇独立于前方的建筑。在许多细部的设计上,与美国的剧院十分相像:设有正厅、花厅和顶层楼座,通室使用煤气灯照明。跟我们把乐队设在台前不同,他们的乐队设在舞台后方的凹室。演员出入舞台使用左右两门或出口,门前垂以价值不菲的绣花帘幕,不设垂幕。[③]

可见,Hing Chuen Yuen 的内部装修,在观众座位的安排方面,遵循的是西方剧院的样式;但在舞台设施方面,则按照中国戏班的需要设计。图1为1884年印制的铜版画,清楚地显示了位于 Jackson Street 的这座戏院中西合璧

---

① Inauguration of the New Chinese Theatre "Hing Chuen Yuen", *Daily Alta California*, 1868 – 1 – 28; The Chinese Festivities, *Daily Evening Bulletin*, 1868 – 1 – 29; The Chinese Theater, *Daily Dramatic Chronicle*, 1868 – 2 – 1.
② *Daily Alta California*, 1869 – 9 – 23.
③ Inauguration of the New Chinese Theatre "Hing Chuen Yuen", *Daily Alta California*, 1868 – 1 – 28.

的格局。①据报纸资料显示，Hing Chuen Yuen 的建筑师是 John Apel，② 但这项工程也延聘了不少粤人为工匠。③我们可以估计，戏院的大楼和主体格局是由美国建筑师设计和监工的，但内部特别是中国式的装修和细工则是粤人负责的。

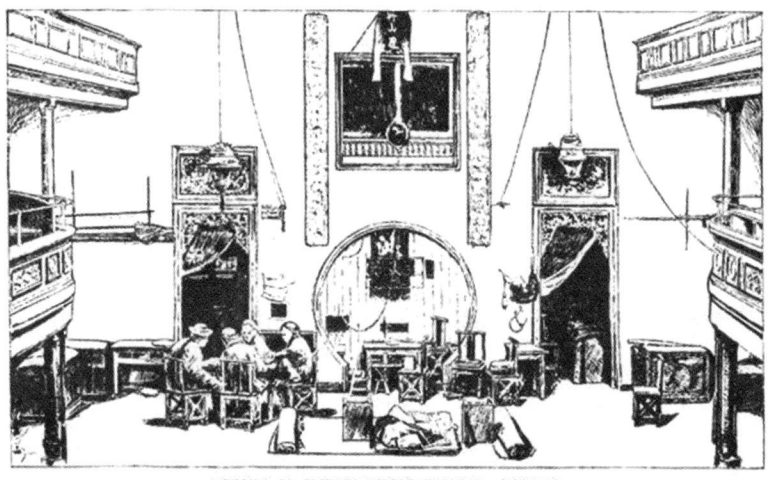

图 1 三藩市 Jackson Street 上的中国戏院内部

资料来源：Henry Burden McDowell, "The Chinese Theater," *The Century：Illustrated Monthly Magazine*, Vol. XXIX（New Series Vol. VII）, November 1884 to April 1885, p. 42。

不足 10 年后，三藩市又出现了另一座华人出资兴建的戏院。这家名为"Yung Kee Luk Shun Fun"或"Poo Hing Hee Yung"④ 的戏院，位于

---

① 此铜版画与加州历史学会（California Historical Society）所藏的一张摄于 1885 年左右的同一题材的照片非常接近，可见写实程度甚高。照片可见于 Thomas W. Chinn, *Bridging the Pacific：San Francisco Chinatown and Its People*（San Francisco：Chinese Historical Society of America），p. 20。

② The Chinese Theater, *Daily Dramatic Chronicle*, 1868-2-1. 根据"San Francisco Genealogy"网站上"Great Register of San Francisco, 1867"的记录，当时三藩市的确有一名名为 John Apel 的美籍普鲁士裔建筑师，其居住的 Kearny Street 就位于唐人街附近。见 http：//www.sfgenealogy.com/sf/1867g/sfgr67ab.htm，最后访问日期：2007 年 6 月 27 日。

③ The Chinese Festivities, *Daily Evening Bulletin*, 1868-1-29。

④ 据 *Daily Alta California* 1877 年 12 月 5 日的报道，"Yung Kee Luk Shun Fun"是这家"Chinese theatre"的名字，而"Poo Hing Hee Yung"是几个合股人所组成的"company"的名字，由于"Hee Yung"一词，与粤语"戏院"的音译非常接近，笔者怀疑，"Yung Kee Luk Shun Fun"是戏班的名称，"Poo Hing Hee Yung"是戏院的名称，详情待考。

Washington Street，1877 年 12 月开业。当时的报纸对这家新戏院做出了详细描述：

> 据称，戏院公司的头头是 Tom Poy、Pin Choo 等人，公司名称是 Poo Hing Hee Yung。戏院所在地是属于 Dr. Hout 的，Dr. Hout 把地租给 Ah Fook Wing，为期 5 年，Wing 再把地转租给戏院的公司。大楼用砖建造，结构坚固，面积为 42×108 英尺，楼高 32 英尺，由 Laver & Curlet 建筑师楼设计，John E. McFadden 承建商承建。这戏院有几个特色。位于 Church Alley 的入口有 25 英尺宽，在正厅与通往顶层楼座的楼梯之间，有一个很宽敞的门。大楼的内部格局是现代的，设有顶层楼座与外伸的顶层楼座（hanging galleries），又设有私人的包厢，一些给华人，另一些给白人；还有专门为女士而设的包厢，有专用的楼梯通往楼外。以一家中国戏院而言，这家戏院的出口设计是很特别的。① 大楼内部的另一个特色，是设有四个八角形的通风装置，直径 12 英尺，由天花伸展到屋顶，在天花上面，围着这些通风装置的是一团寝室，供戏院的附属人员使用。对于华人来说，这些寝室算是非常宽敞和通风的；这类寝室共有 75 个。舞台深 30 英尺，在舞台上方有一神坛，舞台的地下室则作储存财物用。从神坛往舞台方向看过去，有一扇窗，表演翻筋斗的演员从这扇窗穿过，跃下舞台，距离约有 23 英尺。大楼的内部将以壁画装饰。整栋大楼都有食水和煤气供应。座位共 1500 个，还有超过 500 个站立的位置。建筑费用共 16000 美元。戏院戏班成员接近 100 人，其中有一些曾经在 Jackson Street 上的戏院演出。这家新的戏院聘请了一个叫 W. Burke 的人为专责主任（special officer）。
>
> 这家戏院的票价既灵活又公道。票价随开演后逐小时递减，到演出快要结束时，观众只需付 10 美分即可进场，因此票房收入不俗，如果整晚维持一个价格的话，戏院大概就做不了那么多生意了。据悉，戏院主要由中国商人和他们的同乡赞助，对于外国游客来说，这座中国戏院

---

① 这里是指中国的戏园一般只有一个总的入口。1912 年上海出版的《世界》杂志（第 2 期第 D32 页）是这样对比西洋和中国的戏园的差别的："西洋之戏园，其出入之门甚多，如正桌、'毕德'，等之坐位，其入内之门，均不相同，不如中国戏园之只有一总门也。"

常常是他们猎奇探秘之所。①

上述引文提到的那个神坛，能"让神祇一目了然地观看和监督表演"，可能是专门用来供奉戏神，但也有可能同时用来"招呼"供奉在戏院之外的其他神祇。一名外国游客便听过这样的说法：

> 有一天，三藩市六大公司之一的神祇被问到在他生日时，喜欢去 Washington Street 还是 Jackson Street 上的戏院看戏。人们是用问杯的方式询问神的意思的，结果，杯的平面的一方着地，意思是神选择去 Jackson Street 看戏。它随即被穿街过巷地抬往戏院，安顿到神坛上去。②

在另一个游客眼中，Washington Street 上的这家中国戏院所表现的"异国风情"，则大概是这样的：

> 位于 Washington Street 的这家新中国戏院的前部活像在宾州的荷兰牲口棚的三角屋顶。这家戏院楼高三层，装修得像一家乡下的杂货店。大楼前方地面上设有一间封以玻璃门窗的小房子，坐着几个面相精巧的华人，在修理手表和珠宝饰物，窗上展示着不少金戒指和发饰……商店的左方就是戏院的正门，门上挂了金漆招牌，写上"××××"四个一英尺高的大字，意思就是"Grand Theater"，不过用较绚丽的手法表现出来而已（意指中国书法——引者注）。我来的时候是周末晚上，生意"兴隆"，票房应接不暇。洋鬼子付费给美国守门人，共银"两个辅币"（即25美分）。另一方是华人票务员，为那些月眼儿的顾客（意即华人——引者注）服务。拾级而上，拉开一块厚厚的布帘，戏院就突然在眼前出现了……这是一座中型的圆形剧场，最远处有一个开放的舞台，中间的地方挤满华人。"挤"这个字是最恰当的，因为他们都坐在

---

① Opening a New Chinese Theatre, *Daily Alta California*, 1877-12-5.
② Henry Burden McDowell, "The Chinese Theater," *The Century*: *Illustrated Monthly Magazine*, Vol. XXIX (New Series Vol. VII), November 1884 to April 1885, p. 31.

矮条凳上，每张条凳挤得人越多越好，就好像人们要赶回家用晚餐，要把马车挤到水泄不通一样。……正厅的前排座位与花楼之间没有分界线。观众席的地板由低而高，最后方有两排斜斜的楼梯通往楼厅，那里也是挤得满满的……在楼厅的同一层往舞台方向的位置，有两排窄窄的楼座，也就是包厢，其中一个是留给女士使用的。这些女士部分会有仆人陪同，仆人往往是看起来老成持重的小孩。

最高层的楼厅最适合鸟瞰整个戏院，但也是最不舒适的，那里的温度和土耳其浴的二等热房不相上下。……戏院经理说足足有三千观众之众……在观众中往来移动的是一个用头顶着一个锡盘叫卖的老头，盘子里分格放着橘子、青柠、果仁、蜜饯、甘蔗、花生等物。……观众不住在低声地交头接耳，站在后方的观众更没有一刻能够停下来……

在舞台上，乐队与演员相隔着一张长桌；在演至激烈的战斗场面时，这张桌子也随时可以用作砍下敌人首级的道具。①

笔者一时未能找到有关 Washington Street 上的这家中国戏院的图片。仅从上述文字描述看来，这家戏院极可能像 Jackson Street 上的那家一样，舞台设计维持中式，座位等级的安排则更接近西式，但由于正厅里摆放的是条凳，它似乎又与当时的西式剧场有所不同。

据粤剧老艺人忆述，广州的戏院，直到新中国成立以前，座位仍然是"一色的大板凳。观众如要坐得舒服些，在买票进场时，必须另以一个铜仙至三个铜仙（指使用硬币时的价值）的代价，另租椅垫。这些椅垫，不属戏院的设备，而由院外商人向戏院标投承包"。他又提到，"光绪年间至民国10年以前，各院都是男、女分座。以对号位为例：男对号位在台前的正中，女对号位则分居两测（疑为'侧'字之误植——引者注）；散厢、二等位、三等位（在二、三楼）亦分男、女，只有包厢（厢内共有六个座位）可以混坐。故那时一般人家去戏院看戏，也不能坐在一起"。② 可以说，在使用板凳和男女分座方面，三藩市的戏院和广州的戏院是十分相似的。

---

① George H. Fitch, "In a Chinese Theater," *The Century: Illustrated Monthly Magazine*, Vol. XXIV (New Series Vol. II), May to October 1882, pp. 189 – 192.
② 刘国兴：《戏班和戏院》，广东省戏剧研究室编《粤剧研究资料选》，1983，第363页。

总的来说，19世纪中后期三藩市粤商赞助的戏曲活动，其演出场所包括自备材料搭建的临时戏棚、当地既有的西式剧场，以及粤商自己投资的专门演出中国戏曲的戏院。当利用西式剧场时，为了迁就中国戏曲的演出习惯，舞台设备需做出一定的调整；后来粤商出资建造专门供中国戏曲演出的戏院，大楼的整体设计虽出于外国建筑师之手，观众席的安排也大体按照西方剧场的样式，但在舞台布置方面则完全为配合中国戏曲演出的特殊需要而度身定做了。

清末广州的戏园

无独有偶，就在三藩市出现粤商投资兴建的戏院的同时，上海也陆续兴筑了为数不少的戏园，其中在同治五年至六年（1866~1867）开设、被认为是上海最早演出京戏的戏园"满庭芳"，是英籍粤商罗逸卿投资兴建的；而在同治年间出现的"久乐"和光绪年间的"庆乐""一仙""三雅"等戏园或茶园，亦有广东戏班表演；在1895年及1899年，更先后出现了专演广东戏的"同庆茶园"和"叙乐茶园"；这样的事实多少透露了粤商在各大城市投资娱乐事业的印迹。① 相形之下，至少就笔者所见，自咸丰至光绪中叶近40年间，广州一直没有兴建戏园之举，此间只有位于沙面租界的美国旗昌洋行曾在光绪三年（1877）向南海县丞提出在十三行新填地开设戏馆的建议，但此事由于官府不允，最后亦不了了之，当时的南海县丞认为，上海、香港容许设戏馆，是因为那里"地已归外国"，与广州不能同日而语，且该新填地毗邻西关，而西关又"烂匪最多"，即使有领票验票制度，秩序亦难控制。②

这位县丞大抵没有想到，他反对兴建的凭票入座的演戏场所，十多年后

---

① 大野美穗子：《上海における戯園の形成と発展》，《お茶の水史学》1983年第26~27期；方平：《戏园与清末上海公共空间的拓展》，《华东师范大学学报》（哲学社会科学版）2006年第6期；黄伟、沈有珠：《上海粤剧演出史稿》，中国戏剧出版社，2007，第3、6、18、34页。
② 见杜凤治《南武日记》第三十七本，光绪三年十月廿四日条。有关杜凤治的生平及其日记的情况，见邱捷《知县与地方士绅的合作与冲突——同治年间的广东省广宁县为例》，《近代史研究》2006年第1期。

终于在广州出现,而且选址就在他认为"烂匪最多"的西关地区。在广州,真正公开售票,以营利为目的,有一定建筑规模的商业性戏园,似乎是在1891年左右才出现的。据1895年8月3日刊登在香港《华字日报》的一篇题为《论粤省禁设戏园》的论说云:

> 广州向无戏园,嘉庆季年,鹾商李氏家豪富甲第,池台檀胜一时……自羊城兵燹之余,闾阎物力,顿不如前,游宴渐稀,诸园遂废,歌台舞榭,鞠为茂草,而诸班惟借神诞日于庙前登台开演,坐客之地,或为竹棚蓬厂,或为店上小楼,座既狭隘,伸舒不便,而复有所谓逼地台者,不收坐费,任人立看,挤拥如山,汗气薰人,蒸及坐客,且易滋闹事端,每因抛掷瓦石,至于械斗,小则伤身,大则殒命,又时因失火难避,伤及千百人,以此行乐,险不可言。自五羊无戏园,而观者可裹足矣。至辛卯春,前督李制军许商人承饷充办,复有南关、西关、河南、佛山四大戏园之设。高台广厦,排日笙歌,不图点缀升平,复见于今日,而伶人衣服之美,工价之贵,更超越前时。①

上述"四大戏园",在早年出版的数种粤曲论著中皆有提及,但大抵由于研究和出版条件有限,往往语焉不详,注释有缺。② 事实上,有关"四大戏园"的一手材料不易搜集,笔者只能将零碎的只言片语和前辈编纂的史料汇合阅览,方能稍做管窥。引文提及的"前督李制军许商人承饷

---

① 《论粤省禁设戏园》,香港《华字日报》1895年8月3日。此文首二行明显出自倪云癯《桐阴清话》和俞洵庆《荷廊笔记》二书,后者宣统《番禺县志》卷四十四第13~14页引用了其中数段。

② 例如,赖伯疆、黄镜明著《粤剧史》谓广州西关最早出现的戏园是广庆戏院,地址在今天的多宝路附近,后来又出现了南关、东关、河南各处戏园;又谓光绪二十五年(1899),广州五大富商中的潘、卢、伍、叶四家,在河南寺前街附近开设了一间戏院,名为"大观园",是"广州有史以来第一间公开营业的戏院",光绪二十八年改名"河南戏院",等等,但这些说法皆无注释;关于河南"大观园"的背景,粤剧老艺人刘国兴(艺名豆皮元)亦有类似的说法,俱与笔者暂时所见史料不太吻合,不知是否出于其耳闻目睹,详情有待查考。见赖伯疆、黄镜明《粤剧史》,第314~315页;刘国兴:《戏班和戏院》,第360页。关于佛山的戏院方面,欧瑞芝《佛山新语》提及光绪年间有吴姓商人在佛山镇佛山涌涌边右岸竹桥附近地方创建了一间戏院,名为"桂香大戏院",未知是否与本章讨论的位于佛山的戏院同,见欧瑞芝《佛山新语》,南海系列印刷公司承印,1992,第367页。

充办，复有南关、西关、河南、佛山四大戏园之设"的背景，可从收入王利器辑录的《元明清三代禁毁小说戏曲史料》的《会禀戏院章程》稍做了解：

会禀戏院章程

敬禀者，现奉宪台转奉两广总督部堂李批：据鸣盛堂商人李升平禀称，仰恳准在城外西南两关偏远处所，建设戏院，无碍行人拥塞，盖以瓦屋，围以砖石，以免风火告警，请领牌示，以杜匪徒混杂等由，奉批；仰广东善后局会同布政司核议详复，饬遵糊单并发等因；札县即便遵照，俟委员到县，会督该商，前往城外，勘明西南两关偏远处所，能否建设戏院，有无阻碍附近居民，禀复本局，以凭核办，等因，奉此；并据该商李升平以购买城西地段，开列章程禀请，会同委员履勘，俾定基址前来。卑职等遵会同前往，饬令该商引看得省城之西多宝桥外旷地一段，坐北向南，前俯菜塘，后枕涌道，左系空地，右近大河，四面辽阔，地处偏远，就此建设戏院，与附近居民，并无阻碍。至于南关建设处所，该商现在尚未择定，除俟续请勘明，再行另禀外，奉行前因，所有勘过西关建设戏院处所，绘具图说，连该商缴到章程，列折禀缴宪台察核。

计开：

一、西关戏院，拟择多宝桥外河边地段，东西水绕，南北津道，一带偏隅，四围阔辽，余地尤多。就此建设，无居民比栉、行人拥塞之碍。

一、建造之法，仿照上海戏院款式，围以砖墙，搭以桁桷，盖瓦架楼，门开两路，分别男女，各为出入，以免混杂。

一、戏院内设缉捕所，自募巡勇，另请局委员驻扎，以便稽察，借资弹压。如有匪徒混入，抢掠滋事，应准拿获，解地方文武衙门究办，其委员薪水，由商人支送，不用报销。

一、院内由委员稽查，园门派巡勇看守，凡入看戏者，不准携带刀枪军器，亲兵亦不得借号衣为缉捕，假灯笼为办公，擅行闯进，必要有文书签票呈验始准放入，方免匪徒混迹，营勇借端生事。

一、男女坐位，分别上中下三等，先执凭票号数入座观听，俟安排停当之后，再行次第缴验号票，不至混淆。

一、位次既定，只准用孩童常川奔走，司卖茶果点心食物；其余别项，不准搀入，以期安静，而杜纷扰。

一、演唱台上，不准施放爆竹，夜戏不用火水煤油，应用光亮电灯，通宵达旦，自保无虞。仍备水龙水喉，以防不测。

一、日夕所演，永禁淫戏。须以劝善惩恶，鉴古勖今，俾妇孺咸知观感，于风俗人心，不无裨益。①

引文并无年份，其中提到的"两广总督部堂李"为李瀚章，在任时间是 1889～1895 年，配合下文其他资料，估计章程是在 1889～1890 年颁布的。章程内容也包含了许多值得我们注意的线索。首先，较早申请建设戏园的是鸣盛堂商人李升平，具体代表官方审批的机构，是"广东善后局"。太平天国及捻乱之后，"各省之支款似归地方总局管理，其局名或称善后局，或称海防。善后之名，因平发匪而设，海防之名，因御外侮而设。此局总理，多以布政兼之，而协理其事者，实候补道一二员耳"。② 兴办戏园之事归善后局处理，说明了政府批准建戏园是为了开拓财源，这在 1890 年 9 月 7 日《申报》的报道中亦有所反映：

现有商人拟在东西南关边界各建戏园一所，具呈督宪，求请准其建造，雇优演剧，每园每年报效海防经费银一万二千元。督宪以目下筹办防务，筹款维艰，得此巨款，于饷项不无裨益，遂俯如所请，饬下南番两县带同该商勘定地段，以便庀材兴工。将来园工告成，笙歌竞奏，袍笏登场，于以鼓吹休明，招徕商贾，岂不懿哉？③

此外，从上述《会禀戏院章程》所见，官府警力有限，戏园须首先自设缉

---

① 原文出自张光裕《小谷山房杂记》卷一《禀牍》，此书笔者至今未见，引文转自王利器辑录《元明清三代禁毁小说戏曲史料》（增订本），上海古籍出版社，1981，第 202～204 页。
② 德人阙名：《论中国赋用》，麦仲华：《皇朝经世文新编》卷六。
③ 《粤东纪事》，《申报》1890 年 9 月 7 日。

捕所和巡勇维持治安。其次，当时择地兴建戏园的考虑，主要是避免骚扰居民，故须在城外的西关和南关地区觅偏远处所；再次，戏园在门廊和座位设计方面，均严守男女之防，座位又分上、中、下三等，观众须凭票对号入座，坐定后更要查票；最后，有关当局要求戏园要自备"水龙水喉"，在演出夜戏时要用"光亮电灯"，救火用的水龙此时在广州和许多城镇已经使用，而电灯则似乎是刚刚起步的公用事业。据称，广州第一家电灯公司在1890年由美国华侨黄秉常、李荣帮集资创办，不久就为40条街道的商店和公共建筑装了700盏电灯，至1901年，广州的外城约有六成的街道装有街灯，一些商店还备有私人发电机。① 可见官府这样的要求，虽然不一定能够马上实现，但却并非不可行。还有一点值得留意的是，该院"建造之法，仿照上海戏院款式"。从上文可知，上海早在同治年间已有戏园，至光绪更大盛，加上沪上粤商的势力至此时已属举足轻重，时至19世纪90年代，广州兴建戏园，以上海为楷模，是自然不过的事。

至于各戏园的经营状况，在接下来数年的《申报》和香港《华字日报》中都有所报道，使我们得以初步整理出一些基本的事实。似乎是在李升平提出申请后不久，另一许姓商人又申请在"南关新筑长堤内建设同乐戏园，于十一月十四日兴工，限年内落成，以便明春开演"。② 这家戏园果然赶在新岁前落成，定期在正月十六、十七日开台演剧。③ 到了1891年春，又有"商人某甲禀请大宪亦欲建设戏园，每年愿报效军饷银八千两。大宪准之，甲遂度地多宝桥侧，土木大兴，大约端阳节边即可工程告蒇矣"。④ 至1891年中，在珠江以南的河南岛上，"河南戏园刻已落成，命名曰大观园"。⑤ 即使要向官府缴大笔饷银，此时经营戏园，似乎仍属有利可图，以致报纸评论曰："南关同乐戏园座客常满，获利甚丰。河南西关两处戏园亦相继而起，经之营之，不遗余力。诚以利之所在，人争趋之也，刻又有人拟在黄沙地方建设一戏园，业已具禀大宪，未知能允准否也？"⑥

---

① 广州近代史博物馆编《近代广州》，中华书局，2003，第80页。
② 《岭南寒景》，《申报》1891年1月14日。
③ 《穗垣杂事》，《申报》1891年3月4日。
④ 《荔湾香韵》，《申报》1891年5月22日。
⑤ 《粤东邮音》，《申报》1891年7月15日。
⑥ 《穗城谈屑》，《申报》1891年6月4日。

综合当时的报纸报道和其他资料，至 1900 年左右，上述"四大戏园"的基本情况可简述如下（见表 1）。

表 1　1891~1900 年广州戏园概况

戏园名	地点	经营者
广庆戏园	西关多宝桥，一度欲迁往源昌街海傍未遂	最初申报人为鸣盛堂的李升平，据后来的报道由"众股东"所拥有
同乐戏园（后来又出现"和乐戏园"之说法，未知是否同一家）	南关长堤	最初申报人为鸣盛堂的李升平，后来又有一许姓商人申请
大观园，1902 年改称"河南戏院"	河南南华中路	陈鸾章。另一说法是广州潘、卢、伍、叶四大行商
不详	佛山	简炳骥

在选址方面，当时的戏园有一个共同点是地处城外商业区，且靠近码头，方便戏船泊岸。广庆戏园位于西关多宝桥附近，西关是 19 世纪发展起来的商业中心，不少新兴的商家都在此购地设铺建房，"西关新建房屋以逢源众约为首屈一指，该街房屋无论大小一律整齐，大壮观瞻"；① 后来经营者一度欲将广庆戏园迁往源昌街，亦靠近海傍，"业已购地庀材，择期兴建，后为附近街邻所阻，事遂中止，刻下众股东商议，仍其旧贯，不复改作"。② 戏园既位于西关，"戏班眷属多住在黄沙、恩宁一带"，③ 这种商住格局直到今天仍有迹可寻。同乐戏园位于南关长堤，"南关素称富庶之区，物产既盈"，④ 长堤是张之洞任两广总督时于 1886 年兴修官府码头（即天字码头）时兴筑的一段小马路，也就是后来在 1903 年修建的 800 多米长的长堤大马路的嚆矢。⑤ 河南大观园的地点，据《中国戏曲志·广东卷》载，乃位于河南南华中路，1898 年由广州潘、卢、伍、叶四大行商在该址集资兴建戏院，1902 年改称河南戏院，为了方便戏班红船搬运戏箱，特辟后门通

---

① 《珠海近闻》，《申报》1897 年 1 月 24 日。
② 《羊城纪事》，《申报》1893 年 9 月 15 日。
③ 《南海新秋》，《申报》1896 年 9 月 9 日。
④ 《岭南丛谈》，《申报》1895 年 8 月 2 日。
⑤ 广州近代史博物馆编《近代广州》，第 78 页。

珠江，让红船可直泊戏园后门，① 而从 1895 年《申报》载"前日有小艇一艘，内载十余人由天字码头开行，驶往河南戏院观剧"等内容看来，应该也是离码头不远。② 至于佛山的戏园，确切地点仍有待查考。

戏园观众人数众多又来源庞杂，难免易生事端，尤其是争座位而引发的口角动武，更经常见报。某甲在南关同乐戏园争座位，"被戏园管棚人所诟，由是始而角口，继而斗手，甲大受夷伤。某绅见之，代抱不平，向戏园理论，置诸不理。某绅大怒，谓何物狂奴，乃敢向太岁头上动土，饬人将该戏园司事送官办理"。③ 另一个例子也发生在南关（报道称该戏园为"和乐园"），某甲"购得木椅坐位票□纸，惧坐藤椅，守座者挥之使去，甲怒而批其颊，守座者以手格之，两相哗闹。园中伙伴毕集扭甲而拱之，甲孤掌难鸣，狼狈而遁。园中人方自鸣得意，以为莫可如何矣，正在抵掌高谈，而一纸官符已从天上飞下，惟见番禺县李子华大令带同差役亲临指挥，台上各优伶及座中诸客从速出门，随将大门封闭，拘园中司事数人以去。一时见者咸惊骇异常，翌日访之，始知甲为某宪署门丁，被殴而回，向本官立禀，官怒，故有是举也"。④ 这段报道不但反映了当时戏园的秩序是如何"维持"的，更透露了戏园的座位档次，至少分为"木椅"和"藤椅"两种，后者票价比前者昂贵。⑤

另一个困扰戏园经营者的问题是鼠疫流行，有人在戏园中病发倒毙，类似事件的一再发生，导致戏园生意一落千丈。1891 年夏，"有甲乙两人同在西关广庆戏园观剧，及至散场时，两人仍隐几而卧，一若睡熟者，戏园中人近前抚视，则已身冷如冰，魂归地府矣。随报知其亲属备棺盛殓。自是而后，每日必毙一、二人，闻者咸谓园中有疫，相戒勿往。故近日观者无多，几如晨星之寥落"。⑥ 至翌年夏秋之际，情况更趋严重，"疫气大作，连日广庆戏园内因急疾而毙者六七人，遂致莺歌燕舞之场，无复履綦戾止，梨园声

---

① 中国戏曲志编辑委员会、《中国戏曲志·广东卷》编辑委员会编《中国戏曲志·广东卷》，第 430 页。
② 《羊城双鲤》，《申报》1895 年 10 月 28 日。
③ 《穗石谈资》，《申报》1891 年 4 月 6 日。
④ 《岭南积墨》，《申报》1893 年 7 月 2 日。
⑤ 有关当时戏院的座位价格详情，见蒋建国《清末广州的戏剧消费与新闻话语的扩张》，《学术研究》2006 年第 11 期。
⑥ 《岭南闲语》，《申报》1891 年 8 月 20 日。

价顿不如前矣"。① 当时的报道者似乎还没有意识到，这就是自18世纪开始在西南地区爆发，至1890年前后蔓延到珠江三角洲的大规模淋巴结鼠疫。②

戏园生意时有涨落，经营者亦屡有更易。河南大观戏园曾一度因资本亏折而停办，1891年"又有商人出本承充，业已雇定名班筮期演唱"，但评论者认为，"观者仍属无多，恐亦难以持久也"。③ 佛山戏院初开设时，"以有亏资本，饷项难支，久经停演"，1895年，商人简炳骥禀呈善后局批准缴饷，商定缴纳洋银1200元作为一年饷项，乃恢复演出。简炳骥在报批初期先缴饷洋银600元，官府的反应是有鉴于"现在开演期近，姑准予兑收，其余六百元限明年正月内补缴清楚，毋许久延，如再渎禀请减免，即行查封，永远不准开演"。④ 但后来简炳骥似乎是以每两月缴付200元的方式向善后局缴纳饷银，善后局收妥后会马上催交下期的数目，这样的消息在1897年的香港《华字日报》上时有报道。⑤ 戏园营业状况如何我们难以得知，但经营者缴饷能拖即拖，善后局催饷频频的消息，则常常见报。

官府虽乐于向戏园收取饷银，但为了表示捍卫风化，往往会对剧目内容严加限制，又以维护治安之名，禁演夜戏。谭钟麟接李瀚章任两广总督时（1895~1899），"下车之日，即禁饬南关戏园停演，该院旋经撤去，而河南戏园则禁演夜戏，杜绝淫戏"，报纸评论者以卫道之士自居，亦附和谓："本地班之戏，最足坏人心术，而粤东之多盗，亦半由于是矣。其生旦私合等戏，冶容丽服，谑语诲淫，少年血气未定，观之无不失魂丧志，心摹手追，聪俊子弟，被其眩惑不少，至于孀妇处女，尤不宜寓目，自省城设戏园，而姘合私会，奸淫闹事，笔不胜书"，且对谭钟麟的措施大加赞许，说从此"不准楚舞终宵，不放郑声悦耳，诚挽回风化之大端也夫！"⑥ 不足两年之后，河南大观戏院商人陈鸾章又"赴抚辕禀请复演夜戏……复赴善后局递禀"，报纸这次则评论说："倘承俯准，则际此良宵，霓裳再舞，亦足

---

① 《珠江月色》，《申报》1892年9月1日。
② 有关这次鼠疫的详细分析，见Carol Benedict, *Bubonic Plague in Nineteenth-Century China* (Stanford: Stanford University Press, 1996)。
③ 《岭南近事》，《申报》1891年12月9日。
④ 《菊部翻新》，香港《华字日报》1895年2月6日。
⑤ 《善后局批》，香港《华字日报》1897年1月8日；《戏园缴饷》，香港《华字日报》1897年3月9日；《善后局批》，香港《华字日报》1897年4月23日。
⑥ 《论粤省禁设戏园》，香港《华字日报》1895年8月3日。

助花田夜游春兴矣！"①

　　以上讨论，其实未能揭示清末广州戏园的建筑和园内陈设，我们也许可以利用在1906年、1907年出版的《时事画报》刊登的两幅分别题为"戏院殴伤教习"和"戒烟新剧"的图画，猜度一下当时广州戏园的样貌。"戏院殴伤教习"一图，所附文字说明肇事地点就在河南戏院，该图没有展示戏院全貌，我们看得比较清楚的细节是观众全属男性，少数人头戴西帽，座位似乎是有靠背的长板凳，图的右侧有一长桌，上面摆放的看起来是供奉神明的祭品，舞台左端小门清晰可见，但没有画出乐队。②"戒烟新剧"一图，没有注明地点，观众大多为男性，少数头戴西帽，右侧前排似有数名女性，座位是有靠栏的长板凳，舞台左端小门清晰可见，站在演员背后也就是舞台的后方的，是手持铜锣和弦索的乐手。③当然，由于这只是图画，我们很难判断它们的写实程度，只能聊以参考。

　　我们也不妨以《会禀戏院章程》中"建造之法，仿照上海戏院款式"一句为根据，从当时上海戏园的格局来想象广州戏园的样貌。拙庵《近三十年来海上剧场之变迁记》一文，粗略地展示了1891年前后上海戏园的模样：

> 　　光绪辛卯春，予由闽入都，道经海上，因候轮停留数日，朋辈相约观剧。彼时海上戏园有四，曰天仙，曰丹桂，曰留春，曰咏霓。戏价或三角，或四角。楼上两旁除包厢外，楼中及楼下池座，俱列方桌，披以红缎桌围。每桌排列单靠椅六张，定为六客。客俱盖碗茶，瓜子四碟，戏半并出热点四盆，手巾频频，伺应周到，弥觉舒适，戏价外略付手巾小帐数十文，无他需索也。④

　　配合这段文字描述，我们可以再参考一些图像材料来想象当时上海戏园

---

① 《禀演夜戏》，香港《华字日报》1897年3月31日。
② 《戏院殴伤教习》，《时事画报》1906年第23期。
③ 《戒烟新剧》，《时事画报》1907年第3期。
④ 拙庵：《近三十年来海上剧场之变迁记》，《申报》1927年1月1日，元旦增刊第8版。相关讨论可参见姚小欧、陈波《〈申报〉与近代上海剧场》，《郑州大学学报》（哲学社会科学版）2004年第2期。

的样貌。上海戏园，多仿京式，从青木正儿在其《中国近世戏曲史》里，根据道光初年的《金台残泪记》和《梦华琐簿》以及他本人在北京目睹过的戏园的记忆，绘画出的"剧场平面略图"，可知北京的戏园样式为：园内设正楼，正楼前右方设柜房，左方设票房；正楼内分左右两楼，楼上为官座（俗称包厢），规格最高；楼下周回设长桌，观者比肩环坐，称为散座；"池心"又曰"池子"，座者皆"市井小人"。"戏台后壁左右两端，各有小门，垂门帘，为伶人出入之处，右曰上场门，左曰下场门。"①

清末广州的戏园建筑很可能与上海和北京的类同。不过，由于当时的史料和今人的叙述经常把"戏园"和"戏院"二词混用，而清末民初广州的戏园似乎又经常易主，是否有改建成接近我们今天所认识的"戏院"的格局的，笔者则一时没有足够的资料来说明了。

余 论

结合 19 世纪中期至 20 世纪初期粤商在三藩市、上海、广州三地的戏院或戏园的情况来讨论，我们可以得出初步的结论是：三地的戏园或戏院在舞台设置方面均根据戏班既有的演出习惯来设计，主要的不同之处在于三藩市的戏院的大楼建筑与座位样式均按照西方戏院的习惯设计，而上海和广州的戏园主要模仿京式戏园。值得我们进一步探究的问题是，19 世纪六七十年代在三藩市粤商投资的戏院所采用的中式舞台、西式座次的做法，是否也就是后来广州甚至中国其他地方戏院格局的雏形？我们有理由做这样的假设，当时三藩市和上海的粤商到处流动，寓居四方，并没有真正"定居"在什么地方。他们把一个又一个戏班带到他们的寓居地去，也把他们的文化习惯，甚至物质建置的材料和形式带到彼方；与此同时，他们也经常会把他们的域外经验带回省城甚至乡下。清末民初广州商人在兴建戏园或戏院时，除了以上海为楷模外，是否也会受到三藩市的粤商的经验的启发？我们甚至可以假设，实际情况是同一批或一个商人，同时在几个地方投资戏院事业，关于这些问题，笔者一时未能找到直接的证据。不过，以下于 1895 年刊登在

---

① 青木正儿：《中国近世戏曲史》下册，王吉庐译，台北商务印书馆，1936（1988 年台五版），第 511~515 页。

香港《华字日报》上的报道，或许可以让我们发挥更多想象力，找出"链接"所在：

> 掳伶得归：乐同春戏班有二花面名张飞乐，雄姿巧技，曾从金山学得术艺归，其所演《平地一声雷》诸剧，能以空□出卵，纸鸟咒飞，种种奇异，每演是剧，观者盈座，以故乐一年工金所入，颇为不□。①

我们很难判断这位伶人表演的种种戏法是否真的"从金山学得"，但这样的说法之所以成为当时一种让人信服的宣传伎俩，说明了戏班演员到"金山"（三藩市）演出，已经不是什么不可思议的事。当时的《申报》也刊载了不少粤伶在"金山等埠十有余年"的报道。② 1912年上海出版的《世界》杂志，图文并茂地描述"华工在南非洲演中国之戏剧"的情况，以当时的条件论，这些华工应该主要是粤人。③ 可以说，哪里有华商，哪里就有华工，甚至哪里就有中国戏班的演出，而在19世纪，这些移民又以粤人为主。笔者在本章的导论中提到田仲一成指出"地域内部社会阶层之间变化的加强，地域之间的交流日渐兴盛"对中国戏剧发展的影响。随着新航道的开发，新式交通工具的使用，这个"地域"的范围，到了19世纪中期，已经延伸到太平洋的彼岸，因此，我们对近代中国戏曲特别是粤剧的流变的研究，就不得不把这个更广阔的空间纳入视野，而对于"地方戏曲"的"地方特性"及其形成过程，也就需要重新定义和考量了。

---

① 《掳伶得归》，香港《华字日报》1895年2月7日。
② 黄伟、沈有珠：《上海粤剧演出史稿》，第26~27、36页。
③ 《世界》1912年第2期，第D32页。

第七章

晚清澳门中国戏院初探

曾金莲

　　以哈布斯堡王朝统治为契机，西班牙在"喜剧场院"（Pátio de comédias）的演出方式被引入葡萄牙，并催生了葡萄牙首座剧场波拉登剧场。该剧场于1588年开办，众胜医院获得经营权，向剧团颁发许可证，从中收取酬金。1594年前后，又建成约柜剧场，成为17世纪葡萄牙戏剧演出的重要室内场所"。①葡萄牙初期的剧场演出和建筑样式，显然受到了西班牙风格的影响。葡萄牙剧场文化是否也影响了它的海外殖民地？笔者能力有限，未能全面考察该国所有殖民地的剧场历史，仅选取澳门的中国戏院为研究个案。本章依据前人研究成果，结合新发现的葡文史料，考证出晚清澳门四间中国戏院建成的时间及地点：Auto China 戏院 1858~1865 年建成，位于大码头街；Pou-heng 戏院 1868 年建成，位处沙栏仔；清平戏院 1872 年建成；吉祥戏院见载于 1879 年。因此，学界目前认为清平戏院是澳门首间中国戏院的说法有待商榷。

　　19世纪下半叶，澳门才出现中西戏院建筑。而美国纽约在1776年之前的荷兰和英国殖民时代，已建成戏院7间。②可见，葡萄牙并不重视殖民地剧场文化建设，但澳门在短短二三十年内陆续建成1间葡式和4间中式戏院，折射出当时社会经济文化发生重大转变的历史深意。为什么中西戏院集

---

* 本文已发表于《学术研究》2014年第1期。
① 刘易斯·佛兰西斯库·雷贝洛：《葡萄牙戏剧史》，陈用仪译，中国文联出版社，1998，第54~55页。
② Mary C. Henderson, *The City and the Theatre: The History of New York Playhouses a 250-year Journey from Bowling Green to Times Square* (New York: Back Stage Books, c2004), pp. 15-32.

中出现于19世纪中叶？尤其是中国戏院迅速崛起，随之迅速衰落，最终形成葡式伯多禄戏院和中式清平戏院独占的格局，其原因何在？戏院的发展与澳门近代城市化发展有何关系？澳门中国戏院在中西戏剧文化交流层面产生了何种影响？这些问题值得深究。

戏曲表演与粤澳文化交流

中式戏院尚未建成之前，澳门华人习惯请来外地戏班搭台表演，以庆祝传统节日或新庙建成等。早在17世纪末，已有中国戏曲在此演出。① 1695年9月9日，途经澳门的意大利旅行家John Francis Gemelli观看了"一场按中国人的方式演出的戏"，戏台搭建在广场中间，容纳了30名男女演员。② 1843年5月，澳门华人在内港新建了一座供奉"华光"神像的庙宇，并请来粤省最受欢迎的戏班表演，以庆祝新庙开光和神像安放。③ 1851年《中国丛报》报道，广州戏班登记处定期派出戏班（全是男艺人）前往澳门表演，甚至认为，"一份每年在澳门的戏曲演出表将帮助读者认识一个省，或整个帝国的戏曲表演"。④ 据该报，在澳门演出的艺人每天薪酬40~150元不等；在莲峰庙、火神庙、妈阁庙、金花娘娘庙、土地庙和粤海关分关署等地定期举行演出；每年总开支达6050元（不包括搭台费），其中莲峰庙费用最高，妈阁庙次之。⑤

戏曲表演场所多为临时搭建的戏棚。1839年5月2日，画家博尔杰在

---

① 叶农：《明清时期中西戏剧传入澳门及其发展》，《文化杂志》（中文版）2003年夏季刊第47期，第49~56页。
② 吴志良、汤开建、金国平编《澳门编年史》第2卷，广东人民出版社，2009，第707~708页；耿升：《17~19世纪西方人视野中的澳门与广州》，耿升、吴志良编《16~18世纪中西关系与澳门》，商务印书馆，2005，第2页；杰弗里·C.冈恩：《澳门史（1557~1999）》，中央编译出版社，2009，第63~64页；Geoffry C. Gunn, *Encountering Macau: a Portuguese City-State on the Periphery of China, 1557–1999* (Boulder, Colorado: Westview, 1996), pp. 42–43; *A Collection of Voyages and Travels*, Vol. IV (London: Affignment from Meffrs Churcuill), pp. 274–275.
③ 汤开建、陈文源、叶农主编《鸦片战争后澳门社会生活记实——近代报刊澳门资料选粹》，花城出版社，2001，第148~149页。
④ 汤开建、陈文源、叶农主编《鸦片战争后澳门社会生活记实——近代报刊澳门资料选粹》，第200页。
⑤ 汤开建、陈文源、叶农主编《鸦片战争后澳门社会生活记实——近代报刊澳门资料选粹》，第200~201页。

妈阁庙前观看了一场盛大的中国戏剧表演，为庆祝某个节日演戏要进行15天。庙前空地临时搭起了一个竹棚戏台，上盖席子，背靠大海。戏台周围还摆起不少卖小吃的摊档，每天清晨众多小船将食货运到摊档，到了晚上食物被售卖一空。很多观众找不到立足点，便"爬上了戏台的竹棚上。后面来的人则要那些已经爬在竹棚上的人再爬高一点，这样竹架上像戏院里的包厢一样挤满了人"。① 社会各阶层都挤在一块儿看戏，"有乞丐，有瞎子，有海员，大游客，甚至于穿着豪华的阔佬"，但他们之间却无任何殴斗和摩擦，这给画家博尔杰留下了深刻印象，甚至比他刚到广州的印象还深刻。② 德国画家爱德华·希尔德布兰特（Edward Hildebrandt，1818－1869）在旅澳门期间还将搭棚演戏的场景画成水彩画，1864年在柏林展出，被1866年3月17日的《伦敦新闻画报》（*The Illustrated London News*）转载。③ 画中内容与博尔杰目睹的情景差不多，戏棚位于妈阁庙前地，主要用竹子搭成，顶层铺盖稻草，舞台上挂着一块白布。戏棚内不设座位，观众或站立，或爬上竹棚把竹架当椅子。在《伦敦新闻画报》看来，这是一座相当奇怪的"戏院"。

居澳华人搭棚唱戏的活动很频繁，致使澳葡政府在1851年5月10日发布命令，要求戏班缴纳10大元领取牌照后，才能开展"搭盖篷棚为唱戏打醮等事"。④ 同年7月17日，还指定搭棚地点："嗣后凡有搭棚唱戏祭神等事，惟准在马阁庙前及新渡头宽阔之地，余外不准在别处搭棚。其在两城门之外，可以照旧盖搭，但应如旧先报，候官准行。"⑤

早期澳门中国戏院的兴衰

首间中国戏院的出现

同治初年正值中葡换约之际，广东巡抚郭嵩焘奉总理衙门之命前往澳门

---

① 《一八三九年的澳门：博尔杰的记叙和绘画》，《文化杂志》（中文版）1992年第10期，第86页。
② 《一八三九年的澳门：博尔杰的记叙和绘画》，《文化杂志》（中文版）1992年第10期，第86页。
③ "Exterior and Interior of the Theatre at Macao," *The Illustrated London News*, March 17th 1866, p. 204.
④ 汤开建、吴志良编《澳门宪报中文数据辑录（1850～1911）》，澳门基金会，2002，第3页。
⑤ 汤开建、吴志良编《澳门宪报中文数据辑录（1850～1911）》，第4页。

调查，他在1865年1月19日的报告中指出澳门有一间年租1万金的戏馆。①汤开建认为这间戏馆非伯多禄戏院，因为伯多禄戏院由公开募捐集资建成，无须纳租。郭的报告主要介绍澳门华人社会纳税情况，故而推断这所戏馆应是一座较具规模的中国戏院。由于1858年3月伯多禄五世戏院建成时，澳门仍未有其他戏院，② 因此，可以断定这间中国戏院建成时间应该在1858年3月至1865年1月19日之间。

由于史料缺失，难究戏馆的中文名，但其葡文名却有据可查。1867年10月31日在香港出版的《澳门华人》（*Os chins de Macau*）指出，在澳门市集区内，有一座被随意称为Auto China的中国戏院。③ 该书是作者曼努埃尔·德·卡斯特罗·桑帕约（Manuel de Castro Sampaio）的工作总结，他在1866年11月6日被时任澳门总督柯打（José Maria da Ponte e Horta）推举为澳门统计司（Repartição de Estatisca de Macau）首任司长，④ 全面负责澳门半岛公共道路命名、房屋编号及人口统计等工作，为此进行了地毯式的实地调研，⑤ 所以他的说法可信。结合郭嵩焘的调查，年租1万金的戏馆应是Auto China中国戏院。稍后澳门《宪报》公布：将华人市集区某条街道取名"大码头街"（Rua do Theadro，即Rua do Teatro）。⑥ "Theadro"意为"戏院"，表示大码头街边有一座戏院，由此可推断该戏院应是Auto China。综上所述，1858~1865年，澳门首间中国戏院Auto China建成，位于大码头街，年租1万金。

Auto China戏院在澳门中外人士之中均有一定名气。1867年2月14日，法国青年卢尔德维奇·德·波瓦（Ludovic de Beauvoir）与法国国王路易·菲利普之孙德·庞蒂埃弗尔公爵（Prince de Joinville）周游世界抵达澳门，在旅馆安顿好后，立即要求旅店老板介绍一名中国苦力，带领他们去中国戏

---

① 中国第一历史档案馆、澳门基金会、暨南大学古籍研究所合编《明清时期澳门问题档案文献汇编》（二），人民出版社，1999，第756页。
② 施白蒂：《澳门编年史（十九世纪）》，姚京明译，澳门基金会，1998，第130页。
③ Manuel de Castro Sampaio, *Os chins de Macau*, 1867, p. 7.
④ "N.°19、N.°20", *O Boletim do Governo de Macau*, 1866 – 11 – 19, p. 189.
⑤ "Repartição de Estatistica de Macau—N.°59", *Boletim da Provincia de Macau e Timor*, 1867 – 5 – 6, pp. 97 – 98.
⑥ *Boletim da Provincia de Macau e Timor*, 1869 – 7 – 26, p. 142.

院看戏，因为二人认为"天黑之后，中国剧院是该城唯一的消遣去处"。①他俩所去的戏院应该是位于大码头街的 Auto China 戏院。在二人眼里这座戏院是"一幢喧闹不已的木头房子"，房内"大厅两旁摆着一排小桌，每桌坐了四个中国人。他们正在那里吃着，喝着，有的还抽着烟。……舞台上正在上演一出插入杂耍的戏。这场戏自上午十时开场，现在仍在继续中"。"声音太为嘈杂"，所以要"捂住耳朵"。② 由此可知，Auto China 戏院建筑为一座木头房子，在当时内港棚屋群中尤为显眼；戏院内的陈设分为舞台和观众桌椅两大部分，经营茶点，同时表演戏曲，这与建于道光二十年（1840）的广州吉祥路附近之庆寿园兼营茶园和演戏业务相似，③ 相当于茶馆兼营演戏。

短暂的兴盛

澳门第二间中国戏院名为 Pou-heng，1868 年建成于沙栏仔。据《宪报》所载，1868 年 12 月 4 日晚，沙栏仔有新戏院建成开张，上演首场戏剧；设施良好，并且很宽敞。④ 11 日起，这座新戏院与 Auto China 戏院同时演出戏曲，为其时进行的中国节庆活动助兴。⑤ 19 世纪 70 年代，居于澳门的中国建筑师 Chau-Ngui 在《独立报》（*O Independente*）上连续刊登广告，留下的联系地址系位于沙栏仔的中国戏院"Pou-heng"。⑥ 由此可见，1868 年建成开张的沙栏仔新戏院即是 Pou-heng。

---

① 德立·龙巴（Denys Lombard）：《德·波瓦公爵在澳门：1867 年 2 月》，李长森译，《文化杂志》（中文版）1995 年第 23 期，第 14 页；Marquis de Beauvoir, *Voyage Round the World* Vol. Ⅱ: *Java Siam Canton* (Londen: John Murray, 1870), pp. 327 - 328。
② 德立·龙巴（Denys Lombard）：《德·波瓦公爵在澳门：1867 年 2 月》，李长森译，《文化杂志》（中文版）1995 年第 23 期，第 14 页；Marquis de Beauvoir, *Voyage Round the World* Vol. Ⅱ: *Java Siam Canton* (Londen: John Murray, 1870), pp. 327 - 328。
③ 赖伯疆、黄镜明：《粤剧史》，中国戏剧出版社，1988，第 313 页。
④ *Boletim da Provincia de Macau e Timor*, 1868 - 12 - 7, p. 230.
⑤ *Boletim da Provincia de Macau e Timor*, 1868 - 12 - 14, pp. 235 - 236.
⑥ *O Independente*, 1874 - 11 - 26, N.º56, p. 4; 1874 - 12 - 3, N.º57, p. 4; 1874 - 12 - 10, N.º58, p. 4; 1874 - 12 - 17, N.º59, p. 4; 1874 - 12 - 31, N.º61, p. 4; 1875 - 1 - 14, N.º63, p. 4。汤开建认为，Pou-heng 可译作"宝行"或"普兴"，如果译成宝行的话，则稍后建立的宝行银号很可能与它是同一个老板。但是，"宝行"又不太像戏院名，"普兴"则更像戏院名。此外，Pou-heng 还可以译为"宝兴"。关于"Pou-heng"的翻译，笔者未能找到当时对应的中文名，因而倾向采取保守态度，对其不做翻译。

第三间即清平戏院，兴建于同治九年（1870）十月，初步建成于同治十一年腊月；后陆续进行装修，延至 1875 年才全部竣工。该戏院院址本是一片海滩旷地，西面为内港白眼塘。据 1869 年澳门《宪报》刊登的一份葡文街道名册，院址三面已辟成街道 10 条，北面有海边新街、十月初五日街、蓬莱新巷、白眼塘横街和清平街（Travessa do Matadouro，原中译名"宰牛巷"）；东面为柴船尾街、桔仔巷、桔仔里（又称桔仔围）和夜呣街；南面为蓬莱新街。①蓬莱新巷葡文名 Travessa da Caldeira 中的 Caldeira 意为"池塘凹处"，与该巷相接的白眼塘横街说明池塘名为白眼塘。据掌故记载，时任澳门总督苏沙将白眼塘批给华商王禄、王棣父子俩负责填海及建筑。② 随着填海工程完成，填地上也开展街道及房屋的建筑。至 1872 年，清平戏院已初步建成，并接待了俄国皇子前往看戏。1872 年 9 月 29 日，该名俄国皇子阿莱克西斯大公（Grão-duque Aléxis）及其他宾客受时任澳门总督欧美德（Januário Correia de Almeida）热情款待，晚宴后前往中国戏院观赏戏曲。大公于翌日离澳，几天后，给中国戏院老板 Aloc 寄来一枚闪闪发光的别针以表谢意，别针上镶有一颗价值连城的黑珍珠和各种钻石。③ 汤开建认为，口语化的粤语称呼习惯在名字前冠上"阿"或"亚"，所以 Aloc 为阿禄，应该是王禄。由此可推测，这座中国戏院很可能是清平戏院。1873 年 1 月 17 日，澳门总督欧美德公布第七号政府训令，决定将新市（novo bazar）、中国戏院（theatro china）周边道路的排污管道工程建设纳入当年的六级资金分配行列；还提及新市和中国戏院邻近新填海地，填海地上建有曼努埃尔·佩雷拉（Manuel Pereira）码头。④该训令所记载的戏院周边填海特征也证明这座中国戏院即为清平戏院。至此，清平戏院主体工程已建成并投入运作，局部精装则待 1875 年才得以全部竣工。其时恰逢王禄八十大寿，其子王棣便从广州聘到永丰年第一班，在新戏院中上演香花山大贺寿，并大摆筵席，欢

---

① *Boletim da Provincia de Macau e Timor*, 1869 - 7 - 26, p. 142.
② 王文达：《澳门掌故》，澳门教育出版社，1999，第 227 页。
③ 潘日明神父：《殊途同归——澳门的文化交融》，苏勤译，澳门文化司署，1992，第 164 页；Benjamim Videira Pires, S. J., *Os extremos conciliam-se* (Instituto Cultural de Macau, 1988), pp. 183 - 185; "Macau visitada por um Grão - Duque da Rússia", Luís Gonzaga Gomes, *Páginas da História de Macau* (Instituto Internacional Macau, Setembro de 2010), pp. 253 - 258。
④ *Boletim da Provincia de Macau e Timor*, 1873 - 1 - 18, p. 9.

宴宾客。新戏院顿时一片娱乐清平，因此被取名"清平戏院"。① 1878年澳门《宪报》刊登的葡文街道名称，已载有清平戏院四边的街道：西门为清平巷、北门的新市巷、东墙及南墙为夜哟里；随后接续夜哟里，往西增筑道德巷，该巷见载于1896年。1896年又新增4条街道，分别是火船头街、暗围、福宁巷（又称福宁里或新围）和道德巷。至此，戏院附近的填海地街区于1896年已奠定今日所见之格局。② 后建的清平戏院声名鹊起，致使有两条街道以它命名：戏院西面面临的街道中文名为"清平巷"，"宰牛巷"也被更名为"清平街"。

第四间中国戏院名为吉祥戏院，目前仅见1879年出版的澳门政府官方刊物《澳门年鉴》刊载其名，关于其历史须待挖掘到新史料才能明了。

兴衰之原因

19世纪六七十年代，澳门迅速出现四间中国戏院，呈现兴盛景象。考其原因有二：一是澳门华人人口大量增加，1842～1860年人口总数由约3万人增至8.5万人，③ 为戏院储备了一定数量的观众；二是自亚马留出任总督以来，澳门逐步实施专营承充制，并开发城墙外华人的农田菜园，彻底冲击了华人的渔耕生活，使他们慢慢脱离耕地，跨进"城门"，踏上小贩经商之路。华人从农民向城市居民的转变，使他们更易接受商业戏院的娱乐方式，这也是澳门商业戏院得以兴起的文化土壤。

1879年澳葡政府官方出版物记载澳门仅两间中国戏院，即清平戏院和吉祥戏院。其后的中葡报纸多记载清平戏院，目前笔者仅见1890年《邮报》（*O Correio*）载有关于Auto China戏院的报道。除清平戏院外，其他三间中国戏院似乎在19世纪末已逐渐退出历史舞台，Auto China戏院也仅在葡文街名中保留了"teatro"字样。

19世纪后期，澳门中国戏院骤然衰落，兴起之初的繁华景象昙花一现，此后仅留清平戏院一间独撑，其原因何在？它背后所反映的澳门华人社会乃

---

① 王文达：《澳门掌故》，第224～231页。
② *Boletim da Provincia de Macau e Timor*, 1880-12-25, N.º52 suplemento; 1897-2-12, 2.º Supplemento ao N.º6.
③ 古万年、戴敏丽：《澳门及其人口演变五百年（一五零零年至二零零零年）：人口、社会及经济探讨》，澳门政府印刷署，第98页。

至澳门近代城市特点的深刻意义，值得我们深入探讨。1874年葡文报纸《独立报》的报道让我们得以略窥一二。报道第一段描述了澳门限制移民之前，三间中国戏院生意兴旺的景象。这三间中国戏院的建筑材料为石头和石灰，相比当时仍以棚屋居多的华民房屋，凸显出其非一般的财力。观众非常多，以致三间中国戏院也容纳不了。[①] 1873年澳葡政府开始废止苦力贩卖，导致澳门的人口急剧减少：1867年人口普查显示华人居住人口高达7.2万人，1878年普查结果澳门的总人口也不过6.8万人。因此，《独立报》扼腕叹息：限制移民入境，给澳门中国戏院的经营带来了不幸后果，观众不足，导致戏院老板损失惨重。此外，居澳华人生活贫困，根本无力付钱去看戏；而经常光顾戏院的巡捕所官员，从来都是看戏不付钱的。这种种原因导致了中国戏院老板的经营举步维艰。

19世纪末的清平戏院

经营管理

清平戏院是19世纪澳门非常重要的中国戏院。虽然《镜海丛报》留下了若干关于该戏院的记载，但对其经营管理方式多不详。史料显示，清平戏院建成后，采取批给方式，可能先后经由王氏父子、Mannuel Macedo Xavier、香港某公司、何允廷管理，并间接受到澳葡政府控制。

清平戏院是由澳门总督苏沙免费赠地、华商王氏父子承建的，王氏父子是该戏院最早的经营者。1872年初建成，俄国皇子前往看戏，其时的老板即为王禄。据1879年澳葡政府官方刊物记录，清平戏院老板更迭为Mannuel Macedo Xavier，两名保安是Francisco Maria Xaxier和José Baptista。[②] Mannuel Macedo Xavier肯定不是王禄，因为据王文达《澳门掌故》记载，王禄已于清平戏院举办大寿翌年（即1876年）去世。[③] Mannuel Macedo Xavier也不可能是王禄后人，自王禄去世后，王氏家族渐趋败落，其家产或被冯成

---

① "Theatro China", *O Independente*, 1874-6-4, N.º31, p.3.
② *Directorio de Macau para o anno de 1879*, pp.27-28.
③ 王文达：《澳门掌故》，第227~228页。

购买，或被何桂购买。汤开建认为 Mannuel Macedo Xavier 很有可能是澳门著名华商冯成。① 冯成在澳门经营多项专营生意发财后，曾从王禄手中买下了连丁围数幢旧宅，可能同时也买下清平戏院的经营权，自然成为清平戏院的老板。冯成是天主教教徒，教名 Francisco Xavier Fong – Seng,② 虽不完全同于 Mannuel Macedo Xavier，但如果考虑到葡萄牙人不大可能直接经营一间中国戏院，所以作为中国人的冯成很可能是清平戏院老板 Mannuel Macedo Xavier。清平戏院设有两名保安，说明当时常发生偷窃现象。如1880 年 9 月 10 日，梁华有（Leong – Vá-Iáo）在清平戏院盗去椅垫一件，被澳门巡捕兵营总领参将施（Francisco Augusto Ferreira da Silva）派人捉获。③

1895 年《镜海丛报》登载，传闻清平戏院已批与香港某公司，每年价定千金，限演戏 24 次，所有点心、茶水，其利乃归院主所得。④ 因为是传闻，所以未能确定清平戏院是否真由香港某公司经营。

20 世纪初电影兴起之际，澳门电影业也开始起步。随着专门播放电影的域多利戏院和捷成戏院先后建成，⑤ 1915 年 6 月 28 日，清平戏院老板何允廷也上书澳葡政府，拟在戏院内加播电影。经一系列调查合格后，同年 8 月 17 日澳葡政府批准了何允廷的请求。⑥

清平戏院与澳葡政府渊源匪浅：由澳督苏沙免费赠地，请华人王氏父子承建；1872 年戏院初建成，时任澳督欧美德带领访客前往观戏；1879 年，戏院之名被录入澳葡政府官方刊物。关于清平戏院如何受澳葡政府间接控制问题，仅能依照相关史料推断。1890 年《邮报》报道，由于 Auto China 戏院建筑业主违反规定，不注重建筑的维修及卫生清洁，华政衙门理事官勒令业主停止发售门票，并补偿已购票观众的损失。⑦ 由此推知，澳葡政府制定了管理中国戏院的相关措施，规范并控制戏院的运作。

---

① 关于冯成的生平详见吴志良、汤开建、金国平主编《澳门编年史》第 4 卷，广东人民出版社，2009，第 1915～1916 页。
② 《澳门地扪宪报》（Boletim da Provincia de Macau e Timor）1882 年 7 月 22 日，第 251 页。
③ 《澳门地扪宪报》1880 年 9 月 18 日，第 261～262 页。
④ 《镜海丛报》，上海社会科学学院出版社，2000，第 274 页。
⑤ 澳门文化局编《澳门影业百年回顾》，澳门文化局澳门博物馆，2000，第 10 页。
⑥ 澳门历史档案馆藏，档案号：A0879, AH/AC/P – 04894, MO/AH/AC/SA/01/04961。
⑦ O Correio, No. 2, 1890 – 7 – 8, p. 2.

戏班表演

19世纪末，作为粤剧行会组织的八和会馆在广州成立，使粤省戏班前往澳门表演显得更正式、更专业。1899年出版的英文著作指出，每年6月1日，依照订单数量，戏班被解散重组，并且每年组织一次评估，对戏班演出水平进行排列，颁发对应等级的数字。① 较受澳门观众喜爱的戏班为乐同春、尧天乐、国丰年和保平安等。1895年2月20日《镜海丛报》登载："连日，澳之清平戏院亦演乐同春，衣服鲜华，生旦并妙，观者无不喝彩。"② 同年7月5日，国丰年来清平戏院演出，"连夜往观者，毂击肩磨，络绎不绝。座中人山人海，利市三倍"。③ 不过，居澳西人却特别偏好尧天乐和保平安戏班。他们本不喜欢中国戏曲表演，认为"粤中所演戏剧杂乱无章，悖横乏理，无足怡情、悦目"。④"粤中戏班，生平不解，所谓每一临观，索然无味，未半刻而思逃矣。"⑤ 1894年12月30日晚，尧天乐戏班在清平戏院上演《萍叙莲溪》一折，却使在场观看的某西人深深折服。他观毕往告《镜海丛报》编辑，赞叹演员表演精彩，"小旦系用蛇王苏作妾，靓金仔作妻，赛新标为其夫，串合奇妙唱演，皆佳，足令人忘睡而不忍移步云"。因此，该编辑认为尧天乐戏班必有过人之技以致能感动西人："中西异好而能移动外人，则其技之巧妙，亦必有以大过人者。"⑥ 在澳西人甚至认为保平安戏班"胜于第一名班"，《镜海丛报》称："有西人来言，前次清平戏院所雇保平安戏班，其武生新标，演唱极为合法，所做武戏尤为威勇绝伦，胜于第一名班。"⑦ 尧天乐和保平安戏班比其他戏班更能博得西人喜爱，从中所反映的中西戏剧文化如何交流之深义，值得进一步深究。

清平戏院的演出极易受到疫情影响。1895年7月前后，澳门暴发疫情，

---

① William Stanton, *The Chinese Drama*, 1899, pp. 3, 6 – 7.
② 《镜海丛报》，第147页。
③ 《镜海丛报》，第274页。
④ 《镜海丛报》，第111页。
⑤ 《镜海丛报》，第382页。
⑥ 《镜海丛报》，第111页。
⑦ 《镜海丛报》，第382页。

商人等纷纷离澳躲避，以致澳地"不独生意冷淡，即清平戏院，亦久偃旗息鼓，几疑广陵散不复奏向人间矣"。① 疫情结束后，商家返澳，"省客多来"，清平戏院再现歌舞升平的景象。

清平戏院中设有专门的女座，观戏女观众一度成为热门话题。1894年，清平戏院雇用童子班，内"有小生，平年约十五六，貌如冠玉，声若流珠，洵足令人爱杀"。② 某妇人目睹后，深为喜爱，不但差使奴婢送礼物给小生，还认其为干儿子。此事引发了时人担忧，认为妇女出入戏院观戏，滋生弊端，有伤社会风化，"大家妇女，如果纵其出入戏院，以观剧为娱情，则诸弊必由兹而丛起"。③ 同年12月1日晚，乐同春班正在清平戏院演剧，戏院中有一位女观众吸烟时，"所燃之火，误指邻座某妇之眼"，以致伤妇"暴痛声嘶"，肇事之女"乘机寂逃，无从寻访"，伤妇只好"旋求药敷治"。④ 这些报道反映了来澳活动办报的革命党人对澳门不同于内地的社会风气充满了担忧之情。

余 论

由于史料匮乏，学界一直难以对晚清澳门中国戏院展开全面而深入的研究。因此，关于清平戏院的创办及早期历史所知不多，只能根据《澳门掌故》了解到该戏院由时任澳门总督苏沙拨地给华商王禄、王棣父子所建。清平戏院甚至被误认为是澳门首间华人戏院。本章通过爬梳中葡文史料，证明在清平戏院尚未建立的1868年，澳门内港沿岸已建成两座中国戏院，一是大码头街的 Auto China，二是沙栏仔的 Pou-heng。清平戏院则于1872年才初步建成。可见，清平戏院不是澳门首间华人戏院。

本章还初步梳理了晚清澳门中国戏院的兴衰历程，并以清平戏院为个案，探讨了戏院的经营管理模式、观众情况以及晚清粤港澳社会交流等问题。亚马留总督施行殖民政策后，澳门的城市发展出现转型，居澳华人要向

---

① 《镜海丛报》，第274页。
② 《镜海丛报》，第88页。
③ 《镜海丛报》，第88页。
④ 《镜海丛报》，第88页。

澳葡政府纳税，各行业多采取承充专营制，苦力贸易及赌博经济发达，城市向外扩张，城墙外的华人开始出现从农民向城市居民的转变，这一切为商业戏院的出现准备了适宜的经济环境和文化心理。澳门作为移民城市，人员流动性强，戏院观众人数波动大，可能是导致四间中国戏院仅剩两间的原因之一。在澳门，无论是早期搭棚表演戏剧，还是建成戏院建筑后的戏剧表演，均与粤省有密切关系，粤省戏班常往澳门表演，并多有"粤客"来清平戏院看戏。清平戏院曾一度传闻由香港某公司经营，由此可见澳门戏院业也与香港有着某种往来。作为中西文化交流的窗口，环球旅游者在澳门目睹了戏棚里的中国戏剧表演，或用文字记录他们的感想，或用画笔画下"奇怪的"戏棚，并带回德国展览。也有居澳门西人前往中国戏院看戏，尧天乐和保平安戏班的精彩演出还改变了他们对粤中戏剧的偏见。对清平戏院中女看客的看法，也体现了"大陆来客"的妇女观点与澳门实际社会生活的差距。由此可见，澳门的中国戏院如同一面多棱镜，折射出多种文化交流的现象。

第八章

何贤家族与"二战"后香港戏院业的演变

黄晓恩

何氏家族,祖籍广东番禺石楼镇岳溪乡应唐坊。何澄溪(1885~1954)壮年之时,曾在番禺、顺德等地经营丝绸、海味、火柴、粮油等小买卖,并在家乡拥有多块田地和果园;其后,何氏始涉足航运,拥有几艘花尾渡,开设往来澳门、湛江、江门三地的客、货运。何澄溪娶有两妻,于同年生得两子,长子何添(1908~2004)于20世纪30年代初加入香港的恒生银号,后成为股东;次子何贤(1908~1983)则于香港抗战期间,任澳门大丰银号司理。20世纪40年代,何添和何贤兄弟逐步在港澳地区建立多种业务。第二次世界大战后,何贤涉足澳门戏院业,并于50年代通过何添的财政支持,于香港协助新中国建立戏院事业。[1]

第二次世界大战后,中英关系渐趋紧张,何贤先支持港商袁耀鸿(1904~2003)组建及经营粤语电影院线"太环线",并逐步组成亲中国语电影院线"双南线";同时,他多次周旋于中英两国之间,试图担当中间人(intermediaries)角色。何贤视"政治"为一种生意投资,令家族事业可以于战后得到及时的调适。60年代初,何贤借着新中国领导人对电影的支持,加强了对香港国语电影院线的投资。"双南线"的雏形,遂由此而建;而香港的亲中国语电影院线发展,亦更形稳固。1966年,"文化大革命"爆发,在其影响下,"长城""凤凰"等亲中国语电影制片公司停止生产;由于缺

---

[1] 马伟铭整理《急公好义 热心桑梓——何贤先生对石楼家乡的建树》,《番禺文史资料》1985年第3期,第5~6页;《何氏世系源流》,《何氏宗亲总会会刊》,香港何氏宗亲总会,1969,第153页;《澳娱乐公司成立,拥有六家电影院,包括域多利国华平安等,何贤任董事长开始办公》,《大公报》1953年11月2日。

乏片源供应,"双南线"于1968年正式瓦解。1983年12月,何贤于香港逝世,家族事业主要由儿子何厚铧(1955~)继承,其中包括庞大的公共事业和私人生意。

本章尝试利用家族档案、内地和香港文献等史料,重塑何贤家族事业的历史演变,借以了解及分析家族成员与香港亲中影商的联系,亲中国语电影院线的形成过程、秩序与变迁,以及院线的政治宣传策略与成效等问题;同时,希望借上述问题了解第二次世界大战后,何氏家族如何调整家族事业的政治策略,以应对外在环境改变带来的冲击。

家族事业的延伸:香港戏院业的投资

何添与何贤的父亲何澄溪[①]有两位妻子,分别为原配邓氏和妾侍梁碧秋,长子何添(原名何相添)为梁氏所生,次子何贤(原名何相贤)则为邓氏所出。何氏兄弟年幼时,与父亲在广州生活,曾在私塾搭读数年。1921年,何贤在广州沙基的穗兴祥店做"后生";两年后,转往顺德陈村旧墟"福源号"做掌柜,料理粮油贸易。其后,再到广州西荣巷银业市场,专营港币买卖的报价工作。1929年,何贤和何善衡在广州开设汇隆银号,自任司理,何添后加入银号,充当练习生。1933年,何善衡、林炳炎、盛春霖和梁植伟合资10万元,于香港永乐街70号创办恒生银号,何添随后加入,并在银号任掌柜,月薪18元。两年后,何添出资5000元作为股本,成为恒生银号股东。1938年10月,日敌陷广州,何贤乃赴香港发展。1941年12月25日,香港宣布沦陷,何贤即赴澳门,先经营谷米生意,后任大丰银号司理。抗战期间,澳门相对稳定,金融界为方便华人汇兑款项,特聘何贤为大西洋银行华人业务部义务经理。另外,香港抗战期间,何添、何善衡和林炳炎等亦将资金调往澳门,并带18位恒生职员于澳门暂避,以永华银号名义继续经营。[②]

[①] 《何贤丁父忧》,《大公报》1954年10月15日;《何贤尊翁昨晨病逝》,《香港工商日报》1954年10月15日;《何贤何添之尊翁,何澄溪今日出殡》,《香港工商日报》1954年10月17日。

[②] 马伟铭整理《急公好义 热心桑梓——何贤先生对石楼家乡的建树》,《番禺文史资料》1985年第3期,第5~6页;《何氏世系源流》,《何氏宗亲总会会刊》,第153页。

香港光复之初，何添从澳门返港，先与何善衡、梁球琚等成立恒昌公司（大昌贸易行前身），代理粮油杂货；后再通过恒生银号经营黄金买卖。此时，何贤在澳门已薄有名望，遂与澳葡政府经济局局长罗保、胞兄何添等合股组成"和安黄金公司"，取得黄金专营权；其后，港府禁止黄金入口，在何氏昆仲的合作下，早已积存大量黄金的恒生银号赚了大钱，奠定了何贤在澳门商界的地位。自此，何添留驻香港，为恒生银号拓展业务，何贤则长驻澳门发展。20 世纪 40 年代后期，何贤为大丰银号扩展业务，向多元发展，涉足业务包括银行、餐厅、饭店、戏院、巴士及的士公司等。①

　　第二次世界大战后，何贤在澳门政商界的地位愈形稳固，1946 年，他被选为澳门镜湖医院慈善会董事会副主席，② 翌年，他受任为澳门孔教会董事及澳门商会（后改称中华总商会）副主席。③ 同年 7 月始，何贤的慈善公益性捐赠，每年均有数次之多，且数目庞大，动辄过万，为他在澳门社会取得一定的名声。④ 1948 年，何贤当选为国民党港澳总支部代表大会的澳门代表。之后，由于与中国共产党负责联络澳门上层人士的柯麟等人交往频繁，在政治上与国民党逐渐疏远。1949 年 10 月 1 日，中华人民共和国成立，何贤积极亲中的角色亦渐趋鲜明。1950 年，他受任为澳门中华总商会理事长，⑤ 1952 年 7 月，成立"澳门工商界回穗观光贸易团筹备委员会"，声称

---

① 马伟铭整理《急公好义　热心桑梓——何贤先生对石楼家乡的建树》，《番禺文史资料》1985 年第 3 期，第 5～6 页。
② 据何贤的私人保镖黄子雅阐述，1946～1949 年，何贤被选为该会副主席。1950 年始，何贤出任慈善会主席，直至他过世。参见黄子雅《何贤与我：形影的生活》，澳门星光书店有限公司，2005，第 175 页；《澳门镜湖医院慈善会》（1948 年），澳门历史档案馆藏，档案号：A1504 - P - 19720；《镜湖慈善会开大会，何贤等被选为第五届董事，并报告上年度的工作成绩》，《大公报》1954 年 3 月 16 日。
③ 《澳门孔教会董事名表》（1947 年 12 月 28 日），澳门历史档案馆藏，档案号：A1494/P/19643；《澳门商会》（1947 年），澳门历史档案馆藏，档案号：A1475/P/19394；《商会选出新值理》，澳门《市民日报》1946 年 12 月 21 日。
④ 《澳门中华总商会成立九十周年纪念特刊》，澳门中华总商会，2003，第 44 页；《澳门镜湖医院慈善会会史》，澳门镜湖医院慈善会，2001，第 234～235 页；《同善堂一百一十周年纪念集》，澳门同善堂，2002，第 186～187 页。
⑤ 《澳门商会改选，何贤任理事长》，《大公报》1950 年 1 月 24 日；《澳中华总商会理监事昨就职，何贤连任理事长》，《大公报》1952 年 1 月 23 日；《澳门中华总商会选出新职员，理事长何贤兼总务》，《华侨日报》1950 年 1 月 24 日；C. O. 1030/1114, Relationship of China and Hong Kong, 1960 - 1962。

要面向中国做生意。① 同年 8 月底 "关闸事件" 后，何贤成为尚未建立正式外交关系的中葡两国搭建交涉与联络渠道的理想中间人。9 月 15 日，何贤更被推举为 "澳门同胞庆祝国庆大会筹备委员会" 常务委员，并声言会为庆祝中国国庆尽力。② 与此同时，香港恒生银号于 1952 年注册成为有限公司，注册资本港币 1000 万，何添为首任总经理。

1953 年，何贤开始涉足澳门戏院业。10 月初，澳门百老汇等六间戏院面临结业危机，戏院商遂决定组成澳门娱乐有限公司，实行联合经营，以对抗逆境，并推举何贤为公司董事长。③ 同月底，拥有资本 12.5 万元葡币的澳门娱乐有限公司宣告成立，何贤任董事长，于 31 日起正式办公。澳门娱乐有限公司拥有 "域多利" "国华" "平安" "东方" "百老汇" "清平" 六间戏院，办事处设在域多利戏院二楼，内分秘书处、监核处、业务部、院务部和财务部等多个部门。④

翌年，在何贤的策划与财政支持下，袁耀鸿将太平戏院与环球戏院拆伙，改与邵邨人的 "丽都"、"北河"、"油麻地" 及 "新华" 多间戏院合作，自组粤语片院线，主要上映 "新联" "中联" 以及邵氏父子公司制作的粤语电影，成为香港亲中粤语电影院线的雏形。

1955 年初，美国对中国实施禁运，澳门经营环境转差，且失业者愈来愈多，因此，澳门团体组成 "澳门各界救济贫苦居民大会常务委员会"，为贫苦大众谋福祉，并选出何贤为主任委员。⑤ 同年，何贤获选为澳门首席华人代表，⑥ 后更被委任为澳门政务委员，⑦ 于 10 月 3 日在南湾澳督府就职，⑧ 从而确定了他澳门华人领袖的地位。同年底，他再次以亲中商人自居；

---

① 《面向祖国做生意，澳门商人组贸易团》，《大公报》1952 年 7 月 9 日。
② 《筹备盛大庆祝国庆节，澳门各界成立筹备会》，《大公报》1952 年 9 月 15 日。
③ 《澳门戏院面临危机，实行联营共谋挽救，六间戏院组成娱乐公司，何贤出任该公司董事长》，《大公报》1953 年 10 月 4 日。
④ 《澳娱乐公司成立，拥有六家电影院，包括域多利国华平安等，何贤任董事长开始办公》，《大公报》1953 年 11 月 2 日。
⑤ 《筹善款，救贫民，澳各界救济会开会，各部门负责人均已选出，何贤为主委梁培马万祺等副之》，《大公报》1955 年 2 月 19 日。
⑥ 《绅商娱乐界将赴澳，贺何贤任华人代表》，《大公报》1955 年 9 月 3 日。
⑦ Carl Smith Collection, "Ho Yin," Card No: 16053；《致贺何贤，拨款行善》，《大公报》1955 年 9 月 5 日。
⑧ 《何贤昨就职，并开招待会，说愿为居民服务》，《大公报》1955 年 10 月 4 日。

在澳门工商界回穗观光团的欢宴会上，何贤更明言："我们祖国在三个五年建设计划完成之后，将可建成像今天苏联一样的伟大的国家。我们深信祖国的建设计划必能完成。那时我们的祖国强大，人民的生活将更加美好。"当谈及社会主义制度时，他指出："这是一个最合理、最先进的社会制度。在这个社会里的资产者只要不剥削别人，他的资产仍可获得保障。"①

20世纪50年代初，毛泽东先后对《武训传》（1951）②、《红楼梦》（1954）等文学作品做出批评，并发动"胡风反革命集团"案（1955）等政治运动，令文艺争论成为国内反映阶级斗争的工具；对外方面，自1955年始，新中国即与港澳两地商人及影人进行紧密联系，或勤于邀请到国内义务表演，或特邀参与政协会议、讨论国事，何贤是其中重要华商之一。

1955年12月14日，华南电影工作者联合会和女演员邝健廉（艺名红线女）被周总理邀见于广东，会面后随即声称会协助新中国于香港推广文化事业。③翌年1月10日，澳门中华总商会理事长何贤、香港中华总商会副会长高卓雄（1902~1987）及大公报社社长费彝民（1908~1988），经全国人民政治协商委员会常务委员会第十二次会议通过，成为中国人民政治协商会议第二届全国委员会第二次全体会议（Second National Committee of the Chinese People's Political Consultative Conference）特邀委员，并于1月25日在北京出席该会议。④同年3月，香港戏剧学会成员，包括亲中电影公司的多名著名男女演员，被邀请到广东表演。⑤1957年，邝健廉受任于广东省文化局，⑥后更

---

① 《澳观光团欢宴会上，何贤畅谈祖国建设，社会主义建设使国家富强幸福，展望美好愿景对建设更具信心》，《大公报》1955年12月4日。
② 毛泽东：《应当重视电影〈武训传〉的讨论》，《人民日报》1951年5月20日。另有关毛泽东对电影《武训传》批判的来龙去脉，可参见麦劲生主编，甘颖轩、黄晓恩、黄耀忠合著《中国当代历史100大事件》，香港，天地图书有限公司，2014，第7页。
③ C. O. 1030/250, Fortnightly Intelligence Reports, 20 December, 1955；《邝健廉（红线女）在政协广东省委员会一届二次会议大会发言》（1956年4月7日），广东省档案局藏，档案号：216/1/0181/17。
④ C. O. 1030/250, Fortnightly Intelligence Reports, 31 January, 1956；《高卓雄费彝民离港赴京，何贤亦将在京参加政协》，《大公报》1956年1月24日。
⑤ C. O. 1030/250, Fortnightly Intelligence Reports, 27 March, 1956.
⑥ 《同意马师曾、红线女等七人任职》（1957年1月2日），广东省档案局藏，档案号：255/1/87/167。

成为全国政协委员。①

何贤在此次政协会议上，明言北京之行深受感动，而对于祖国事业的辉煌，更觉鼓舞；他在会议中发言："中国在共产党和毛泽东的英明领导下，必能令中国走向繁荣富强的大道，并保证今后会拥护中国政府之一切措施。"② 1956年2月8日，何贤从北京南返澳门，③除兴奋畅谈在内地所见所闻外，更多次强调周恩来总理向他垂询澳门市民的情况。④

其后，何贤除继续积极组团到国内旅游，争取与周恩来和毛泽东见面外，⑤更多次担当澳门代言人角色，诸如当英国保守党议员到访澳门，并与何贤进行访谈时，他多次提出："'禁运'对港、澳商场影响很大，使各行生意冷淡异常"，并言明"香港英国当局重新实施'平衡入境'后，对旅客极为不便，希望能予以改善"。⑥

1957年初，何贤尝试开拓香港的国语电影院线。⑦2月底，何贤与袁耀鸿、倪少强（中华总商会会董）、孙城增（中侨国货公司董事长）、许敦乐（南方影业公司经理）和刘衡仲等，于香港成立丰年娱乐有限公司（ACE Entertainment Company Limited），⑧并租赁位于九龙半岛的普庆戏院，⑨率先

---

① 《同意安排红线女为全国政协委员》（1959年3月8日），广东省档案局藏，档案号：216/1/0181/17。
② 《何贤昨日发言，此行所闻所见深受感动鼓舞，保证今后拥护政府一切措施》，《大公报》1956年2月5日；《何贤建议多派团体，旅行海外介绍祖国，工商界人士艺术团体均在内》，《大公报》1956年2月7日。
③ 《在京出席政协后，高卓雄何贤等南返，澳各社团今日欢迎何贤崔德祺》，《大公报》1956年2月8日。
④ 《出席政协后返抵澳门，何贤兴奋谈祖国，全国幸福富强进步一日千里，周总理殷殷垂询澳同胞情况》，《大公报》1956年2月9日。
⑤ 《何贤谈难忘印象，会见毛主席周总理记》，《大公报》1956年3月12日；《澳总商会内掌声雷动，何贤报告祖国情形》，《大公报》1956年3月12日。
⑥ 《英议员访晤何贤，何贤曾提及香港入境问题，威廉耶兹表示愿向英陈述》，《大公报》1956年9月10日。
⑦ 何贤一直与香港亲中影商、影人交往频繁，1957年1月12日，他与高卓雄、长城影片公司董事长吕建康、"中联"电影公司影人马师曾和红线女等在广州华侨新村建屋。参见《高卓雄何贤马红等，在穗华侨新村建屋，高卓雄所建的是一座集体公寓，吕建康房子是新村最大的一座》，《大公报》1957年1月12日。
⑧ 丰年娱乐有限公司于1957年2月24日在香港注册成为私人公司。详见《丰年娱乐有限公司（ACE Entertainment Company Limited）》，香港公司注册处藏，档案号：0004662。
⑨ 《普庆戏院盖建年份及业权转让纪录》，香港土地注册处藏。

将普庆戏院与港岛铜锣湾的利舞台戏院联机。① 此院线初期主要放映西片，间或放映国语片。同时，何贤与何添一直互相扶助，除协助金银贸易场有困难的行员外，② 更合作投资香港的戏院。

1957年，中国文化部电影事业管理局向全国电影制片厂发布了一份密件，明确指出今后电影业的外事工作应以影片输出为重心，其总方针是："提高质量，讲求实效，全面配合，分别对待。"文化部电影事业管理局根据《影片输出输入审查办法（草案）》向全国电影界表示："为了加强中国社会主义的宣传，扩大对外的文化交流和友好关系，今后在影片输出、输入的审查办法，必须考虑中国人民的思想教育与文化要求，对方的政治情况，宗教信仰及人民的生活习惯，艺术爱好等方面，全面照顾，灵活掌握，确定分别对待，放宽尺度的方针。"在此宗旨下，文化部同时规定，由于中国影片在香港及澳门地区的影片输出工作已有相当基础，因此，今后应在原有的基础上，尽量放宽审查尺度；而从香港输入影片到中国内地的数量，亦应有适当的比例。③

对于新中国积极与港澳商人及影人建立紧密联系，港英政府对此甚为关注。1957年9月16日，港督葛量洪随即发表了一份关于《香港与共产中国之关系》的报告，内容详细地阐明新中国与香港过去一年的关系，港英政府的对策，以及预估新中国未来的行动等。报告内容主要分为四方面阐述。其一，葛量洪指出，在过去一年，新中国对香港市民的"友好"表现，旨在拉拢市民大众，借此将共产势力渗入香港。

其二，葛量洪表示，新中国亦多次攻击香港政府，指其与台湾国民党及美国结盟，损害香港人民的利益，其中涉及1956年1月容许国民党飞机降落启德机场事件，6月煽动黄大仙居民的赔偿问题，以及10月的九龙暴动等事件，均是明显的例证。香港的亲中分子借着这些事件发动联合抗议运动，使问题提升至中英两国的外交政策层面，令情况更为复杂。葛量洪认为，中国领导人的行动，一方面是向亚洲及非洲地区宣示西方资本主义的力

---

① 《普庆戏院崭新姿态，与利舞台联映名片》，《香港工商日报》1957年12月24日。
② 《何添何贤捐款八万元，协助贸易场困难行员》，《香港工商日报》1957年1月24日。
③ 《上海市电影局关于外事工作的计划、规定》（1952年12月5日~1963年10月26日），上海市档案馆藏，档案号：B177/1/326。

量（尤其是美国）是极端的霸道与侵权；另一方面，是希望得到大部分国外人的同情与认同，从而可以顺利进入联合国。

其三，葛量洪在报告中同时阐明，周恩来总理在九龙暴动中发表的声明"香港只有与新中国合作，才可避免麻烦及得到友好的共存"及"新中国暂只希望将香港成为一处'中介舞台'，并没有收归国有之意"，均与英国政府的政策如出一辙，即尽量避免与新中国发生正面冲突；而对于亲中势力在香港的行动，诸如左派学校及边境问题等，英国与香港政府都尽力协调，对这些问题只采取防守策略。

其四，葛量洪在报告中说明，新中国的对外政策变幻莫测，很难估计其对香港态度的变化；为此，英国政府只能对之随机应变，亦要准备中国收回香港的可能性。[①]

1958年，何贤再协助许敦乐租赁九龙的快乐戏院，[②] 由华乐娱乐公司经营，并将之与港岛的国泰戏院联机，组成一条较稳定的国语电影院线，供国内制作的电影及"长城""凤凰""南方"公司产制及代理的影片上映。据《大公报》报道，"快乐戏院开幕第一炮即与国泰戏院连手，首映南方影业公司发行、上海天马电影制片厂出品、韩非主演的喜剧《幸福》。该院以后将陆续放映长春、北京、江南、海燕、广州等各大制片厂及本港长城、凤凰各大公司出品的国语片"。[③] 快乐戏院于同年8月8日晚正式营业，与国泰戏院联映国产片《幸福》，成为专映国产影片的戏院。[④] 开幕礼当日，除香港的国、粤语影星30余人到场剪彩外，中国国家通讯社——新华通讯社香港分社社长及副社长、文汇报社社长等亦到场祝贺。[⑤]

由此观之，第二次世界大战前，何贤和何添兄弟逐步在港澳地区建立多元业务，其后，何贤涉足澳门戏院业，并于50年代中期，通过与何添的紧密联系及财政援助，于香港协助新中国建立戏院事业。1957年初，何贤在

[①] C. O. 1030/735, Hong Kong: Relations with Communist China, 16 September, 1957.
[②] 《快乐戏院盖建年份及业权转让纪录》，香港土地注册处藏；许敦乐：《垦光拓影》，香港，简亦乐出版社，2005，第66~67页。
[③] 《美片质差价贵，快乐戏院改映国产电影，八日开幕放映"幸福"，影星剪彩并举行酒会，许多国产及苏联片将放映》，《大公报》1958年8月6日。
[④] 《影星主持剪彩，快乐戏院今起改映国片》，《大公报》1958年8月8日。
[⑤] 《踏进"快乐"，人人快乐（特稿）》，《大公报》1958年8月12日。

香港组建的国语电影院线渐露雏形，院线初期主要放映西片，间或放映国语片。翌年，他再协助许敦乐组建一条较稳定的亲中语电影院线，供国内及香港"长城""凤凰""南方"公司制作及代理的影片上映。

中间人政治策略

1958年初，周恩来有意委派中国代表长驻香港，然而，港英政府对此表示反对，并与英国殖民地部进行紧密讨论。此时，何贤随即试图介入，首次担当中英之间的"中间人"。①他声称自己是"周恩来的代言人"，希望通过英国的外交官员将这信息传达于港英政府知悉。其后，何贤详细转述周恩来与英国官员的对话内容，更声言中国领导人愿意让英国政府在广东地区"重开"英国领事馆，以作为换取港英政府同意中国委派代表长驻香港的条件。最后，何贤更向中英两国推荐几名候选"中间人"，声言他们可以排解两国对话期间的问题和纠纷。②

当香港成为资本主义的英国与社会主义的中国在意识形态上角力的重要战场后，港英政府为了维持香港的稳定，一直严格审查电影，防止题材敏感的电影在香港流播。何贤协助组建的亲中语电影院线，旗下的制片公司面对严格的审查，亦经常能巧妙地以迂回的方法在电影中传达新中国的意识形态信息。其后，港英政府的电影检查制度愈趋苛刻。1957年初，制片商虽曾去信电影检查处，力求放宽审查限制，却遭到驳回。于是，在1958年8月底，亲中影商凭借新中国电影领导人的支持，尝试直接挑战港英政府。

1958年8月23日，新华社批评内地影片在香港的受审查情况，指出港英当局的电影审查机构，在过去几年的电影审查中，进行敌视中国的政治活动。③翌日，《大公报》顺水推舟，指出："自从1953年以来，香港有关当局已禁止了72部中国影片在香港放映，其中包括38部故事片、长纪录片及34部短片；另外，在准许放映的电影中，有26部被无理删剪。另外，这几

---

① 对于周恩来有意派中国代表长驻香港，港英政府表示强烈反对，并与英国有关方面进行紧密商讨的过程，可参见 C. O. 1030/598, Diplomatic Representation of China in Hong Kong, 1957 - 1959。
② C. O. 1030/598, Macau Political Economic Paper, No. 7, Jan. - March, 1958.
③ C. O. 1030/595, Relationship of China and Hong Kong, 26 August, 1958.

年以来，一些反映新中国情况的影片，诸如《一定要把淮河修好》、《锦绣河山》、《荆江分洪》、《人民新杭州》、《六亿人民的意志》等，均被禁止放映；而每年一度纪录中国人民欢庆的影片，例如《一九五三年国庆节》、《一九五三年五一节》及一些反映人民文化生活的影片，诸如《纪念鲁迅》、《全国田径运动会》、《女篮五号》等，也在禁映之列。"文中亦指出："香港电影审查机构对中国国旗及人民领袖出现的影片，表现了很大的歧视，不是禁止放映，就是把这些镜头剪去；而一些影片中出现赞扬社会主义或人民政府的，亦遭到禁映或被强迫删剪。"报道亦支持新华社对检查机构的批评："蒋介石在台湾拍摄的影片，却可在香港自由放映。以《宝岛台湾》为例，就多次出现蒋介石的旗帜及镜头。明显地，香港电影审查机构有意制造'两个中国'的政治阴谋活动，令中国人民对此极为愤慨。"[1]

经《大公报》鼓吹，亲中影商随即将行动升级，由口诛笔伐转为行动谴责。同年8月25日，香港约20名亲中影商举行座谈会，继续谴责香港电影检查机关一贯敌视内地电影的行为。出席座谈会的影商包括制片商刘芳、廖一原、谢济之；编剧及导演朱石麟、卢敦、王铿、罗志雄；演员夏梦、石慧、傅奇；电影公司经理、制片厂厂长王逸鹏、许敦乐、朱作华等。在座谈会上，香港南方影业公司经理王逸鹏率先发表谈话，表示坚决支持新华社的立场，并对港英电影检查机构删剪及禁映国产影片进行强烈谴责；[2]继而指出新华社的报道只述及事实之一半，有关中国人民领袖的肖像、和平建设的新闻纪录片及体育简报等，不但在审查过程中被拖延时间，甚至大部分都会被删剪或不获通过，而一些内地影片的广告品也受到相当苛刻的限制，如《白毛女》不获上映，反映儿童生活的《祖国的花朵》也不能通过；相反，蒋介石的旗帜及雕塑，却可出现在台湾电影中，这完全是敌视内地，制造"两个中国"的具体表现。制片厂厂长、电影公司经理及影人亦先后发表批评。长城电影制片厂厂长陆元亮表示："香港政府在制造'两个中国'，追随美国帝国主义，同时亦帮助美帝主义在香港进行反对新中国的活动。"凤凰影业公司经理韩雄飞直言："香港电影检查处的'阴谋'是不会成功的，

---

[1] 《新华社报导中国影片在香港受审查情形》，《大公报》1958年8月24日。
[2] 《南方公司经理发言，谴责港英敌视我国影片》，《大公报》1958年8月26日；《新华社报导电影界座谈情形，港电影界怒责港英检查机构》，《大公报》1958年8月30日。

香港人只会更爱国。"新联影业公司的廖一原指出:"香港电影检查处的行为,与早前禁止香港若干中国学校悬挂五星旗是如出一辙,不但毫无理由,且更是敌视中国人民的另一次露骨表现。"① 影人刘芳也支持上述批评,并指出:"中英两国既然有邦交,就应该互相尊重,还要尊重对方的国旗,领袖及生活习惯,香港电影检查处的行为,就是剥夺了中国人民的爱国权利。"②

8月29日,一百多名亲中影人再次举行座谈会,继续指责港英政府敌视内地影片,刘芳、朱石麟、卢敦、夏梦、傅奇等再次轮流发言,在批评英国政府刻意制造"两个中国"之余,要求香港电影检查处不可再随意删剪中国国旗及领袖的镜头。③

9月3日,南方影业公司将行动升级,进一步公开揭露港英电影检查机构在过去几年打击内地影片的无理手段。首先,南方影业公司指出,港英电影检查机构对中国国旗、国徽、国歌、毛泽东及其他领导人的照片,不是禁映,就是把镜头剪去;而在台湾拍摄的电影诸如《宝岛台湾》《今日之台湾》等,出现蒋介石及台湾旗帜的镜头却可获得通过。其次,电影检查机构不仅禁映及删剪正片,对已通过影片的海报及剧照,亦加以种种无理的限制。再次,电影检查机构在禁映和删剪内地影片时,从来不说明理由,只说他们送检的影片含有政治性。另外,电影检查机构阻碍内地影片上映的手法更是层出不穷,诸如有些影片申请审查,电影检查机构却迟迟未审,一再拖延,只推说没有限期;有些影片通过后,又被取回删剪;有些影片通过了,将要在戏院上映,却突然说影片不通过,要收回检查证;亦有些影片通过了,但电影检查机构却要限制影片的上映时间。归结以上种种"罪状",南方影业公司的影商最后严正指出,坚决反对电影检查机构的行为,希望他们改变一贯的审查态度。④

之后,反对声音蔓延至戏院组织。9月4日,国泰戏院职员去信《大公

---

① 《南方公司经理发言,谴责港英敌视我国影片》,《大公报》1958年8月26日。
② 《国产影片不容禁映》,《大公报》1958年8月26日。
③ 《百多名电影工作者,谴责港英敌视国片,不容肆意删剪我国旗领袖镜头》,《大公报》1958年8月30日;《中国人要看国产片,就像需要营养一样,港英凭何标准横加禁演》,《大公报》1958年8月30日。
④ 《南方影业公司职工,谴责港英敌视中国影片》,《大公报》1958年9月3日。

报》，直指电影检查机构无理地对内地影片采用禁映或删剪至支离破碎的手段，要求港英当局迅速改变这种敌视内地的态度。① 9月6日，新华社报道香港电影工作者总会（The Association of Chinese Cinema Workers）强烈抨击香港电影检查机构有关歧视内地影片的行为，声言在香港只能看到英美的政治及军事活动新闻片，而中国内地有关此类活动的影片却遭到无理禁映。②

经过多次口伐舌战，亲中电影公司终于采取主动，直接与电影检查机构对质。10月18日，南方影业公司去信电影检查委员会，首先指出国庆电影 Ode to the Motherland 于9月15日经"复检委员会"检验后不获通过，检查委员会亦依惯例没有对此提出任何实质理由；继而指出中英两国本已建立和平外交，这纯粹是一般庆祝国庆的电影，所以希望电影检查委员会重新考虑审查决定，批准有关电影在香港上映。③

英国殖民地部对此甚为关注，要求港英政府提交与事件有关的解释文件。此时，适逢港督葛量洪刚卸任，柏立基（Sir Robert Brown Black, 1906 – 1999，任期1958～1964）受任香港总督，为了应付这场冲突，他于11月6日去信伦敦，交代有关事情的始末。在信中，他首先指出在过去几个月以来，亲中势力不断通过报章批评香港电影检查员歧视内地摄制的电影，而台湾制作的电影却可自由地在香港上映；其次，他详细交代香港电影检查机构的法例、职员以及内部运作；再次，他指出，自1955年起，南方影业公司（内地电影在香港的主要发行者）开始对《香港电影检查条例》提出多次控诉；最后，柏立基在报告中建议，暂没有必要采取进一步行动，并会主动向殖民地部报告事件的最新进展。④然而，经过多番考虑，港英政府权衡轻重后，态度软化，开始允许出现中华人民共和国国歌、国旗及国徽内容的电影在香港上映。

1959年1月21日，港督柏立基随即发表一份关于《香港：回顾1958年的发展》的报告，其中详细阐明：香港在过去一年与新中国之关系、中国对外政策突变的因由、港英政府的对策以及预计中国领导人未来的行动

---

① 《港英删减国产影片，戏院职工提出抗议，要求港英改变敌视中国的态度》，《大公报》1958年9月4日。
② C. O. 1030/595, Films, 6 September 1958.
③ C. O. 1030/596, Re: Ode to the Motherland, 18 October 1958.
④ C. O. 1030/596, Censorship of Chinese (Mainland Films), 6 November, 1958.

等。报告内容主要分为五方面阐述。其一，柏立基指出，"直至1955年底，新中国对香港的态度，仍然较为友善；然而，至去年底，情况却急转直下，新中国政权多次迁怒于英国（旧式帝国主义国家）政府。1950年初，中国领导人虽一直声称不会收回香港，然而，她却不断向港府作出挑衅，并多次向香港大众展示国内的伟大成就及经济繁荣，借以收买人心"。

其二，"去年新中国于本地的宣传活动中，明显有意将香港政府夹于中英两国之间，令港府左右为难；同时，她亦擅于利用香港，分裂英、美两国之间的关系；诸如在1957年底，新中国就善用契机，将香港内部的政党与美国政府及国民党的关系混为一谈"。另外，"中国领导人亦会尽力提出证据，阐明香港政府有制造'两个中国'之嫌，诸如去年攻击香港的电影检查政策，迫使港府要另找方法解决当中的政治性争论"。

其三，柏立基阐明，"1958年，新中国在破坏香港政府权力的行动上，相对于1955年而言，无疑是更为大胆的。究其原因，相信与中国内部政权渐趋稳定有密切关系；同时，她亦要向外阐明，中国将会在未来五年或十五年内，取代英国的地位"。

其四，柏立基进一步说明，"新中国在多方面对香港的攻击，诸如教育、难民、粮食及经济等，已达到极端的地步；港英政府只能在本地不断加强立法，修订法律，以防守的方式应付"。

其五，柏立基更阐明，"英国政府应再次向新中国，甚至全世界言明：英国国势如日中天，影响力仍然有增无减；而对于新中国的态度，应采取随机应变的策略；至于有关中国每一次的主动行动，都不应有'过敏'的反应，以免适得其反。同时，当面对新中国之'攻击'时，英国政府除采取防守策略外，亦需要有适当的反击"。①

随后，英国外交部多次就中英关系突变的应对策略做出讨论，认为已不能与新中国建立和谈渠道，然而在中英关系仍要继续发展的情况下，唯有尽其所能，与中国保持良好关系。另外，新中国于1958年实行极具野心的对外策略，令中英关系陷入冰点；及至1959年初，中国因国内经济困难，其具野心的对外政策稍为放缓；而英国政府亦希望趁此机会，改善中英之间的

---

① C. O. 1030/596, Hong Kong: Review of Developments during 1958, 21 January, 1959.

关系。①

除对外的电影发展策略外，在内地电影政策方面，中国领导人亦相当重视。1957年6月，毛泽东发动"反右"运动，中央制定辨别"香花""毒草"的三个标准，其中以社会主义道路和党的领导为主。其后"拔白旗"运动出现，其间对电影工作者进行批判，并迫使他们到农村、煤矿参加社会主义教育运动。翌年底，"反右"运动结束，全国有50多万人被划成"右派分子"，其中包括大量电影工作者。1959年初，新中国成立十周年临近，中国领导人再次让中国电影业展现生机。同年5月，周恩来总理提出文艺创作"既要鼓足干劲，又要心情舒畅""既要有思想性，又要有艺术性"等十项原则，为当时包括电影在内的文艺创作指明了方向。7月，文化部召开了全国故事片厂长会议，讨论文化部党组的《关于提高艺术质量的报告》。该报告在总结1958年教训的基础上，提出要"充分发挥创作人员的积极性，鼓励题材、形式、风格的多样化"，并强调"不断提高艺术片的质量，是一个重要的历史任务"。这次会议对电影创作有重要的指导意义。其后，邓小平提出文艺创作要"两条腿走路"，反映中国领导人对电影工作非常重视。

1959年底，文化部再次向全国电影部门发出《关于1960～1967年发展我国电影事业的设想》文件，明言无论是输入、输出香港制作的电影，还是一系列与香港亲中制片公司的合作拍片计划，都会全力支持。文件主要分为六个方面。

其一，自"反右"运动后，中国电影领导人于1959年重新整理及发展国营电影事业。自1949年10月新中国成立始，电影事业主要集中于电影制片及城乡放映网之发展。不过，就发展速度而言，电影放映网却远低于电影制片事业。从1958年、1959年的电影产量观之，这两年共制作艺术片180多部，相当于以往8年总量的105%；而两年来共发展各种电影单位约5000个，约以往8年发展总数的54%。假如与苏联电影业比较，影片的制作数量已相差不远，但放映网的发展速度却远低于苏联。因此，新中国电影业的首要任务，是发展电影放映网，使国产影片能得到充分的上映机会。

其二，中国电影领导人亦积极发展电影制片事业。根据1959年7月批

---

① C. O. 1030/596, From Peking to Foreign Office, 12 February 1959.

准的文件，预计到 1962 年，全国将有 12 个艺术片制片厂、37 个摄影棚。若以现有的设备计算，每年可生产艺术片 150 部。然而，若实际因应剧本供应、胶片供应以至放映网络等发展因素而言，预计至 1962 年，可生产艺术片 120 部，加上长篇纪录片、科学教育片、美术片、香港片及外国翻译片等，全年发行的电影应可达 270 部。

其三，为了保证电影放映网及制片事业的发展，中国电影领导人抓紧物资，如电影放映网设备的生产、配套及电影胶片的供应等，以应对电影业发展中的两个薄弱环节。在电影机械生产方面，除了现有的南京、上海及哈尔滨等地的电影机械厂外，1962 年前，在北京建立一个精密电影机械厂，担负一部分制片设备及精密仪器的生产任务。另外，由于电影胶片目前需全部依赖国外供应，严重影响电影业的发展。故此，建议建立第二及第三个胶片生产基地。

其四，文化部希望增加影片洗印设备，以解决全国制片生产及放映网发展所需影片和拷贝的洗印问题。当时，虽然北京洗印厂及上海、北京、长春、广州、西安等地的制片厂及洗印设备能担负其任务，不过，随着各省、市、自治区地方性新闻、纪录片等制作的发展，从样片、后期制作到拷贝洗印都要运往上述地方，就会影响影片的及时发行及放映。因此，文化部计划先在武汉、成都、内蒙古等地建立生产 35 毫米影片洗印设备的工厂；1961 年前，在上海、长春、武汉、成都等制片厂增设 16 毫米的缩制与洗印设备。

其五，文化部希望大力培训干部。当时的主要问题是电影编剧、导演、演员、摄影、录音、美工、洗印等各种电影艺术及技术的培养。文化部为配合计划，将组织北京电影学院、上海电影学校以及各旧厂协助培训。

其六，文化部认为要加强影片输入、输出工作。依据中国发行需要，计划在 1962 年输入影片 120 部；在影片输出方面，主要扩大对亚非及拉丁美洲民族主义国家及资本主义国家的影片输出，计划在 1962 年达到输出影片 750 部的目标。①

为配合发展上述电影业六大方针，自 1959 年起，中国电影领导人积极

---

① 《关于 1960~1967 年发展我国电影事业的设想》，《上海市电影局关于电影事业发展的规划、意见、工作要点》（1959 年 10 月 22 日～1960 年 2 月 20 日），上海市档案馆藏，档案号：B177/1/221。

加强对香港电影业的支持,并决定每年选购香港制作的电影20部,但其中只选取少数影片在国内公开发行。① 以上海为例,据统计,1959年只有8部电影上映。② 虽然如此,中国电影领导人仍然坚持全力协助香港电影事业发展,即使认为某些影片不适合在国内上映,仍会选择购买一定数量的香港电影。

"反右"运动后,中国电影领导人除制定六大电影业方针、调动资金支持香港的亲中电影公司,如南方影业公司、长城影业公司和新联影业公司的拍片工作外,③ 更会积极加强港人对新中国的认识。1960年初,中国电影领导人除加强对香港亲中影业公司的支持外,④《文汇报》为增加在香港的流通量,改变其版面的设计及内容,减少对内地消息的报道,并增加刊登本地新闻,以增加读者人数;⑤ 同时,新中国领导人继续与香港亲中影商加强联系,鼓励香港市民组团到访内地,以加强港人对祖国的认同。⑥

在新中国电影领导人的支持下,何贤和许敦乐等戏院商继续加强亲中语电影院线的组建。20世纪50年代末,他们成功将港岛的利舞台戏院、九

---

① 《文化部党组关于电影发行放映工作和电影输入工作的报告》,《上海市电影局关于电影创作、发行放映的工作报告,情况反映,群众来信》(1963年4月2日~1963年5月29日),上海市档案馆藏,档案号:B177/1/285。
② 《香港电影在沪发行情况》,《协办一九六二年文教系统调整精简工报》(1962年7月20日~1962年12月27日),上海市档案馆藏,档案号:B3/2/215。
③ 《上海市电影局与南方影业公司进行业务往来信函》(1957年12月3日~1965年5月24日),上海市档案馆藏,档案号:B177/1/346;《关于香港长城电影制片公司去沪拍摄〈王老虎抢亲〉的问题的函》(1959年8月31日),广东省档案局藏,档案号:214/1/34/110-112;《关于香港长城电影公司吴世勋携带胶卷出口的证明》(1960年7月7日),广东省档案局藏,档案号:214/1/37/191-191;《同意香港南方电影公司关于中国戏曲艺术电影展览的排映计划》(1960年9月),广东省档案局藏,档案号:214/1/37/192-196;《关于香港新新电影公司把老舍先生小说〈骆驼祥子〉改编为电影剧本的问题》(1960年9月),广东省档案局藏,档案号:214/1/237/004-008;《关于香港凤凰影片公司与广东潮剧院合作拍摄潮剧戏曲片〈陈五三娘〉的问题》(1961年1月9日),广东省档案局藏,档案号:215/1/148/053;《关于香港长城电影公司与华南歌舞团合拍一部歌舞故事片问题》(1961年5月20日),广东省档案局藏,档案号:307/1/189/102;《关于武影与珠影合并问题的意见及对干部管理香港进步电影界合拍影片数量问题的意见》(1961年2月4日),广东省档案局藏,档案号:215/1/89/017。
④ C. O. 1030/1107, Extract from Gov HK's Despatch, 1 February 1960.
⑤ C. O. 1030/1106, Extract from L. I. C. Monthly Report, February 1960.
⑥ C. O. 1030/1106, Extract From L. I. C. Monthly Report, February 1960; C. O. 1030/1252, Extract from L. I. C. Monthly Report, 18 January – 15 April 1960.

龙的普庆戏院，以及国泰戏院、快乐戏院联机，形成两条较稳定的国语电影院线，供国内及香港制作的电影上映。① 其后，港岛西区的高升戏院，经上演潮剧后，电影生意渐趋蓬勃，因此，1959年12月底，何贤再与许敦乐等合作，以丰顺娱乐有限公司（Fung Shun Company Limited）②的名义经营高升戏院，加强与普庆戏院的联映阵营。③ 此时，中国国务院外事办主任廖承志及文化部副部长夏衍改变策略，将香港作为对外宣传的窗口，提出"百花齐放、推陈出新"的方针，④ 先于1960年派广东粤剧团在何贤旗下的澳门清平戏院演出；⑤ 后再派广东潮剧团，于香港的普庆和高升戏院轮流演出。⑥ 据《大公报》报道，何贤在剧团演出前后，以两地戏院董事长的身份设宴款待剧团人员。⑦

广东粤剧团与潮剧团于何贤旗下的澳门清平戏院、香港的普庆及高升院演出后，成绩斐然，美国有关机构随即对之进行阻挠。英国殖民地部的报告指出："美国当局正式将何贤旗下在港澳地区的多间戏院列入'黑名单'，

---

① 《美片质差价贵，快乐戏院改映国产电影，八日开幕放映"幸福"，影星剪彩并举行酒会，许多国产及苏联片将放映》，《大公报》1958年8月6日。

② 丰顺娱乐有限公司于1959年12月10日在香港注册成为私人公司。参见《丰顺娱乐有限公司(Fung Shun Company Limited)》，香港公司注册处藏，档案号：0005743。

③ 《高升戏院盖建年份及业权转让纪录》，香港土地注册处藏。

④ 《相永好，不言别，广东粤剧团，今载誉离澳，何贤代表澳门同胞向该团致谢》，《大公报》1960年2月18日。

⑤ 《省粤剧团抵澳受热烈欢迎，何贤昨设宴洗尘致词感谢祖国关怀，白驹荣罗品超祝同胞新春健康愉快》，《大公报》1960年2月5日；《好戏先睹为快，百余商人报人影人赴澳，何贤昨晚设宴招待》，《大公报》1960年2月7日；《香港影星赴澳门睇好戏，乃翁演得妙，白雪仙笑口常开，尽地主之谊，何贤假国际宴客》，《大公报》1960年2月8日；《粤剧团续演三天，何贤昨欢宴演员》，《大公报》1960年2月13日；《相永好，不言别，广东粤剧团，今载誉离澳，何贤代表澳门同胞向该团致谢》，《大公报》1960年2月18日。

⑥ 《关于派广东潮剧团去香港演出问题通知》(1958年12月4日)，广东省档案局藏，档案号：214/1/135/235-235；《同意广东潮剧团于香港演出的一些问题的请示》(1960年5月28日)，广东省档案局藏，档案号：214/1/37/166-168；《同意广东潮剧团赴香港演出的批示》(1960年5月28日)，广东省档案局藏，档案号：307/1/154/42-44；《潮剧到香港演出情况简报(1-5号)》(1960年6月)，广东省档案局藏，档案号：307/1/154/45-52；《潮剧武戏推陈出新，"档马"上演一致好评，澳门何贤昨晚在普庆欣赏潮剧，倪路姚璇秋等昨看大龙凤演出》，《大公报》1960年6月1日；《高升响锣了，好戏连台出，潮剧团今演辞朗州，戏迷勇搏暴风雨三千人彻夜轮票，工商界人士与何贤分宴剧团人员》，《大公报》1960年6月9日。

⑦ 《高升响锣了，好戏连台出，潮剧团今演辞朗州，戏迷勇搏暴风雨三千人彻夜轮票，工商界人士与何贤分宴剧团人员》，《大公报》1960年6月9日；《相永好，不言别，广东粤剧团，今载誉离澳，何贤代表澳门同胞向该团致谢》，《大公报》1960年2月18日。

禁映所有美国出产的电影。""1960年7月8日，*China Mail* 在报道中指出，美国有关当局向外宣布，何贤旗下两间在香港的戏院——分别为九龙的普庆戏院和港岛的高升戏院，正式被美国列入'黑名单'，禁止上映任何美国制作的电影。"①

同年7月20日，英国殖民地部去信英国外交部，指出九龙的普庆戏院为何贤所有，因此，美国外资管制委员会（U. S. Foreign Assets Control Commission）的举动，实为阻止中国电影在香港的上映及流播。英国殖民地部认为，由于此事涉及政权问题，所以不适宜与香港政府商讨，故此选择先征询外交部的意见。②8月10日，英国外交部在回复殖民地部的信函中指出："美国有关方面的举动，主要是封锁何贤旗下的戏院，包括三间在澳门的戏院与两间在香港的戏院。由于澳门地方狭小，没有生产电影，所以，若禁映美国电影，影响会较香港严重。英国政府虽极不愿意看见中国电影在香港继续上映，然而，在处理这次事件上，却认为不适宜作出任何行动。"③其后，事件虽告平息，却引起英国政府对何贤的密切关注。

"禁映"事件后，同年底，新中国再派出70余人的上海越剧团一行，在香港的普庆和高升戏院轮流演出；何贤继续以董事长的身份设宴款待剧团人员。④ 1961年8月，何贤再与南方影业公司合作，计划在九龙区兴建戏院，以加强戏院联线阵营。⑤同年12月，上海青年京剧团抵港，于普庆戏院演出大型爱情神话名剧《白蛇传》三天，何贤亦为此设宴款待剧团人员。⑥

此时，何贤在澳门政商界的地位日趋重要，因此，港英政府在衡量新中

---

① C. O. 1030/1114, Banned from Showing American Films, 8 July 1960.
② C. O. 1030/1114, Letter from C. M. Maclehose, 20 July 1960.
③ C. O. 1030/1114, Letter from R. T. D. Ledward, 10 August 1960.
④ 《团长白彦副团长袁雪芬率领下，上海越剧团昨莅港，工商文化等各界知名人士前往车站热烈欢迎，何贤昨晚为该团设宴洗尘气氛热烈，团长白彦致词并举杯向各界致谢意》，《大公报》1960年12月21日；《澳门名流何贤等，昨到越剧团探班》，《大公报》1961年1月4日；《中外观众赞赏西厢记，越剧团演出昨圆满闭幕，各界热烈祝贺口碑载道》，《大公报》1961年1月27日；《酬谢港九各界人士支持，越剧团临别欢宴，各界人士盛装赴会金汉楼头热情洋溢》，《大公报》1961年2月1日。
⑤ C. O. 1030/1114, Ho Yin, 1960-1962.
⑥ 《由孟波俞振飞言慧珠刘厚生率领，上海青年京剧团抵港，一行八十余人受到热烈欢迎，何贤昨晚设宴洗尘》，《大公报》1961年12月19日。

国与澳门的关系时,多次肯定何贤为其中的重要角色;①另外,由于澳门地方狭小,势力薄弱,没有驻京代表表达意见,何贤遂有机会成为两地的中间人。② 1962年5月中旬,港英政府在应对内地非法移民潮处于两难困局之时,何贤自称为"中方发言人",③多次向港英政府转述广东省的意见,借以协助解决难民问题。④ 同时,美国领事主动接触何贤,希望他可以担当"中间人",⑤ 何贤亦欣然接受。⑥ 虽然难民事件最后获得解决,然而,港英政府对于何贤多次的主动调解行为,以及其日趋重要的影响力渐感不安,遂对他进行详细分析及评估。⑦

在香港政府呈交伦敦殖民地部的报告中,直言何贤一直为英美政府收取中国情报的中间人,由于美国方面已对他极不信任,遂改以对他旗下的戏院进行封锁。英国政府亦开始对何贤的情报抱怀疑态度,甚至对他在香港的行动加以详细记录,正如英国政府在殖民地报告中所阐明的:"何贤,乃无时无刻都关注香港事务的'中间人',但香港及美国当局已对他极之不信任。1962年5月于香港发生的移民潮中,他为着个人利益,多次尝试作为'中间人'的角色,然而,我们相当怀疑他对新中国的影响力究竟有多大。"⑧

另一边,1961年,周恩来总理纠正"左"倾错误思想,尊重文艺创作规律,反对公式化、概念化和庸俗化的创作口号,为社会文艺、电影理论重新奠定了基础,令之后的电影作品"百花齐放"。1963年初,《文化部党组关于电影发行放映工作和电影输入工作的报告》指出,香港影片由于题材内容与其他种种原因,如在国内发行,难免会有一定的副作用,故此已决定一律停止在国内发行(其中有小量质素较佳的古装戏曲片,经过慎重选择,

---

① C. O. 1030/1117, From Hong Kong (Sir R. Black), 26 January 1962.
② C. O. 1030/1117, From Hong Kong (Sir R. Black), 13 February 1962.
③ C. O. 1030/1254, Immigration Control, 19 May 1962; C. O. 1030/1114, Relationship of China & HK, 21 May 1962; C. O. 1030/1253, Immigration Control, 21 May 1962.
④ C. O. 1030/1253, Immigration Control, 22 May 1962.
⑤ C. O. 1030/1322, Supplies of food for China from Hong Kong, 30 May 1962
⑥ C. O. 1030/1322, Supplies of food for China from Hong Kong, 2 June 1962.
⑦ C. O. 1030/1322, Supplies of food for China from Hong Kong, 27 June 1962; C. O. 1030/1114, Relationship of China & HK, 5 July 1962.
⑧ C. O. 1030/1114, Ho Yin, 1960 – 1962.

亦会考虑上映)。① 然而，"今后为了支持香港电影事业的发展，经外事办审批，每年仍会选购二十部香港影片，作支持之用"。② 另外，除稳定地选购香港制作的电影，文化部亦会全力协助香港亲中电影公司的拍摄工作。同年初，中国领导人提出"百花齐放"的方针，文化部副部长兼电影局局长陈荒煤再次提出扩大戏曲电影在海外发行的工作，并建议香港电影公司应与各制片厂多加合作。③ 从中国各大电影厂与香港的亲中电影公司诸如南方影业公司、长城影业公司和新联影业公司的书信中，均可清晰了解到中国电影领导人除大量调动资金协助他们在香港拍摄电影外，亦实行合作拍摄计划。④ 在中国领导人的支持下，廖一原、潘国麟和许敦乐等合组银都娱乐有限公司（Silver Amusement Company Limited），⑤ 购买位于九龙观塘区的银都戏院。⑥ 1963年9月7日，观塘银都戏院开幕，令亲中国语电影院线阵营又添一员。⑦

1963年4月26日，一行85人的北京京剧团来到香港普庆戏院演出，一如以往，何贤再以普庆戏院及丰年娱乐有限公司董事长的身份迎接。⑧ 然

---

① 《关于停止放映香港影片的通知》（1963年2月27日），广东省档案局藏，档案号：214/1/313/008-009。
② 《文化部党组关于电影发行放映工作和电影输入工作的报告》，《上海市电影局关于电影创作、发行放映的工作报告，情况反映，群众来信》（1963年4月2日~1963年5月29日），上海市档案馆藏，档案号：B177/1/285。
③ 《复省文化局关于提供香港合拍影片的名单问题》（1963年3月5日），广东省档案局藏，档案号：214/1/313/008-009。
④ 《上海市电影局与南方影业公司进行业务往来信函》（1957年12月3日~1965年5月24日），上海市档案馆藏，档案号：B177/1/346；《本部同意香港长城影片公司拍摄〈王老虎招亲〉电影》（1963年），上海市档案馆藏，档案号：A22/2/812；《上海市电影局关于与香港合拍作影片的信件》（1963年9月23日~1963年11月29日），上海市档案馆藏，档案号：B177/1/331。
⑤ 银都娱乐有限公司于1963年8月3日在香港注册成为私人公司。参见《银都娱乐有限公司（Silver Amusement Company Limited）》，香港公司注册处藏，档案号：0009090。
⑥ 《银都戏院盖建年份及业权转让纪录》，香港土地注册处藏；《K. T. I. L. No. 191 Kwun Tong (Silver Theatre) – Sale of .... By Public Auction》（1960~1967年），香港政府档案处历史档案馆藏，档案号：HKRS156/2/63。
⑦ 《银都戏院周末开幕，将选映国粤潮语片》，《大公报》1963年9月4日；《星光熠熠金剪动，银都戏院昨天开幕》，《大公报》1963年9月8日。
⑧ 《萨空了薛恩厚率领抵港，京剧团受热烈欢迎》，《大公报》1963年4月27日；《京剧团后晚起演出，首两夕座卷今预售，凌晨已有人在戏院等待购卷，何贤今晚在金汉为该团洗尘》，《大公报》1963年4月28日；《金汉楼头，掌声热烈，何贤宴京剧团，主人致词祝贺演出成功，应邀作陪者二百余人频频举杯》，《大公报》1963年4月29日。

而，同年5月5日，普庆戏院突然发生爆炸，当时戏院正上映北京制片厂制作的歌舞电影。在港英政府呈交伦敦殖民地部的报告中，除详细解释爆炸事件的来龙去脉外，更明言种种证据显示，爆炸事件最有可能是国民党所为，而其主要目的是企图阻止中国电影在香港上映，并引起公众的恐慌。① 翌年10月1日，位于九龙观塘区的银都戏院上映中国电影时再次发生爆炸，《大公报》随即抨击行动乃"美、蒋"（美国、蒋介石）所为，港英政府亦确信此事与国民党组织有密切关系。② 爆炸事件后，港英政府随即颁布《1963年公众娱乐场所管制条例》［Places of Public Entertainment (Amendment) Ordinance, 1963］，并草拟一份电影守则予电影检查员及电影上诉委员会，以实施更严谨的电影审查制度。③

1964年3月，何贤连任澳门政府立法局华人代表，任期四年；④ 5月16日，在许敦乐的策划下，位于九龙马头围道的珠江戏院开幕，戏院设有1900个座位，为港九上映首轮电影的最大电影院。戏院开幕后，即与"普庆"、"国泰"及"高升"组成国语片院线，上映香港亲中电影公司如"长城""凤凰"等制作的国语片。⑤ 珠江戏院建成后，亲中国语电影院线步入相当稳定的阶段。翌年，何贤再次在"北越"问题上尝试担当中英之间的中间人，以加强其政治地位。⑥ 由此观之，何贤在澳门政商界的地位日趋重要；他亦趁中英之间欠缺正常的沟通渠道，多次担当中间人，替中国领导人

---

① C. O. 1030/1605, Explosion in the Astor Theatre, Kowloon, 6 May 1963；《昨夕普庆戏院发生轻微爆炸，警方对此事在调查中》，《大公报》1963年5月6日；《普庆戏院事件，警方继续调查》，《大公报》1963年5月7日。

② C. O. 1030/1606, Letter from Sir. D. Trench, 2 October 1964；《当场炸伤一男童一少女，银都戏院发生爆炸，迹象显示又是美蒋特务所为，此种卑鄙勾当引起观众愤慨》，《大公报》1964年10月2日。

③ C. O. 1030/1543, Letter from W. S. Carter, 18 September 1965. 另外，1960年，港英政府曾规定所有内地电影出口外地，都必须领有相关牌照，然而，次年6月，此规定暂时消除，因为"殖民政府暂未发现有任何左派电影在香港制造及上映"。1963年5月，牙买加政府再次提议香港政府应对内地电影严厉控制，并恢复1960年的牌照制度。不过，经过港英政府与殖民地部一轮商议后，最终认为亲中电影公司在香港上映的电影均未刻意宣传共产主义，所以不应再恢复当年的牌照制度。参见 C. O. 1030/1543, Letter from C. S. McMorris, 22 May 1963；C. O. 1030/1543, Licensing of Hong Kong Films in Jamaica, 19 June 1963。

④ 《澳华人代表，何贤获连任》，《大公报》1964年3月29日。

⑤ 《珠江戏院今开幕，下午三时起设酒会款宾》，《大公报》1964年5月16日。

⑥ C. O. 1030/1556, From Hong Kong (Sir D. Trench), 11 August 1965.

传达信息；他更借此加强在香港戏院业的投资，成功组建国语电影院线"双南院线"。

1965年9月，中英两国再起纷争，情形与1958年8月底相似：亲中影商在多份报纸上连续批评香港电影审查机构的无理行为。然而，这次事件较为严重，争议的时间亦较长，致一直希望保持良好关系的中英两国再次爆发正面冲突。

事件源于1965年8月中旬，本地律师Percy Chan非正式地要求电影检查机构，通过1964年中国国庆节的电影上映。然而，电影检查委员一致认为，电影内的宣传意识太强，不能批准其在香港放映。同年9月10日，《文汇报》开始批评电影检查机构委员，无理地禁止一大批优秀的内地电影，诸如《红色娘子军》及1964年的国庆电影在香港上映。翌日，《大公报》更全页报道批评事件，其中明言，很多拥护国产电影的读者去信《大公报》，要求香港放映更多的内地电影，而报道中更直接点名声讨电影检查机构内某些检查中文电影的委员，并指责他们对待内地电影的不公。①继而，《大公报》就以有大量读者来信为名，派记者访问电影检查处，要求有关方面回答。其后，香港政府新闻处随即委派高级新闻官孙元壮接见，并留下记者提交的书面问题，承诺会尽快答复。②

9月11日，港督戴麟趾（Sir David Clive Crosble Trench, 1915 - 1988，任期1964~1971）去信英国殖民地部，报告整个事件的来龙去脉，并将《大公报》提交的所有问题译成英文，以供过目。③翌日，《大公报》继续揭露过去十几年来国产电影被电影检查官无理禁映或横加删剪的例子，重点指出："从1952至63年间，所有国庆节纪录片均被禁映；另外，一些中国电影，只要有'歌颂毛主席'、'毛主席万岁'、'中国共产党万岁'的对白、歌词、口号或标语，都一一被删剪。"④而且，《大公报》更将所有向电影检查官提出的质问，一字不落地原文录在报纸上。⑤

---

① C. O. 1030/1543, From Hong Kong (Sir D. Trench), 11 September 1965.
② 《本报派员访电影检查处》，《大公报》1965年9月12日；C. O. 1030/1543, From Hong Kong (Sir D. Trench), 11 September 1965.
③ C. O. 1030/1543, From Hong Kong (Sir D. Trench), 11 September 1965.
④ 《请看电影检查官是怎样对待中国影片的》，《大公报》1965年9月12日。
⑤ 《本报派员访电影检查处》，《大公报》1965年9月12日。

9月13日，南方影业公司向《大公报》记者提供大量材料，揭露"香港电影检查官员对于反映中国解放后的社会生活、建设面貌的影片非常歧视，并极力阻止这些影片在香港上映；而且，对于描绘中国旧社会，或以新旧社会对比为内容的影片，总是千方百计不准公映，甚至将影片删剪成七零八落，面目全非"。① 翌日，《大公报》根据南方影业公司提供的资料，详细列出10部香港电影检查官禁映的影片，以及12部被删剪的影片。② 同时，刊登记者在9月11日向电影检查处做书面提问获回复的内容，指出："尽管电影检查处十分肯定地表示，没有蓄意阻挠中国摄制的影片在香港放映这事实，不过，电影检查官的答复却未能使人信服。"③ 9月16日，《大公报》再根据香港政府新闻处发表的《港府新闻处一九六四至一九六五年度年报》，指出电影检查官抱持的是一贯的针对态度。④

9月18日，伦敦殖民地部发给港英政府两页多的回文，明言"若根据当日电影检查处答复记者的书面问题，以及《大公报》在过去对电影检查组的抨击，情形与1958年的批评相似，因此电影检查组才会采取更严厉的措施"。文中亦指出："左派报纸对电影检查组的大肆抨击，主要目的只是希望《红色娘子军》及有关去年在北京庆祝国庆的电影获准上映。"不过，殖民地部认为，这些电影的政治意识太强，尤其是《红色娘子军》，主要内容是描述国民党与共产党的斗争，绝对不适宜批准放映。由此观之，殖民地部的态度在此时仍是相当强硬的。⑤

然而，殖民地部禁止国庆电影上映一事，却在左派报纸中引起很大的反响。他们批评香港电影检查员鼓吹"两个中国"，对于英国政府一向提出的与新中国的和平外交政策完全背道而驰。9月19日，《文汇报》在此事上更直指"香港电影检查员找寻借口，表面上是要维持社会安定，实际上是防

---

① 《他们不让新旧对比出现银幕——"请看电影检查官是怎样对待中国影片的"之二》，《大公报》1965年9月13日。
② 《廿二部被禁映和删剪的影片——"请看电影检查官是怎样对待中国影片的"之三》，《大公报》1965年9月14日。
③ 《中国电影被无理限制事，有关当局昨天如此答复，本报续发表有关资料以后再提出意见》，《大公报》1965年9月14日。
④ 《电影检查官的剪刀，新闻处发表去年度电检数字，中国影片被删剪廿四部，美国片两部》，《大公报》1965年9月16日。
⑤ C. O. 1030/1543, From W. S. Carter, 18 September 1965.

止中国电影在香港上映；若港英政府禁止北京庆祝国庆的电影上映，而对于台湾出产的电影却从容处理，似有制造'两个中国'之嫌"。①

9月20日，《大公报》再次转载大批读者来信，抗议香港电影检查局禁映及删剪中国电影，并借此指出电影检查官在制造"两个中国"，而其决定更是巴结"蒋帮"。②翌日，《大公报》继续转载读者来信，指出有关中国国庆的影片不可无理禁映。其后，事件似有一发不可收拾之势，而亲中影商亦已抱"不达到目标不罢休"的抗争态度。③

9月23日，英国外交部指出："中国领导人亦不希望为了这次送审事件使中英关系冰冻，所以他们认为香港根本没有需要改变电影检查上的一贯守则及制度。"④ 不过，英国在经过一轮商讨后，态度有所改变。10月2日，殖民地部发出电报，指出香港电影检查局在再次检查《红色娘子军》及北京庆祝国庆的电影后，一致赞成将《红色娘子军》禁映，然而，有关国庆的电影则可以再"商讨"（即获准放映），例如只删剪其中的敏感部分，并明言这事已于9月28日通知相关亲中电影公司（南方影业公司）。经此决定后，左派报纸的批评运动暂告平息，不过，亲中影商继续坚持争取此影片不可有任何删剪，要完整地在香港上映。殖民地部认为，亲中影商的行为确实难以应付，亦担心他们会有进一步的行动，例如要求删减台湾电影的某些情节等。于是，将信件再交予英国外交部做进一步商讨。⑤

10月4日，殖民地部再次指出，他们担心这次事件是由北京领导人直接领导，所以要谨慎处理，不可有任何错误的决定。⑥ 最后，经过一轮商讨后，终于同意将整套国庆电影完整放映。其后，北京对此事广泛报道；而在香港方面，左派报纸亦声称电影在港岛及九龙七间戏院上映后，均出现"全院满座"的盛况，《大公报》更直言，有关报道中国国庆的电影，应值得再次在香港上映。⑦

---

① C. O. 1030/1543, From Hong Kong (Sir D. Trench), 22 September 1965.
② 《电影检查官搞"两个中国"，本报读者纷来信严词谴责，中英早有邦交，检查官却在巴结蒋帮》，《大公报》1965年9月20日。
③ 《中国国庆影片，不容无理禁映》，《大公报》1965年9月21日。
④ C. O. 1030/1543, From D. K. Timms (Far Eastern Department), 22 September 1965.
⑤ C. O. 1030/1543, From T. A. K. Elliott, 2 October 1965.
⑥ C. O. 1030/1543, From W. S. Carter, 4 October 1965.
⑦ C. O. 1030/1543, From W. V. Dickinson, 23 November 1965.

综而言之，20世纪60年代初，何贤视"政治"为一种生意投资，故乐于担当"中间人"；他更借此扩大在香港国语电影院线的投资，"双南线"的雏形由此而建，本地亲中国语电影院线的发展也更形稳固。

院线秩序

"双南线"的重要性与"太环线"相近，一方面是为新中国在香港建立了稳定的文化据点，另一方面新中国希望通过电影这个重要载体，向香港及海外华人介绍中国文化和内地发展情况，并宣扬新中国的意识形态，"双南线"成为中外沟通的桥梁。"双南线"的组成，便成为新中国在香港建立稳定据点的重要国语电影院线。

"双南线"支持下的"长城"及"凤凰"等香港亲中电影公司，制片方针以"导人向上、向善"为主，① 不计较"票房价值"，目的是向海外华人宣传新中国及其价值观，诸如表达一些促进社会进步、正确的思想。② 正如"长城"领导人袁仰安于1950年发表的文章《谈电影制作》中阐明，他们所制作的电影"主要对象是海外侨胞，需要启示性的教育"。"长城"及"凤凰"均直属中国外事部门，由周恩来直接过问。具体的领导是先经广东的陶铸，再经廖承志，然后到陈毅，最后是周恩来。中央文化部副部长夏衍只是指导整体的电影业务。

在制片及发行业务上，"双南线"主要支持香港的"长城""凤凰""南方"公司制作及代理的影片上映。长城电影制片有限公司（即"长城"）成立于1950年4月19日，③ 建基于张善琨的"旧长城"（长城影业公司），由袁仰安领导，除觅得《大公报》费彝民辅助外，亦得到吕建康的支持，创作队伍包括司马文森、陶秦、刘琼和程步高等，他们均是香港国语电

---

① 郭静宁：《卢敦：我那时代的影戏》，黄爱玲等编《香港影人口述历史丛书1——南来香港》，香港电影资料馆，2000，第131页。
② 朱顺慈访问：《访谈篇：朱虹》，黄爱玲等编《香港影人口述历史丛书2——理想年代：长城、凤凰的日子》，香港电影资料馆，2001，第234页。
③ 长城电影制片有限公司（Great Wall Movie Enterprises Limited）于1950年4月19日在香港注册成为私人公司。参见《长城电影制片有限公司（Great Wall Movie Enterprises Limited）》，香港公司注册处藏，档案号：0003068。

影生产的中坚分子。① "长城"改组初期，公映的电影《说谎世界》大获好评，随即加强军心，其后先后公映电影《南来雁》、《血海仇》及《新红楼梦》。② 1950~1951年度年产量达12部，其制作的影片更在1952年首轮上映的国语片票房前十名中，占了6部，更是占据了前三名的位置。③ "长城"的电影，以社会写实为主要创作方向，出产了《禁婚记》《方帽子》《儿女经》《寸草心》《花花世界》等一系列高水平的社会写实影片，其中《禁婚记》更成为最卖座的国语片，创了公映8天收13.3万港元的票房纪录。④ 其后，"长城"的作品尝试多元化发展，既有《欢喜冤家》《三恋》等故事片，亦有《中国民间艺术》等纪录片、《王老虎抢亲》等戏曲片和《云海玉弓缘》等武侠片。

在公司内部运作上，"长城"与国内制片公司的模式相近，主要是以"集体创作"的方式制作电影，正如"长城"的导演胡小峰所言："（'文革'前）那个年代创作很民主，很自由。长城后期有一个编导小组，袁仰安是小组主持。他首先有了一个题材，然后我们一起谈，出些点子。我们叫这个机制做'艺术委员会'。电影拍成后，艺委会看完，大家再讨论，看看要不要修改，补戏或删戏。当时有些题材是人们投稿得来的，我常常收到。长城的艺委会，凡是编剧和导演都要参加，不像凤凰，戏都是朱先生的学生一起编导的。"⑤ 其后，袁仰安离开"长城"，自组"新新"公司，然而，由于剧本均未经中国领导人的批准，故渐渐失去中央的支持。在资源短缺下，"新新"公司仅维持了5年，便于1962年结束。⑥

在海外发行方面，20世纪50年代初期，"长城"即与新加坡院商陆运涛的国泰机构达成协议，建立稳定的发行渠道，以确保其出品可以在陆氏旗下的星马地区院线放映。除陆运涛外，"长城"其后亦与邵氏合作，影片在

---

① 《筑成新的长城！》，《大公报》1950年3月5日。
② 《长城公司开拍"新红楼梦"》，《大公报》1950年8月1日。
③ 《1952年的香港国片影坛》，《长城画报》1953年4月第27期。
④ 沈鉴治：《访谈篇：沈鉴治》，黄爱玲等编《香港影人口述历史丛书2——理想年代：长城、凤凰的日子》，第260页。
⑤ 朱顺慈访问：《访谈篇：胡小峰》，黄爱玲等编《香港影人口述历史丛书2——理想年代：长城、凤凰的日子》，第153页。
⑥ 沈鉴治：《访谈篇：沈鉴治》，黄爱玲等编《香港影人口述历史丛书2——理想年代：长城、凤凰的日子》，第270页。

星马邵氏院线广泛发行。正如曾任"长城"编剧的朱克所言:"长城大部分的经费和影片出路,是依据邵氏公司的。邵氏跟长城曾经有合约,每年长城公司拍十部戏,邵氏公司每部戏出资港币 12 万元,其中包括了星马市场的发行权。公司拿到这 12 万元,就已足够一部片的成本,可以开拍一部戏了。再加上本地票房,美洲、非洲或其他地方的卖埠所得,也差不多有十万元,加起来就可以支持公司的营运经费。所以有人曾说:长城虽然是左派公司,却是由邵氏支持的。这个矛盾也说明了一点,就是邵氏公司在马来西亚拥有很多戏院,需要大量影片供应,而当时长城制作的影片,算是比较严肃的,所以也很卖座。也就是说,长城的影片在星马一带发行,从没有试过亏本。"①

1952 年 1 月 10 日,港英政府借着东头邨事件,将司马文森、刘琼、舒适、齐闻韶、杨华、马国亮、沈寂、狄梵等电影工作者递解出境;② 5 日后,白沈、蒋伟亦相继被驱逐出境。为此,他们于 2 月 1 日联署写信告知上海电影制片厂:

> 上海电影制片厂全体同志:
> 　　我们被香港英国政府无理驱逐出境,承你们亲切地慰问,谨致衷心的感谢。今后我们一定坚决贯彻毛泽东文艺方向,为祖国广大的人民服务,并继续和帝国主义斗争直到胜利!
> 　　即致　敬
> 　　　　　　司马文森　齐闻韶　沈寂　白沈　蒋伟
> 　　　　　　杨华　狄梵　刘琼　舒适　马国亮③

凤凰影业公司(即"凤凰"),成立于 1953 年初,成员主要来自五十年代影业公司与龙马影业公司。"凤凰"由朱石麟领导,背后亦得到新中国的全力支持,是香港另一家举足轻重的国语电影公司。"凤凰"成立初期,在

---

① 黄爱玲、李培德编《冷战与香港电影》,香港电影资料馆,2009,第 254 页。
② C. O. 1030/595, Chinese Protests, January 1952;陈丕士:《大批左派人士被递解出境》,《文汇报》1952 年 4 月 22 日。
③ 《公布司马文森等十人》(1952 年),上海市档案馆藏,档案号:B17/1/49。

艺术委员会朱石麟的策划下，招揽了一大批年轻电影人才，包括鲍方、罗君雄、朱枫等编导，朱虹、高远、石磊等青年演员。在创作理念上，电影主要以小市民的现实生活为题材，在故事中探讨家庭、爱情等社会问题。其后，"凤凰"开创了写实风格喜剧电影的创作方向，创作了《中秋月》《水红菱》《一年之计》《抢新娘》《夫妻经》等一系列高水平的喜剧电影。之后，"凤凰"尝试倾向多元发展，拍摄了一系列古装奇情片、侠义传奇片及古装神怪片等。其中，古装神怪片《画皮》在香港公映后叫好叫座，亦广受内地欢迎，被中国领导人陈毅评为"拍得很好，有艺术性又有思想性，也有教育性"。[1] 在海外发行方面，50年代初期，"凤凰"亦与星洲院商邵氏兄弟的邵氏公司达成协议，建立稳定的发行渠道，以确保其出品可以在邵氏旗下的星马院线放映。

在发行业务上，南方影业公司（即"南方"）主要负责发行中国电影，于"双南线"上映。"南方"于1950年在香港成立，办公室设于中环德辅道中国银行大厦九楼，以杨少任、司马文森、洪遒、许敦乐为股东会负责全公司的工作，背后有新中国电影领导人支持。"南方"初期的主要业务是独家发行苏联电影，其后，由于杨少任返回北京，担任中央电影局发行处处长，负责筹组中国电影总公司，"南方"改以王逸鹏为经理，许敦乐为副经理，另登记注册群星影业股份有限公司，与新成立的中国电影总公司签订代理发行合同，开始在港澳发行国产电影。另外，中国电影总公司和"南方"签订的合约内容显示，"南方"除了在港澳发行国产电影外，还负责在东南亚（如星马、泰国、越南南部、印度尼西亚、缅甸、柬埔寨）、澳大利亚、新西兰和接近非洲的毛里求斯等数十个国家和地区发行及推广国产电影；更会将香港的"长城""凤凰"所制作的电影发行到海外市场。[2]

另外，"长城"、"凤凰"及"南方"公司，为使香港制作的电影可以在国内广泛发行，选择以其他公司的名义推出电影，而由于受到文化部副部长陈荒煤的鼓励，亦会以独立制片公司的名义与内地合拍电影，诸如"长城"以金声影业公司名义，与珠江电影制片厂合拍潮剧《陈三五娘》

---

[1] 朱顺慈访问：《访谈篇：鲍方》，黄爱玲等编《香港影人口述历史丛书2——理想年代：长城、凤凰的日子》，第100页。

[2] 许敦乐：《垦光拓影》，第16、19~29、32、52页。

（1961），与上海海燕电影制片厂合拍越剧《红楼梦》（1962）；"凤凰"以大鹏影业公司名义，与北京电影制片厂合拍京剧《林冲雪夜歼仇记》；而"南方"则以繁华影业公司名义，与北京电影制片厂合拍京剧《穆桂英大战洪州》（1964）等，借以拓展在国内的市场。①

由此观之，20世纪60年代初，何贤与其他亲中影商已在香港建立固定的发行院线——"双南线"的雏形，其内部运作、制作业务、发行及上映业务，在新中国电影领导人的支持下，不断推陈出新，扩大经营，令香港的国语电影业更形蓬勃。

"双南线"的瓦解

1966年1月9日，位于九龙旺角弥敦道的新型戏院——南华戏院开幕，戏院设有1200多个座位，由香港著名建筑师甘洺设计，并选定加入"珠普线"，选映电影公司"长城"、"凤凰"及"南方"等出品及发行的电影。②开幕当日，更优先放映由北京电影制片厂出品、南方影业公司发行的抗日游击战争片《游击小英雄》，全院满座。③同年4月1日，位于港岛湾仔摩利臣山道的南洋戏院宣告开幕，④戏院设有1100多个座位，属现代化的新型电影院，并与"普庆"、"银都"及"高升"等戏院联线，放映"南方""长城""凤凰""华文""新联"等公司的国语、粤语影片。⑤自此，"双南线"正式在香港确立。

1966年，"文化大革命"开始，由于受到国内极"左"思潮的影响，"长城"及"凤凰"在"文革"以前生产的电影，均被认为是"执行文艺黑线的产物，在港澳及海外大量放毒"；而且所有编、导、演的工作人员，

---

① 许敦乐：《垦光拓影》，第83页。
② 《南华戏院盖建年份及业权转让纪录》，香港土地注册处藏。
③ 《地处旺市，设备一流，南华戏院今日开幕，首映名片"游击小英雄"》，《大公报》1966年1月9日；《南华戏院开幕，男女影星剪彩，"游击小英雄"首映备受欢迎》，《大公报》1966年1月10日。
④ 《南洋戏院盖建年份及业权转让纪录》，香港土地注册处藏。
⑤ 《专映好片，设备一流，南洋戏院今日开幕，首映彩色片"甲午风云"》，《大公报》1966年4月1日；《甲午风云激动人心，三万余观众昨欣赏，南洋戏院昨开幕酒会招待各界》，《大公报》1966年4月2日；《现代化的南洋戏院》，《大公报》1966年4月12日。

都要分批到国内学习，进行"灵魂深处闹革命"的思想教育。① 根据其在香港发行影片的票房纪录显示，"南方"公司在"文革"期间，只有4~8部电影在"双南线"放映，而且大都是关于红卫兵的纪录片；此外，就是被称为"三战"片的《地道战》、《地雷战》及《平原游击队》的重映，或中苏边境珍宝岛和与苏联修正主义斗争的纪录片。② "文革"的冲击令"双南线"几"无片可放"，而且，每套国产电影的片头都附有大段红底白字的毛主席语录，令香港观众很不习惯，结果入场人次由"文革"前最高峰的50多万急降至平均只有两万多。③

其后，香港国语电影生产逐步萎缩，"长城""凤凰"等亲中国语电影公司更先后停止生产；由于缺乏片源，"双南线"初时只能放映旧影片或抗日战争影片。此后，戏院仍然门可罗雀，④ 结果院线终于再不能维持经营，于1968年正式瓦解。院线结束后，何贤在香港多次遭人暗杀，疲于奔命。⑤

小 结

综上观之，第二次世界大战后，对于活跃于香港戏院业的华人家族而言，香港政局的变化，对其戏院事业的经营模式，有着重要的影响。何贤家族借着重整家族事业的经营模式，并结合政治投资策略等方法，得以在战后香港动荡的政经环境中生存。20世纪30年代初，何添和何贤兄弟分别在港澳地区建立多元化的业务，其后兄弟分道扬镳，何添从事银行业务，何贤则于香港经营戏院业；"二战"后，兄弟再度携手，何添成为何贤的财政后盾，助其逐步在香港建立稳定的戏院事业。另外，"二战"后何贤家族的亲中策略，令院线的投资转变为政治投资。

20世纪50年代初，中英关系渐趋紧张，何氏家族乘时而起，一方面协助新中国，支持源氏家族和袁耀鸿组织粤语电影院线，并逐步建立亲中的国语电影院线；另一方面，何贤凭借与何添在港澳地区的政商关系，多次周旋

---

① 《廖承志的话》，张家伟《香港六七暴动内情》，香港太平洋世纪出版社，2000，第220页。
② 许敦乐：《垦光拓影》，第88页；《南方发行影片票房纪录》（1966~1970年）。
③ 许敦乐：《垦光拓影》，第88页；《南方发行影片票房纪录》（1965~1970年）。
④ 许敦乐：《垦光拓影》，第89~90页。
⑤ 《澳司警署队长指出，藏军火案和暗杀何贤案有关》，《大公报》1966年6月3日。

于中英政府之间，试图担当"中间人"角色。60年代初，何贤更与源詹勋和袁耀鸿扩大在香港国语、粤语电影院线的投资，令香港的国语、粤语电影业发展更为蓬勃。

然而，过分依赖政治力量来庇护生意投资，会对家族事业造成反效果，甚至成为其存亡的关键。60年代中期，受到"文革"的影响，英国政府对新中国的态度迅速改变；在香港有关的亲中影人及相关电影事业，受到香港政府的拘捕及留难；影响所及，"长城""凤凰"这两大香港国语电影制片公司停止生产，"双南线"于1968年正式瓦解，何贤"中间人"的政治角色亦因此而改变。

人群聚散与资源流动

第九章

清末民初的粤港澳流动与广东社会秩序
——以匪患为例

何文平

由于特殊的历史原因，粤港澳关系成为近代中外关系史内容的一部分，即使研究者充分注意到了粤港澳地区之间的特殊关系，对其相互交往历史的考察，仍往往置于中外关系的大框架，突出的是中英、中葡国家上层之间的关系，或中西文化的交流等。① 近代以来粤港澳的特殊关系在民众的社会生活中如何反映，以往的研究关注并不够，但它对我们深化理解近代的中外关系有着特殊意义。② 本章以清末民初广东盗匪问题为视角，考察广东与港澳地区之间的联系和相互影响，试图从地方社会生活的角度，探讨近代粤港澳地区之间的流动性及其对区域社会的影响。

匪患是清末民初广东严重的社会问题，社会秩序受到盗匪的威胁，即使在资本主义工商业相对发达的珠三角地区，盗匪也是四处出没，公然劫掠，甚至轮渡不得不停摆，以避匪劫。近代广东匪患的加剧，有多方面的原因。③ 毗连港澳的特殊环境，应是一个不可忽略的重要因素。1889 年两广总督张之洞向朝廷反映粤省捕盗困难时直言：

> 查广东盗匪素多，近海地方为甚，近年情形尤有不同……大率以香港、澳门为老巢，各有头目，分立堂名，遣人四出打单。……及合力寻

---

* 本文已发表在《中山大学学报》（社会科学版）2013 年第 4 期。
① 参见邓开颂、陆晓敏主编《粤港澳近代关系史》，广东人民出版社，1996；邓开颂、吴志良、陆晓敏主编《粤澳关系史》，中国书店，1999。
② 在这方面，程美宝关于引水人的研究、赵利峰关于晚清粤澳闱姓赌博问题的研究等具有启发意义。
③ 可参见何文平《清末民初广东盗匪问题的社会成因探讨》，《广东社会科学》2002 年第 3 期。

踪追捕，则已遁归港澳，窜入一步，捕之无从，击之不可。该匪等恃以无恐，不啻形同叛逆。……在昔不过拒伤事主，今则屡屡杀伤弁兵；在昔不过夺犯伤差，今则已获之盗，公然由香港洋官行文索回；在昔或行劫三次以上或脱逃二三年以为重情，今则首要之盗行劫百余次、漏网十余年者有之；在昔间有拜会结盟，今则港澳逋匪大率皆系三合会，并且立有堂名。①

搜检清末民初的文献及报纸消息，可发现张氏所言并非故弄玄虚。港澳自落入西方殖民者之手后，变成不受中国法律约束的特殊地区。而粤港澳地理上相连，居民语言相通，习俗相同，来往频繁，近代以来一直保持着密切联系。清末民初，广东盗匪利用粤港澳之间的流动性，可以购买到先进的武器，且将港澳变成策划行动的重要基地和躲避缉捕的避风港。

以港澳为基地

19世纪80年代拱北海关报告中曾写道，"熟知港澳历史的人都不会否认，两地对走私洋药与盐有极大的诱惑力，大批武装匪徒可以在其辖区内侵扰附近的中国府县而不受惩罚，这使两地成为歹徒活动的渊薮"；据当地报纸反映，一度有2000多个知名海盗和山贼聚集在香港，而"这些人的大部分显然是从中国逃亡的罪犯"。② 由于流动便利，广东盗匪经常聚集港澳，策划组织各类非法活动。

由于缺少相关统计资料，尚不可能准确说明当时以港澳为活动基地的盗匪到底有多少，但是一些零散的资料，还是可以反映相关现象的一些具体情形。

1888年4月10日《申报》有消息说，澳门巡捕曾一次拿获40余人，这些人参与了粤东行劫典铺并戕害官员的劫案。③

---

① 苑书义主编《张之洞全集》第1册，河北人民出版社，1998，第698~699页。
② 莫世祥、虞和平、陈奕平编译《近代拱北海关报告汇编（1887~1946）》，澳门基金会，1998，第25页。
③ 《获盗轶闻》，《申报》1888年4月10日。

1890年4月9日《申报》报道，有两名盗匪从香港潜至省城广州，匿迹高桥某烟馆内，被眼线侦知，报告营勇前往捕获。"有见者谓，二盗皆身躯雄伟，衣服丽都，谈笑自如，毫无惧色。"① 粤港澳之间来往不受限制，盗匪亦可以衣着光鲜自由出入，匪民难辨，很多情况下，只能依靠侦探获得盗匪活动信息。

1906年4月11日，香山县属三洲地方发生劫案，美籍人士唐登（童亭之）被盗匪梁先义一伙掳去，藏匿澳门一带。梁"系著名劫匪，向以澳门为逋薮"。②

1907年5月24日《申报》消息称："有海盗十一人，在香港得信乘舟图逃，侦探数人守于江州（地名译音），捕获九人，余党登岸逸去，所获九人，业在广东省城正法，每一首盗之头，可得赏银一百五十两云。"③ 盗匪被押回省城正法，表明这伙在香港抓获的盗匪是在内地犯案者。

1909年5月，澳门警方侦知一盗匪藏匿处，调集兵队前往围捕，"时有一匪探首出窗窥望，葡兵开枪击中该匪头部，群匪见势不敌，相率伏罪"，经查明，"此等贼匪系由外处纠合于此，平常往外劫掳，而以澳门为巢"。④

澳门附近的过路环地方，"道光年间葡人筑有炮台，久为粤省匪薮"，1910年5月新宁大劫案中，被掳学生十余人即在此处被"关禁勒赎"。⑤

1912年王和顺被镇压后，其死党陆梅"遁迹澳门，复现绿林本相，日以纠党劫掳为事"，1913年4月在澳门归案。⑥

港澳是广东内地民众出洋最为主要的通道，过往客商是盗匪觊觎的重点对象，在港澳地区的盗匪易于获得此类信息而制造劫案。据香港《华字日报》报道，1911年初，新会马涌乡方某从海外回来，途经香港，为贼匪侦知其携有重资，于是纠党30余人，随同搭船回乡，到达后，"是夜复纠本地贼匪五十余人，强劫伊家，掠银纸现银一万二千元，未饱其欲，复劫邻舍

---

① 《岭南春色》，《申报》1890年4月9日。
② 张海鹏主编《中葡关系史资料集》上卷，四川人民出版社，1999，第1126页。
③ 《广东捕获海盗》，《申报》1907年5月24日。
④ 《澳门贼窟之骇闻》，《申报》1909年7月22日。
⑤ 《袁督为澳门葡人剿匪事布告各省电文》，香港《华字日报》1910年7月30日。
⑥ 《陆梅宜有今日》，香港《华字日报》1913年4月15日。

一十三家而去"。①

沿海及珠三角地区水道上的船只一直是广东盗匪劫掠的主要目标,此类劫案不少就是在港澳策划的。据拱北海关报告称,1890年12月抢劫"南澳"号轮船的劫匪就是在澳门策划,由居留香港的武装匪徒执行的。②

1913年在珠江口淇澳附近发生泰安轮船大劫案,劫船海盗有30~100人之多,乔装成旅客,在香港挟枪登船。其中有数人"身衣西装,口操英语"。③劫匪得手后在新安县登岸,"先期雇便马匹图窜",被当地乡团及驻防军队探悉,截获匪徒8名及赃物。④同年10月发生的利江轮船劫案也是由香港上船的盗匪与沿途伏击的盗匪联手完成的。利江轮船由香港开行后,"至奇澳地方,距横门约六十里,突被土匪数十名伏岸狙击,并分驾长龙蜂拥而至……鏖战移时,轮舱内复有匪党十二名,各出短枪,指吓司舵人等,长龙贼众,遂乘机一跃上船,饱掠银物数箱"。⑤

1913年广东都督胡汉民曾致函法国领事,就法商李宝第轮船在容奇被劫一案致歉,据称,经查悉此案盗匪"多由澳门租赁小轮而来,或假扮搭客上船,作为内应,狡狯伎俩,行踪殊为飘忽"。⑥

1924年1月拱北缉私舰"北斗"号在金星门海面截获图劫岐港渡海盗29名,据供,海盗皆系东莞新安人,贼首林就系新安桥头乡人,此次纠合匪众,意图行劫岐港渡,"先由林就携两妇人,伪作家眷,在香港西营盘同昌公司租赁广德小轮一艘,云往石湾参神,该轮驶到石湾,即开枪威胁轮中伙伴,不许声张,各匪登轮后,即令开行,及至金星门,为北斗舰阻止"。⑦

打单勒索是广东盗匪主要的行为方式之一,盗匪不仅可以在港澳策划此类行动,甚至要求事主到港澳取赎。据香港《华字日报》报道,1910年冬南海洲村发生一起劫案,盗匪劫掠何姓8名幼童,每人勒索1万元,盗匪之一黎湛本是南海沙经村人,但"匪党匿在澳门,其议价亦在澳门"。⑧

---

① 《金山客累及邻舍矣》,香港《华字日报》1911年3月11日。
② 莫世祥、虞和平、陈奕平编译《近代拱北海关报告汇编(1887~1946)》,第25页。
③ 《特约路透电·香港电》,《申报》1913年4月4日。
④ 《泰安劫案之破获》,香港《华字日报》1913年4月15日。
⑤ 《利江轮船之巨劫案》,《华国报》1913年10月17日。
⑥ 《胡都督为李宝第被劫之道歉书》,香港《华字日报》1913年6月13日。
⑦ 《截获图劫岐港渡海盗详情》,香港《华字日报》1924年1月24日。
⑧ 《肉在虎口徒唤奈何》,香港《华字日报》1911年3月27日。

1911年9月被驻港侦探委员缉获的著匪陈添、关昭2名，系四会枪毙疍妇一案的主犯，捕获的同时起出被掳男女幼童3名。①当年10月香港《华字日报》消息称，南海神安司郭村2月被匪劫掠一次，掳去梁姓4岁幼童一名，几个月后接到盗匪张禄的打单函，催促事主到香港接洽"讲数"。

> 寅启者，前付二函，一概并无到港问及，令人可怒，勿听外人谈说假话，作为了事，今兄弟查得阁下年中入息四五千银之多，今兄弟求帮米饭银三千元，作为代弟做转三头，五月如无人代为讲及请求，回行亲信，人到港油麻地，问一生意人，使他祈为早日，勿说弟兄无情，此请财安。张禄字付。②

盗匪勒收行水也可以在港澳操纵。清末香山著名沙匪林瓜四出身下层，与澳门的关系十分密切，为匪之前，往来于澳门与香山沿海一带，以卖咸鱼为生。林瓜四主要在香山、顺德一带沿海的沙田区，向各围口勒收行水，"在澳门开平馆，各围须向平馆交行水，否则就放火烧围馆，拘捕围馆伙计去作人质以索赎金"，围馆交了行水，可以得到林瓜四的保护。③在其对手水师提督李准看来，澳门就如同林瓜四的大本营，"平时则遁迹港、澳，为逋逃之伎，早晚两逢栽种收割时，始驾轮舟而来，大张旗鼓"。④

清中叶以后，港澳是华南海盗的重要基地，后在西方殖民主义者的坚船利炮打击下，海盗在近海的活动曾相对减少。但是，由于粤港澳的特殊关系，盗匪不仅可以在港澳获取信息、关禁人质、坐收行水，甚至组织力量，发动袭击，清末民初不少发生在广东的劫案、勒收行水、打单勒赎，甚至抢劫轮渡等事件与港澳均有密切关系，港澳成为近代广东盗匪的活动基地。

---

① 《在港提回枪毙疍妇之犯》，香港《华字日报》1911年9月8日。
② 《打单匪猖獗》，香港《华字日报》1911年10月14日。
③ 余和宝：《二十世纪上半叶中山兵匪见闻录》，《中山文史》第54辑，政协广东省中山市委员会文史资料委员会，2004，第4页。
④ 李准：《任庵自订年谱》，抄本，由四川邻水县鄢承钧、包述安先生提供，特此鸣谢。

洋枪与"西纸"

粤港澳之间的流动性也为广东盗匪获取重要资源提供了便利，盗匪可以经由港澳购买先进的武器，壮大自己的实力。

港澳是近代广东对外交流与经济贸易的重要中转站，也是近代的走私基地。港澳等地不仅可以提供当时先进的武器，武器的价格也较内地便宜得多，走私者大为有利可图，故而屡禁不绝。清末两广总督张人骏透露，"寻常毛瑟、拗兰短枪值仅数元，购来资盗资匪值十余元、数十元不等，利市十倍，奸商设肆，倚澳门以为薮";[1] 在香港，"快枪每枝价银不过七元之谱，而转卖与内地匪徒，每枝可得价银二十余元，大利所在，群争趋之"。[2] 民国时期，粤港澳之间武器走私依然如昔。据民国初年的香港《华字日报》说，盗匪们特别感兴趣的驳壳手枪，"在洋界私卖，每枝不过用银四十余两，一入内地，可售一百余元"，私运者"纷纷不绝"。[3] 尽管各届政府不断出台措施，但都未能有效遏制高利润刺激下的军火走私。拱北海关的报告曾指出："尽管确实推行过一些限制军火交易的措施，可是，如果不切实禁止售卖军火，此等措施实在是形同虚设。"[4]

清末有海关报告就说，"曩由香港、澳门两处私贩军火至内地者，源源不绝，实繁有徒，以臻今日盗风猖獗，地方不靖"。[5] 除了从走私者手中转买武器外，盗匪也可以直接前往港澳地区购置武器。1903 年，匪徒连续投信省城王家园药肆，勒索银两，直言是要去香港"买枪炮"。[6] 1917 年 3 月，古兜山土匪由新会窜扰鹤山，大书"保龙团"旗帜，"枪械子弹，犀利异常，迥非前日可比，且有机关枪数枝，扼守山路要道"，官军连日进剿，也未能取得胜利。[7] 古兜山匪武器主要来源于澳门，官兵围捕时，匪首梁恩

---

[1] 王彦威纂《清季外交史料》卷 211，书目文献出版社，1987，第 3233 页。
[2] 《两广总督张札九龙新关税务司》，广东省档案馆藏，档案号：粤海关档案第 504 号。
[3] 《私运驳壳者纷纷不绝》，香港《华字日报》1913 年 6 月 14 日。
[4] 莫世祥、虞和平、陈奕平编译《近代拱北海关报告汇编（1887~1946）》，第 70 页。
[5] 莫世祥、虞和平、陈奕平编译《近代拱北海关报告汇编（1887~1946）》，第 211 页。
[6] 《药肆打单》，《岭东日报》光绪二十九年十月二十六日。
[7] 《剿匪未得胜利》，《广东中华新报》1917 年 3 月 28 日。

"恐围困日久，子弹不继，特派该党李十等驰函往澳，赶将六八无烟等子弹十二箱，由淇澳运来"。① 1917 年 8 月，东莞著匪梁金也曾在香港购买枪弹及爆炸品，运往惠州一带。② 雷州半岛著名盗匪李福隆为买到廉价枪支，亲往香港、澳门采购，在那里遭人暗算而送命。③ 20 世纪初著名盗匪"造甲三"退踞徐闻山后，曾直接派人与香港有关人员联系，购回一批枪支弹药，武装匪众。④

1927 年国民革命军第五军政治部编印的《五军旬刊》上有文章指出："广东土匪的枪械，有时比军队还犀利、丰富，这些枪械除小数是不法军人及土豪劣绅所私造外，大都是从香港及澳门运来的。"⑤《中国农民》的一篇文章也称："民国五年以后，广州湾变成土匪大本营，土匪可以全队驻扎在赤坎各处。土匪劫杀凶品——枪弹特别是驳壳枪弹——可以从香港购回及广州湾法帝国主义者之成千成万供给。……土匪人数众多，枪弹充足，所向无敌。"⑥

清末民初广东社会动乱不安，地方民众往往购枪自卫，民团多从港澳购买武器。由于管理不善、控制不严，不少民间自卫武器通过各种渠道流入盗匪之手。盗匪甚至向乡人打单勒索枪械。1913 年底，东海沙田区吉安一带团局接到同胜堂打单函，声称勒索"洋银一千五百圆，洋烟五十两，驳壳码子一万枚"；⑦ 1917 年 5 月，一谭姓贼匪向佛山附近古灶乡招姓村子投函打单，"勒缴密底无烟枪百枝"。⑧

广东盗匪借粤港澳流动较易获得先进洋枪，其武器装备程度很高，基本上达到一匪一枪的装备率，有的匪帮枪支数量还多于匪徒人头数。⑨ 盗匪手中的枪械以洋式枪支为多，不乏当时先进的枪械，如驳壳、左轮手枪，到民国时期甚至有机关枪、炸弹、水雷、火炮等。清末两广总督张鸣岐就说：

---

① 《著匪被捕》，《广东中华新报》1917 年 3 月 29 日。
② 《人事一束》，《广东中华新报》1917 年 8 月 9 日。
③ 广东文史资料编辑部编《旧广东匪盗实录》，广州出版社，1997，第 42 页。
④ 广东文史资料编辑部编《旧广东匪盗实录》，第 44 页。
⑤ 景尧：《广东的土匪问题》，《五军旬刊》第 3 期，1927 年 1 月 17 日。
⑥ 《广东南路各县农民政治经济概况》，《中国农民》第 4 期，1926 年 4 月，第 7 页。
⑦ 《东海各团接到打单函》，香港《华字日报》1913 年 12 月 13 日。
⑧ 《匪函可畏》，《广东中华新报》1917 年 5 月 21 日。
⑨ 参见何文平《变乱中的地方权势：清末民初广东的盗匪问题与社会秩序》，广西师范大学出版社，2011，第 24 页。

"粤省地接港澳，军火之取携甚便，又有革党为之接济，凡七响十响、无烟手枪、无烟马枪，匪党无一不备。"① 盗匪手中的枪械甚至比警察与军队使用的还要精良。民国初年，盗匪已经拥有不少驳壳快枪，广州警察厅警察游击队的主要装备还是老式村田枪。② 充足而又"精利"的枪械，直接助长了广东的盗风。1915年广州的地方官员称，"广属匪风之猖獗，由于匪械之精利，所怀均驳壳、曲尺，便于携带；而各县游击警察及地方民团，所用均旧式长枪。故兵匪相遇，往往兵败而匪胜，此非缉捕不力之故，实因器械不良所致"。③

粤港澳货币的流通也为盗匪的跨区域活动提供了有利条件。清末洋元与中国银元在港澳并不受限制。香港使用纸币后，被称为"西纸"的港币也在珠三角一带流行。④ 尤其是在民国初年，受政局更替影响，广东省内纸币发行并不稳定，多数情况下又缺乏足够的保证金，造成本地纸币低折而信用不好，"西纸"颇受欢迎，成为事实上的通用货币之一。港币通用本身即为粤港澳联系密切的重要体现，亦是三地之间流动的一个重要条件。民初广东盗匪对"西纸"情有独钟。

盗匪打单勒索"港币"或"西纸"的现象相当普遍。兹列举如下。

1913年秋，南海三山乡邵姓的罗涌、大沙两围，因晚造将次登场，盗匪以"万义堂"名义，投函该族打单，要求交现银五百元，"如系东纸，要照时价加水"。⑤

1915年1月盗匪掳走东莞县白沙同德小学教员两名，"勒赎港纸六千元"。⑥

1922年，新会盗匪陈律等以英豪堂名义向当地扇寮打单，打单函中写

---

① 《两广官报》辛亥年第12期"军政"。
② 《游击队围捕不可无精利枪械》，《民生日报》1912年11月15日。
③ 《民团御盗应发新式枪之急务》，《华国报》1915年5月22日。
④ "西纸"在民初珠三角一带通常指"港币"，见区季鸾《广州之银业》，国立中山大学法学院经济调查处，1932，第87页。陈公哲编《香港指南》第九编"粤语摘要"中"西纸"解释为"香港钞票"（商务印书馆，1938，第183页）。当然，也有人将其他外国货币统称为"西纸"，但并不普遍。亦有说当时所有澳币或港币一律称"西纸"，使用"西纸"的多是公用事业的机构，纸币在当时市面并不大通行，通行的货币是双毫、单毫和铜仙。见《澳门掌故》，第71页。
⑤ 《沙匪打单之猖獗》，《华国报》1913年10月14日。
⑥ 《虎门地方亦有勒赎案》，《华国报》1915年1月5日。

明:"现我本堂兄弟酌议贵号,定取伙食港币银三百大元,金庄洋烟三两,限三天内交足,否则以花蓝唛火柴对待。"①

1923年8月,有署名总领雷震威者,以"灭门之祸"相恐吓,向医生李吉墀打单勒索"五十元西纸二十张"。②

1923年9月香港利发小轮被新义堂陈弟一伙骑劫,亚细亚火油公司港局张国之侍役黄金祐被掳,其东家接到勒赎函后,乃托由澳门友人某甲,与贼往返磋商,用港纸400元,将其赎回。③

1924年,顺德县人刘鲲海被县署委任为顺德第八区自卫团局长,为贼匪仇视,"突于九月廿一晚纠集匪党百余人拥至,将刘等三人掳去,遗函勒赎港币十万元"。④

1925年8月省河猪捐维兴公司分局被"武勇堂党首刘中"投函打单勒索,"求暂借西纸一千元"。⑤ 据12月的广州《民国日报》,省城广州一茶楼女伶,因"薄具姿色,技艺颇有可观"而"入息"稍丰,被匪徒接连打单勒索,"一称联义堂首领何福,勒借西纸三百元;一称拍手党,勒借西纸二百元,词多恐吓"。⑥

还有消息称,1927年4月,国民党梧州党部改组委员兼组织部部长李天和在广州被盗匪掳劫,勒赎港币高达1万元。⑦

盗匪指明需要"西纸",当然有规避本地纸币低折的考虑,或许也是最主要的考量,但是盗匪揣着"西纸"出没港澳,无疑会更加得心应手,拥有"西纸",使盗匪在港澳购买洋枪更为便捷。在此意义上,广东盗匪通过"西纸"成为粤港澳流动的一部分的同时,能更充分利用粤港澳的流动性构筑自己的"世界"。

亡命港澳

清末民初广东各届政府都以"清乡"之法应对严重匪患,特派专员,

---

① 《官贼轮回》,《觉悟周报》1922年10月22日。
② 《匪徒向医生打单》,广州《民国日报》1923年8月14日。
③ 《香港利发小轮被掳人之谈话》,《七十二行商报》1924年4月22日。
④ 《勒赎十万》,《七十二行商报》1924年12月24日。
⑤ 《猪捐公司被匪打单》,广州《民国日报》1925年8月5日。
⑥ 《女伶被匪打单》,广州《民国日报》1925年12月22日。
⑦ 《梧州市党部改组委员在省河被掳近闻》,广州《民国日报》1927年6月2日。

设立行营，调用军队下乡围剿盗匪，但清乡往往是"兵来贼去，兵去贼来"，重要盗匪大多闻风远扬，走避港澳，甚至南洋海外等处。① 清末负责顺德一带清乡的参将赵月修、委员盛谟等曾联名向督抚、水师提督报告称："连日搜捕紧急，据线报著要各匪逃匿港澳，已派郑守备、李哨弁国安带线前往会商吴光宗查缉。"② 因为条件便利，港澳成为清末民初广东盗匪最主要的"避风港"。

在清末广东地方官员的奏报中，经常可以看到"广东匪盗向以香港澳门为逋逃薮"之类的说法。③ 1890 年 3 月广东海防兼善后总局的告示称，"近年粤中盗贼猖獗，皆缘河海洋面处处与港相通，该匪等恃港澳为逃避，以致劫案层见迭出，往往盗逸赃销，莫可追究"。④ 民国初年，此类说法依然常见。1917 年 8 月，顺德知事禀称，"县属向称多盗，逃往港澳，近以清乡结束，均已纷纷逃回"，造成匪势蔓延，劫案频发。⑤

当时报纸上经常披露一些盗匪被抓获并提解回省审讯的消息，部分反映了清末民初广东盗匪逃匿港澳的现象，兹列举如下。

1907 年初，著匪郑亚琦由香港提解回省，郑系清远人，"恒纠党打单掳劫，经地方官悬赏三千金购缉未获"。⑥ 4 月，著匪黄华（黄才娘）由港提解回省，黄系归善人，"迭犯重案，逃匿香港"。⑦ 8 月，逃窜在港的鹤山著匪冯白虎仔、冯大炮良、冯老秃等，被跟踪到港的巡防队哨弁朱定邦拿获并提解回省审办。⑧

1908 年在香港被拿获的盗匪刘佛同，为海丰县著匪，"叠犯抢劫掳人勒赎，经悬红千金购缉"。⑨

---

① 有关清末民初广东的"清乡"，可参见邱捷《1912～1913 年广东的治安问题和军政府的清乡》（《近代史研究》1992 年第 3 期）、何文平《清末广东的盗匪问题与政府清乡》（《中山大学学报》2008 年第 1 期）等文章。
② 《贼之逋逃薮》，香港《华字日报》1911 年 9 月 26 日。
③ 《光绪丁未（三十三）年交涉要览（下篇）》，文海出版社，1976，影印本，第 2876 页；袁荣法：《湘潭袁氏家集》"补遗"，文海出版社，1979，影印本，第 92 页。
④ 《广东海防兼善后总局告示》，《申报》1890 年 3 月 1 日。
⑤ 《知事剿匪》，《广东中华新报》1917 年 8 月 24 日。
⑥ 《由港提解著匪回省》，《广州总商会报》1907 年 2 月 26 日。
⑦ 《著匪由港提省》，《广州总商会报》1907 年 4 月 11 日。
⑧ 《著匪在港被获》，《广州总商会报》1907 年 8 月 19 日。
⑨ 《派员提解海陆丰著匪》，香港《华字日报》1909 年 3 月 24 日。

曾制造叠教麦琴轩家劫案的盗匪梁全（又名梁炳），1910年初从香港被提解回省。① 当年拱北海关报告，有巨盗鳌信佳，"久经省城各宪悬赏购缉，于中历五月十一日在澳门成擒并贼伙17名，内有妇人5口"。② 9月都司邓瑶光等通过线人在香港拿获著匪周琛、陈运洲，周某为顺德人，曾伙劫黄麻涌吴姓16家，掳去老幼男子11名，枪毙勇丁妇女4名；陈某为阳江人，曾在香山县制造劫案，掳去幼童1名，勒赎800元。③ 12月盗匪梁耀振被处斩，梁系当年"新宁东坑两等小学堂被匪行劫掳去学生18名一案之犯，因逃至香港被营弁拿获提解回省，由该学堂工人陈祥、王华当堂指攻定案"。④

1911年恩平盗匪吴亚掌被新会营冯参将在澳门拿获，吴在当地控案累累，县令悬红1000元购缉。1910年冬曾伙劫高明县合水墟，"计赃数万并掳事主数人"。⑤ 8月审讯的著匪黄谦、卢乃也是由香港提回。黄是宣统元年夜劫顺德桂洲升隆杂货店，劫掠火水，焚烧陈姓，造成八尸九命案参与者；卢则参与行劫香山大黄圃金华烟丝店并掳人1名案。⑥

1915年8月，著匪梁就在香港被抓获。⑦

1917年8月，著匪黄义在澳门被捕。⑧

被抓获并提解回来惩处的毕竟是少数，大多亡命港澳的盗匪，在打击风头过后，又会返回内地，继续活动。前文提到的清末香山著名沙匪林瓜四一伙，充分利用邻近港澳的地理条件，与官兵周旋，"急之则窜洋界以藏身，缓之则又潜回乡里，聚散无定，踪迹靡常，故屡经剿捕，莫绝根株"。⑨ 1917年《七十二行商报》称，顺德著匪梁林、甘聚等，前因举办清乡，逃往海外，"近复由港澳逃回，并挟有军械甚多，前数日纠党在甘村槐荫书屋内，大排筵席庆叙，图谋不轨"。⑩ 1926年3月《广东全省除盗安民会宣言》也提到：

---

① 《提解劫匪》，香港《华字日报》1910年1月26日。
② 莫世祥、虞和平、陈奕平编译《近代拱北海关报告汇编（1887～1946）》，第264页。
③ 《由港提回掳匪》，香港《华字日报》1910年9月13日。
④ 《过路环掳劫匪犯正法》，香港《华字日报》1910年12月7日。
⑤ 《乡人攻击》，香港《华字日报》1911年7月27日。
⑥ 《会讯提回之犯》，香港《华字日报》1911年8月14日。
⑦ 《在港捕得著匪梁就》，《华国报》1915年8月3日。
⑧ 《本省新闻》，《广东中华新报》1917年8月24日。
⑨ 中国第一历史档案馆、北京师范大学历史系选编《辛亥革命前十年间民变档案史料》（下），中华书局，1985，第444页。
⑩ 《著匪又被漏网》，《七十二行商报》1917年8月25日。

"香港澳门广州湾是帝国主义者经济侵略的大本营,是广东土匪之逋逃薮,广东历次举行清乡,一般土匪必定走去香港澳门广州湾躲一躲,俟清乡工作完竣后,他就跑回原来照样作恶,历次清乡没有好些成绩,就是这个原故。"①

粤港澳相通无阻,盗匪能够利用地理上的便利快速轻易逃脱追捕。就是在某些特殊情况下,广东盗匪也可凭借自身的"经验",找到合适的秘密"逃往通道"。1910 年广州新军起义失败后,在清兵围城到处搜捕的情形下,大塘绿林首领李福林通过自己的方式,仍可以将革命党人赵声等秘密送到香港。其自述:

> 亡命客聚首一堂,留他们住宿一宵。次晨,设法送他们出香港回南方支部。因为赵陈二人不能露面,只得选择一条间道,叫林驱带了大塘乡民十余人,再雇一直有蓬小艇,伪装为乡下人一起赴九江投墟。艇头于艇蓬摆得谷萝菜萝满载,赵陈等伏在艇中心不动声息,居然平安穿过,风声紧迫之下,从九江转换海轮出关!②

港澳特殊的政治环境,可以给盗匪提供一些躲避打击的有利条件。1891年《申报》文章指出:

> 香港为英界,而去粤省最近,又有轮船往来,瞬息可达,且华捕不能擅到其地,倘行劫之后,匿于港中,华官即访知该盗踪迹而欲得其人,殊甚为难,行文照会,既须稽延时日,又易泄漏风声,盗党既敢伏处其间,则必有声气之可通,党羽之可恃,有此伏戎之地,此广东盗匪之所由日见其多也。③

此类事例并不少见,1906 年两广总督岑春煊致外务部文中提到在澳门提解盗匪的周折,香山著名劫匪林大(高佬大)藏匿澳门后,被跟踪到澳的前山营都司指引洋官拿获,"经与华民政务司订明,由获犯日起至十九日

---

① 《广东全省除盗安民会宣言》,广州《民国日报》1926 年 3 月 27 日。
② 《李福林革命史料》,杜元载主编《革命人物志》第 12 集,台北,中华印刷厂,1973,第 80～81 页。
③ 《论香港会捕盗匪事》,《申报》1891 年 9 月 6 日。

止，限十五天行文到提，迨十四日奉到发给照会，即于十五日派弁带同证人到澳，而政务司不践前言，竟于限内将犯先释，该弁等因查犯未远逃，复又设法指引洋兵将林大拿回，复交洋官，一面延请律师带齐线人，约定明日携证到堂质证。讵澳臬并不审问，仍将该犯释放"。当都司质问律师缘由时，得到的回答是"澳臬因盐船一案，颇不满意，有意刁难"。林大则"恃有通数，附从日众，率其党羽高根仔、阮仔爱、高缸瓦祥、梁义华各著匪，终日游行于澳门街市，无人敢撄其锋"。①

又如1926年6月广州《民国日报》有消息称：

> 广东堂匪首袁拱及其党羽容沃垣、蔡黑面旗等，平日横行于中新顺一带，无恶不作，迩来因军队实行清乡，尤注重三角洲河面，以故袁、容、蔡等著匪，深恐老巢一破，无以托足，先事逃遁。据澳门通讯，谓该三匪已匿于澳中，且因向来作恶多端，仇家太多，一脱巢穴，托庇外人宇下，实非其自己势力范围，若非早策万全，生命之危险实甚，是以昼夜俱蛰伏不敢妄出，并向某公司投买人寿保险，又一面运动入葡萄牙籍，俾葡政府得以实力保护云。②

1927年东莞著匪刘伦在香港被捕，刘"以重金延请港律师辩护，港政府有允准驱逐出境，送其赴□消息"，引起旅港东莞人士不满，旅港东莞公会请求广东省政府引渡究办。③

由上述几则例子可见，不论是当地官员的"刁难""驱逐"，还是获得外籍，这些超出广东军政当局权限的做法，给打击盗匪造成了障碍，为盗匪提供了庇护。

跨界追捕

按照中英、中葡的相关条约规定，港英、澳葡当局有"交犯"的义务。

---

① 张海鹏主编《中葡关系史资料集》上卷，第1127页。
② 《匪首匿澳门》，广州《民国日报》1926年6月3日。
③ 《公安局引渡东莞著匪归案》，广州《民国日报》1927年8月2日。

1843年10月签订的《五口通商附粘善后条款》规定："倘有不法华民，因犯法逃在香港，或潜往英国官船、货船避匿者，一经英官查出，即应交与华官按法处治；倘华官或探闻在先，或查出形迹可疑，而英官尚未查出，则华官当为照会英官，以便访查严拿，若已经罪人供认，或查有证据知其人实系犯罪逃匿者，英官必即交出，断无异言。"① 1858年的中英《天津条约》第二十一款也强调了英国交犯的义务："中国民人因犯法逃在香港或潜往英国船中者，中国官照会英国官，访查严拿，查明实系罪犯交出"。② 1887年12月中葡签订的《和好通商条约》第四十五款也明确规定："大清国大西洋国交犯一节，除中国犯罪民人有逃至澳门地方潜匿者，由两广总督照会澳门总督，即由澳门总督仍照向来办法查获交出外，其通商各口岸，有犯罪华民逃匿大西洋国寓所及船上者，一经中国地方官照会领事官，即行查获交出；其大西洋国犯罪之人有逃匿中国地方者，一经大西洋国官员照会中国地方官，亦即查获交出；均不得迟延袒庇。"③

一般情况下，广东官府派出线人与官兵，在港澳侦探，获得准确情报后，告知港英或澳葡当局，请求协助缉拿。出于保守消息的考虑，有时内地官兵也会自行抓捕，送交当地有关机构，再由官方沟通，解回广东惩处。如1905年，罪犯许彪连由营务处逃脱，藏匿澳门，虽悬赏购缉，却久未弋获，侦悉后，"特派四会营守备张继善赴澳，知会洋官，先将该犯扣留，随即上省禀请大吏发给照会，赴澳提解回省，归案惩治"。④ 1908年初，守备周胜昌、千总冯良探悉，博罗著匪姚东海行劫北村王立齐家，掳走幼童2名后匿在香港勒赎，"当即知会港差将该犯拿获，并起出七岁童子王佳、四岁王明两人"，随后禀报广东当局，"请饬博罗县传事主王立齐赴港指证，照会将犯提解回省"。⑤ 1910年东江绿林首领孙亚稳（曾参加过七女湖起事）由东路巡防第三营千总李声振在香港拿获，虽因革命党人延请律师抗辩，"涉讼数月"，但最终还是被提解回省处死。⑥

---

① 王铁崖：《中外旧约章汇编》第1册，三联书店，1957，第36页。
② 王铁崖：《中外旧约章汇编》第1册，第99页。
③ 王铁崖：《中外旧约章汇编》第1册，第528页。
④ 《往澳提犯》，《广东日报》光绪三十一年七月二十五日。
⑤ 《在港获犯禀请提解回省》，香港《华字日报》1908年3月12日。
⑥ 《定期会审孙亚稳》，香港《华字日报》1910年4月15日。

但是，在实施过程中，广东官方赴港提犯并不顺畅。1887年，两广总督张之洞上奏朝廷，请求总理衙门与英政府交涉，希望以开通河道口为条件换取香港解匪的便利："嗣后交犯务以两广总督臣公文为凭，文到即行交解，无须事主质证，不得借端刁难。"① 第二年4月，张之洞就中英交犯条约应否续议事函复总理衙门，详细地申诉往香港提犯之难处。

> 提犯之事，以香港最为棘手。惟是欲议此事，必先知现时办法种种为难之所在，方易与之争辩。向来香港提犯，虽有文书，仍须证佐。港官接到照会，将犯扣留，限七日内须得事主眼证，到堂质讯，据洋官以为该犯确系罪人，方肯解交内地。证人长途跋涉，到港稍迟，立即将犯释放。间有文电谆嘱坚请暂押，亦不过展限三数日，决不久待。及至事主、人证齐集到港，洋官反任意拖延，累月不为讯结。每月六、七日始问一次，又复任听犯之状师将事主、人证隔别盘问，多方驳诘。每一证人讯问数日，供词或有参差，洋官即以所供不确，不能交解，又必另寻他案，另文照会，方肯将犯再押七日。催取证人急如星火，委员往还奔驰，提案带证，诸费周章，而犯之状师仍挑剔如故。律师讼费需款孔多，往往糜费数千金。提证三四次，阅时五六月，而其究仍归于释放。不思盗劫大都昏夜，事主惊惶，乡邻闭户，岂有多人在场目击。更有年月稍久，证人他往，一时移提，岂有齐集。即有盗伙、线工在旁作证，而犯之状师皆经该匪饵以巨金，穿凿推敲，盘诘入微。内地小民不谙西法，一被盘问，立见词穷。无论证人难觅，即证真词确，仍不足以取信于洋官。盖其讯案全凭律师，律师执法可以难官，故两证之供略有不符，官即不能定断，其信任状师、无理刁难又如此，是条约交犯之文几同虚设。若不订立妥约，则粤省缉匪一事实难措手。②

在张之洞看来，从香港提犯的最大障碍还是罪犯证据提供的问题，严苛的证据要求，费钱又费时，且不能及时严惩盗犯。张仍主张简化手续："似宜订明，以后提犯应以两广总督公文为凭，文到即行交解。文内详叙案由，

---

① 王彦威纂辑《清季外交史料》卷72，第1314页。
② 吴剑杰编著《张之洞年谱长编》上卷，上海交通大学出版社，2009，第217页。

即为确据,无须事主、眼证到堂质讯,以省拖累而免刁难。"①

当时报纸也呼吁粤港澳三地"合力捕盗",1887年12月6日《申报》文章甚至建议:

> 假如盗系港人,英属也,而其杀人夺货之事众目昭彰,无可讳辩,罪大恶极,不得姑容,则即为澳官所获,澳官即于审实后就地正法,不必再商于港员。其为华官所获,则亦然。盗为澳人,西属也,果系为盗有据,而为港官所获,不妨立正典刑,不必再与澳员相商也。为华官所获,则亦然。盗而为华人,果其明明为盗,赃证确凿,无所隐饰,而为澳员港员所获,即不必移交中国官,于审实之后,明正其罪,各行各法,不分畛域,不事拘疑,三国合心,和衷共济,如此则华盗而至港,即可死于港,华盗而至澳门,即可死于澳,澳港之盗而至华,即可死于华。②

且不论此种建议是否切实可行,但由之可见粤港澳"各有畛域"制约打击盗匪,已成为社会关注的问题。

1904年,香山匪首林瓜四与清兵对仗受伤后,藏匿澳门,清政府派人设计抓捕,富有传奇色彩,也费尽周折,为了解当时提犯之不易提供了一个实例。据李准回忆:

> 乃派香山都司李炎山及李耀汉、何庆、翟汪、余启福等驻澳,访查林瓜四踪迹,知其养伤过路环之经新昌祥货铺楼上。葡政府如出票拘举,而路环警察多与匪通,得信即先使之藏他处,而仍不能缉获。乃多以金钱,先买通葡人之当事者,不使其警察知情,给票以与李炎山等,假扮葡兵,乘夜而至路环,先使线人余启福陪林匪烧烟,及林逆睡,乃出而告炎山等,林逆睡楼之窗及门均虚掩而未加链。李耀汉等缘树上楼入屋,林正惊觉,耀汉已执其两手,欲取手枪而不能,我兵已围其屋。天明将拘以上兵舰,而路环之葡兵齐集,不许带走,必解澳门审明再为

---

① 吴剑杰编著《张之洞年谱长编》上卷,第217页。
② 《合力弭盗论》,《申报》1887年12月6日。

引渡。葡国又再向我开交涉谈判，彼谓"不应带兵在彼境拿人"。我则以彼"私侵我国属地"为词，卒至将林逆解澳门监禁。彼此互请律师辩护，交涉至数月之久，于次年二月始引渡焉。①

1908年12月，葡澳参照香港的做法，颁布《澳门交犯章程》24条。两广总督张人骏获悉后，咨呈外务部，请"照复葡外部即将新章取消，所有澳门提犯仍照旧章办理"。从张人骏的"签驳"看，最主要的分歧在于"证人不得少于八人"和案件审定后再"由澳督交会议处集议准驳各节"的规定。②后经中葡双方交涉，同意将证人人数减少至1~2名，"提犯"变得相对容易些。③

1909年港英当局也曾提出"提匪简便办法"，但对案由、追捕权力仍坚持原有做法："嗣后督部堂请解匪犯，无论罪案若干起，均可一并声叙，以归简便，惟仍须详述案由及犯事时日，不能只以著匪二字概之，如探悉匪已匿港，营弁急于跟缉，未经照会以前，其赴港之员，须按照前章第四节内事理，向港巡捕官详细报明，倘遇重要匪犯，急于捕拿，并可用电话将详情通知，巡捕官自应设法一体查拘。"④

对罪犯证据的严格要求，给跨境指证带来不便，也增加了广东当局追捕盗匪的成本，有时提回一名盗匪，需花费上千两。⑤1910年12月，由于内地"清乡"，大量盗匪逃匿港澳地区，缉捕提犯的花费也随之增加，"开销过巨"，且"数逾数千而所获多寻常盗犯"，广东官员只好对"提犯"做出限制，规定"确系重大要犯，始准提释，其寻常匪犯，只须截缉，不准潜回内地滋扰便了，免糜帑项"。⑥

1911年初，广东地方政府与港英政府就"提犯"章程做了重新修订，规定粤港两地警界合作的具体方式，共有10项，但其中一项提到："为节

---

① 李准：《任庵自订年谱》，抄本。
② 张海鹏主编《中葡关系史资料集》上卷，第1129~1131页。
③ 《光绪丁未（三十三）年交涉要览（下篇）》，第2876页。
④ 《香港提匪简便办法（广东）》，《申报》1909年4月14日；《改订香港提犯章程》，《东方杂志》第8期，1908年，"调查"，第34页。
⑤ 《请给还提解孙亚稳费用》，香港《华字日报》1910年4月15日。
⑥ 《赴港澳提犯之限制》，香港《华字日报》1910年12月5日。

省广东政府提犯用费，可委托香港皇家律师或一律馆具控。"① 为此，1911年6月两广总督特聘英国律师夏士端一人，"专任随时提犯到庭辩护之事"，支付月薪汇丰银币500元。②

跨界追捕并非易事，协议规定缉捕逃犯须由当地军警协助，但实际上绝大部分缉捕活动仍主要依赖内地军警。清朝末年，广东政府派有侦探及官员在港澳地区缉匪，但这些力量都有限，还受其他因素的制约，如敏感的边界主权问题。1910年5月有盗匪从新宁县掳走10多名学生，关禁于澳门附近的路环地方，向事主勒赎。由于澳门边界尚未勘定，广东官员"既不能照会澳督往拿，承认为彼之属地；又未便派兵往缉，致启交涉"，处于左右为难境地。后由事主出面请求澳门方面派人前往缉匪，才将被掳者救出。剿匪过程中，"我兵派往协剿，葡亦不愿"，事后葡兵又留驻当地，引发一场交涉。③ 不可否认，粤港澳在"提犯"方面的合作对缉捕盗匪起了一定作用，但这种处处受限的合作无法杜绝内地盗匪潜逃港澳地区。

进入民国后，广东军政当局与港澳之间也有合作剿捕盗匪的意向，1913年11月香港《华字日报》消息称，广东都督龙济光曾与葡领事磋商，"欲由中国各兵舰会同葡国各兵舰合防粤澳邻近之海盗，特先饬水警厅长前往视察一切，以便再与澳督磋商"。④ 但主权问题仍是最大障碍，因为划界问题敏感，粤澳之间捕匪合作更为小心谨慎。1912年9月15日《申报》有消息说："（14日）有粤兵一队开往澳门附近之拉巴岛（译音）预备剿捕海盗，香港澳门当道均请准其协力助之，华员声明，谓该岛周围海上一带虽可容外国兵舰巡缉，以阻海盗逃窜，惟外兵咸不得践履中国土地，所捕各海盗，须悉送交广东当道审讯定罪，将来如遇此类事件，外人不得援此为例派兵协助，如能遵照以上办法，则始能承认港澳当道之请。"⑤ 随着政局的动荡，"治匪"已无暇顾及，"合作"之事也无实质性进展。

---

① 《民立报》1911年5月30日，转引自邓开颂、陆晓敏主编《粤港澳近代关系史》，第192页。
② 《特聘律师专任香港提犯事宜》，《时报》1911年6月10日；《订定驻港提犯状师薪费》，香港《华字日报》1911年6月20日。
③ 袁荣法：《湘潭袁氏家集》，"新政条议"卷首，第160~161页。
④ 《中葡联防海贼之商榷》，香港《华字日报》1913年11月14日。
⑤ 《特约路透电·广州电》，《申报》1912年9月15日。

政局相对稳定后，前往港澳缉匪仍非易事。1927年古兜山匪首陈铎在香港被捕，引渡过程并不顺利，官方发布的告示称：

> 现据广州市公安局长邓彦华报告，据侦缉课长吴国英报称，窃查陈铎一名，系新会古兜山及礼乐乡著匪，平日犯案累累，此次在港被捕，该犯竟请状师数人为之辩护，希逃法网，幸局长饬派韦委员仁泉会往提解，当经谒港警司交涉数次，始获应允协助，旋据请示港督，经即开会议决核准，将该犯递解澳门。迫员查悉该犯解澳门认为不便，遂再谒警司，请求设法改解江门，当承答允于礼拜晚即本月十九晚不动声色，将该犯押赴永安轮船交负（付）接收，其时目睹岸上围观者已有千百人之多，诚恐或有扰乱，当即商请该船船主即行戒备，禁止往来，以防疏虞。迨解抵北街，即就近托交该处警察第三区署暂行派警帮同看管，讵该区不允协助，迫得一面电请新会县署派出游击队二十名到区会同看管，一面亲往江门请十三师陈副师长派拨卫队十四名驾兵舰一艘协同解押该犯回局。①

一波三折的"引渡"既受限于粤港澳之间特殊的管制格局，也受制于民初广东政局的复杂性，亦可见民国初期粤港澳之间合作打击盗匪的机制仍不健全。相对于可以自由出入的流动性，粤港澳官方对付盗匪的"合作"仍相当有限。

余 论

港澳地区为近代中国接受外来文化的重要窗口，利用粤港澳的流动，广东盗匪与外面世界有较多接触，易于接受新的观念，使其视野与行为方式等都表现出明显的"开放性"和"经营性"。② 如受澳门环境的影响，出身底层的林瓜四也接触到了一些新事物和新思想，③ 其"言语举动，颇为娴雅，

---

① 《招告匪首陈铎罪状》，广州《民国日报》1927年7月19日。
② 参见何文平《变乱中的地方权势：清末民初广东的盗匪问题与社会秩序》，第97页。
③ 关于澳门对周边地区民众思想观念的影响，可参见赵立彬《社会流动与澳门对近代中国思想观念的辐射作用》，《学术研究》2010年第4期。

且满口新名词，对人剌剌不休，无非自由平等等语，绝无粗鄙之言"。① 林瓜四的生活方式亦受到西方文化影响，平时也会着西装，吸雪茄烟。② 这些都直接或间接对珠三角地区的社会秩序产生不可忽略的影响。

港澳又是清末革命党人宣传新思想的重要阵地，耳濡目染之下，林瓜四嘴里冒出新名词，并不奇怪。1903年以"河南南昌合和堂"名义向省城王家园药铺打单的一封信函中，有"打省城，杀清官，维新事"等字样。③ 1904年初，官兵打死区新时，从其尸身上搜出区新与他人合影的照片，题有"拿破仑一人千古震地惊天"等字样。④ 广东盗匪中还有能流利讲英语者。1913年4月，在珠江口发生的香港泰安轮船大劫案中，劫匪中"竟有善操英语而安慰洋人者"。⑤ 见过世面的盗匪，对新式的东西也有较多接触感受的机会。尽管他们无法自觉将自己的命运与社会改造使命衔接起来，但是，由于盗匪有反对清朝政权的行为，即使不可能自觉地成为革命者，这样力量的存在，对政权与社会秩序也是一个潜在的威胁，恰如清末两广总督岑春煊所言，"各属不必皆有肇乱之事，而随在皆有可以肇乱之人"。⑥ 而在事实上，由于港澳也是革命党人策动革命的重要基地，在革命党人的联络、策动之下，广东的盗匪不少接受革命党人的资助，为革命呼应。革命党人利用粤港澳盗匪的流动性，组织成百上千的绿林会党在广东发动多次武装起义。在辛亥年的光复活动中，盗匪是很重要的力量。民初革命党人发起反袁讨龙运动，朱执信等革命党人亦是以港澳为大本营，依靠盗匪会党力量，组织民军，进行斗争。研究者在关注港澳地区传播新思想文化影响近代中国社会的同时，似不应忽略，粤港澳的流动在很大程度上为革命力量的组织与具体行动的实施提供重要的条件，从而对清末民初广东政局变化产生直接影响。

---

① 《林瓜四亦能谈新名词》，《广东日报》光绪三十一年二月二十五日。
② 《林瓜四真提解抵省矣》，《广东日报》光绪三十一年二月十一日。
③ 《药肆打单》，《岭东日报》光绪二十九年十月二十六日。
④ 《区新身上有照片》，香港《华字日报》1904年1月12日。
⑤ 《香港泰安轮船大劫案》，《申报》1913年4月14日。
⑥ 中国第一历史档案馆等选编《辛亥革命前十年间民变档案史料》（下），第455页。

第十章
20世纪粤剧从业人员的流动

谢少聪　罗　韵

就省港澳地理形势而言，广州为珠江三角洲的中心，而香港与澳门分处于珠江出海口的东西两岸，呈三角形地带。广州处于锐角尖，港澳分出两侧而成前卫的态势，随着时势推移，三地的发展产生分合互补的动能效应。①广州为广东省省会，乃该省的政治、经济、文化中心；澳门为珠江口外的泊口，自葡萄牙租澳门起，始见显达，中西文化交汇于当地；至于香港，明清时隶属新安县，由于地处海口，向为中外海舶会集之港，至鸦片战争，被纳入英国的殖民统治之下，凭借港口的地理条件，海口贸易刺激香港的发展，香港遂逐渐成为近代中国接受西方新文化的窗口。

省港澳大众流行文化中，粤剧是最具地方色彩、受众最广、流行时间最长的文化艺术形式。在整个20世纪，省港澳三地的粤剧发展、演变以及不同时间段粤剧从业人员的流动，从侧面反映了三地政治、经济的变化以及都市变迁，尤值得我们探讨。

从红船流徙到省港大班的形成

20世纪初，由于省港澳三地尚未形成较具规模的城市，演戏的固定场所还十分鲜见。粤剧戏班一般都以"红船"的形式流徙于省港澳及珠三角

---

* 本文已收入陈守仁、李少恩、戴淑茵合编《省、港、澳粤剧艺人走过的路——三地学者论粤剧》，香港粤剧学者协会，2016，经该书编者同意，转载于本书。
① 李国祁：《由近代港澳的发展论商业殖民的特征及对话影响》，《港澳与近代中国学术研讨会论文集》，台北"国史馆"，2000，第1~2页。

乡村，以演酬神戏为主。随着民初以后扩城运动及工商业的发展，城市人口增多，文化承载力加大，戏班亦开始在省港澳有了相对固定的演出场所。这个时期，三地的粤剧发展交流基本上是畅通无阻的，三地来往自如，语言俗例相同，经济水平接近，但是总体上在20世纪20年代，广州的粤剧发展更为繁荣，而30年代开始，因为战事的原因，拥有特殊政治背景的香港作为一个避风港，或者说一个更为安全的市场，吸引了众多粤剧艺人前往演出，当中不乏一些有政治倾向的演出，从而使香港的市场也繁荣起来。同时，因为人口的涌入，粤剧演出有进一步向香港市场倾斜的趋势。回顾近现代的粤剧历史，广府粤剧于此期间最为兴盛。

其实从清末开始，粤剧市场已开始兴旺，到民国初年后，长期以来在地方一隅演出的粤剧本地班，经历了一次历史性的大跨越、大转型，由广大农村转移到省、港、澳等一线大都市，与传统的"红船班""过山班"区别，这些戏班被称为"省港班"，① 因广州的大型戏班来港演出越来越多，于是一种独具规模的省港班乘时而起。省港班是粤剧城市化、商业化的产物，资本的诱惑促使一种垄断性的戏班公司开始出现，所有大型的红船班、省港班几乎都由大公司控制，为了固定进占省港两地的市场，数大戏班公司除了在广州有戏院外，也悉心在香港投资兴建戏院。20年代多家颇具规模的香港粤剧大戏院，如和平、高升、九如坊新戏院、太平、九龙普庆等，便都是由广州的戏班公司兴建的。早期粤剧的基地在广州，香港方面要买戏赴港演出，必须派人到广州的公所办理。后来有所发展，戏班可以直接由"公司"控制经营，戏班公司都是兼营省港业务的大公司，属下的省港班可以直接来港，于是公所的职能便渐告旁落。②

据香港粤剧研究者梁沛锦在《粤剧研究通论》中所论：

> 前述香港有广州戏班公司兴建的多家戏院，二十年代间，"每日均有戏班上演"，所演出的"猛班"有周丰年、人寿年、祝华年、环球乐、乐其乐、永太平、国丰年、颂太平、乐同春等。以上所述，其实都为戏班公司辖下的"省港班"，如周丰年与人寿年班便为宝昌公司所拥

---

① 黄伟：《省港班对粤剧的变革及影响》，《戏剧文学》2012年第3期，第116页。
② 黎键：《香港粤剧绪论》，香港三联书店，2010，第298页。

有，该公司在港有和平戏院及高升戏院；如祝华年班，属宏顺公司所有，在港有九如坊新戏院，有环球乐、乐其乐等则属于太安公司，建有港岛西区的太平戏院。由于戏班公司都兼营两地业务，所以戏班都能常穿梭省港两地巡回。而在此种戏班公司"一条龙"式的垄断下，省港两地的市场其实是统一而协调的，戏班公司既经营戏班，也经营戏院；所以有许多其他的名班都被买戏过来香港演出，二十年曾有过许多的名伶名班，都在香港演出过。换言之，二十年代省港粤剧市场一片兴旺。[①]

20世纪30年代，香港逐渐演变成为省港粤剧的主要市场，并成为省港粤剧实际的中心枢纽，名伶除了演出外，还借助香港的枢纽地位向外走埠，来往星马泰各地，以至在香港、南洋等地拍摄电影等。[②]由于战事逼近，广州的粤剧发展受到当时政局的影响，显得力不从心，其时内地经济动荡、治安不靖，市面人心浮动，同时电影的引入使得粤剧的发展前景迷雾萦绕，虽然广州在1936年解除男女不能同班的禁令（香港于1933年就解除此禁令），[③]使得广州粤剧发展一时苏醒，但还是无法阻挡广州粤剧市场的萎缩，由于市况不景，广州的戏班除了主力到香港演出外，更纷纷转至其他地方走埠。广州的许多名伶也一早转移来港，并以香港为基地。

1931～1941年，香港人口由80余万激增至160余万。[④] 其间由于抗日战争，内地变乱，香港成为偏安避难之所。香港人口既已达至百万，加之社会安定，商业繁荣，是时经济地位已凌驾于广州之上，其城市规模亦俨然成为华南的一大都市。市场繁荣，促成了前述香港早期的大戏戏院，而这些戏院一开始都是由广州的戏班公司所兴建的，由于30年代香港粤剧的继续兴旺，香港人自身投资的戏院也相继落成，其规模也越加宏伟，如在东区兴建的利舞台、在上环兴建的中央戏院及九龙的东乐戏院等，都专门演出大戏，

---

① 梁沛锦：《粤剧研究通论》，香港龙门书店，1982，第255页。
② 黎键：《香港粤剧绪论》，第300页。
③ 谢彬筹：《岭南戏曲思辨录》，中国戏剧出版社，2000，第217页。
④ 胡阿祥：《5000年来香港人口的变迁》，《紫金岁月》1997年第1期，第12页。

反映了其时粤剧在香港的继续兴旺。① 正如梁沛锦《粤剧研究通论》一书中所说："1930 年至 1940 年，可说是香港粤剧（广府大戏）的黄金时代。"②

香港一直是资本主义发展得较快也比较成熟的城市，也一直是新思想、新思潮的集散地。上文论述到，广州的推力因素促使香港成为粤剧发展的另一培养基，而作为拉力因素，实际上，香港本身是各种政治势力的宣传场所，作为一种宣传方式的粤剧也就得到推动和发展，诞生了一系列宣传政治理念的戏班形式，例如 20 世纪初的"志士班""文明戏"，就是在香港首先发起的。较此之前的辛亥革命期间，就出现了志士班或类似的演剧团体。所谓志士班、文明戏，大都与话剧有关，但都加入了时行的戏班锣鼓粤曲，宣扬革命与社会意识。③ 20 年代末 30 年代初，白驹荣、陈非侬、马师曾、薛觉先等红伶，都先后与志士班、文明戏有关，而他们的背景也都与香港有关。这场起自志士班的戏曲改良运动，得以大锣大鼓地在商业粤剧中推行，而所谓 30 年代的香港粤剧及其"黄金时期"就是在这种新的风气下缔造出来的。

关于 30 年代中期以后的省港粤剧，梁沛锦在《粤剧研究通论》中指出：

> 检视 1935 至 1938 年在港上演的记录，发觉省港的猛班主要演出地点已有移到香港的趋势，到了 1938 年间，当时遗留的粤剧艺人，差不多都集中在弹丸似的香炉峰下，当时经常在港演出的有"觉先声""太平""锦添花""兴中华"等，其中的艺人已包括了早期一批重要的省港班的成员，包括领军的人物，不过有不少还是新冒起的，而且还是自香港本地或在南洋埠头过港而加入戏班的。尤其是一批一批坤伶女角，她们之得以冒起，完全是有赖于香港率先实行了男女同班之故，而在 1936 年以前，广州还是禁止男女同台的。香港于 1933 年开始实现男女同班，于是风气为之一变，广州艺人亦因此而加速迁港。男女同班，亦是三十年代

---

① 黎键：《香港粤剧绪论》，第 300 页。
② 梁沛锦：《粤剧研究通论》，第 255 页。
③ 陈永祥：《粤剧"志士班"与辛亥革命》，《广州大学学报》（社会科学版）2004 年第 6 期，第 30 页。

香港粤剧的一大特色，并于省城粤剧的全男班造成了分野，从三十年代的中期开始，香港实际已替代了广州而成为了粤剧的基地了。

都市规模扩大，经济发展提高了城市文化承载力，也给粤剧带来了发展的机会。经年流徙于乡村的小型戏班蜕变成步入都市的"省港班"，被视为"下九流"的戏子变成颇为社会注目的"大老倌"。在这段时期，广州的粤剧快速发展，从"红船班"等小型乡村戏班，发展到"省港班"，并进一步发展成为大型公司管辖下的"省港大班"，省港的经济发展使得粤剧脱离了乡土气息，"省港大班"的出现表明资本促使粤剧产业进一步规模化。与此同时，政局的变化也使得粤剧变成宣传的手段，以宣传政治理念为主的"志士班"出现。而香港作为一个有大量资本流入的商业化市场，以及一个言论自由的城市，两个条件叠加，促使已经开始了繁荣步伐的粤剧产业由广州向香港倾斜，省港粤剧环境的改变，使香港粤剧转入了自己重要的一章。

"薛马争雄"促进了粤剧的发展和繁荣

在这段时期，能较好地诠释香港粤剧发展的繁荣态势，并且在粤剧的发展长河中具有典型性现象的，要数"薛马争雄"。"薛马争雄"正好反映当时省港粤剧发展的公司体制、班事编制等一系列粤剧制度改革，同时也可说明，虽然此时的广州与香港的粤剧发展是有交流的，是同根同生的，但是已经开始向香港倾斜，粤剧发展的重心掠过香港。

薛觉先1921年以18岁之龄在广州加入粤剧"环球乐班"学艺，得到班中文武生朱次伯的赏识。1925年薛觉先逃亡上海，以"章非"一名在沪开办"非非影片公司"，自任经理、导演与演员，拍摄电影《浪蝶》。在沪两年期间，他有机会大量观赏当地的戏剧、曲艺与各种娱乐表演，打开了眼界。1927年回穗后，薛觉先将在沪所学融入粤剧中，开始了他对粤剧的改革，并对传统粤剧剧场进行整顿，清除了很多旧式舞台陋习。1930年，他自组"觉先声剧团"，将古老的粤剧进一步推向城市化与现代化。[1]

---

[1] 赖伯疆：《薛觉先艺苑春秋》，上海文艺出版社，1993。

薛觉先组织觉先声剧团后，更有条件推行自己的理念，例如，以市场为目标，锐意求新，陆续推出了时装戏，又大量引进西乐；剧团聘请了一批新锐编剧家，负责供应剧团长期演出的剧目，不论是时装剧还是古装剧，所编戏码一律力求新潮，唯新是尚。首届觉先声剧团组成以后，便推出了非常富有争议性但又非常卖座的西装戏《白金龙》，这是一个为香烟广告制作的商品化的舞台歌唱剧，大体的形式其实是粤调的"话剧加唱"。由于《白金龙》的轰动，薛觉先又自组电影公司，将《白金龙》拍成电影。

约于 1933 年后，薛觉先已逐渐将基地移至香港。1936 年，薛觉先自组的南粤影业公司在香港成立，唐雪卿的居所"觉庐"亦于是年在港建成。其实自 1932 年后，薛觉先已全力踏上了伶影双栖的道路，一方面，他仍然演剧，另一方面，却积极投进其自资制片的电影业务，又为个人拍片，借以提高自己在宣传上的名声。他于 1932 年曾一度发表"启事"，宣布自己"决意离开舞台"，不过自 1933 年起他便恢复了觉先声剧团，又挟个人声望协助推动香港业界将不准男女同台的禁令撤销，而禁令解除后瞬即组成了临时性的觉先声男女剧团，并继续展开省港两边的伶影双栖的活动。自 1933 年至 1938 年广州沦陷为止，薛觉先不论演剧活动还是社会活动都非常活跃。[1]

另一位称雄的是与薛觉先同期的名伶马师曾。马师曾生于 1900 年，卒于 1964 年，出身于早期士绅与教育界的家庭，人称"书香世家"，青少年时期在香港度过，业余演过文明戏，因爱好大戏，返广州教戏馆学戏。1923 年马师曾受当时的"人寿年"的邀请回穗填补薛觉先的空缺，开始渐受关注。[2]

20 年代中期至 30 年代，薛觉先与马师曾异军突起，省港粤剧戏迷徘徊于薛与马之间，二人各以不同的戏路争雄。薛觉先走的是雅化的"斯文"路线，而马走的大体是诙谐及通俗的路子，彼此竞逐市场，各争一日之长短。除此之外，薛马还对粤剧的戏班制度以及表演形式进行了一系列改革，使得粤剧发展向前迈出了一大步。[3] 不过 30 年代以后，薛觉先开始疏离广

---

[1] 黎键：《香港粤剧绪论》，第 311 页。
[2] 黎键：《香港粤剧绪论》，第 316 页。
[3] 伍福生：《"薛马争雄"与粤剧改革史鉴》，《南国红豆》2009 年第 2 期，第 23~26 页。

州，而马师曾则因为暗杀事件仓促离穗赴港，自此10年不曾回广州。

马师曾离穗赴港，长据太平戏院演出，而薛觉先则有觉先声剧团，以高升戏院为据点，两团都有完善的组织，又有周详的市场策略，于是客观上形成了两个剧团在港对峙的形式。由于薛马戏路不同，戏码各异，香港观众可以自由选择，不过由于两团都需要竞逐市场，相互竞争，便出现了两雄相争的局面，形成了所谓"薛马争雄"现象。"双雄"竞逐带动了香港粤剧30年代的持续蓬勃。不断地追逐市场，在市场中找寻粤剧的定位，觅取演剧生存之道，这也许正是马师曾，又或是薛觉先给予粤剧的一种重要的启示。30年代薛、马二人在港的争胜，实际又使香港粤剧形成了另一股潮流与活力。广州粤剧于1932年后急剧下滑，香港粤剧则似乎一直保持着旺盛，自是与当时伶人的纷纷南下有关。广州当时的报纸就做过这样的描述："薛马一去，整个粤班都冷淡了，好像除了薛马之外，再也没有好的演员。"而对于过去的黄金时期，则缅怀地说："过去马师曾、薛觉先辈驰骋舞台，具伟大号召魔力。"①

抗战期间各地流转

1938年，广州沦陷，粤剧事业移至香港发展的趋势势不可当，但是1941年11月8日，日军对香港发动进攻，12月25日，驻港英军投降，香港沦陷，港人开始进入一个三年零八个月的苦难年代，一直到1945年日本投降。从太平洋战争爆发开始，整个省港澳及星、马华人地区的粤剧情况都有所变化。省港澳三地中，大体上以澳门最为兴旺，澳门成为粤剧在抗战特殊时期的避难所。不过到了抗战胜利，日本投降，粤剧又重新回到了以省港两地为主的情况，恢复到40年代以前轮回演出的传统。澳门的人口此时渐渐减少，几乎恢复原状，大戏班演出纷纷退出，连长驻澳门的"新声"剧团也率先移至香港；而任剑辉、白雪仙、靓次伯等"新声"班底移港，刺激了香港的粤剧市场，其后更成为在香港粤剧历史上的一股新动力。②

日军进攻香港，当时社会秩序混乱，除了日本的侵略外，有一些本地流

---

① 节公：《歌剧与电影盛衰谈》，广州《越华报》1934年5月27日。
② 黎键：《香港粤剧绪论》，第350页。

氓也趁机洗劫良民,在这种情况下,一些名伶为表爱国心,在被洗劫后仍拒绝在日寇控制下出演,并辗转离开香港,到其他地方进行革命演出。马师曾最先离开香港,乘渔船偷渡到澳门,再经澳门逃至当时仍为法租界的广州湾(湛江)避难,稍后再组织抗战剧团在粤西各地继续从事抗战演出。①

而"薛马争雄"的另一位主角薛觉先,则滞留在了香港,日本占领军为了尽快稳定市面,粉饰太平,恢复"正常"生活,向艺人施压,以威逼利诱手段逼令艺人复出演戏,艺人大都不愿与日敌合作,以种种理由婉拒。薛觉先是日军当局最为注意的粤剧演员,但是薛觉先最终还是逃离了日军的魔爪,逃至广州湾避难。② 当时及时逃离香港并辗转赴内地的尚有关德兴、陈非侬、刘克宣等粤剧名伶,多数艺人都设法转至澳门,而被逼留港的则于局势稍微平静后继续组团演出。由于一大批艺人相继离去,一批新秀艺人又乘时而起,便形成了香港粤剧40年代一次有规模的新旧交替,香港粤剧迅速换上了不少新人。③

香港沦陷以后,滞港艺人多设法转至澳门,澳门顿时成为省港艺人临时聚居或演出的基地,促成了澳门粤剧几年间的一片蓬勃。澳门一直在葡萄牙殖民统治下,原有人口约14万,太平洋战争爆发,广州沦陷,葡属澳门成为战争中立区,人口增至40余万。④ 澳门此时的社会状况相对繁荣和自由。市内原有戏院十多家,不过平时多演大戏的以清平戏院一家为主,香港沦陷以后,以演出粤剧大戏为主的戏院迅速增至六七家。戏班不断轮番演出,形成了澳门粤剧的一时蓬勃。抗战前后,省港艺人在澳门长驻而颇有影响的,是"二战"后转至香港发展的红伶任剑辉。任剑辉出身自"二战"前广州的天台"全女班",广州陷敌前,任剑辉以女文武生的姿态率全女班"群芳艳影"来澳门演出,其后则在澳门居留"埋班"。香港沦陷前,"群芳艳影"改组为"镜花艳影",继续在清平戏院演出,并在省港两地"走埠"。香港沦陷后,任剑辉一直走红,很快便成为澳门炙手可热的女文武生,被各方班主争相罗致。⑤

---

① 沈纪:《马师曾的戏剧生涯》,广东人民出版社,1957,第118~121页。
② 赖伯疆:《薛觉先艺苑春秋》,第157~159页。
③ 黎键:《香港粤剧绪论》,第351页。
④ 陈东林:《澳门旋风》,世界图书出版社上海分公司,1998,第211页。
⑤ 黎键:《香港粤剧绪论》,第364页。

虽然澳门也受到日本侵略的影响，但毕竟是所谓的中立区。日军先后攻占了广州与香港，在局势稍定以后，省港两地的交通也得到一定限度的恢复，广州和香港两地与澳门亦渐渐有了相互往来。在日占时代的中后期，省港艺人已大体可以轮番赴澳演出，当时的澳门实际已成为三个地区中最为活跃的粤剧中心，并在竞争中发展出自己的一些特色。首先，澳门的班事一直都比较活跃，除了一些早期在澳门演出的班子以外，多数在澳门不断组班演出的名伶名班都来自香港、广州两地。其次，澳门的演出渐渐也出现了越来越大的阵仗，戏班的卖点除了多方罗致名伶以扩大声势外，也争相以堂皇而富有特色的大型布景做号召。最后，当时澳门的新戏也显出了某些新意，与一般30年代广州粤剧不同，与其后港式剧本也有差异，有不少源自名著小说与白话剧的剧作出现。

当时的澳门人才集中，创作与演出也比较自由，40年代，省港澳三地的粤剧分为三家，仍留在广州或自港返回广州的主要是早期已成名的一辈艺人；继续在港活跃的则主要是沦陷期间崛起的一班香港新人；而澳门则一直都以任剑辉与新声剧团为主轴，加上广州、香港赴澳的频密演出，造就了澳门粤剧的一时精彩。经历了40年代的战乱，粤剧的发展饱经风霜，正所谓长江后浪推前浪，粤剧的新人在这个时期得到锻炼，并为成为新一代粤剧发展的主宰而努力。

1945年8月，日本宣布投降，10月，一直留港的艺人已有多个剧团在港起班演出，在一片"复员"声中，日占时期逃难至外的香港艺人纷纷复归。率先归港的是马师曾，1945年12月，马师曾以胜利剧团的班牌名在港起班，伙拍的正印花旦便是后来成为其红颜知己的红线女。为了庆祝抗战胜利，马师曾首先推出的便是爱国新剧《还我汉江山》，胜利剧团稍后仍以香港为基地，分别到过澳门、广州附近县城演出。[1] 自1946年起，香港粤剧陆续恢复热闹，是年1月，先前长驻澳门的新声剧团正式移师香港。当时的新声剧团已有了稳固的班底，由任剑辉担班，至1952年8月才各散东西。1946年3月，薛觉先亦与唐雪卿双双返港，但因罹患不明病症，粤剧事业不济，1954年4月，薛觉先应邀回到广州工作，1956年病卒于广州。[2]

---

[1] 黎键：《香港粤剧绪论》，第372页。
[2] 赖伯疆：《薛觉先艺苑春秋》，第222页。

从 1946 年开始，较早前在内地崛起的艺人相机来港发展。由于香港市民不断回归，人口急剧增长，粤剧演出亦较过往更为活跃，并快速恢复到抗战前省港澳连线巡回演出的规模，自港崛起的艺人亦常常与广州的名伶同台演出，市场一片热闹，不过当时香港的市场明显仍以本地崛起的几位名伶更有优势，其中尤以罗品超与余丽珍为最，此间香港的市场几乎尽为他们的天下。

自 1947 年起，香港粤剧的格局又悄悄地起了变化，芳艳芬、陈锦堂、何非凡等都陆续移来香港发展，影响也日渐增加，这几位名伶早年都是在日占时期的广州崛起的。

总之，香港沦陷时，粤剧的发展大体移至澳门，又或是众多艺人在广州潜伏，等待再一次发展的机会，而澳门成为粤剧发展的中心地带时，马师曾和薛觉先一众在沦陷前已经成名的伶人，在当时政局的约束下，或是离开了当时粤剧的繁荣地香港，薛觉先就曾一度试图并成功离开了香港，在纸章上表明自己绝不会在日寇手下演出；或是出埠演出，如前往新加坡。在这段时间里，以粤剧名伶为首的一批人离开香港，分散到其他地方，而澳门的粤剧事业因为人口的迁移而繁荣起来。当局势稳定直到香港抗日胜利，暂时在澳门发展的艺人再次回到香港市场的怀抱，而在广州悄然崛起的名伶们也到香港寻找机会。以薛觉先与马师曾为代表的上一代名伶回到香港，但慢慢老一辈的粤剧伶人已经稍逊于新生力量，而广州崛起的新人也到香港，竞争越来越激烈，广州的新人与澳门回流的当红势力，例如任剑辉领导的新声剧团，在香港站稳了脚，而被淘汰下来的老一辈，因为制度的不一使得广州的市场与香港的自由市场不同，竞争压力没有那么大，有些则在新中国成立以后回到了广州，不过这样一场洗礼，也造就了香港市场的再度繁荣。

分道扬镳政制使然

新中国成立后，因为制度的不同，省港澳的粤剧发展分成两个市场，港澳主要依赖市场，是传统市场化的延续，活跃人物主要有任剑辉、白雪仙、芳艳芬、新马师曾、何非凡、白玉堂、陈锦棠、梁醒波等，香港市场不再低迷，也有大批粤剧从业人员从影。而广州市场则以薛觉先、马师曾、红线女、罗品超、文觉非、白驹荣以及一班粤剧后起之秀，如陈笑风、罗家宝以及有"粤剧四小旦"之称的林小群、小木兰、郑绮文、陈小茶为主，总体上从依赖市场转向由国家供养经营，分别对粤剧进行了"三改"，粤剧也因此作为一种政治宣传手段存在。港澳与广州两个市场的交流几乎为零。

1949年，在港起班而声势较大的首推新世界剧团，新世界剧团一年多以来的起班主要是带出了罗剑郎与梁醒波二人。自此，香港的班事已相当蓬勃，是年香港的人口也新增至接近200万，来自内地的游资大量充斥，由于聚港的人才众多，演出的竞争也日趋炽热。一直到50年代初，香港粤剧已渐次形成了自己崭新的局面，一代新人代替了三四十年代一批旧人的位置，成为50年代香港粤剧的代表人物。自1948年日渐走红的青衣花旦芳艳芬，进入50年代以后，地位更上一层楼。从1950年10月起，芳艳芬以"大龙凤"的班牌起班，以自己为主轴，不过芳艳芬是时仍欲与陈锦棠合作"锦添花"；芳艳芬的"大龙凤"大致演至1951年9月，而与"锦添花"的合作至1952年8月。1950年起，芳艳芬就积极投入拍摄电影，并组建了自己的电影公司。

1951年初，自澳门崛起的著名大班新声剧团宣告解散，台柱老倌任剑辉、白雪仙、靓次伯、欧阳俭、任冰儿等都可以自由接戏。另一名伶何非凡于50年代初频频组班，但都是短期班，随组随散，未用自己已有的"非凡响"班牌名。1930年开始以神童起家的新马师曾亦于四五十年代登上殿堂，1949年，他以新马剧团的班牌起班，不过其后演出都以参演他人的剧团为主。1951年和1952年是新马师曾演艺生涯的最高峰，此后更积极向电影发展。

总之，从香港"二战"后粤剧恢复与发展，经过数年的人才与市场积累，进入50年代，一个名伶名班的新格局业已形成，与40年代相比，一些战前成名的著名艺人已渐告衰退，一批新进艺人则开始成熟，并以自己的艺术特长带领了潮流，于是香港粤剧于50年代初掀开了新的一页。

20世纪60年代的香港粤剧剧艺全面低落，有规模的戏班迅速减少，惯常演出大戏的戏院均罕有戏班演出，老一辈伶人迅即淡出香港剧坛，或移民美国、加拿大，或全情投入电影事业，多数伶影双栖的艺人如未息演的，也明显以演出大戏为副业，他们虽也享有名声，但其实已经淡出舞台，香港的夜市场显然出现了巨变，其中主要的特征是年轻化与西化的倾向至为明显。60年代，先后出现了商业性电台与无线彩色电视的启播，令城市的主流娱乐趣味转向西化及全球性的流行文化。总的来说，香港的粤剧发展日渐萎缩，同时与广州的粤剧界因为制度的不一致而交流甚少。

广州粤剧发展的情况是，50年代初仍以民主班、大包细或民办公助的市场形式存在，此间由于既有竞争又有政府资助及市场需求等因素，粤剧从业者的收入十分丰厚。广东省档案馆一份资料显示，1956年罗家宝月收入900多元，而他在粤剧学校任高级教师的父亲罗家树月收入90元。① 另外一位才20岁出头的花旦郑绮文说："我每月的收入是1000元左右，我在西关那间屋就是那时买地自建的，用了3万多元。"② 同时他们不但收入丰厚且社会地位高，昔日被视为下九流的"戏子"成了"人民艺术家"，经常受到政府重要领导人的接见。所有这些都是当时许多粤剧伶人流向广州的因素。但1957年开始实行公营制度，彻底改变了传统粤剧历来以市场及商业为主导的营运规则，粤剧的组织与创作都纳入了社会主义文艺政策的范畴。粤剧戏班全面改组，以国营或集体的剧院（团）体制，集体创作，集中排练，其后又实施"改人、改戏、改制"的改造运动；历史悠久的八和会馆亦关闭而改为初时的"粤剧改革工作委员会"，稍后则纳入"文艺工作者协会"而成为协会的一员。此后粤剧艺人收入大减，罗家宝说："1958年，在剧团里，我们采取按级拿薪的制度，我以前一个月随随便便都能拿一千多元，现在突然被降到每月一百八十六元，还没以前的十分之一呢。"③ 而随后接踵而来的多次政治运动更是对他们打击极大，最后尤以"文革"为甚。"文革"伊始，本已萎缩的粤剧演出基本停演，所有文艺团体均被"集中学习"继而全部被下放到曾是劳改场的英德茶场。"到达干校后，军代表把我们集中起来动员，他说：从今天起你们就要学习在茶山、工作在茶山、生活在茶山……当时我们真是绝望了。"④ 对粤剧人来讲，从肉体到精神的打击是巨大的，其间因顶不住而自杀的就有名编剧莫志勤、名演员谭玉真，而在艺

---

① 广东省档案馆藏，档案号：312/1/5/2/39。
② 郑绮文访谈，2011年11月28日，深圳郑家。
③ 罗家宝：《艺海沉浮六十年》，澳门出版社，2002，第81页。
④ 郑绮文访谈，2011年11月28日，深圳郑家。

方面同样对粤剧打击很大,样板戏的移植致粤剧"非京非粤",音乐唱腔甚至可以加入进行曲。老音乐员邝彬说:"69年党的九大召开后,有一天军代表拿着一本修改党章报告的小册子对我说,你要马上谱上唱腔给演员演唱,但要注意一字不能改。我说:唔压韵、唔对字数好难谱的。但他说:这是政治任务,你不完成不能回家,结果我被关了10天,弄出个非驴非马的本子出来,演员还是唱不了,现在想来真是令人啼笑皆非。"[①] 省港粤剧既已产生了社会与政治上的巨大的歧异,两地的艺人与戏班又不能相互往来,因此省港粤剧走上各自发展之途。其实,1949年后期开始,粤剧市场基本上便可算是停摆了。广州解放初期到50年代中仍以演传统戏为主,但不久"改人、改戏、改制"后就不断加入现代戏了,曾有个别的改革名剧面世,例如宣传阶级斗争的《九件衣》《白毛女》《山乡风云》等,不过大多数都是随着政治使命的结束而停演。

30年后重聚差异明显

港澳与广州两地的粤剧发展经过了约30年的各自发展后,再次交流时,两地的粤剧发展出现明显的差异。

从70年代到80年代,其实是香港粤剧重整的一个新时代,粤剧一直生生不息,其实依赖的是一种自然生态的筛选过程。70年代末80年代初,其实又是香港文化生态的另一阶段。早期的(内地)"移民"文化逐渐消化了,代之而起的是"二战"后新生代的"本土"文化,加上有外地学成归港的"西化"知识分子,是时更纷纷占据了文化意识高地。这也使得粤剧这种传统艺术受到了重新评估,而他们的价值取向,也渐渐地对公众,特别是对当时管治文化的政府部门及有关艺术机构造成了影响。

而广州的粤剧发展,在"文革"样板戏的影响下,音乐唱腔过分追求高、尖、快的音乐效果,乐队的编制又搞得过于庞大、声部过于复杂,生硬地照搬单簧混合乐队的编制而取消了原来较有特点的扬琴、喉管等乐器,萨克斯风也被禁用。乐队伴奏中很有特点,很受群众喜欢的"随、齐、补、

---

① 邝彬访谈,2009年4月18日,天安酒店三楼。

引"等伴奏手法也被弃之不用。乐队的效果出现"洋、重、怪、杂"的现象,脱离了广大粤剧观众的欣赏习惯和审美需求。"文革"后,粤剧乐队的编制也变得五花八门。

当香港与广州的粤剧再次相遇时,香港的粤剧发展已经过七八十年代的酝酿,粤剧大众文化的环境明显有了改善,而经历过六七十年代的广州粤剧,再次与香港粤剧交流时,则采取了一种积极融合进步的态度。在香港,随着粤语流行与粤语电影重回市场,香港的粤剧环境终于出现了转机。是时位于北角的新光戏院也逐渐转型为粤剧戏院,新光戏院一向是香港左派势力与文艺演出的重要基地,随着左派势力越来越加深对粤剧的介入,新光戏院又成为本地某些剧团起班演出的重要场所,尤其是内地粤剧恢复来港演出以后,新光戏院自然成为演出的最佳场地。改革开放后,内地的戏曲渐次苏醒,戏曲团体亦接踵访港,新光成为本地文艺爱好者得窥内地文艺演出的重要窗口。1979年,广东粤剧打破政治隔阂,在内地驻港机构的安排下,首次做了自50年代以来的第一次访港,内地进行这次"破冰之旅"的是由罗品超、林小群、文觉非、陈笑风等人组成的广东粤剧团。自此以后,许多内地的文艺团体相继来港演出,演出场地一律在新光戏院。新光戏院作为早期港粤两地交流演出的场地,对香港粤剧的推动发挥了相当的作用。

香港的粤剧发展依然是依赖市场,并且受到各方面的文化冲击影响,但其自身仍然时刻在寻找自救的办法,这也是香港粤剧经过几代人的新老更替后,至今仍然生生不息的原因之一。而广州的粤剧因为制度的原因,改革开放后,与香港粤剧再次交流的时候,无论是音乐上还是剧团的编制上,都存在明显的差异,所以,80年代初罗品超、罗家宝等再次进军香港的意图也很快就偃旗息鼓了。

结　论

20世纪20年代的粤剧,活跃于省港澳三地,三地的伶人是相互联系的,广州的小型乡村粤剧团体逐渐转变为大型的戏班,伴随社会形势的转变,抗日战争前夕,因为香港的人口已经增长至足以支撑粤剧产业的发展,即有足够的文化承载能力,一众粤剧从业人员开始往香港转移,组织戏班进行各类题材的演出，从而繁荣了香港的粤剧艺术。但是香港的粤剧发展好景不长，1941年，香港沦陷，粤剧团体纷纷迁出，分散到澳门及东南亚各地，或逃到广州湾和广西等粤语地区，其中就包括马师曾和薛觉先两位当时在香港粤剧界叱咤风云的人物，而被逼留在香港的粤剧伶人，一是没有形成气候，二是在日寇的控制下没有得到真正的繁荣和发展，而广州的情况亦不见好。澳门的粤剧正是在这个时候崛起的，因为战争的关系，大量人口往澳门迁入，这是澳门粤剧发展的前提条件，而任剑辉的新声剧团也是趁此机会崛起的。不过很快，1945年日军宣布投降，粤剧的繁荣中心随着人口的流动从澳门回归香港，在沦陷时期潜伏在省港两地的粤剧新人，也在这个时期得到锻炼，并在日本投降后开始活跃于省港两地的粤剧界，而回流的一些老一辈粤剧伶人，演出时则开始显得有些许力不从心。此时省港两地的交流还算是频繁的。一直到新中国成立后，即20世纪50年代初，香港与广州两地政治制度的不同，使两地的粤剧从业人员几乎没有流动或者交流，两地的粤剧也呈现不同的发展方向。香港的自由市场使得香港的粤剧呈现多样化的发展趋势，并在六七十年代受到全球文化的冲击，粤剧曾经历低迷时期，并被当时的一些通俗娱乐文化所压倒，一直到七八十年代，粤剧作为本土文化的重要性逐渐被知识分子认识，才迎来了80年代的春天。广州的粤剧经历新中国成立、"文化大革命"等一系列历史事件后，艺术上并没有过多的发展，而制度上以国有经济为主轴，一切向国家看齐，同时某程度上成为一种宣传舆论的工具。

20世纪末，两地的伶人或者说与粤剧有关的从业人员再次流动于两地时，艺术上已经呈现出了两种不同的表现形式。但是同根同源的粤剧文化冲击在一起，进一步交流的同时也得到进一步发展，并相互融合，相信随着时间的推移，粤剧文化也会因此得到延续和发展。

竞技运动与身体政治

第十一章

闲暇与身体政治：民国时期广州的游泳时尚

潘淑华

前言：游泳、身体与国家

身体可以说是其身处时代的价值观及信念的载体。而在20世纪，中国人对自己的身体及他人的身体出现了前所未有的自觉与兴趣。在追求现代性的过程中，中国不同的政权均尝试通过模塑民众的身体，改造政治及社会，体育运动亦成为通过强身健体而"强国强种"的手段。运动当然离不开身体，而众多运动项目中，游泳可以说最能够体现身体如何被不断模塑及被不同的力量争夺。对统治者来说，游泳既是一种工具，也是一项难题。在公众场所穿上游泳衣、混杂在一起的男女，挑战了既有的两性关系与界限，亦因而引发了男女应否被允许在同一泳池游泳的争论，以及国家政权如何管理男女的身体的问题。游泳的历史因而为我们提供了一个很好的切入点，以了解现代中国一连串的重要课题，包括两性关系，现代性的争议性和多面向性，社会对个人的规训，以及身体在公共空间的展陈等。而本章将通过民国时期广州游泳时尚引起的争议，探讨现代国家与现代身体之间的关系。

无论是男性还是女性的身体都是被管束的对象，但女性的身体一直被视为比男性的身体更具危险性，更需要被规管。到了20世纪，国家政权对"现代性"的追求，同时带来了前所未有的解放及更为烦琐的管束。女性在民国

---

* 本文为 Modern Body, Modern State: A History of Swimming in 20th Century China 的一部分研究成果，得到香港大学教育资助委员会研究资助局资助，本人对此衷心致谢。

时期较之帝制时期无疑享有较大的活动自由,而她们的身体,却又负载了更为繁重的国家荣辱及民族使命,因而没有一刻得以逃离国家的规训。现代国家在"解放"及"强国"论述的基础上企图模塑现代女性的身体:缠足的女性被标签为民族的耻辱与野蛮文化的标志,她们为着国家的颜面而被迫"放足"。结果,"解放"是对她们的身体更进一步的残害,当中所隐含的,就如高彦颐所说,是对缠足女性的厌恶痛根,认为她们"有辱国体"。① 而其后的"天乳运动"一脉相承,同样是通过国家的政治力量强迫女性放弃束胸。② 似乎女性的身体并非她们自己的,所谓解放女性,其实是以国家、民族之名把针对女性的管制合理化。鲁迅是少有对"被解放"的女性表示同情的男性,他敏锐地指出"解放"论述把缠足及束胸的女性贬为"天乳犯"及"天足犯"。③

现代国家的理念,不单体现在各种各样的现代化工程(modernist projects)中,也同时呈现在民众的现代身体上。④ 民众的身体固然是国家对现代性的理解的一种呈现,然而现代性是多面向及多元的,因之而缔造的现代身体也并非单一的、完全由国家定义的。不少研究已指出,民国时期追求"摩登"的女性经常被政府及舆论批评为盲目崇拜西方文化,而这其实反映了当权者及知识分子对"摩登女性"享有自主性的忧虑,他们认为这些女性背离了追求"现代"的根本目的——强国强种。⑤ 游泳作为现代

---

① Dorothy Ko, *Cinderella's Sisters: A Revisionist History of Footbinding* (Berkeley and Los Angeles: University of California Press, 2005), p. 68.
② 吴昊:《海浴与女体解放》,载吴昊《都会云裳:细说中国妇女服饰与身体革命,1911~1935》,香港三联书店,2006,第 195~206 页。
③ 鲁迅:《忧天乳》(最初发表于《语丝》周刊第 152 期,1927 年 10 月 8 日),载《而已集》,上海北新书局,1928。
④ 有学者提出"embodied modernities"一词,强调通过民众身体呈现的变化来理解"现代性"在实际日常生活经验层面上的影响。见 Fran Martin, et al., *Embodied Modernities: Corporeality, Representation, and Chinese Cultures* (Honolulu: University of Hawai'i Press, 2006), pp. 9 – 11。
⑤ Louise Edwards, "Policing the Modern Woman in Republican China," *Modern China*, Vol. 26, No. 2 (Apr., 2000), pp. 115 – 147; Sarah Elizabeth Stevens, "Figuring Modernity: The New Woman and the Modern Girl in Republican China," *NWSA Journal*, Vol. 15, No. 3 (Fall 2003), pp. 82 – 103; Madeleine Y. Dong, "Who is Afraid of the Chinese Modern Girl?" in The Modern Girl Around the World Research Group, ed., *The Modern Girl Around the World: Consumption, Modernity, and Globalization* (Durham: Duke University Press, 2009), pp. 194 – 219; Yen Hsiao – pei, "Body Politics, Modernity and National Salvation: The Modern Girl and the New Life Movement," *Asian Studies Review*, Vol. 29 (June 2005), pp. 165 – 186.

体育的一环可视为中国追求"现代性"的一个面向，随之而出现的游泳场空间及"现代身体"，却又同时展示了对社会风气急速变化的雀跃与不安。民国时期，广州是游泳时尚最流行的城市，兴建公众免费游泳场更被纳入市政府的工作目标（虽然最后只成为纸上文章，并没有真正落实）。在游泳被纳入全国运动会的项目后，香港及广州选手差不多囊括了游泳项目的主要奖牌。有趣的是，广州亦是民国时期首个实行男女分泳的城市。当然这是互为因果的，正因为游泳成为被广泛接受的社会风尚，才会触动保守分子的不安，认为男女共泳是道德崩解的表征与催化剂。游泳场的出现所引起的国家应如何规管公共空间半裸露身体的问题，其实是从上文指出的自民国初年国家对个人身体的关注及控制的延伸。然而，泳者的身体既是含混的符号，也是流动的实体，不能轻而易举地被标签，亦不可能被动地任由外力所规管。本章将讨论游泳这种现代体育及闲暇活动，如何改变人们对身体的概念与身体的展陈方式，而因之出现的"现代身体"，如何成为政治及社会议论的焦点及监控的目标，泳者又通过什么方法夺回对身体的自主权。

从嬉水到游泳：游泳如何成为20世纪中国的时尚

在传统中国，教育强调的是道德的规训而非肢体的锻炼，体育因而并不被视为正规教育的一部分，而游泳很自然地亦只是被视为小孩的嬉戏而不被鼓励。熟谙水性的多为居于浮家泛宅的"水上人"，他们被视为社会的边缘族群，在华南地区更被陆上人贬称为"蜑家"。虽然孔子在《论语》中说"智者乐水，仁者乐山"，但他并不是说有智慧的人都喜爱游泳，而是说他们的思想活跃，反应敏捷，就如水一样不停地流动；而仁厚的人则如山一样稳重，不易冲动。因而乐水乐山是孔子对理想人格的比拟，多于对仁者及智者闲暇活动的实际描述。到了20世纪中国，游泳却逐渐成为城市民众趋之若鹜的时尚活动，为民众提供游泳设施，亦被纳入政府的公共政策。海滨被改造为海浴场，人工泳池亦成为学校建筑的一部分。过去不能登大雅之堂的"嬉水"，一变而为有益身心的正规体育活动。这种变化无疑由西方国家带动，而处于英国殖民式统治下的香港，扮演了将此新式活动传播到华人社会的中介角色。

自18世纪开始,海浴在英国日渐流行,成为时尚的闲暇活动。海水浴并不单是一种享受,人们认为海水浴有疗病的功效。冷水浴,尤其是在海滨进行海浴,能够令精神振奋,因而到海滨度假及海浴成为深受资产阶级欢迎的假日活动。到了19世纪,由于把城市与海滨连接起来的铁路网络日渐发展,交通费用慢慢为大众所能负担,加上劳工阶层亦享有较长的假期,海浴活动日益普及起来。① 现代的游泳概念及文化同时出现,当中包括"正确"的游泳姿势及以规范的泳式进行竞赛。这种新兴的活动在英国和法国的发展尤其迅速。英国政府在推广游泳运动中亦扮演了积极的角色。自19世纪中叶开始,兴建游泳池与兴建公园、图书馆及博物馆一样,被视为城市康乐设施的重要组成部分。政府认为这样可以令民众善用其闲暇的时间,改良他们的身体以至心智的素质。② 而随着西方帝国主义的扩张,海浴被带到世界不同的角落,包括在1842年纳入英国殖民式统治的香港。

香港有不少优良海湾,是现成的海浴理想之地,这省却了兴建游泳池的开支与时间。只需把海滨的石头搬走,兴建一些更衣室并提供救生设施,便能把海滨改造成海浴场。在香港的英国人迅速地把他们对海浴及水上运动的热爱移植到香港,更组成俱乐部把有兴趣的人士组织起来,共同进行水上活动。但这些组织的成员均是西籍人士,华人及其他亚洲人均不能享用其设施。可见在殖民初期,西方殖民者并没有打算以其体育文化"同化"被殖民者,反而是以此强化其种族隔离政策。但到了20世纪初,英籍立法局议员向政府提出动议,要求政府拨出公帑开辟海浴场,他们的依据是为市民提供康乐设施是现代政府管治的一项重要原则,而在香港,海浴无疑是悠长夏日中最合适的康乐活动。这些立法局议员开始关心市民的康乐活动,与1894年暴发的鼠疫所引起的对公共卫生的关注应有密切的关系。港英政府把疫症归咎于华人不卫生及拥挤逼仄的居住环境,因而

---

① John K. Walton, *The English Seaside Resort: A Social History, 1750 – 1914* (New York: St. Martin's Press, 1983).
② Helen Pussard, "Historicising the Spaces of Leisure: Open – Air Swimming and the Lido Movement in London," *World Leisure Journal*, 49: 4 (2007), p. 178.

把太平山区清拆，重建符合公共卫生法例的房屋，并在当地兴建卜公花园，认为公共休憩场所有助于改善公共卫生及大众的健康。这种始于19世纪末对大众身体的关注，促使立法局议员援引英国本土的概念，以推动港英政府的海浴及闲暇政策。结果政府拨款支持在香港岛北岸的东西两端开辟海浴场，包括东面的北角和西面的坚尼地城。20 世纪 10 年代初，海浴开始在香港华人社会逐渐普及，到北角及坚尼地城泳场的华人泳客日益增加。①

20 世纪 20 年代初，游泳风尚在与香港毗邻的广州扩散，东山新河浦及荔湾的河涌相继出现游泳场，这对中国传统的身体概念无疑是一大冲击。1912 年 12 月于广州出版的《时事画报》中，刊登了三名穿着泳衣的日本妇人于海滩拍摄的照片，其标题为"美人出浴"，照片的解说是："日本美妇，多好海水浴，其国人竟以是风尚，岛人多淫，窥图益信。"② 穿着泳衣进行海水浴的日本女性，被塑造成日本人女性道德宽松的写照。《时事画报》是清末民初提倡启蒙的刊物，由潘达微等同情或支持革命的知识分子于 1905 年创刊，其目的是"欲把国民唤醒免在梦魂中"。③ 而在辛亥革命后，此提倡社会进步开放的杂志对游泳（以及穿泳衣的女性）这种新鲜事物的态度，仍然摆脱不了传统道德的批判，可见游泳活动对中国社会固有价值观所构成的潜在威胁。把游泳的女性等同是道德危机的不安感，并没有随着游泳在广州日渐普及而消失，反而从心理层面发展为政府的政策，最终在 30 年代出现了男女分泳的措施。

若说香港扮演了在华人社会中传播游泳风尚的中介角色，为何居于广州的西方社群在这方面没有发挥同样的重要性呢？居于广州的西方人与香港的西方人同样酷爱游泳，然而广州缺乏香港绵延的海岸线以发展海浴场的地理优势。他们遂于 1887 年在广州的外国租界——沙面兴建室内游泳池。广州基督教青年会（YWCA）亦于 1914 年在长堤会址兴建蓄水游泳池供其会员使用。1916 年，岭南学校在师生的共同努力下也自行在位于广州河南的校

---

① *Hong Kong Hansard*, 2 May 1912, pp. 30 – 31; *China Mail*, 26 June 1914; *Hong Kong Telegraph*, 3 May 1919; *China Mail*, 29 Nov. 1920. 关于香港海浴发展与英国殖民管治的关系，参见潘淑华、黄永豪《闲暇、海滨与海浴：香江游泳史》，香港三联书店，2013，第一章。
② 《时事画报》第 7 期，1912 年 12 月。
③ 《时事画报》第 1 期，1905 年 8 月，第 29 页。

址挖掘了一个户外游泳池。① 但蓄水或室内游泳池的兴建及保养所费不菲，为了确保泳池的水质，需要经常清洁泳池，而若是露天泳池的话，则需要想方设法防止受外来物污染。例如青年会的游泳池，便盖搭了葵棚以防止煤烟飘入，污染泳池。可以说，早期的室内泳池是上层阶级的专利。而由于这些游泳池都不是向公众开放的，它们对推广游泳并没有发挥积极作用。故笔者认为香港是首个游泳得以普及的华人社会，这亦对广州日后出现的泳场及游泳风尚起了示范作用。

民国时期，广州有两个主要的公众泳场，它们位于广州市的近郊，皆为体育会所兴建。这些体育会，虽然是伴随着清末民初通过体育"强国强种"的民族主义论述而出现的，② 然而它们除了提倡体育外，亦以营利为目的。广州首个公众泳场名为"东山泳场"，位于广州市东的东山新河浦，由广州市精武体育会水上游艺会（简称"水体会"）于1921年兴建。③ 另一泳场位于广州西郊，名为"西郊泳场"，最初由广东体育学校于1930年开辟。广州东山在清末以前仍只是小山丘及农地处处的荒僻地域，人烟稀少。1907年，浸信会开始在当地兴建福音堂及学堂。到民国初年，从美国回来的华侨在东山投资兴建住宅区，住宅皆以西式兴建，而居于此地的亦多是欧美华侨和商人。1928年以后，新兴的政治权贵如广东省第一集团军总司令陈济棠等，皆聚居于此地。④ 泳场选址东山，相信是由于此地人烟不如广州其他地区稠密，因而环境较清幽，水质亦较佳。而在初期喜欢到此新发展的区域进行游泳这种新式活动的，也是城市的新兴社群：学生与工人。1925年，一份报纸比较了广州两个主要消暑地点——西关的荔枝湾及东山新河浦，结论是荔枝湾热闹聒耳，而新河浦幽静及富天然之美。喜欢到荔枝湾的，是

---

① 广州市地方志编纂委员会编《广州市志》卷15《体育志 卫生志》，广州出版社，1997，第112页。
② Andrew D. Morris, *Marrow of the Nation: A History of Sport and Physical Culture in Republican China* (Berkeley: University of California Press, 2004), pp. 68 – 69.
③ 广州精武体育会于1919年4月成立，为上海精武体育会的分会，主事者包括广州警察厅厅长魏邦平及军人李福林。《精武体育会开幕纪盛》，香港《华字日报》1919年4月11日，第3版第1页；《广东精武体育会立案呈文》，香港《华字日报》1919年5月17日，第3版第1页。
④ 东山区体育中心编《广州市东山区体育志》，东山区体育中心，2005，第12页；袁东华：《华侨和教会与东山的早期开发》，《东山文史资料》第1辑，第8~12页。

"西关阿瓜、小姐、梳头妈",而到新河浦的,是学生及工人。① 东山泳场落成后不久,即成为学生们星期天的消闲地点,泳场经营者初期亦以半价入场费(即5仙)优惠学生。② 位于市区的中山大学并不如岭南学校般拥有自己的泳池,因而在东山的江边搭建一个游泳棚,提供男女休息室及更衣室设备,所有中山大学的师生,只需要购买东山泳场的入场票,便可以利用这些设施。这似乎是师生们期望已久的安排,当他们知道拥有属于自己大学的游泳棚后,"莫不喜形于色,雀跃异常"。③

然而对于居住在广州城西的民众来说,东山毕竟较为偏远,这亦促成了"西郊泳场"的出现。西郊泳场由私立广东体育学校所开辟。广东体育学校由区声白、陈策及司徒优等于1928年创办。开办初期,由于学校没有游泳场,师生们唯有在西关乘坐长途汽车到东山泳场上游泳课。及后,体育学校在校友的协助下取得当地业权拥有人的许可,把荔枝湾涌口的一个废滩改造成游泳场,当中设有高、中、初三个泳池。1931年,广州市警察局企图接收泳场以改建为水警讲习所。经业权拥有人的周旋与协商,泳场改为以警察体育会的名义主办,强华及国民体育会联名协办,水警讲习所可以免费使用泳场。④ 由于警察局的参与,西郊泳场便沾上了官方的色彩。

面对两个位于不同区域的游泳场,泳者又会如何做选择呢?由于两者收费相同,因而并不存在阶级身份的差别,相信泳客多是以交通及泳场环境作为选择的基础。由于西郊泳场邻近西关,因而有指到西郊泳场的,多为"西关姨太小姊(疑为'姐'——引者注)辈"。⑤ 亦有说西郊泳场出现后,因为较接近市区,游泳的男女遂舍东山而往西郊。⑥ 然而,也有报道指出因

---

① 《"新河浦"和"荔枝湾"》,广州《民国日报》1925年5月16日,《小广州》副刊。"西关阿瓜"的"瓜"应是"官"的近音字,清朝广州的西方商人称呼中国行商时,会在其名字之后加上"官"字(口语读成"qua 瓜"),例如行商伍浩官被西方商人称为"houqua"。见 William Hunter, *The Fan Kwae' at Canton: Before Treaty Days, 1825 – 1844* (Hong Kong: Derwent Communications Ltd., 1994), p. 22。
② 《学生大闹游泳场》,广州《民国日报》1925年5月26日,《小广州》副刊。
③ 《东山游泳场建设棚厂》,广州《民国日报》1928年6月19日,第8页。
④ 《荔枝湾头的西郊游泳场》,《广州文史资料》第35辑,第122~123页;《西郊游泳场定期开幕》,《越华报》1934年4月12日,第5页;《令按月补助私立广东体育学校经费》,《广东省政府公报》1933年第235期,第60~61页。
⑤ 《泳场风光》,《越华报》1934年6月5日,第1页。
⑥ 《秋风起后之西郊泳场》,《越华报》1933年9月20日,第1页。

有粪艇驶经西郊泳场，当地有时会臭气熏天，一些泳客因而却步。① 但事实上西郊泳场有颇不俗的发展，如1934年经营者斥巨资扩大泳场的规模，开放时间亦从早上六时至晚上九时，延长至晚上十一时。② 可见西郊泳场愈来愈受广州泳客欢迎，亦为经营者带来可观的收入。

广州政府亦认同游泳是一项健康的体育活动，以及游泳场是都市必要的设施，因而兴建游泳场被纳入政府的施政计划。政府先后在1930年及1933年宣布兴建游泳池的计划。在1930年，工务局提出兴建三所"伟大之游泳场"，一在荔枝湾，一在河南南石头，一在鱼珠炮台附近。③ 但结果政府并没有落成任何一个游泳场。1933年6月，广州工务局再宣布另一计划。它指出原有的泳场，均为"资本阶级所用"，因而政府将会在广州河南兴建一个民众公共游泳场，免费开放，并会开设游泳实习班，由教练指导。泳场选址河南，是因为海珠桥于该年2月落成通车后，缩短了河南与广州的距离。最后，此计划亦成为空中楼阁。④ 虽然政府的兴建泳场计划最后证明全属纸上谈兵，但亦显示了从政者在理念上支持游泳活动，并希望使之更为平民化。

泳场中的现代身体与两性关系

李欧梵在其著作《上海摩登》中，极力刻画了各种各样的摩登都会场景，如外滩、百货大楼、公园、咖啡馆及舞厅，他认为这些新式的都市公共空间营造了中国的现代性，亦塑造了上海市民独特的生活方式和经验，是"男男女女体验现代生活方式的必要空间"。不知何故，李欧梵并没有把游泳场列入上海的摩登场域。⑤ 然而在广州，游泳场肯定是男男女女体验及展示现代两性关系的新式都市公共空间。游泳场的摩登不单体现在物质文化层

---

① 《东山泳场见闻录》，《越华报》1930年6月13日，第1页。
② 《西郊游泳场延长时间》，《越华报》1934年5月23日，第5页。
③ 广州市工务局编《广州市工务之实施计划》，广州市工务局，1930，第106页。
④ 《赶筑市民公共游泳场》，《国华报》1933年6月6日，第2版第4页。
⑤ Leo Ou-fan Lee, *Shanghai Modern: The Flowering of a New Urban Culture in China, 1930–1945* (Cambridge, Mass.: Harvard University Press, 1999), ch. 1. 事实上，上海浦东区于20世纪30年代建有高桥海滨浴场，由上海市政府公用局开发及管理，海滨浴场中并设有"水上饭店"。见《申报》1932年8月21日，第19页；1936年6月16日，第13页。

面，也表现于两性关系的层面。男男女女在这里局部地"赤身露体"，令游泳场比百货大楼、公园、咖啡馆及舞厅等场域更富有颠覆性。正因如此，游泳场亦成为被议论甚至被批判的空间。事实上，无论在华人社会还是洋人社会，游泳场很轻易地便会干犯或挑战既有的道德标准及男女界限，游泳场是开放的、自由的空间，但因为其景观及内涵均容易引起社会上保守人士的焦虑与不安，因而亦难免被加上重重的规范。

民国时期一篇有关广州西郊泳场的文章以《泳场风光》为题，其副题为"水嬉多乐事，倚腻（疑为"旖旎"——引者注）说风光"。"风光"是用来观赏的，因而当中牵涉了观赏者以及被观赏或被"凝视"的客体或对象。而被观赏的风光，所指的当然不是大自然的风光，而是泳者（尤其是女性泳者）的身体所构成的"旖旎风光"。显然，笔名"闲客"的作者买票进入泳场后，并没有在水中畅泳，文章并不见片言只语描述他游泳的情况，反而都是有关他极目所及的其他习泳者之间紧密的身体互动，例如少女如何在男性友人的协助下习泳。① 另一篇文章亦提到在东山泳场，也有一些购买入场券的人并不下水游泳，而只是站在竹栏旁观看碧波中的泳客，"以饱眼福"。② 其实，中国其他城市的游泳场也充斥着为饱眼福的男泳客。上海杂志《玲珑》一位笔名"静子"的作者（从其笔名推测应该是女性），以极不以为然的语气，责难不少到游泳池的男士都是抱着"看大姑娘洗澡"的心态而来。③ 换句话说，游泳为男性"偷窥"女性的行为提供了合法途径，因而游泳场也是满足"偷窥"欲望的场所。

作者"静子"显然不满男泳客对女性"泳体"不怀好意的"凝视"。然而游泳场中有不少女性其实并不介意成为被"凝视"的对象，而且并不认为她们会因为被"凝视"而失去了自我主体性。到泳场的女性们，当中有一些固然是为了在水中畅泳，也有一些是为了将身体做公开的展陈。④ 学者游鉴明认为，在体育运动中，"被看"的女性，也可以是权力的掌控者："运动女性逐渐能接受大众的凝视，于是由不愿被看转成愿意被看……女性

---

① 《泳场风光》，《越华报》1934年6月5日，第1页。
② 《东山泳场见闻录》，《越华报》1930年6月13日，第1页。
③ 静子：《观杨秀琼表演后》，《玲珑》第243号，1936年7月1日，第1889页。
④ 《西郊泳场拾趣》，《越华报》1934年5月29日，第1页。

不全然是被观看的客体,有时她们还掌控了观看的权力。"① 知名女作家林徽音(又名林徽因,1904~1955)1933 年发表的《女性在游泳池》一文,正说明了被观看者如何掌握权力。她细致地描述了摩登姑娘、运动健将、电影明星、大家闺秀、小家碧玉、中年少妇及洋女性七类泳场中的女性的心态与举动。大家闺秀、小家碧玉及中年少妇,怯于把穿着泳衣的身体暴露人前,然而对于其他类别的女性,游泳实际上就是一场身体的表演,吸引观赏者的视线,当中尤以摩登姑娘为甚。她们穿上最新奇、颜色最鲜艳的泳衣,"永远站在时代的顶点……她游到东,人就群集在东;游到西,人就群集在西。她仿佛是一个蜂王。力不能追随她的,也会用视线去追随她"。至于运动健将,则以其身体的线条吸引别人的注视,她们"两腿的线条比别人的更弧,胸前的轮廓也特别地明显"。至于那些赶不上时代的中年少妇,到游泳池只是为了观看别人游泳,她们没有穿泳衣的胆量,因而并不下水游泳。当看着穿了花花绿绿的泳衣的女体,她们的感觉非常复杂,一方面觉得好看,但又觉"肉未免露出得太多",另一方面又有点妒忌,"望了望自己的胸部",发觉"远不如别人的饱满"。②

　　林徽音所描述的相信是上海的游泳场,但她细腻的观察,可以帮助我们了解其他泳场内不同类别女性的动态和心态(虽然我们不知道林徽音会如何把自己归类,但无论如何,若非经常进出泳场,她是难以得出如此细致的描述的)。游泳和泳衣提升并改变了男性和女性对"女性美"的论述及对女性身体的知觉。在缠足的时代,男性有兴趣的是女性"三寸金莲"的大小与形状,女性的小脚被解放成"天足"后,男性则开始留心以至评鉴女性的"天腿"(即裸露的腿)。泳衣及游泳活动让女性有充足理由把裸露的腿展现人前。摩登女性的"摩登腿",成为女性身体备受谈论的部分。③ 林徽音的文章描述运动女健将有一双"线条比别人的更弧"的腿,而另一位作家笔下的"摩登腿",焦点不是腿的粗细或线条,而是腿的肤色。他把腿的肤色与女性的解放程度联系起来:雪白的腿是初步的解放,黄色的腿解放较

---

① 游鉴明:《运动场内外:近代华东地区的女子体育(1895~1937)》,台湾中研院近代史研究所,2009,第 374 页。
② 林徽音:《女性在游泳池》,《十月谈》1933 年第 1 期,第 10~11 页。
③ 《裸腿谈》,《越华报》1934 年 7 月 3 日,第 1 页。

早，紫黑色的腿则是运动健将和解放先锋的象征。① 游泳运动所形塑的现代身体概念，把裸露身体于公众空间变得合理化。但这种身体的局部裸露只限于泳场这特定的空间，在其他公开场合便不具备展露"裸腿"的合法性。当愈来愈多女性以泳场或运动场的装束出现于街上时，便要面对道德的批判与政治压力。最后，南京政府于1934年以女性的"裸腿"对男性含有"挑逗性"为由，取缔女性在街上"裸腿"。②

人们对女性身体的关注从"脚"部上移至"腿"部，甚至是胸部。上引文中的"中年少妇"的表述，反映了在20世纪30年代，中国城市女性对身体的审美观出现了显著的变化，从民初时期因以平胸为美而穿上小马甲束胸，到30年代初纷纷追求丰满的胸部以炫耀人前。甚至有医师在报章刊登"人工天乳"的广告，夸口能够以药物及电疗，帮助女性改造乳房，"令弱者强凹者突细者壮不均者平衡"。③ 这种从崇尚平胸到丰胸的变化，相信与政府推行的"天乳运动"关系不大，反而很可能是受到西方时装潮流的影响。西方女性在欧战以后亦一度流行平胸，但在20世纪30年代初，一份法国时装杂志认为女性的身体是时候要做出改变了，因而号召女性放弃平胸，让胸部自然地隆起。④ 我们可以推断这种风气随着西方的电影及时装杂志传到中国，模塑了中国女性的审美观念。然而对女性胸部的公开谈论或品评仍属男性评论者的禁忌，只有作为女性的林徽音，借"中年少妇"之口，代表那些欠缺饱满胸部的女性自怜自怨一番。

游泳场不单是展示身体及凝视身体的空间，也是两性关系解放的空间。泳场为男女在公共空间进行近距离的身体接触提供了合法性。上文引述题为《泳场风光》的文章，把西郊泳场形容为"情侣蜜运之胜地"。作者说，在傍晚"辄见爱侣双双，携篮戾止"。而同来游泳的男女，"少女学游，先觉者谆谆善教，推波助澜"。⑤ 所谓"先觉者"，是指与少女同来、精于泳术的男性友人。民国以来，知识分子对礼教及父权的冲击，削弱了父母安排婚姻的主

---

① 《摩登腿的研究》，《越华报》1934年6月10日，第1页。
② 琳君：《取缔妇女裸腿》，《玲珑》第4卷第27期，1934年，第1715~1716页。
③ 香港《天光报》1933年3月21日，第3页。
④ Béatrice Fontanel, *Support and Seduction: The History of Corsets and Bras* (New York: Abrams, 1997), pp. 96–101.
⑤ 《泳场风光》，《越华报》1934年6月5日，第1页。

导角色，随之而兴起的自由恋爱，让男女有机会在婚前认识及约会（广州人称之为"拍拖"，即并肩或携手同行）。而未婚男女一起到泳场游泳，成为"拍拖"文化的一部分。然而，这引起了当时社会上保守分子的不安与不满，当中甚至有言论认为游泳场充斥了挑战道德礼教的"肉诱"，而在泳场肆无忌惮地与男性嬉戏追逐的女性，则被归类为"妓女伶人"一类的社会边缘群体。

> 盖近年世风日下，道德沦亡，社会人士咸精于肉诱一途，对礼教之缚束，无日不欲解脱，而一般妓妇伶人，尤为猖獗，不观乎泳场之上绿水之中，吾人常见青年男女互相裸逐其间，固不知羞耻为何物，大抵此种妓女伶人，其目的是假借游泳为名，而增加其诱惑机会为实。使人耳濡目染，不期而发生异感，因而社会从此多事矣。①

这很明显是男权意识对女性新近获取的身体以至行为的自由所折射出来的不安情绪，这种情绪，并不是孤立及个人的，在20世纪30年代，对追求现代性的反弹，是针对"摩登"者的批判甚至是身体袭击。除了"裸腿"外，男女共泳亦成为攻击的对象。

男女分泳：政府监控身体的失败

其实男女分泳也曾实行于英国等西方国家。而在日本明治时期（1868~1912），公众海浴场陆续在各地出现，这引起了政府及知识界的忧虑。女教育家下田歌子（1854~1936）虽然鼓励女性进行海水浴，认为可以促进身体与精神健康，但她也忧虑男女混杂在海浴场内，会影响社会的道德秩序，因而主张加强对应措施以管束女性。政府为维护道德风气，遂下令男女不能"混浴"，此政策一直延续至大正时代（1912~1926）。② 而广州却在各国陆续放弃男女分泳的规管时，于1934年6月提出具争议性的男女分泳政策。

---

① 《禁男女同场游泳感言》，《越华报》1934年6月16日，第1页。
② Christopher Love, "Swimming and Gender in the Victorian World," *International Journal of the History of Sport*, 24:5 (May 2007), p.588；畔柳昭雄：《海水浴と日本人》，东京中央公论新社，2010，第38、44~46页。

我们可以视广州男女分泳的提议为中国在20世纪30年代转向保守主义的产物。保守主义的力量，同时见于中央政府及广东地方政府的层面，甚至在民间也以"摩登破坏团"暴力的袭击方式间歇性地出现。1934年初，蒋介石在南昌宣布推行新生活运动。不少研究已指出新生活运动含混的性质，它一方面强调礼、义、廉、耻等传统道德，另一方面通过法西斯式的群众动员来宣扬卫生、文明及纪律等现代行为准则。纵然新旧元素交集，新生活运动期望巩固现有社会秩序的倾向是非常明显的。南京国民政府同时把1934年定为"妇女国货年"，期望通过鼓吹女性购买国货，改善国家经济及纠正追求摩登洋化的女性的消费行为，并且在同一年宣布取缔女性在公共地方"裸腿"。① 至于在广州，广东省的统治者陈济棠也是含混的人物，他一方面推行一系列经济现代化的政策，另一方面祭祀孔子、关帝及岳飞，1933年更进而提倡在学校教授国学及读经的复古运动。② 而在民间，于1934年4~5月，一些城市如北京、杭州及广州有所谓"摩登破坏团"的出现。他们以身穿摩登服饰的男女青年为目标，单独行事，偷偷走近目标并以剪刀或镪水在时髦漂亮的上衣弄出一个大洞，通常受害者是在旁人提醒下才发现衣服被弄破。"摩登破坏团"是报刊给予破坏者的总称，虽然名为破坏团，但这些摩登破坏者似乎并没有什么组织上的联系。③ 我们并不能推论以上几个不同层次的对现代性的排斥是共同协作的表现，警方及政府均谴责这些破坏行为，反映了官方并不赞同民间对摩登者施行暴力。然而无论如何，在1933年及1934年，这些保守的行动相继出现，它们之间亦有互为因果的可能性。

在日趋保守的氛围中，1934年6月11日，陈济棠的部下，第一集团海军舰队司令张之英（1884~1954）在广东政治研究会中提议实施男女分泳。张

---

① Charlotte Furth, "Culture and Politics in Modern Chinese Conservatism," in Charlotte Furth, ed., *The Limits of Change: Essays on Conservative Alternatives in Republican China* (Cambridge: Harvard University Press, 1976), p. 35; Lloyd Eastman, "The Kuomintang in the 1930s," in Charlotte Furth, ed., *The Limits of Change: Essays on Conservative Alternatives in Republican China*, pp. 191–210; Karl Gerth, *China Made: Consumer Culture and the Creation of the Nation* (Cambridge: Harvard University Asia Center: Distributed by Harvard University Press, 2003), pp. 286–292.

② 关于陈济棠祭孔及祭关、岳的复古措施，可参见拙作 *Negotiating Religion in Modern China: State and Common People in Guangzhou, 1900–1937* (Hong Kong: Chinese University of Hong Kong, 2011), pp. 120–123。

③ 《第一声：摩登破坏团施展手段》，《香港工商日报》1934年4月18日，第2版第2页；《摩登破坏团宣布对象》，《香港工商日报》1934年4月22日，第3版第4页。

之英并不完全否定游泳，他认为游泳是一种有益的运动，问题出在习泳者缺乏自律，由于"人心浇薄"而出现"失仪者"，这对"风化大有伤害"。他并没有指明"失仪"的罪魁祸首是男性还是女性，亦不否定女性也有游泳的权利。但显然易见，张之英对游泳的定义与泳者有明显的差距。对他来说，游泳纯粹是一种强身健体的运动，游泳引申出的男女身体互动是不正当及"失仪"的，对社会产生负面的示范作用，而最为便捷的解决方法便是把男女泳者分隔开。① 这种思维和逻辑固然并不复杂，但我们需要探究的是这个论点背后牵涉的政治层面。广东政治研究会表面上并非广东省政府正式政治架构的一部分，实际上却是广东省党军政要员议事及制定政策的机关，因而拥有超然的政治地位。政治研究会的主席是陈济棠，委员共有数十人。政策经研究会制定后，交由省政府执行。② 而提出男女分泳的张之英与陈济棠关系密切，他于民国初年进入广东省陆军小学读书，是陈济棠的同窗，陈济棠得势后，他被任命为国民革命军第四独立团团长及海军舰队司令等职。③ 男女分泳的议案于提出后的数天内，迅速在广东政治研究会获得通过，相信在张之英公开此提议前，研究会已知悉或已讨论过此议案。也有可能是男女分泳的议案是陈济棠政权的集体构思，张之英只是被委派扮演提议者的角色而已。

男女分泳的议案通过后，广州各公共泳场即收到公安局的通知，须做出分泳的安排，例如把泳池一分为二，划出男女界限，或另辟新泳池。而由于高级游泳场一直伸延至河涌的深水处，难以有效分隔男女泳客，泳场唯有在水中竖立一木桩，写明"男女分界不得混乱"的字句。男女分泳政策在1934年6月23日正式实施，场中的人员需要负责纠正违规的泳客。④ 对于政府插手规限男女共泳的自由，既有赞成者，也有不少反对的声音（反对声音主要来自上海）。赞成者以维护"风化""礼教"为理由，例如上述把

---

① 《提议男女须分场游泳》，《越华报》1934年6月10日，第6页。
② 《粤省对改革政制案送政治研究会》，《天光报》1934年4月8日，第2页。
③ 张荣卿口述，张士桓、张士廷整理《张之英为家乡做的三件事》，《钦州文史资料》第6辑，1990年12月，第102页。
④ 《通过限制男女同游泳案》，《越华报》1934年6月14日，第6页；《男女分泳定今日实行》，广州《民国日报》1934年6月23日，第2页。1935年，北平市政府亦公布男女分泳政策，根据游鉴明的研究，北平最后并没有实施男女分泳，原因是常有外国人到泳池游泳，而且游泳是体育项目，与风化无关。见游鉴明《运动场内外：近代华东地区的女子体育（1895～1937）》，第263页。

男女共泳视为"肉诱"的报纸作者，相信分泳可提倡"中国固有之旧道德"，"让风俗日趋纯良"。① 而另一位分泳支持者，所针对的则并非女性的"肉诱"行为，而是在泳场借词教授游泳以及为"大饱眼福"而来的男性。② 这些支持分泳者的逻辑是：泳场的败坏反映了社会的败坏，因而改革泳场是改革社会的重要一环。

广州的报纸上并不见驳斥男女分泳的言论，或许大家均默认泳场上的确存在卫道之士大力鞭挞的泳场景观，亦有可能是男女分泳的提议迅速成为政府政策，报纸皆避免刊登反对政府政策的言论。反而在上海，却出现同情广州人不能男女共泳的言论。男女混在一起畅泳，是一个有多种含义的文化符号，有人从而得出了道德沦亡的感悟，亦有人看到自由与朝气，认为男女一起在水中畅泳，"表示着无限的活气、无限的自由，却全不令我们感到男女混在一起，有什么淫亵的意味"。③ 另一位批评者更直截了当指男女分泳的倡导者背弃革命，封建保守，打着"恢复'旧道德'的幌子"，令广州这个"革命策源地"恢复到"封建社会"。④

在广州，言辞上的沉默并不代表行动上的接受。而抗拒男女分泳的，不单是泳客，还有各个泳场的经营者，对他们来说，泳场是以营利而非道德教化为目的。在男女分泳仍在提议阶段时，市内各泳场已表现出强烈的恐慌，并共同开会讨论应对的方法。西郊泳场一位职员把事情说得很明白，指出"各泳场泳客之所以日益挤拥者，多半实被异性魔力吸引而来"。男女分泳失败是理所当然的事。首先，各泳场均投资了巨额金钱，若实施男女分泳，入场人数必大减，影响收入，因而它们必定不会积极辅助政府执行分泳的政令。有报道说东山泳场根本不理会此法令。其次，分泳安排在执行上亦有技术困难。西郊泳场是以警察体育会的名义主办，而分泳由公安局负责执行，他们当然不能知法犯法。但西郊泳场只能在近岸下水处执行分泳，之后男女又在河中较深水之处会合。⑤ 也有报刊作者说实际情况并不是男女"会合"，

---

① 《禁男女同场游泳感言》，《越华报》1934年6月16日，第1页。
② 《男女分场游泳》，《越华报》1934年6月16日，第1页。
③ 乃常：《游泳在广州》，《十日谈》1934年第34期，第369页。
④ 前辙：《分场游泳以后》，《社会周刊》1934年第1卷第27期，第531~532页。
⑤ 《男女分泳案亟应实行》，《越华报》1934年6月11日，第6页；《广州之男女分泳》，《香港工商日报》1934年7月9日，第4版第1页。

而通常是女性主动，游到男性那一方共泳，"男的却没有'报聘'"，此作者对此打了个比方，说在学校里，女生们可以自由地进出男生的宿舍，女生宿舍却是男生的禁地。① 可以看到，在有关男女关系的论述中，不单女性的身体本身被视为是危险的，女性更被描绘成比男性更不受规管，若出现"失仪"的情况，女性自然便是"失仪"的罪魁祸首。

除了在水中会合共泳外，一些男女泳客对政府的监控做出更为根本的挑战，就是杯葛市内的公共泳场，另辟自由的游泳空间。例如一些情侣会前往位于广州市以北白云山附近的黄婆洞，这里是一个天然湖泊，由于远离市区，政府政令不及，而且由于不是正式的泳场，没有实施男女分泳的政策。本来在广州市实施男女分泳前，到黄婆洞游泳的泳客不多，但分泳政策实施之后，这里变得愈来愈热闹。② 泳客可以在广州市内乘搭"野鸡车"（即私营汽车）直达该处，车费为一角，而由于黄婆洞泳场并非正式泳场，因而不设入场费。有趣的是，在男女分泳实施约一年后，到黄婆洞游泳的泳客已自行把此泳场完善化，他们不单盖搭了更衣室，更以竹板间隔出初级、中级及高级泳池，并且在高级池搭建了跳水台，其设施已与广州市内的正式泳场无异。③ 至于市内的游泳场，由于入场人数受男女分泳政策影响，门券收入只有过往的一半左右。而报纸报道男女分泳对女性泳客的打击较男性大，原因是她们失去了"异性助力，既失所恃，其胆自怯"。④ 这与上文引述女性主动违例越界与男性共泳同出一辙，都在暗示女性比男性更享受男女共泳的乐趣，所反映的似乎是以男性为中心的论述，但同时亦侧面说明了游泳在当时的意义。对不少人来说，游泳是强调两性互动的体育活动，若没有了异性的存在，游泳会变得乏味。

对于广州卫道之士管制男女共处的意图，并不止于男女分泳的行政指令，之后更从水中伸延至陆上，从泳场扩大至其他公共空间。1934年7月10日，省河督配局局长郑日东在西南政务会拟请取缔"男女同行"，认为男女"执手并肩"，"途人为之侧目，俗士尤所痛心"，因而必须减少"两性间

---

① 前辙：《分场游泳以后》，《社会周刊》第1卷第27期，1934年，第531~532页。
② 《黄婆洞泳场当时得令》，《越华报》1934年7月6日，第1页。
③ 《黄婆洞泳讯》，《国华报》1935年9月5日，第1版第4页。
④ 《男女划分后之泳场》，《越华报》1934年8月2日，第1页。

肌肤接触机会"。但这次引起民众极大的回响，反对者大致可分为两类：第一类反对者认为提议本身不合时宜，因为男女同行在各国已相当普遍，这是不能逆转的趋势；第二类反对者认同年轻男女在街上经常出现不符合礼教的行为，但认为取缔男女同行难以执行，而且将会非常扰民。首先，在街上同行的男女，并不一定是未婚的男女朋友，他们可以是已婚夫妇、兄妹、姐弟、父女或母子。① 其次，亦有反对者指出在街上若出现有违风化的男女行为（如互相搂抱），站岗的警察自然会执行警律取缔，因而不必担忧男女同行有碍风化。② 此提议最终并没有得到政府接纳及实行，最后不了了之。提议取缔男女同行的郑日东是广东防城人，与陈济棠是同乡，亦是陈济棠的哥哥陈维周的女婿，因而与陈济棠有亲戚关系。③ 我们难以确定鼓吹取缔男女同行是郑日东的个人意见还是当时当权者的态度。这里有三个可能性：（1）郑日东心底里真的相信男女同行对公众道德构成潜在的威胁，因而希望为道德重建出一分力；（2）郑日东只是为了逢迎当时以陈济棠为首的广东政权的保守倾向，却没有透彻掌握他们所划定的道德界限；（3）郑日东只是陈济棠的代言人，陈济棠可能亦明白取缔男女同行极具争议性，因而借郑日东之口代为鼓吹及测试舆论反应，由于反对声音极大，陈济棠等当权派决定搁置提议。我们无从得知事件的来龙去脉，但亦不能简单地把取缔男女同行的建议视作个别保守人士的天方夜谭或痴人说梦。因为这些论调的确反映了中国在20世纪30年代，因为男女关系急速转变而引发的保守人士的不满情绪以及他们重建社会规范的企图。

结　论

在中国追求现代性的过程中，形塑了一个个现代（摩登）的身体。不

---

① 《请取缔男女同行条陈》，《越华报》1934年7月11日，第6页；《议禁男女同行之观察》，《越华报》1934年7月15日，第6页。
② 《谈男女同行问题》，《越华报》1934年7月24日，第1页。根据当时广州的警例第45条，若干犯以下条例，包括"于道路或公共处所，赤身露体，及为放荡之姿势者"，或"于道路或公共处所，为狎亵之言论举动者"，又或"奇装异服有碍风化者"，会处以五日以下的拘留，或五元以下之罚金。见广州市政府编《广州指南》，广州市政府，1934，第56页。
③ 计宦今：《倡禁男女同行之郑日东》，《老实话》1934年第45期，第174页。

少著作指出中国民众并不全盘反对"摩登"的事物，例如 Frank Dikötter 在 *Exotic Commodities: Modern Objects and Everyday Life in China* 一书中，提供了一份详细的清单，以说明中国民众对舶来物品如何趋之若鹜。① 李欧梵亦细致地描述了上海不同的摩登都会空间，如何为民众提供体验现代性的方式。然而空间与物质文化，只是了解现代性的影响的第一步。摩登身体及男女摩登的接触方式，超越了中西物质层次的接触，进而冲击中国人固有的身体观念及两性关系。民国时期"现代"与"保守"的抗衡，不单存在于知识分子的著作中，也存在于民众的日常生活中，甚至体现在个人身体在公众空间应如何展示才符合社会规范的论争上。20 世纪 30 年代在中国一些城市出现的"摩登破坏团"及政府取缔"男女共泳"、"裸腿"及"奇装异服"的法令，为我们理解国家以至民间保守人士对摩登身体的袭击，提供了宏观的视角。在 20 世纪，随着身体成为呈现现代性的最显然易见的载体，身体政治成为国家政治的一部分，也因为如此，要充分了解国家政治，我们必须了解民众的身体如何负载了个人的追求及国家的期盼。

民国时期，"体育"及"强身健体"等论述，为游泳提供了广阔的发展空间，亦为青年男女提供了紧密的身体接触的机会。初尝恋爱自由的中国年轻人，抓紧此机会，把在泳场嬉水游泳作为他们"拍拖"活动的一部分。游泳风尚与男女自由恋爱的风尚因而是密不可分的。充斥着男女青春胴体及身体互动的游泳场，构成了摩登都会的"旖旎风光"，它吸引了男性的凝视，亦提升了女性对自我身体的自觉。但对保守人士来说，游泳场是"情色"的异域，青春的胴体标志着"肉诱"与道德败坏，规训这些放纵的肉体，重设男女之防，以挽救世道人心，成为 1934 年广州男女分泳政策的主要理由。然而，广州的游泳人士并不认同政府的规范，但他们并不（或无力）在语言论述的层面上进行抗议，而是以身体行为作为抗争的方式。结果，男女泳者或在深水处会合，或联袂到偏远的黄婆洞继续享受男女共泳的自由，以逃避政府为他们所划定的道德界限。民国年间，游泳场成为权力的舞台，上演了国家与个人关于身体、社会空间和价值观的角力。

---

① Frank Dikötter, *Exotic Commodities: Modern Objects and Everyday Life in China* (New York: Columbia University Press, 2006).

第十二章

运动竞赛背后的竞赛：
1924年全国运动会及其引发的争端

黎俊忻

大型运动会作为体育竞技公开展示的方式，于20世纪初开始在中国流行，至50年代以前国内举行过远东运动会、全国运动会，以及各省市、片区、校际联合运动会等。这些运动会所呈现的形态，包括项目、规则、赛果等，往往受组织比赛、参与体育事务的人影响。这些人可能隶属不同的团体组织，代表不同立场和利益。他们之间的争夺和妥协，与竞赛场上的情形互为表里，相互影响，在政权长期不统一的民国时期更为明显。在中国近代体育草创时期，参与者又往往是深具影响力的商政界闻人。因此运动会反映出来的不仅仅是运动本身，更能折射出当时的社会政治生态。这也是本章借1924年第三届全国运动会所试图呈现的。

第三届全运会于1924年5月底在武昌举行，在此之前的两届全运会分别是1910年上海青年会借南洋劝业会发起的运动会，以及1912年北京青年会以"北京体育竞进会"之名发起的运动会。这两次运动会采用的是清一色的西洋体育项目，无论赛场用语还是行政文件全为英语。参赛队伍也以教会学校、军队为主。这两次运动会在举办之时并未称为"全国运动会"，20年代后才被追认为第一、第二届全运会。

至第三届武昌全运会，举办规模较前两次更大。比赛类别增加了此前没有的游泳、国技，又首次允许女性运动员参赛。比赛的度量单位以"米"取代了此前的"英码"，与国际潮流接轨。此次运动会还促成了第一个全由中国人运作，统管国内体育事务的组织——中华全国体育协进会的成立，在近代体育史上有里程碑式的意义。只是这一过程并非一帆风顺，而是充满争议和冲突。其突出表现在筹备过程中，主办方基督教青年会受到精武体育会、南华体育会的挑战，既针对青年会办理全运会的资格，也质疑他们组织成立"中华业余运动联合会"的合法性。[①] 这一争端极大影响了后来全运会的办理方式，也引发了体育协进会成立时的重重波折。研究这一事件背后复杂的因素有助于我们理解民国体育界乃至更多层面的历史问题。

全运会筹备引发的争议

第三届全运会的筹备，于1922年已提上中国基督教青年会议事日程，后因战事延至1924年初。1924年以前，青年会已主办前两届全国运动会，选拔六次远东运动会参赛队伍，几乎可说主持了当时国内重要的体坛大事。青年会素有借体育传教的习惯，[②] 在20世纪初已派外国体育干事到中国积极宣扬西洋体育，也培养了大量中国优秀体育人才。[③] 20年代青年会在东部沿海以及个别中部商埠势力相当大，会中张伯苓、余日章等人，都在政界、学界有相当的影响力。

不过也是在20年代初，国内其他体育团体发展迅猛，逐渐改变了青年会在体育界一枝独秀的状况。其中以粤籍人士为主要参与者的精武体育会、南华体育会，发展令人瞩目。精武体育会在20年代逐渐在上海、汉口、厦门、珠三角及东南亚各地华埠建立数十处分会。[④] 其于长江下游一带得益于广帮商人在此深厚的经济和人脉基础，实力十分雄厚。南华体育会以英国殖民统治下的香港为平台致力于发展足球和游泳事业，在华人团体中较早进入体育商业化运作。1923年前后，这些组织曾抨击第六届远东运动会与会队

[①] 关于第三届全运会的争端，此前也有文章涉及，如卢勇《旧中国第三次全国运动会纪略》（《湖北文史资料》2001年第1期）。此类文章做了体育资料搜集工作，但对于争议各方的背景以及争端的后继影响未能深入分析，不能尽其曲折。对"中华全国体育协进会"成立的研究称得上汗牛充栋，但都着眼于中国人从外国人手中夺回体育主办权这一角度，对协进会成立过程中出现的争议仍可发掘。

[②] 参见蔡政杰《基督教青年会与中国近代体育之发展》，硕士学位论文，台湾师范大学体育研究所，1992。

[③] 参考李镇华《基督教青年会在华传播竞技运动（Sport）的本土化历程（1885~1928）》，硕士学位论文，台湾师范大学体育研究所，1994。

[④] 参考精武会20世纪20年代的出版物《精武本纪》《精武内传》《精武外传》《精武粤传》等材料。

伍成绩不佳，质疑青年会个别干事的做法，表达对该会长期把持中国体育的不满。

至全运会开会前一个月，这一矛盾升级为公开笔战，显示出后起的华人体育社团要求在大型运动会上发声的决心。彼时上海《申报》刊出大幅报道，标题为《全国运动会反对声》，原件是南华体育会通过汉口交通银行转达给业余运动会的声明，主张抵制全运会。[①] 文谓："该中华业余运动会之值理，究在何时何人举出，是否有此权能，以核定进行此全国运动大会，以内容考之，全属远东运动会人员之变相。如办全国运动大会，须由该会核定，方得举行，则全国体育总机关，自必为该会矣。闻贵会亦将派员往武昌与会，并拟趁此时机，召集各地代表，举行成立大会，敝会以情形测之，窃不能不为贵会虑也。因该会组织时，未函请国内各运动团体派代表与会，形同虚设，致令我等反对。然既承认其有核定此全国运动大会之权，并派代表与会，则该会虽未公开于前，而我已承认于后，则将来全国体育，归其操纵。即或因办事职员，不满众意，亦只有改选之一法，断不能连该会而推翻之，以贻出尔反尔之消。且贵会之意，以为趁此时机，为成立过渡不知今年既为所属，他年又推翻而另行设立，则手续繁而信仰失矣。为贵会计，莫若联合各体育团体，不与斯会，宣布其组织不合法，并否认其为全国之总机关，另发表贵会之宗旨及召集各处代表赴会，联合组织。至于成立，以示公开，苟当贵会召集代表叙会时，敝会谨当派员与会云云。"[②]

南华会以拒会为由谋求参与全国体育机关组建的动机是相当明显的。此函表示参加全运会就等于承认以"业余运动会"为名的青年会的主导地位，对其他体育团体失之公允。结尾处更强烈要求，如要成立全国性体育机关，必须召集包括南华自身在内的各体育团体代表，方为名正言顺。

这一反对声音得到其他团体的附和。该文刊出后数天，本来积极响应全运会的精武体育会也停止派遣女生参赛，谓："该会因国内各体育团体多对

---

① 南华体育会函件，多次通过汉口交通银行曾务初转递，业余运动会的复函同样也通过这一途径。曾务初为汉口精武会干事。再参考南华会与精武会在广东地区经常联合举办比赛，又有人员上的重叠，可知两会关系甚深。

② 《全国运动会之反对声》，《申报》1924年4月20日。

该运动会有所怀疑，亦认为有讨论之价值，故将派女生赴会一举，作为罢论云。"① 摆出消极观望的态度。其余附议的还有湖北商团等团体，暂因资料缺乏，未能了解更多详情。

全运会筹备在此时的舆论声势中陷入尴尬。青年会只好做出回应，一方面承认此前业余运动会仅为少数人提议，未征询其他团体，确实是不合理，都只因热心体育使然。另一方面又把矛盾推到当时青年会的外籍干事葛雷一人身上，谓："该会委员为王正廷、张伯苓、聂云台诸人对于会务从不过问，且终年不开会，一切进行均由书记葛雷博士就近向某委员略加咨询，断然执行……"② 葛雷作为一个外国人，早因第六届远东运动会成绩不佳被诟病多时。青年会当即要求他停止使用"全国运动会"字样发文，并搁置了全国体育机关的成立进程，待各方体育专家到来再行商议。前后可见青年会做出了很多让步，希望尽快平息争端。一些具有教会背景的人士，如蒋湘青等人，也提出议和建议："因系中华业余运动会联合会所管辖，致招各方反对，敝人对此极抱乐观，因此种情形，正可以促进国人之自觉也。然此次全国运动会决不能因葛雷一人之关系，即加反对而不参与，当从积极方面另谋补救方法。"③

反对全运会的言论到 5 月初暂时停止。南华体育会和精武会后来都派出运动员参加比赛，表现相当不俗（详见下文）。两会也如愿派出代表参加 5 月底举行的全国体育机关成立大会。不过此会讨论过程仍然充满火药味。有报道云："张伯苓君报告中华业余运动会之经过情形，并主张中华体育协会与业余会合作，当除一小部份否认外，余皆赞成。于是反对者所发之议论皆为赞成者驳倒，惟赞成者之提议亦多有出于范围之外者，致使会场秩序大乱，几至动武。后由张伯苓起立喝止。乃一致主张定下午在中华业余运动会开会时全体加入再议。亚推张君为主席，以业余运动会与中华协会之章程，互相参考。故上午在教育厅之会议，仍可谓无结果而散。"④ 可以看出此时各方争持不下，几乎大打出手，令主持者张伯苓也十分尴尬。按此材料中出

① 《精武会停派女生赴汉》，《申报》1924 年 4 月 25 日。
② 《全国运动会之反对声》，《申报》1924 年 4 月 20 日。
③ 《主张参与全运会之意见》，《申报》1924 年 4 月 30 日。
④ 《体育协会在鄂开会之经过》，《申报》1924 年 5 月 30 日。

现的"中华体育协会",于1923年7月成立,组织者为卢炜昌、熊长卿、唐少川、陈公哲、马西民,外加马子贞、侯可九、戈公振几位,跨越军界、报界,有不少粤籍人士参与其中。精武会中坚力量卢炜昌、陈公哲,与唐少川(绍仪)、熊长卿等人素日友善。此次联手主张中华体育协会与业余会合作,实际上是使大批长期游离于大型运动会组织以外的人,进入全国体育组织之中。

5月份体育会议在争议中结束,虽未达成协议,但对精武会意义重大。精武会领导人之一——原籍广东香山的卢炜昌,在会中掌握越来越大的发言权,甚至有人质疑精武体育会把持会议。① 卢君在会中提出:"中华业余运动会所以急需改组,因内中信宗教者太多,最易使人误会。"② 这很明显针对青年会而言,并非如此前青年会所表示那样因为个别主持者是外国人的缘故。体育界另计划在7月份趁教育改进社会议时继续未完的讨论,卢炜昌被选举为两名筹备委员之一,与青年会张伯苓似已处于对等的位置。

南华体育会在5月底的组织会议中占一席位,此时香港派出的四个代表之中,莫庆、陈会文和袁璨辉都是南华体育会高级职员,分任干事及领队。③ 他们又作为南华会在全国运动会的参赛运动员,帮助华南代表团争取名次。

从4月底全国运动会争端初起,至5月份重新协商,青年会已无法如以前那样主导体育界事务,而精武会、南华会等有粤籍人士为背景的体育组织,在全国性体育会议中的发言权得到极大提升,这对第三届全运会赛场上的情况有很大的影响。

全运会赛场上的争夺

在上述会议上积极进取的精武体育会,于全运会赛场上有突出表现。他们在青年会一直占优的西洋体育项目以外,另辟"国技"这一新战场,为会中人提供极佳的展示平台。

---

① 《体育协会在鄂开会之经过》,《申报》1924年5月30日。
② 《体育协会在鄂开会之经过》,《申报》1924年5月30日。
③ 《本港体育界派代表赴武昌》,香港《华字日报》1924年5月12日。

精武会人素来注重中国传统技击训练。① 在创会之始，精武已宣扬通过练习国技，摆脱"东亚病夫"的阴影。20 年代初精武会曾派员到京津、华南、南洋诸国华埠做广泛宣传，并常以"国操""国技"名之。② 可以说在第三届全运会之前，精武技击已在东南沿海及南洋一带播下星星之火。

而此次全运会上出现精武技击，除了这些前期准备外，也得益于更多适当的契机。除了上文所言卢炜昌等人努力在体育会议上争取发言权外，第三届全运会中也因为远东运动会加入西洋拳术，而相应地出现"拳术"项目。"拳术"本是指称西洋技击，但在全运会筹备上，却又渐渐变成另外一个样子。1924 年 5 月初，精武会发出通告，"拳术"改称"国技"，由精武体育会全权负责。通告称："国技界同志公鉴，全国运动大会……国技表演一门承委敝会办理报名，凡吾国技界同志无论何宗何派欲往武昌参预运动者请至本埠中央精武会接洽。"③

国技比赛也曾用"中国拳术"一词指称，由业余运动会主席陈时负责。陈时本人同时也是武昌精武会的总干事，与上海精武会卢炜昌、陈铁笙等人也多有交往。在南华体育会率先对葛雷做出质疑之后，陈时即复函南华嘱其参加，并以国操一项委托精武办理。他如何使"中国拳术""国操"这一项目列入全运会项目，还需要更多材料说明。但他既在武昌的文教界经营有时，又是业余运动会成员。作为中间人，他为卢炜昌、陈铁笙、熊长卿等人主持国技比赛铺平了道路。④

精武会不单单为国技运动做报名工作，还极有可能参与国技演武场的布置。报载："此外运动场，闻多建筑就绪，但游泳池与田径赛地位，均嫌狭小，闻此皆葛雷所定图样，人多说其外行，现该会特请中华体育协会代表熊长卿君到会居住，帮同布置。"⑤ 熊长卿是当时广东精武会代表。关于会场

---

① 精武会所习技击术，主要是"潭腿""功力拳"等被称作"精武十套"拳法，以及其他带有明显北派特征的功夫。这里所说的"传统技击"，实际上经过精武会人的整理加工，仅区别于西洋拳术而言。
② 关于精武会宣传技击事，见精武会 20 世纪 20 年代出版物《精武外传》《精武内传》，以及陈公哲《精武会五十年》，春风文艺出版社，2000，第 48～53 页。
③ 《中央精武会紧急通告》，《申报》1924 年 5 月 5 日。
④ 关于陈时与上海精武人交往诸事，见陈铁笙《第一次全国运动会国操纪事本末》，《精武杂志》第 42 期特载，1924 年 6 月 15 日。
⑤ 《武昌举行之全国运动大会》，香港《华字日报》1924 年 5 月 24 日。

布置的情况,有相关的文字描述:"筹备员陈铁生(笙)来函、内有一段述及表演国技事、略谓表演国技用之演武台建在会场之中心,地点甚佳。"①演武台建在场区中心,令各处看台都能看到。在 20 年代运动会尚无直播技术,场地好坏会直接关系到表演效果。精武会的国技演示在场地位置上可谓占尽优势,而这很可能有会中成员的影响在里面。

到了正式比赛日,国技场上盛况空前:"国技大会操现报名者已达四百人、内模范小学二百人、中华大学四十人、共进中学一百人、博文中学十人、外国语专门学校十人、汉口精武会四十人。"② 国技赛程安排在每天下午,横跨全运会三个比赛日。③ 精武会与赛者除了此前早已定下的上海精武会五名女生外,还有汉口精武会、江西南昌精武会等。最终由江西精武会得团体比赛第三名。这一时期报纸对国技展示的报道,大多是正面和积极的,也不乏溢美之词。但细究之下,仍有耐人寻味之处。比如前面引文所言,不论什么团体,都可向精武会报名参加国技比赛。但实际参赛的单位很少见有当时崇尚习武的武馆和商团,反而是学校占多。而在学校教授技击术的做法,正是精武会在东南沿海及华中地区开创的。

此次国技比赛的拳术类别,以精武基本拳如潭腿、工力拳、大战拳、套拳、孙膑拳等为多。另有北方查拳、闽南拳术太祖拳、湖南拳等。器械有五虎枪、梅花刀等。比赛分为个人和团体,还有双人对打。值得注意的是,团体方面除了国内的汉口、江西精武会以及若干中小学校外,还有海外吉隆坡精武女会前来参赛。至于双人对打,则有单刀串枪、接潭腿等精武会研习多时的对练套路。④

这次比赛所请的裁判,有上海精武成员、江西地区中小学国操教员,还有上海武术会吴志青等。团体评分依照精神、气力、姿势、服装等五项。个人评分则以身手眼步法精神气力功。⑤ 后者明显是中国技击术语,在以西洋体育为主的运动会中别树一帜。但也可以看出这些评分项目带有较强的主观

---

① 《精武会派员赴鄂表演国技》,《申报》1924 年 5 月 17 日。
② 《精武会派员赴鄂表演国技》,《申报》1924 年 5 月 17 日。
③ 《第三次全国运动会消息》,香港《华字日报》1924 年 5 月 17 日。
④ 陈铁笙:《第一次全国运动会国操纪事本末》,《精武杂志》第 42 期特载,1924 年 6 月 15 日,第 6~8 页。
⑤ 《精武杂志》第 42 期特载,1924 年 6 月 15 日,第 3 页。

性。此次运动会国技成绩不会计入总分，对争夺总锦标不会有帮助，似乎也间接显示西洋体育与技击比赛之间的技术衔接不是简单的事情。在这次国技比赛中，精武会不但是国技表演的参赛方，更是集组织报名、制定规程、赛场裁判于一身，最后也是获奖的一方。这在民国大型运动会草创之时，是相当普遍的现象。

最早提出抵制全运会的南华体育会，所派选手在游泳比赛上取得名次。南华自20年代初已开始在香港发展游泳运动，经常与广东精武会合作，利用广州东山水上游艺场等地开展游泳比赛。武昌全运会第一次把游泳纳入全国运动会比赛项目，南华选手袁璨辉参加50米自由泳和200米接力，连同东山培正中学选手，帮助广东取得第二名。尽管此时游泳比赛中湖南、湖北、华东选手实力也很强，成绩在华南之上，[①] 但发展至1933年第五届运动会时，游泳已成为华南代表团最有竞赛力的项目，不可不说是南华体育会20年代加强训练、积极比赛打下的基础。

上述这些团体在全运会上显示出极高的体育水平，就时间上推测，国技比赛的执行、游泳比赛的成功，明显得益于4月份两会所提出反对全运会意见。赛场上的表现也为粤籍代表在5月底的体育联合会议中增加了底气，有力推动了广东在此后的全国体育会成立会议上争取第四届全国运动会主办权。

全运会的后继影响：全国体育协进会成立及其决议

前文谈及的5月底全国体育会议未有结果，至7月份会议重开，实际上也是第三届全运会的后继影响。这次会议稍稍摆脱此前的胶着局面，似乎让不同群体取得平衡与妥协，商量成立"中华体育联合会"。[②] 会董名单计有张伯苓、郭秉文、卢炜昌、沈嗣良、陈时、聂云台、郝伯阳、方克刚、穆藕初9人。就这些人的背景来看，属基督教青年会一脉的仍有半数以上，但又加入了卢炜昌、聂云台、穆藕初数人，为热心体育的实业家。该会于次年7月弃用"体育联合会"称号，改称"中华全国体育协进会"，即前文已谈

---

① 《全国运动会总结束（二）》，《申报》1924年5月30日。
② 《中华体育联合会成立大会记》，《申报》1924年7月6日。

及的第一个全由中国人任职的统管全国体育事务的组织。只是重新审视由4月份南华会提出异议,到5月底体育联合会议上代表几乎大打出手的情形,可知其成立过程十分曲折。

全国体育协进会成立后,各地方性协进会也相应建立。不过全国协进会与各地方性协进会,远未构成自上而下的层级关系。此时全国体育机关能行使多大的组织效力还很难说。香港成立体育协会后不久又与协进会不合,重新提出议案,谓"俾得向广东省体育协会作一极大联合,然后再向华北结合,使远东运动大会得一极好之中国体育会"。① 表示想在协进会外另起炉灶。

然而9位新晋会董既有"全国体育协进会"的组织名目,也更顺理成章地做出"全国性"的决策。其中隐约可见粤籍人士的影响,最突出的一项就是成立会议后不久,即1925年7月,体育协进会召开董事会,讨论"决定第四届全国运动会在粤举行日期及筹备手续"。② 一次大型运动会,多少可以促进该区体育事业的发展。场馆建设、人气积累,也将为举办地带来很多有形无形的益处。当然广东选手在1924年政局如此不稳的情况下,仍通过受影响较少的香港团体以及旅外广东体育团体参加全运会比赛,有出色表现,也为争取第四届全运会举办资格增添了筹码。

1925年协进会议,虽未明确第四届全运会应如何办理,但照第三届的情况而言,游泳是世界运动的潮流,在国内普及度也很广,再加上广东有很好的游泳比赛条件,应当毫无疑问地延续下来。国技比赛在第三届还没形成具体细致的评分标准,可能影响到与总锦标评分的对接。但时至20年代,发展中国固有体育的呼声存在已久,精武会若在广东这一大本营中延用国技项目,也不会有太大阻力。而且广东于1905年已开始举办省际运动会,较全运会历史还早,从办会经验和经济实力来说,比起武昌全运会应不会逊色。

小　结

运动会赛事激烈,观者众多。办理运动会实有助于提倡体育,带动一地

---

① 《香港华人体育协进会成立》,《申报》1925年3月23日。
② 《全国体育协进会将开董事会》,《申报》1925年7月24日。

的风气，反映国家地区的体育水平。不过其筹备、举办以至运动项目的设置、选手的参赛情况，往往是少数代表各自势力的精英和团体角力、协商的结果。这些角力和协商又会反过来影响运动会所呈现的形态。以第三届全运会为例，青年会原本包办了国内大型体育会的主持工作，自此却有来自其他体育团体如精武会、南华会的人，强烈要求参与其中。他们在体育会议上取得发言权，在全运会中加入了自身擅长的国技、游泳等项目，并争取在全国体育机关之中得一席之地，为广东举办第四届全运动会做了铺垫。20年代前半段，是这些体育组织在全国体育界急速上升之时。他们努力改变了青年会以西洋体育主导全国运动会的局面。

某些项目的运动员竞赛水平与体育会的作为不无关系。游泳在广东一地的普及，固然得益于此地河网交错、濒临海滨的地理优势，也得益于体育会的宣扬，以及他们在游泳场的建设等方面所做的努力。至于20年代初的"国技"比赛，情况则较为复杂。中国武术门派众多，地域分布广泛，组织机制也大有差别。在20年代镖局、商团、武馆、体育会甚至会党等林林总总有习武活动的组织中，什么团体可以以"体育""竞赛"，甚至代表"中国拳术"的方式在现代运动会上表演，多少带有"正名"的含义。也可以想见，在精武会及其南洋分会的推动下，技击以一种全新的形象出现在现代运动场中。背后的契机，则是该会暗合了晚清伊始民族主义对身体的关注，而且塑造出不分畛域、政治中立的形象，很能适应在中国各地及南洋的传播。

不过上海精武会的高层在1928年北伐统一全国后，受到新一轮人事变动带来的冲击。首先表现在中央国术馆组建工作在张人杰、褚民谊等人的支持下完成，并延伸到中国各地建立分会。精武会曾经想争取"国字化"但最终失败。[①] 国术馆系统又通过建立全国性国术考试机制和主持第五、第六届全运会国术竞技，掌控了"中国固有体育"的规则制定，连所谓"全国性体育机关"的体育协进会亦难以置喙。[②] 此外张人杰借1929年西湖博览

---

① 陈公哲：《精武会五十年》，第97页。
② 这一点具体表现在体育协进会无法管理国术比赛，国术馆多次在协进会主办的大型运动会上公开宣布国术比赛不受"业余运动"规则所限，这就等于消除了协进会界定运动员资格的基本准则。而且所有比赛的准则制定和裁判工作，均由国术馆人主理。

会场地召开全国国术游艺大会，顺势宣布杭州主办第四届全运会，甚至并未知会体育协进会及已经着手筹备的广东体育界同人。因而20年代新兴体育社团，特别是其中粤籍人士所做的努力很多并未真正收到成效。不过他们既有的组织仍然发挥作用。南华体育会直到日本南侵之前仍是香港最有影响的体育会。精武会在国内会员甚众，即便在上海精武会几位中坚力量离开后，长江下游的组织仍然存在，只是30年代广东一带的分会相对更为活跃。南洋各地精武分会需要面对各自所在地的政治环境，以及财政、师资、人员等各种压力，但他们多数能够树立自身正面的形象，甚至作为注册社团，在当地华人社群中发挥持续影响。

第十三章

走向公众：20世纪上半叶粤港地区黄飞鸿形象的塑造

陈丽华

前　言

黄飞鸿是清末民初生活在广东佛山、广州等地的一位武师，原籍广东省南海西樵，出生于佛山，随父习武及卖艺售药，并跟随林福成等武师学习。少年时代起在广州省城外商业重地西关地区设立武馆，并以跌打治疗为业。他也曾在军中任职武术教练，并传授了不少弟子，民国商团之乱后病逝广州。①

黄飞鸿由一位岭南地方武师，演化为家喻户晓的中国功夫的化身，与20世纪下半叶以来影视业的巨大传播效应有密切关系。如有学者指出："自1949年以来，黄飞鸿电影已超过100部，时间跨度达半个世纪，2001年黄飞鸿电影被吉尼斯世界纪录列为世界最长寿电影片集。黄飞鸿电影在所有以黄飞鸿为题材的文化产品中数量最多，影响也最大，是让世界了解黄飞鸿的最主要媒介。"②

然而，黄飞鸿的形象由弟子间口耳相传的故事，转化为公众所知的英雄，20世纪上半叶才是最为关键的时期。关于这一时期社会变化对于黄飞鸿及其弟子的影响，学界的关注还远远不够。本章即打算透过这一过程的探

---

① 斋公（朱愚斋）著，豹翁（苏守洁）鉴定《粤派大师黄飞鸿别传》，香港，国术丛书社，1933。
② 肖海明：《黄飞鸿其人与黄飞鸿现象》，《佛山科学技术学院学报》（社会科学版）2001年第4期，第84页。

讨，展示僻处社会一隅的黄飞鸿及其弟子是如何逐渐走入公众的视野，以及其背后所反映的民国时期省港一带的社会变化。

口述传统

历史上的黄飞鸿是什么样子，其实我们所知不多。我们能够借以认识黄飞鸿的资料，绝大部分是由其身后的弟子们留下的。20世纪30年代初，黄飞鸿的再传弟子朱愚斋便已经在香港的《工商晚报》上连载关于师祖黄飞鸿的故事，1933年辑成《粤派大师黄飞鸿别传》（下文简称《别传》）。据朱愚斋称，"黄飞鸿者，是为予师林世荣先生之师，死距今六年而已。事迹非遥，至今粤人多能道之。乃据其毕生所历，缀以成文"。①

该书在行文结构上明显透露出口述传统的影响。从研究者蒲锋的评论中，我们亦可略窥端倪，从小说的艺术角度看，朱愚斋的《别传》实在无甚足观。技巧谈不上，无论文笔还是情节都很粗糙。由于连载关系，类同的故事多番出现；离不开"武无第二"，黄飞鸿常要面对各式挑战，被他打败的人找强手报仇，仍被黄所败。故事重复而单调。②

当然，他认为"《黄飞鸿别传》别具小说以外的价值，它有着浓厚独特的岭南市井气息"。不过这种"粗糙""重复而单调"的行文，恰恰反映出口述历史的特点。全书并无章回，谨以黄飞鸿的生平为纲，叙述了50个左右的故事，这类故事主要是为了塑造黄飞鸿及其弟子的英雄形象，因此有诸多他们打抱不平或者打败挑衅者的故事。犹恐读者不信，这些故事人物的街坊店号、家庭住址、流连的餐厅、比武的地点等，无不巨细，纤毫毕现，使读者仿佛亲临其境。

但是引人注意的是，除了其早年之外，后面约2/3的故事，大部分都和林世荣有关。可以明显看出在文字之前，其来源主要为林世荣的口述，这既包括林世荣所亲身经历的事，也包括林世荣及其弟子所记得的、从黄飞鸿以及他人口中听闻的事。除了黄飞鸿及其弟子外，文中还偶尔有插入黄飞鸿及

---

① 斋公（朱愚斋）著，豹翁（苏守洁）鉴定《粤派大师黄飞鸿别传》，"前言"。
② 蒲锋：《电光影里斩春风——剖析武侠片的肌理脉络》，香港电影评论学会，2010，第48页。

其父黄麒英、徒弟林世荣及其弟子等人讲述的武林故事，但猜测大部分也是从林世荣等人口中转述过来的。而在朱愚斋出版该书之后不到十年间，又有两部关于黄飞鸿的小说问世。虽然已经逐渐脱离纪实的取向，却亦号称内容来源于林世荣的口述（下文会再提及）。

这位最关键的报道人林世荣，原为肉店屠贩（故人称猪肉荣），比黄飞鸿小十几岁，曾经在广州西关"从之二十年，尽其技始别"。① 在黄飞鸿之前及之后，他都曾跟随其他武师学习，但显然对于黄飞鸿最为认同。《别传》中记载二人的相识，缘于林世荣租了黄飞鸿妾室的房子。直至后来他惹上麻烦到黄飞鸿家避祸，才正式拜师学艺。然而，"世荣虽得列飞鸿门墙，然飞鸿疏懒，数月未尝以一拳见授"。于是林世荣便动用心机，常随黄飞鸿的儿子同去，黄飞鸿授子时默记于心，由此逐渐窥其门径。②

从口述传统背后，我们也可以很明显分辨出两个世代的不同心态。黄飞鸿一生传授的弟子也不算少，弟子们习得的技艺却各不相同。朱愚斋曾为其辩解：

> 飞鸿之授徒也，各因其性，授以专长，毁之者谓飞鸿不欲以己衣钵传人，故分将绝技，转授各徒，各徒之中，无一能窥其全豹，实则飞鸿依各人之性授之，使能事半功倍，进步自速，并欲各徒各擅所长，以免争执，亦别有用心也。③

可以看出，黄飞鸿的武功传授还是亲疏有别、严格囿于圈内人的，口传身授便是习得武功的必经门径。其故事的流传，就在这些有限的圈内人之中。至于其弟子来源，由于他曾经先后应西关铜铁行、三栏（即果栏、菜栏、咸鱼栏）中人之聘为武术教师，并在西关设立武馆，他的弟子亦多半是来自这一地区的市井人士。按照莫孝同的描述，这类武馆在当时广东省各市镇颇为常见。这类武馆以习武强身为目的，收入靠卖武、卖药及治病，通

---

① 斋公（朱愚斋）著，豹翁（苏守洁）鉴定《粤派大师黄飞鸿别传》，第41页。
② 斋公（朱愚斋）著，豹翁（苏守洁）鉴定《粤派大师黄飞鸿别传》，第41页。
③ 朱愚斋：《岭南武术丛谈》，台北，华联出版社，1971，第52页。

图 1 原题"粤派名拳师黄飞鸿得意弟子林世荣先生及著者朱愚斋公君"(1933)

资料来源:斋公(朱愚斋)著,豹翁(苏守洁)鉴定《粤派大师黄飞鸿别传》,前置插图(笔者翻拍,下同)。

常和区域性的民俗活动结合极为紧密。① 在朱愚斋的书中,便多次描写了黄飞鸿师徒参加庙宇祭典,舞狮引发争斗的故事。

而林世荣却和他的师傅黄飞鸿不同,他非常有意识地要将功夫传扬出去。据战后林世荣在港其他弟子的回忆:

> 凡武师多秘其技,学者多恐其师不尽其技,先师匪独不秘其技,

---

① 莫孝同:《清季广东的武馆》,《广东文史资料》第47辑,1986,第226~227页。

反恐学者不尽其技，举凡拳经棍论，跌打药方，散置几席间，任人阅录，有未明者，则详为解释，故门中设馆授徒，悬壶问世者，遍南北。①

《别传》曾将这一心态变化追溯到其同门、在广西梧州发展的陈锦泉（后来也到香港），其在校艺中获得盛誉，有人奔走来告，黄飞鸿开宴席庆祝。"世荣闻而甚羡，锦泉今能为师所颂，思有以亦得为飞鸿所颂者，归而大出飞鸿所传诸技，遍授诸徒，冀诸徒亦能如锦泉出其绩学声于世者。"②似乎广州时期的他受到了声名的吸引。及至20世纪20年代他到香港之后，虽然并没有和行会完全脱离关系，但更可以明显看出弟子往往遍布各行各业，不乏专业人士、文人和社区领袖。教武者和习武者的转变，与在近代民族主义散布的背景下，武术技击地位的改变有极大关系。

从武术到国术：近代国家话语的转变

林世荣在香港时期多以曾任近代国民革命军的武术教练著称。在1936年出版的《林世荣工字伏虎拳书》中，笔者找到一张林世荣的戎装照，上题"国民革命军第一集团军总司令部国术教练"。《别传》记载：

> 越年，福军奉令往驻平州，领此军者为吴近。吴近夙慕世荣之能，亲踵其居，乞世荣出其术以训士卒。世荣以久混迹于商，婉辞拒之。吴近屡屡为请，甚诚恳，其后世荣为其诚所感，不忍复拒，乃收束店务，就其聘。吴近乃书荐于福林，言世荣甚能也，福林获书大悦，立委世荣为全军武术总教练。③

"平州"即广东省南海县平洲乡，也就是林世荣的家乡。在清末，林世

---

① 黄文启：《先师林公世荣传》，《林世荣特刊》，20世纪50年代，林祖健身体育会藏。本书由林凤珠师傅提供，谨致谢意。
② 斋公（朱愚斋）著，豹翁（苏守洁）鉴定《粤派大师黄飞鸿别传》，第102页。
③ 斋公（朱愚斋）著，豹翁（苏守洁）鉴定《粤派大师黄飞鸿别传》，第104页。

荣和弟子由于争夺乐善戏院的维持治安权,和其他武师发生冲突,被官方悬赏缉拿,不得不躲避他省,直到清亡后才返回广州。① 然而民国建立之后的广州,态势并不平静。为了避祸,他决定再次返回家乡从商,直到1917年再次出山。

黄飞鸿弟子和军方的关系,当然不是从林世荣开始的。按照朱愚斋的描述,黄飞鸿的父亲黄麒英,据说就是镇粤将军所部的技击教练,黄飞鸿自己则先是被提督吴全美(1880～1883年任广东水师提督)聘为军中技击教练,其后曾治疗黑旗将军刘永福的伤,从而得其器重,亦被聘为军中技击教练,并曾得刘永福赐匾。② 笔者曾经见到一张30年代左右医馆的药品广告,由黄飞鸿最后一位妻子(原文称"授妾")莫桂兰印制,上面有光绪十四年(1888)刘永福赠、张之洞题的"医艺精通"四字,左书"军医官黄飞鸿先生雅鉴"。③ 可以看出,黄飞鸿担任的实是军医官,是否为技击教练,尚无明确证据。

19世纪末20世纪初,广州政坛及社会发生巨大变动,年纪渐长的黄飞鸿在各派新军阀势力中已经没有位置,渐趋消沉。据其弟子回忆,黄飞鸿在其医馆门前"大书武艺功夫,难以传授;千金不传,求师莫问等语,故有志者无从问津焉"。④ 1924年,西关更爆发了商团事变,黄飞鸿经营的药店"宝芝林"受到极大冲击。莫桂兰的宣传单张曰:"原日跌打老医馆在十三行仁安街宝芝林,开张四十余年,因商团事变,老馆彼[被]焚,迁往香港营业。今由香港迁回本市复业,此布。"逢此巨变,黄飞鸿同年底便过世了。

在当时广州复杂的政治情势下,林世荣及其弟子,有人投身国家武力机构,有人则成为其牺牲品。据朱愚斋的记载,林世荣的一位弟子梁泽,"投

---

① 张仕标:《先师林世荣先生史略》(1923),林世荣:《岭南拳术图说》,台北,华联出版社,1967,第4～5页;斋公(朱愚斋)著,豹翁(苏守洁)鉴定《粤派大师黄飞鸿别传》,第102～103页。根据程美宝的研究,西关乐善戏院设立于1891年,有营利性,公开售票,设立之初便带有政府开拓财源的目的,每年要为政府报效海防银12000两。不过,政府并非亲自管理戏园,而是包给商人等承领,西关戏园也因此几易其手。程美宝:《清末粤商所建戏园与戏院管窥》,《史学月刊》2008年第6期,第107～108页。
② 斋公(朱愚斋)著,豹翁(苏守洁)鉴定《粤派大师黄飞鸿别传》,第35页。
③ 香港宝芝林李灿窝体育学会藏,扫描本由李灿窝师傅提供,谨致谢意。
④ 《工字伏虎拳略历》,林世荣著,郑麟书校订《工字伏虎拳图说》,香港,林世荣出版,1936。

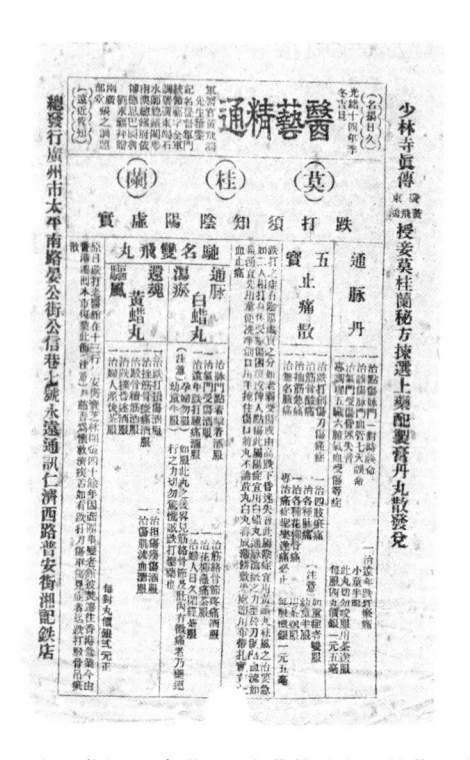

图 2　（20 世纪 30 年代?）由莫桂兰印制的药品广告

资料来源：香港宝芝林李灿窝体育学会藏（佛山黄飞鸿纪念馆亦藏有正本）。

身警察厅为缉匪密探，恒自视武勇，捕匪多奋身。维时民国初元，民军蚕聚于省垣者十余万众，而市中无赖子，亦类大纠集党羽，榜其名曰某军某队，用以掩人耳目。实则朋庇为奸，以毒社会"。① 不久，他就在缉捕的过程中被人开枪打死。他的另一位弟子谭就，据说为了帮助友人对抗敲诈勒索的军人，亦被枪杀。②

相较之下，极力引荐林世荣的吴近，则在这一背景下社会地位日益提升。他是李福林手下的重要干将，当时任福军营长，其后任旅长。③ 在林世荣

---

① 斋公（朱愚斋）著，豹翁（苏守洁）鉴定《粤派大师黄飞鸿别传》，第 103 页。
② 朱愚斋：《岭南武术丛谈》，第 81~84 页。
③ 《福军围捕之认真》，香港《华字日报》1917 年 1 月 8 日，第 4 版；戚厚杰、刘顺发、王楠编著《国民革命军沿革实录》，河北人民出版社，2001，第 20 页。

1923年的拳谱中，便留下了他以东路讨贼军第三军第九旅旅长身份题的词，可见二人关系匪浅。① 他在林世荣获得此职的过程中扮演了重要角色。事实上，有记载称他也曾参与了导致林世荣被通缉的西关戏院之斗，"世荣引诸健侣曰关少坤、谭就、吴近者，往与辩曲直"。② 因此，吴近早年很可能就是林世荣的徒弟，参加福军之后，在国家风潮改变的情况下，助师傅再谋职位。

至于聘请林世荣担任军中武术教练的李福林，原是清末广州的绿林首领，被清政府通缉，逃到南洋之后加入孙中山同盟会的阵营，在辛亥革命之后迅速崛起，曾任国民革命军第五军军长、广州市市长等职。③ 他自己是习武之人，对以武术训练士卒有极大兴趣，当时西方兵操和体育传入中国，军中不少人士亦试图对传统技击进行改良，将其应用于武术训练，山东济南的陆军军官马良便是其中的代表人物。他在民国时期邀集专家编写了《中华新武术》，取中国传统武术动作，借鉴西式兵操方法训练，1917~1918年透过军队、学校等体系向全国推广。④ 同样作为军事将领的李福林，对这一潮流应相当清楚。

不过更重要的是李福林和近代在上海成立的新武术组织的密切关系。据1919年汕头《天声日报》的记载：

> 民国七年冬广惠镇守使李福林特倩（疑为"请"字——引者注）马伯麟君来申，托本会（指精武体育会——引者注）代聘技击教习二员，因李使素娴技击，夙以提倡自任者也。本会乃令本会教员叶凤岐、会员杨琛伦偕马君返粤，详述本会宗旨。李使深表同情，亟令杨会员回申面商本会，嘱即派遣本会办事人到粤，倡办广东精武体育会。⑤

从文中可以看出，李福林对这一组织颇为认同。他是成立广东分会的幕

---

① 林世荣编，朱愚斋重订《少林岭南拳》，台南，大府城出版社，1979，第11页。
② 李黑翁：《纪南海朱愚斋·陆阿采别传》，香港，通俗出版社，1950，第161页。
③ 何文平：《从绿林首领到市长：清末民初革命中的李福林》，《近代史研究》2011年第6期，第37~51页。
④ 国家体委武术研究院编纂《中国武术史》，人民体育出版社，2003，第329~331页。
⑤ 精武体育会编著《精武本纪》，台北，逸文武术文化据精武体育会1919年版影印，2009，第213页。

后推手，并任该会理事。

创办于 1910 年的精武会，是当时中国最有影响力的武术组织之一。它为训练体魄强健的国民、推广武术技击而设，不但教授各地武术，还教授兵操、文化课程、中西方体育项目和音乐等。[①] 该会可谓在上海势力日盛的广东商人组织，虽然以河北省武师霍元甲为精神领袖，但其核心领袖、号称"精武三公司"的商人陈公哲、卢炜昌及姚蟾伯中，前两人均为广东人，显示出该组织和当时在上海的广东商人有密切关系。[②] 该组织透过向学校、工厂、军队、商团等派驻教员，并在各城市地区设立分会，影响力日益扩展。林世荣透过这两重关系，对于这一组织的运作及经营颇为熟悉，据说 1919 年广东精武会成立大会上，黄飞鸿、林世荣等便曾上台表演。[③]

图 3　原题"摄于广东精武会提倡者李福林君之府第"
（中坐者为李福林）（1919）

资料来源：精武体育会编著《精武本纪》，第 229 页。

然而，林世荣并非李福林领导的福军中唯一的武术教练。朱愚斋后期即提到，"军中，非只世荣师一人也，南北拳师，共冶一炉"。[④] 虽然李福林引

---

① 陈铁生：《大精武主义》，精武体育会编著《精武本纪》，第 1~5 页。
② 程美宝：《近代地方文化的跨地域性——20 世纪二三十年代粤剧、粤乐和粤曲在上海》，《近代史研究》2007 年第 2 期，第 2~3 页；精武体育会编著《精武本纪》，第 38~40 页。
③ 曾昭胜等编著《广东武术史》，广东人民出版社，1989，第 105 页，佛山黄飞鸿纪念馆藏。
④ 朱愚斋：《岭南武术丛谈》，第 70 页。

入了精武体育会提倡的北方武术，但是在其军旅中，南北武师实际上混杂一堂，朱愚斋便讲述了林世荣因羡慕一位北方武师的枪法，遣自己的学生去偷师，另一位潮籍武师则帮其融入棍法，创造出新枪术的故事。① 在福军中担任军医官的，即黄汉荣，他是黄飞鸿友人黄隐林的学生。②

不过，所谓国民革命军第一集团军乃是北伐之后才有的番号，早在1922年，林世荣便已经应香港猪肉行之聘，脱离福军至香港了。赴香港工作的林世荣，不但躲开了动荡的时局和危险的军旅生涯，新政权下军队的成功，也成为标榜其个人声名的方式。

技术与组织：再传弟子的现代经营

初来港时的林世荣，先在猪肉行工作了一段时间。随后，便在上环、中环一带开武馆授徒。在香港的时期，也正是武术挟国术之名在省港大盛的时期。本来在广州军中已经积累了影响力的他，在香港国术的舞台上，俨然成为南派武术的代言人。这背后，其深受近代潮流影响的在港弟子们，发挥了极大作用。

早在1923年，也就是林世荣来港仅仅一年之后，林世荣及其弟子们便将拳术套路之一虎鹤双形编辑出版。最早的版本左侧为手绘插图，图中为林世荣亲自演示拳法的111个招式；右侧为文字，是动作和用法的详细说明。③ 该书在20世纪50年代后多次以画像形式再版，其中亦收录了1923年林世荣本人、其弟子以及诸多相识港澳名士的题词。其弟子张仕标这样写道：

> （林世荣）恐国粹精华陷于沉沦之域，乃有是书之作，欲使个人有振奋之心，匹夫有图强之志。惟拳术之道颇繁，奚能画刻，谨择其最精者而印之，名之曰虎鹤双形。继而恐学者又不能心领神会，故不惜巨资，以影撮成一册，凡一形一图一拳一动，拍照真形精巧美备，使学者

---

① 朱愚斋：《岭南武术丛谈》，第71页。
② 精武体育会编著《精武本纪》，第211页；斋公（朱愚斋）著，豹翁（苏守洁）鉴定《粤派大师黄飞鸿别传》，第113~114页。
③ 此书由香港中文大学历史系张瑞威教授提供，并告知书中招式主要针对舞狮动作而设计，谨致深深谢意。

手执一本，如身历其中，了若指掌，无不心领而神会也。①

书中还收录了林世荣及两位弟子的照片，可知该书的发起人为其弟子彭君植，编纂者则为张仕标。在林祖（林世荣之侄）健身体育会内，笔者曾经见过 1936 年出版的《工字伏虎拳图说》，书中一招一式均由当时 70 余岁的林世荣亲自演示照相，旁注文字说明。②

以摄影记录拳谱、公开发行使之流传的办法，并非林及其弟子首创。在此之前，上海的精武会便已经这样做了。根据陈公哲的描述：

> 公哲童年时已开始学拳，深感中国学术之非科学化，因人而传，无一定轨范。幸自少喜照相术，于两操场右隙地中，搭盖光棚，摄制拳谱，鉴定姿势，分别层次。初摄潭腿十二路，由陈铁笙编辑，交商务印书馆出版，学者便之。继出潭腿挂图，得二百零七式。后接办和兴照相馆，于南京路，继摄五虎枪、达摩剑、工力拳、合战。科学之拳术书籍自精武始。故武术之能够风靡一时，编纂为其一因。③

不过，精武会的出版品，以北方拳术为主。受到上海风潮影响的香港，亦有将南方拳术地位提高，以与北方分庭抗礼的意味。

其后，在弟子们的帮助下，林世荣又先后刊行了《工字伏虎拳》《铁线拳》等武术拳谱。不过，目前所见的多是根据摄影重绘的绘图版，同样也是其弟子中善绘者所为。④ 这些出版品在战后曾一再重版，也构成林世荣对后世影响力极大的原因。

林世荣及弟子们不只利用出版品，还引入了现代的经营手法，大大增强了其在香港社会的影响力。1929 年，林世荣及弟子们便仿照上海精武会、香港南华体育会等近代体育组织，创办了南武体育会。⑤ 据其弟子黄文启记载：

---

① 《校订者张仕标谨识》，林世荣：《岭南拳术图说》，第 17 页。
② 林世荣：《工字伏虎拳图说》，无页码。
③ 陈公哲：《精武 50 年武术发展史》，春风文艺出版社，2001，第 30 页。
④ 朱愚斋：《重订虎鹤双形拳术弁言》（1956），林世荣编，朱愚斋重订《少林岭南拳》，第 14~15 页。
⑤ 《林世荣国术团改组》，《香港工商日报》1929 年 8 月 26 日，第 15 版。

图4 原题"热心尚武保存国粹二公玉照",
左为张仕标,右为彭君植(1923)

资料来源:林世荣《岭南拳术图说》,前置插图。

图5 原题"照镜手法爪三勺"

资料来源:林世荣《工字伏虎拳图说》,无页码。

（吾）知国术健体,为任何体育运动所不逮也。乃商于先师,将吾门国术,发扬光大,与同门林子实、林祖、李彰德、朱愚斋、陈伯祺、欧阳就、韩冲、韩开、胡立功等,创设南武体育会,先师任国术总教师,林祖先师犹子也,年少英伟,幼承衣钵,技术卓异,与同门张和任助教,慕先师名而入会者千余人,复聘北方武术名宿耿德海教授北派武术。①

这一组织实际上脱胎于林世荣的武馆（当时名为）林世荣国术团。改组之后,管理权实际上便落入这些有实力的弟子手中。如南武体育会首任主席便是林世荣的弟子林子实,"林君子实,籍澄海,幼随尊亲来港营茶叶,业务发展,为港中茶商巨擘"。对于南武体育会,他"规划策动,不遗余力,会务迈进,厥功甚伟"。②

---

① 黄文启:《先师林公世荣传》,《林世荣特刊》,林祖健身体育会藏。
② 《林世荣特刊》,林祖健身体育会藏。

从记载来看，南武体育会在组织及活动方式上，已经与传统的国术团很不一样。根据当时报纸记载：

> 南武体育会将开游艺大会，略志昨报，兹闻该会昨已决定于本月廿六起至廿八止，一连三日，假座太平戏院开游艺会筹款，其节目中有新中华全班助演之韩信点兵粤剧，白话剧则有呆老拜寿、狮子献寿、大头佛道喜，独幕剧则有昭君和番、昭君投涯，及粤歌剧，中粤则由钟声社助庆云。①

利用公开大型表演吸引人潮及吸收资金，亦是仿效精武体育会的做法。早在1911年，上海精武会成立一周年之际，便曾举行盛大的运动表演大会，当时陈公哲"力主搭盖演舞台，使观众舒适。筹备经旬，经费大部由公哲与姚蟾伯分担，小部向会员捐募，卒底于成。遂于九月开会，操衣一律，秩序整齐，节目丰富，剑影刀光，陆续出现台中。来观者千人，咸欢得未曾有"。② 20年代初香港精武会设立后，20年代后半期每年举办大型的游艺会及募款活动，进行各种形式的表演，吸引公众购票观看。不只是体育会，各类慈善、社团、学校等为了筹集款项，也会举办类似的活动。

正是这类大型的、公开的表演活动，让林世荣及其所代表的南派拳术走进香港公众的视野。值得注意的是，南武体育会表演活动特别引入地方文化元素粤曲和粤剧，以吸引观众。文中提到的钟声社，成立于1915年，林世荣的弟子与之关系极为密切。至"二战"后初期，林子实便曾任该社文教、总务各部主任，而张仕标则任宣传部部长等。③ 到了60年代，林世荣的弟子们更联合创立了务本艺术研究院，以提倡国术以及岭南艺术（粤剧等）相标榜。④

在30年代末，也就是日本已经占领广州，香港亦局势紧张的背景下，各地纷纷设立自卫组织。1939年底，港岛西区成立自卫团，当时任西区区

---

① 《南武体育会将开游艺会》，香港《华字日报》1929年8月27日，第3版。
② 陈公哲：《精武50年武术发展史》，第29页。
③ 《林世荣特刊》，林祖健身体育会藏。
④ 《务本艺术研究院庆祝白鹤先师诞》，《华侨日报》1964年11月6日，第14版。

长的林子实及作为名流的林世荣均有出席。① 日本人在1941年底正式占领香港后，林世荣及其弟子们纷纷跑回原籍躲避，1943年，林世荣病逝于南海平洲。到抗战结束后，他的弟子们陆续返港，借助新的广播、电影等媒介，开始了新一轮的塑造过程。

走入公众：报纸与小说的传播

对于公众所知的黄飞鸿和林世荣形象，朱愚斋的塑造之功无疑最大。他曾在20世纪50年代自夸：

> 诸同学尝称余为林门之良史，能使飞鸿先生声誉技术，今犹不朽，此言余实不敢当，但自问亦能尽再传弟子之责任矣。粤派武术高出于飞鸿者岂无其人乎？……但其人一逝，声誉技术，即随之湮没。而飞鸿虽作古已久，其声誉犹挂人齿颊，其故何在？文字宣扬亦其一端也。②

朱愚斋写作的历史背景之一，是民国时期武侠技击小说的蔚然兴起。根据叶洪生的研究，武侠小说的名家写手在20世纪20年代以上海为中心，30年代则以华北文坛为主导。当时最著名的小说，当是湖南人向恺然（笔名平江不肖生）所著的《近代侠义英雄传》，以清末民初的历史人物大刀王五和霍元甲为主角，宣扬民族气节和侠义精神，备受后人推崇，而他就是当时上海报纸副刊的撰稿人之一。③

朱愚斋出生于清末的广州，约1915年到香港谋生。李黑翁对于其早年经历，有详细的说明：

> 朱愚斋者，南海大灶乡人，三世祖号灵川，徙家广州城西，至愚斋少孤，岑春煊督粤，严正肃官常，愚斋从叔董广三铁路事，以败亏公帑

---

① 《西区自卫团昨日举行成立典礼》，香港《华字日报》1939年12月11日，第7版。
② 朱愚斋：《岭南武术丛谈》，第32~33页。
③ 叶洪生：《叶洪生论剑——武侠小说谈艺录》，第32~34页；王新命：《新闻圈里四十年》，台北，龙文出版社，1993，第154~156页。

至籍没。愚斋才十七龄，学于时敏学堂，累系破产，彷徨奉母竣走香港。母子仅怀六百钱，则依母之义父医师蔡咏南衣食。阅二载，受雇于贾人李子安。①

文中所称的时敏学堂创立于清末，是一所民办新式学校，因此朱愚斋早年受过教育，这可能也是后来他能武亦能文的原因。另外一位与其相识的企园，则称他少年时曾在广州的寺庙服务几年，并学习各种功夫。民国成立之后，"草创伊始，人心未定，多走港澳暂居，愚斋因而谋得本港工作"。② 在港工作期间，他开始跟随在港设武馆的林世荣学艺，前后长达八年，之后又学医术两年。其后，他又拜一位张姓跌打医师进一步学习草药接骨之术，之后自己设馆治病。

朱愚斋写作黄飞鸿小说的缘由，按照他自己的话说，"余之所以竭忠致力，为飞鸿世荣先生宣扬者，木本水源，自应如此，而少时感受林师厚恩，亦借此以略为报答耳"。③ 所谓厚恩，《别传》中也有提及，即朱年轻时曾患病，虽然治愈却瘦弱不堪，"会广东拳师林世荣先生，来港设馆，位于上环弓弦巷，予偶从友往观，得与先生面。先生觇予奇瘦，讶而询焉，予不讳具告之，先生怜予所遭，恻然曰，病后补养之法，莫良于习拳以畅其血气者。子既厄于贫，吾愿不受值，而授汝技。予顿首谢，遂游于先生之门"。④ 此后身体康健，朱愚斋也对林极为感激。

在朱愚斋背后，更有一位对其影响甚巨的推手，即著名记者苏守洁（苏伟明，笔名豹翁）。朱愚斋尝言，"若苏师乎，博我以文，使不沦于野，又能稍稍捉笔记事，不见嗤于士林，吾于苏师则尤多感耳"。⑤ 苏守洁曾如此记述这段渊源：

> 予为旅人香港之后三月，乃遭南海朱君愚斋于酒场。既相见，知其少小攻异国文字，而偶有述作，惜其根底浅薄，未有条理。讽使读

① 李黑翁：《纪南海朱愚斋·陆阿采别传》，第 161 页。
② 企园：《朱愚斋先生二三事》，1971；朱愚斋：《岭南武术丛谈》，第 121~122 页。
③ 朱愚斋：《岭南武术丛谈》，第 32~33 页。
④ 斋公（朱愚斋）著，豹翁（苏守洁）鉴定《粤派大师黄飞鸿别传》，第 32 页。
⑤ 李黑翁：《纪南海朱愚斋·陆阿采别传》，第 163 页。

古文词，愚斋虽未能用予言，自兹以来，文成必请予删改，以予为师。①

苏守洁生于1895年，父亲为茶商巨富，曾经在湖南湖北一带经营茶叶，不过在他出生不久即过世，家道亦随之中落。他在广东南海长大，清末在同为报业人士的姐夫罗啸璈的引荐下进入报社工作，20世纪二三十年代已在粤港一带颇有声名。②

追溯起来，苏守洁和上海精武体育会亦有很深的渊源。据精武体育会会长陈公哲描述：

> 苏守洁为港澳名记者，笔名豹翁，罗啸敖初介绍与（于）卢炜昌当精武秘书，既来沪，一见炜昌，精神参商，转而从余。虽初相识，情感融洽，来精武后，兼任女子部文学讲师，甚得众望。③

罗啸璈在精武会中也是极为关键的人物，曾编写广东精武体育会的史实，并编辑佛山精武体育会的会刊。④ 经他介绍，苏守洁进入上海的精武体育会任职。精武体育会一些出版物中，也有出自他的手笔者，如在陈公哲所撰的精武会史中，便收录了他为该会所编舞蹈撰写的序言。⑤

苏守洁不但是朱愚斋文学创作上的老师，也是其写作理念的推动者。作为一名新闻记者，他深知文字的力量，对于自己推动朱愚斋创作黄飞鸿传亦颇为得意，"愚斋之为国术稗史数十万言，事皆纪实，而一表于学理，开香港新闻报业未有之风。倡之自予，而愚斋实成之也"。⑥ 不过，后来他亦因

---

① 豹翁：《黄飞鸿别传序》，斋公（朱愚斋）著，豹翁（苏守洁）鉴定《粤派大师黄飞鸿别传》。
② 李健儿：《苏君守洁事略》（1936），《豹翁名著：文豹一瞵》，香港，俭庐文学苑，1939，第1页。
③ 陈公哲：《精武50年武术发展史》，第92~93页。
④ 《佛山精武月刊》第1卷第1期（1925）~第2卷第9期（1928），《民国体育期刊文献汇编》，全国图书馆文献缩微复制中心，2006。
⑤ 陈公哲：《精武50年武术发展史》，第105~107页。
⑥ 豹翁：《黄飞鸿别传序》，斋公（朱愚斋）著，豹翁（苏守洁）鉴定《粤派大师黄飞鸿别传》。

文字得祸，在 20 世纪 30 年代中期陈济棠统治下的广州无故失踪。①

就在朱愚斋作品问世几年之后，"黄飞鸿"很快便被其他与近代报业有密切关系的武术小说家们借去，成为南派武术创作的新题材。19 世纪末至 20 世纪上半叶，在上海、广州等都市地区，各类小报如雨后春笋般涌现。这些在知识分子看来颇不登大雅之堂的小报，既塑造了新的写作群体和文体形式，也塑造了消费这些文化的一般市民读者阶层。② 在朱愚斋之前，广东地区已经紧随上海，涌现出一个题材极富区域文化特色的武侠小说群体。③ 从 20 世纪二三十年代日渐兴盛的作品来看，主要形成了两大传统，一方面在清末小说《圣朝鼎盛万年青》基础上，塑造了一个虚构的以至善禅师、胡惠干、方世玉等人为代表的南少林流派；④ 另一方面，亦有小部分作者开始追溯和挖掘岭南武术的名家，如清末武术家梁坤（俗称铁桥三）、梁赞（习咏春拳）的事迹。在朱愚斋的小说问世之前，已经有不少此类作品见诸坊间。著名的广州小报创办人邓羽公可谓其中的代表人物，在他 1930～1932 年发刊的《羽公报》（《愚公报》）上，便连载了诸多此类小说。⑤

朱愚斋之后，亦涌现了数位黄飞鸿小说的创作者，其中最知名的有忠义乡人（佛山亦名忠义乡）、许凯如（笔名念佛山人）、邝祺添、陈劲（笔名我是山人）等。"二战"结束前分别有 1938 年忠义乡人的《黄飞鸿正传》、1942 年许凯如的《黄飞鸿传》在香港报纸上连载；1946 年则有邝祺添口述写成的《黄飞鸿正传》及 1953 年陈劲的《黄飞鸿正传》在香港出版。⑥

---

① 香港文化界相信其乃被陈济棠政府所谋害。见《市民指斥及请通缉陈济棠等》，《天光报》1936 年 7 月 26 日，第 2 版。
② 李楠：《晚清、民国时期上海小报研究：一种综合的文化、文学考察》，人民文学出版社，2005，第 1～36 页。
③ 叶洪生：《叶洪生论剑——武侠小说谈艺录》，台北，联经出版公司，1994，第 32～62 页。
④ 《圣朝鼎盛万年青》讲述了福建南少林弟子在广东的侠义事迹，塑造了英雄形象，不过结局却是他们被清廷所剿灭。民国时期岭南文人（亦有一位上海文坛的文人）纷纷重写这部小说，翻转结局，也创造了南方武侠小说的独特文脉。黄仲鸣：《我武维扬：粤港派技击小说的兴衰》，蒲锋、刘嵚编《主善为师》，香港电影资料馆，2012，第 41～43 页。
⑤ 前者如邓羽公自己撰写的《至善三游南越记》、百花生撰写的《洪熙官》等；后者如健者所撰写的《华林寺僧铁桥三》《佛山赞先生》等。《羽公报》（《愚公报》）1931～1932 年，广东省中山图书馆藏。
⑥ 忠义乡人：《黄飞鸿半路月影脚警醒呼延德》，《成报》1938 年 8 月 18 日，第 4 版；念佛山人：《黄飞鸿传》，《大光报》1942 年 5 月 31 日，第 2 版。报纸及其他文献，均见佛山黄飞鸿纪念馆藏品。

第十三章　走向公众：20世纪上半叶粤港地区黄飞鸿形象的塑造

从这些著者来港前后的经历可以很清楚看到他们和近代报业的关系。其中除了邝祺添为黄飞鸿的再传弟子外，其他几位都是在报业服务或为报纸写稿的武侠小说家。据叶石涛的研究，忠义乡人即高小峰，他沿用了佛山人邓羽公（抗战后期移居香港）的笔名，将粤语方言掺入黄飞鸿创作中。① 许凯如之前便在广州的报坛活跃，亦曾为邓羽公的小报撰稿，并参加报界文人的聚会"仙会"，日本入侵之前，他也避居香港。② 陈劲则自称是"的的确确的一个新闻记者，我在十八岁（民国廿二年）时，已经投身于新闻工作了"。后亦到港，继续在报社工作。③

同样，在来港前后的经历当中，他们与近代国术潮流及黄飞鸿在香港颇有势力的弟子们亦有不少交集。在忠义乡人后来的单行本中，便称口述者为"林世荣师"，显然和林世荣关系颇为密切。④ 许凯如则称其"性爱武技，民十三年间，即投身于佛山精武体育会，学少林拳"，"民二十，任事于广州，亦在精武体育会从孙玉峰学"。到港后，他还曾主编《武术杂志》，对在港的武师均颇为熟悉。⑤ 据说其黄飞鸿小说的创作亦源于林世荣的口述，其子结婚时曾邀请黄飞鸿再传弟子多人。⑥ 陈劲则曾在"二战"后为黄飞鸿再传弟子邓芳拍摄过其演武招式。⑦

在文人的创作之下，黄飞鸿的形象很快便脱离历史，走入虚构的世界。这些作家的写作题材亦远不止黄飞鸿，更有诸多广东武林真实或虚构的人物故事，如至善、方世玉、洪熙官、陆阿采等人的故事。日益虚化的黄飞鸿，也就成为南派武林谱系中的一员。最好的例子，莫过于朱愚斋后期作品的变化。他在20世纪50年代创作了《黄飞鸿江湖别纪》（1956年以《黄飞鸿行脚真录》之名在香港《工商晚报》连载）。小说采用结构清楚的章回体，为

---

① 按照叶石涛的说法，邓羽公在朱愚斋之前，便已经创作《黄飞鸿正传》，但目前尚未有其他研究者得见该书，姑存疑。叶洪生：《叶洪生论剑——武侠小说谈艺录》，第60~61页。
② 蒲锋、刘嵚编《主善为师》，第52~53页。
③ 陈劲：《祖国山河颂》，香港环球报社，1954，第1页。
④ 忠义乡人：《黄飞鸿正传》第2集，年代不详，香港电影资料馆藏。
⑤ 许凯如：《为刘法孟序武术大观》，许凯如编辑《侨港许氏宗亲会会刊》第3期，香港，侨港许氏宗亲会，1959，第70页。
⑥ 许凯如编辑《侨港许氏宗亲会会刊》第3期，第62~63页。
⑦ 邓芳师演示，生白果说明，我是山人摄影，苏海描绘《青龙偃月双刀》，出版社、时间不详，香港彭贵荣医馆藏。

了迎合读者口味，文中出现人头蛇、绿毛人及术士斗法等神怪情节，这与其早期纪实性作品形成了鲜明的对比。① 同时，他也将黄飞鸿父子放在号称"虎痴"的数位广东武术名家之列，同时将其武术的源流与岭南武术虚幻或真实的先贤，如至善禅师、陆阿采、谢亚福（方世玉师弟）等人联系起来。②

"二战"后黄飞鸿电影的问世，便脱胎于这个由与印刷术关系密切的文人，以及与之有千丝万缕联系的武师共同筑造的世界。据拍摄了第一部黄飞鸿电影的导演胡鹏回忆：

> 报纸上面刊着一篇著名"斋公"所撰写的长篇连载的现代武侠小说《黄飞鸿传》，内容描述吴一啸年轻的时候，曾经在广州新豆栏的"宝芝林"，拜过黄飞鸿为师，跟原著人"斋公"是同门师兄弟……为了搜集和探讨这个传奇人物"黄飞鸿"的动人事迹，经一哥（即吴一啸——引者注）介绍，按址到中环永乐街附近的"安和堂药局"，专诚拜访这位《黄飞鸿传》的原作者朱愚斋师傅，衷诚的向他请教……③

吴一啸是著名的粤曲作词、作曲家，亦和导演胡鹏合作，为电影创作编曲。他曾跟随黄飞鸿学习，但和许多习艺者一样，只是出于好奇的偶一为之，并非以此为业。胡鹏之所以拍摄黄飞鸿电影，是因为当时粤语武侠片无以为继，为了挖掘一个现代化的"方世玉"或"洪熙官"，他决定把广东拳师"黄飞鸿"的生平事迹搬上银幕。1949年，第一部黄飞鸿电影问世，正如学者研究指出的，当时内地市场已经关闭，但"黄飞鸿"系列却凭借本地及东南亚粤人的支持而历久不衰。④ 而这一庞大市场的社会基础，则要从早先依靠近代印刷术和武侠小说培养起来的读者群中寻找了。

---

① 朱愚斋：《黄飞鸿江湖别纪》，香港，南风出版社，1950年代（具体年份不详）；朱愚斋：《黄飞鸿行脚真录》，《工商晚报》1956年6月16日，第3版，佛山黄飞鸿纪念馆藏。
② 朱愚斋：《岭南武术丛谈》，第1～40页。
③ 梁灿：《香港影坛话当年》，香港文学报社，1998，第48页。
④ 钟宝贤：《香港影视业百年》，香港三联书店，2004，第129～135页。

结　语

本章透过20世纪上半叶黄飞鸿及其弟子们形象的塑造，展示了在清末民国政治急剧转变的背景下，广州和香港地区的武师如何利用国家话语和现代媒体技术，重塑自身形象的过程。这一过程不仅涉及省港，亦涉及它和引领潮流、声气相通的近代城市上海的关系。

现在我们能够得到的黄飞鸿的资料，均来源于黄飞鸿再传弟子朱愚斋的文学作品。不过在其作品中，我们不难看出早期口述传统的影响，尤其是行侠仗义或是斗勇耍狠的故事，最能凸显其英雄形象。既然口耳相传，师徒关系便是很重要的纽带，黄飞鸿时代，尚有技不外传的顾忌；林世荣时代则风气已转，他一方面大量授徒，另一方面也透过现代的出版印刷技术，将口耳相传转化成文字出版品，从而大量流传出去。

从黄飞鸿、林世荣与国家的关系上，也可以看出其中的差别。虽然弟子们在叙述中均极力放大他们和军方的密切关系，以彰显其正统性和权威性，不过黄飞鸿依附清末官军与林世荣依附民国军阀，却有着截然不同的结果和影响。清末清军经历的一系列失败，或曰也是黄飞鸿走向消沉的原因，而林世荣时代则是民族主义日益高涨的年代，摆脱外辱与统一全国的军事需要，以及强身健体塑造新国民的需要，造就了武术及武师地位的提高，也极大地增加了林世荣个人的影响力。

香港这个地点在黄飞鸿及其弟子的形象塑造中，扮演了尤为关键的角色。这其中一方面由于省港相连，黄飞鸿亲戚友人、弟子们更有不少人到港活动和从业；另一方面，香港和上海两座中国近代城市的遥相呼应，也让香港密切感受到近代中国国家话语的潮流变化，无论在宣传还是组织上，均能同步相应。林世荣及其弟子们利用宣传品和现代体育会组织，将影响力推展至公众面前的过程，很大程度上便是受到了上海精武会的影响。黄飞鸿及林世荣公众形象的塑造，和其弟子们当时所从事的活动和利益追求，也是相得益彰的。师傅们英雄侠义的故事，可以成为弟子们建立的现代机构的文化资本，亦拉动了整个门派的影响力。

然而，和近代印刷出版业关系密切的小说家们，才是将黄飞鸿形象大众化、虚幻化的关键。他们的活动场域往往就在广州和香港,透过文学化的手法和日益严密的系统,塑造了一个真实虚幻交织的南少林世界,黄飞鸿也成为这一世界的一部分,并透过现代报纸和印刷品的流通走向公众。它也是20世纪20年代后半期的电影、戏剧、广播剧等文化形式的蓝本。这其中既包括受到近代报业人士影响的黄飞鸿再传弟子们,也包括职业的岭南武侠小说家们。在他们背后,是一个日渐庞大的近代报纸和通俗小说的阅读群体。

至20世纪50年代,尽管黄飞鸿的影响力尚未传遍中国,但至少在当时的香港,黄飞鸿已经成了武术人物的代号,无须多做解释,公众便可心领神会。没有20世纪上半叶的塑造过程,这恐怕是无法想象的。

革命话语与民族精神

第十四章

民国时期公共展览的策划与展示

——以广州市市立博物院的建立为例

丁 蕾

近代意义的公共展览肇始于西方，民国建立后才真正在中国蓬勃发展。尽管20世纪初中国人已经主动参与到公共展览的策划中，然而通过对中外博物馆和展览会中路线安排、展品陈列的比较分析会发现，此时的中国人仍未将博物馆视为学术研究的机构，亦未能在博览会中呈现国家民族的现代性表述，皆非西方近代公共展览之原意。[①] 时移势易，民国时期中国政治、学术和社会发生的深刻变化以及三者关系较清末更加复杂。1928年以蒋介石为首的国民政府北伐胜利后，即着手通过各种方式树立统一标准和规范进行"党化"统治，将抽象的政治理念具象化、符号化。[②] 已往研究主要着眼于南京中央政府实施的举措，却忽视了从设想到实现之间的距离及其产生原因，同时对于国民党内部反蒋势力如何借助同一话语或模式与之抗衡没有给出清楚回答。本章拟以由粤籍国民党元老把持政局的广州在1929

---

① Lisa Claypool, "Zhang Jian and China's First Museum," *The Journal of Asian Studies*, Vol. 64, No. 3 (2005), p. 581；王正华：《呈现"中国"：晚清参与1904年美国圣路易万国博览会之研究》，黄克武主编《画中有话：近代中国的视觉表述与文化构图》，台湾中研院近代史研究所，2003，第421~475页。

② 关于20世纪20年代后期到30年代国民党通过各种方式树立统一标准和规范进行"党化"统治的研究，新近论著可参见 Henrietta Harrison, *The Making of Republican Citizen: Political Ceremonies and Symbols in China, 1912 - 1929* (Oxford University Press, 2000)；潘光哲：《"国父"形象的历史形成》，《第六届孙中山与现代中国学术研讨会论文集》，台湾"国父纪念馆"，2003；《寻求一个现代中国式纪念物：南京中山陵的设计》，赖德霖：《中国近代建筑史研究》，清华大学出版社，2006；小野寺史郎：《南京国民政府的革命纪念日政策与国族主义》，彭明辉、唐启华主编《东亚视角下的近代中国》，台湾政治大学历史系，2006，第83~115页；陈蕴茜：《崇拜与记忆：孙中山符号的建构与传播》，南京大学出版社，2009；李恭忠：《中山陵：一个现代政治符号的诞生》，社会科学文献出版社，2009。

年建立的博物馆为研究对象，考察地方政府和筹备委员会的策划过程，结合展品来源和展场空间，加深对公共展览中呈现的政治话语和知识结构的认识，尝试从一个侧面探讨民国时期的政治建构与知识转型的微妙关系。

一 设想：营造"革命策源地"

在实现了国民政府名义上的统一后，国民党视公共展览为推行政治理念的有效手段和重要场域，自此博物馆便担负起与以往不同的使命。1928 年 9 月，国民政府宣布计划于翌年 3 月举办庆祝北伐胜利和军功的西湖博览会展览"革命"，同时积极地将孙中山形象和陵墓塑造成"革命"的符号，[①] 试图建构一套政治规范和礼仪。广州市政府亦步亦趋，1928 年 10 月广州市亦宣布要建立一座展示"革命"成就的博物馆，并计划比西湖博览会早一个月开幕。代理广州市教育局局长陆幼刚（1892～1983）递交的《提议设立广州市市立博物院案》（以下简称《提案》，"广州市市立博物院"以下简称"市立博物院"）中提到"革命策源地之广州，自应亟为创办（博物院）"。[②] 1929 年 2 月陆氏在博物院开幕式致辞中仍强调"我广东为革命策源地"。[③] 由此看来，主办者再三强调的"革命策源地"是指广州抑或广东，看似两者皆可。

设立博物馆是广州市政建设走向现代化的重点议程。民国时期，无论是学人还是政府都开始意识到博物馆启发民智的功能，期以实现社会教育的目的。《提案》奠定了今后市立博物院未来的发展和框架：建议以镇海楼为馆址，建立一座综合性博物馆，展示来自全国和全世界的物品。[④]

为突出博物院的特殊地位，《提案》将广州城内最富有意义的古迹镇海楼选作市立博物院的院址。镇海楼肇建于明洪武十三年（1380），乃朱元璋之子永嘉侯朱亮祖倡议建造。该楼位于越秀山半山腰，为当时广州北城墙的

[①] 关于这一问题，参见陈蕴茜《崇拜与记忆：孙中山符号的建构与传播》与李恭忠《中山陵：一个现代政治符号的诞生》。
[②] 陆幼刚：《本院创立提案书》，《广州市市立博物院成立概况》，广州，1929，第 21 页。
[③] 《本院成立启幕宣言》，《广州市市立博物院成立概况》，第 1 页。
[④] 《市委会 111 次会议·设立市博物院卷》，广州市档案馆藏，档案号：4-01/1/121。

最高点。登上此楼可将南面之广州城和辽阔的珠江水面一览无遗，故名望海楼。明嘉靖年间更名镇海楼，寓意雄镇海疆。楼高28米，共五层，因此俗称"五层楼"。作为广州最高点的镇海楼，自建成以来不仅是游人登眺游娱的场所、珠江海岸的航标、文人歌咏的对象，更是广州城重要的军事制高点。高高在上的山川之势赋予它象征国家统一和决定本地气运的神秘色彩。① 数百年来镇海楼几经兴废。1928年广州政局稍稳，市长林云陔旋以"保存古迹"为由把重修镇海楼纳入议事日程。② 经过约半年修葺，镇海楼焕然一新，其原有的历史价值、独特的象征意义，加上本地人的尊崇，使它成为博物院院址的不二之选。③ 当时全国为数不多的十多间博物馆，包括公立和私立，仅有北京和南京两地是借用明清皇宫、城楼等古建筑作为馆舍，其他均为新建的西式建筑。④

《提案》内的部门分类体现出20世纪20年代中国学术思想中西混合的样貌。博物院依照西方知识体系划分为标本部、古物部和美术部，凭借实物或标本、图表加注释的展示方式，"引起国民研究学术之兴趣"，以实现博物馆的社会教育功能。标本部下分为动物、植物、矿物、生理及菌类五个陈列室。每个陈列室下再按生物科细分到各个门、类。古物部分为历史、风俗两个陈列室，其下的分类则不似标本部般详细。历史一门分为军用品、音乐者和器用者三类。风俗一门只有衣服一类，此外归为"其他关于风俗的遗物"。美术部则分为绘画、雕刻和工艺美术三门，每一门下分为中国和外国两类。⑤ 对比三个部门的分类可以发现，标本部的内容照搬自西方生物学科分类方法；古物部的历史门受到传统金石学的影响，风俗方面的认识则相当模糊；而美术部接受国外对美术的大体分类，无进一步细分。至1929年2

---

① 现仅存明成化年间张岳《镇海楼记》即有镇海楼象征国家统一之词句，清康熙年间李士祯《重修镇海楼记》提到镇海楼的形胜与明代本地文化的兴起关系。关于这一问题，参见李穗梅、陈鸿钧《镇海楼述略》，广州博物馆编《镇海楼文史图志》，花城出版社，2004，第6~7页。
② 《镇海楼重修经费已由财局预储广东银行》，广州《民国日报》1928年3月31日，第6版。
③ 陆幼刚：《提议设立广州市立博物院案》，《广州市市立博物院成立概况》，第21页；《镇海楼改作博物院》，广州《民国日报》1928年10月25日，第5版。
④ 有关民国时期中国各大博物馆的状况，可参见中国博物馆协会编《中国博物馆一览》，北京，1936。
⑤ 《市委会111次会议·设立市博物院卷》，广州市档案馆藏，档案号：4-01/1/121。

月市立博物院开幕时,博物馆的部门分类大体不变,最终定名为自然博物标本部、历史风俗部和美术部。可见市立博物院最终想要实现的是以西式为主的教育。

由此可见,20世纪20年代的广州至少在地方政府层面,尝试在知识结构上跳脱中国传统四部之学,向西方的七科之学靠拢。然而不能忽略的是,在转型过程中知识体系内的各学科有不同的学术观点或新旧话语,能在公共展览中展示出现的将只是其中之一。市立博物院表面呈现的是西式知识的结构框架,具体阐述的内容和学术观点则受到筹备委员们知识背景的制约并混杂了现实的政治需求,综合体现出学科、学人和政治之间的复杂关系。

二 筹划:反蒋势力的暗潜

市立博物院虽然是在广东省会广州市筹办建立,但实际上它是一个牵动全省、西南地区甚至中央的公共展览。国民政府底下国民党各派系矛盾尖锐,主要集中在支持或反对以蒋介石为首的江浙集团上。此时的广州政权则主要把持在与以蒋介石为首的南京国民政府处于微妙抗衡状态的粤籍国民党元老手中。筹备博物馆具体执行人员的政治背景,预示出市立博物院所展示的空间中将会潜在何种权力倾向,亦由此明白处于同样"革命"规范和礼仪的模式下为何有不同的做法和内容。

《提案》上交后不久,地方政府当局即确定由丁衍庸(1903~1978)、谢英伯(1882~1939)和辛树帜(1894~1977)分别负责市立博物院各部门的征集内容和展示形式。事实上,此三人乃博物馆具体事务的执行者。最早被任命为筹备委员的丁衍庸是广州市立美术学校教员,当局将筹备重任交付于这位年仅25岁的年轻人应有一定的现实考虑。丁衍庸1919年起留学日本研习西方绘画,1924年回国后一直活跃于上海,积极参加各种公共展览活动并举办个人作品展,三年间已积累相当的名气。1928年,丁衍庸被南京国民政府大学院任命为"第一届全国美术展览会甄审及筹备委员会"总务委员及西画部审查委员。[①] 可以说,丁衍庸的学术地位获得了国民政府的

---

① 高美庆:《丁衍庸先生年谱》,香港艺术馆编《跨越东西、游戏古今——丁衍庸的艺术时空》,香港艺术馆,2008,第302~305页。

认可。市立博物院筹备委员会成立后即确定丁衍庸担任美术部的具体负责人。历史风俗部的负责人谢英伯和自然博物标本部的负责人辛树帜亦有西学背景：前者于香港长大，1899年考入香港知名的皇仁书院，接受系统的西式教育；后者早年考入武昌高等师范学校生物系，1924~1928年赴欧洲专攻生物学。同时，他们皆为国民党的早期党员：谢英伯是同盟会元老，早年于清末报刊上宣传革命，担任过新闻记者和报纸编辑，此时兼任中国新闻学校校长一职，身负培养广州本地新闻人才的重任；刚留学回国一年的辛树帜深受国民党重视，他回国原是受国民党要员戴季陶、朱家骅之邀担任黄埔军校政治部主任之职。

短短三个多月内要建成博物馆，征集足够多的藏品和展品，需更多有名气和资源的人襄助。暂无资料说明其他筹备委员的工作，然依据其个人背景可大致做出推断。① 14名筹备委员中有6名是中山大学的教师，其中林学系的陈焕镛（1890~1971）、农学系的丁颖（1888~1964）、地质系的朱庭祜（1895~1984）、生物系的辛树帜和费鸿年（生卒年不详），应该是负责动、植、矿物的采集。历史系的顾颉刚（1893~1980）是中山大学语言历史研究所（以下简称"中大语史所"）的实际负责人，且是大学院古物保管委员会委员。此前南京国民政府才刚刚颁布条例，规定全国古物古迹保管研究及发掘事项等事宜均由大学院古物保管委员会负责管理。② 因此，吸纳顾颉刚为筹备委员有利于市立博物院获得文物收集和保存的合法权，并得到中大语史所近一年来搜集的考古、民俗等方面的物品。相比之下，罗原觉（1891~1965）、何叙甫（1888~1968）、胡毅生（1883~1957）和谢英伯等人则是本地传统收藏家的代表。罗原觉世居西关，藏有法帖《圣教序》等多种稀世之珍。时任黄埔军官学校代理校长的何叙甫、胡汉民之堂弟胡毅生皆属"武人中之风雅者"。③ 谢英伯亦好金石，是中华考古学会主席、中大语史所顾问。他们于广州拥有广泛的政治、文化人脉关系，可以协助市立博物院找到有价值的展品。广州市立美术学校的丁衍庸和司徒槐（生卒年不

---

① 《筹备委员会委职员姓名表》，《广州市市立博物院成立概况》，第24页。
② 《大学院古物保管委员会组织条例并委员名单（1928年）》，《中华民国史档案资料汇编》第5辑第1编"文化"（2），江苏古籍出版社，1991，第580~581页。
③ 《东人西人》，广州《民国日报》1924年3月11日，第5版。

详）应是负责美术方面物品的收集。

可见，在整个策划过程中，地方政府作为主办者操纵着展览的总体计划和框架、定位，以及筹备委员会人员组成，至于下一步的具体操作则需仰赖来自学界的筹备委员们。筹备委员们的学术背景决定了展品的大致来源和内容，即展品须获得政府和学者双方认可，或者说是两者看法的结合物。

三　展品：新知旧学与政治话语的交织

公共展览中展示和权力的关系不仅表现在政治上，尤其是展示物品的出现过程包含学术等各种因素，物品被选择成为展品既有必然性又有偶然性。"必然"是指物品代表的学科，它们是当时中国知识结构转型的产物。西学东渐，清末有识之士开始探讨如何向西方学习，民国伊始仿效西方进行大学的学制改革。目前学界关注较多的是外来学科的引入和发展、知名学者的思想转变，至于"新"知识在民众间传播的过程则讨论不多。博物馆是民国时期社会教育的新媒介。1929 年市立博物院成立时，20 世纪 10 年代经过教育改革培养出来的人才纷纷走上工作岗位，将"新"知识具体运用。"偶然"是指政治因素使得具有某一学科知识背景的人参与到博物馆的展览中，使该学术领域脱颖而出获得展示权。市立博物院的部门设置正代表了生物、美术、民俗和历史学等学科的现状。外来的"新"知识到地方后，又与地方政治、历史和文化结合产生新的形态。生物学科在传统中国本无，因此标本物品的展示最顺利；美术方面，传统中国书画与西方艺术各成体系，因此美术展品争议最大；民俗学新兴，风俗品收集的内容仍未清晰，因此民间、高校和政府收藏都不多；历史是新史学和政治话语下对地方事件的重新叙述和排列，传统学术关怀下收集的旧器物与当代的革命纪念物一起成为地方形象的新组合。

（一）新知：自然博物标本

自晚清以来，自然标本便是中国公共展览重要的收藏和展示对象，市立博物院也不例外。自然博物标本部的生物标本，是近一年多时间里中大生物系师生在辛树帜带领下前赴广西瑶山采集的当地特产。赴粤西瑶山采集标本是中国学术界的首次，受到各方高度重视，湖南博物馆、西湖博览会、清华大学等此前亦曾向中大征集。① 矿物岩石标本主要由两广地质调查所提供。值得关注的是，该所与中大地质系在成员上互相重叠，且经常一起开展搜集地质标本的活动，稍后政府干脆将两广地质研究所拨归中山大学管理。② 自然博物标本部主任辛树帜自豪地说，标本"没有一件是用钱从别人手中购来，有许多就是拿钱也是买不到的"。③ 辛氏设想博物院今后的标本不会仅局限于两广地区，会进而采集全国各省和南洋各地的物产，使市立博物院成为"东亚首屈一指"的博物馆。④

市立博物院可算作一次较系统地综合介绍中国南方自然生态的展览，在此之前有关中国生物标本的收集和展示主要集中在长江流域和华北地区。在上海，建于清末的震旦博物院和上海博物馆一直较关注长江流域的物种收集。⑤ 在天津，自清末的华北博物院至民国的北疆博物院、河北博物院等陈列展示的自然标本以华北的物品居多。⑥ 在广州，1920 年成立的岭南大学博物馆内陈列有鸟类和矿类标本，⑦ 它们大部分来源不明，仅知 1928 年有人赠送过 40 余种来自北江的鸟类标本。⑧ 从另一个角度看，市立博物院刚成立时自然博物标本部展示的动物、植物和矿物标本，主要采自中国西南地区，其实与地方当局政治势力范围相符。

---

① 见《湖南博物馆向本校瑶山采集团征求标本》，《国立中山大学日报》1928 年 11 月 21 日，第 2 版；《西湖博览会征取瑶山标本动物陈列》，《国立中山大学日报》1928 年 12 月 12 日，第 2 版；《理科生物系赠送清华大学鸟类标本》，《国立中山大学日报》1929 年 1 月 7 日，第 1~2 版。
② 《两广地址调查所改归本校管理》，《国立中山大学日报》1929 年 6 月 7 日，第 2 版。
③ 辛树帜：《自然博物标本部报告》，《广州市市立博物院成立概况》，第 18~19 页。
④ 辛树帜：《自然博物标本部报告》，《广州市市立博物院成立概况》，第 19 页。
⑤ 参见中国博物馆协会编《中国博物馆一览》，第 82~85 页；《震旦博物馆》，《中国博物馆协会会报》1936 年第 1 卷第 3 期，转引自《民国文物考古期刊汇编》（24），全国图书馆文献缩微复制中心，2006，第 11940~11946 页。
⑥ 参见中国博物馆协会编《中国博物馆一览》，第 47~53 页；《河北博物院沿革及概况》，《中国博物馆协会会报》1936 年第 1 卷第 5 期，转引自《民国文物考古期刊汇编》（24），第 12083~12086 页。
⑦ 岭南大学编《私立岭南大学十六年至十七年度报告书》，广州，1928，第 10 页。
⑧ 岭南大学编《私立岭南大学十六年至十七年度报告书》，第 11 页。

（二）新旧之间：美术

进入民国后，公共展览成为各派画人展示自己美术品、表达不同观点的舞台，甚至变成暗地较量的竞技场或激化矛盾的导火线。某种当代美术品能够在政府认可的公共展览中出现，则与美术品背后代表的学术派别掌握其展示权有关。① 由市立博物院收藏的美术品可见，其品种涵括国画、书法、油画、水彩画、木炭画、粉画、工艺美术和摄影，其中传统国画和书法占159件美术品中的大半。从名单看起来有传统书画和西方美术，貌似兼容并包，然细究名单上的人物背景会发现并非如此。在本地拥有相当实力的国画研究会，因筹备阶段与丁衍庸在装裱的细节问题上产生分歧，② 失去参与公共展览机构的机会。因此，1929年市立博物院内展示和收藏的美术品实际上缺失当时广州美术界相当一部分知名国画家的画作。国画研究会只有黄君璧（1898~1991）、容祖椿（生卒年不详）等寥寥几人捐赠画作。折中派的画作主要出自高剑父（1879~1951）、陈树人（1884~1948）、高奇峰（1893~1933）及其弟子，约有10幅作品入选。

除却广州本地，江浙画人的作品深受丁衍庸的青睐。乘赴上海参加全国美术展览会开会之机，丁衍庸向美术展览会其他成员征集画作。该批画作多出自原籍江浙或活跃于江浙一带的画家。兴盛于江浙一带的"海上画派"中的佼佼者黄宾虹（1865~1955）和王一亭（1867~1938），丁衍庸更逐一登门拜访求赐佳作。丁氏此番礼遇，同面对国画研究会的强硬态度形成强烈对比。另外，该批画作的作者中有不少曾留过学，尤其是留学日本者占多数，且于江浙地区的美术院校担任校长等重要职位。由此足见丁衍庸心目中定义的当代美术家和学术倾向：留日背景和江浙画风。

丁衍庸身兼市立博物院和全国美术展览会筹备委员、广州市立美术学校教员，使得地方与中央的公共展览、公共展览与学术研究机构之间拥有更多的交会。能在博物院内展示作品的本地画人如高剑父担任全国美展的征集委员兼审查委员；丁衍庸广州市立美术学校的同事、学校教务主任陈宏和教授

---

① 丁蕾：《当代美术展示的纷争——二十世纪20年代广州的美术展览》，《美术学报》2013年第3期，第52~59页。
② 《市博物院征集物品之经过情形》，广州《民国日报》1929年2月4日，第5版。

倪贻德均是征集委员，学校教员陈之佛是审查委员。市立博物院成立不久，丁衍庸遂与高剑父成立广州艺术会，后者任会长，前者任副会长，陈之佛亦是该会成员。① 以高剑父等人为代表的折中派因获得市立博物院美术部负责人的认可而取得博物院的展示权，反之，国画研究会则失去此次机会。从此高剑父等人占据市立博物院内该领域的话语权，并开始主导本地的书画传统。

总之，市立博物院成立时美术部展示的当代美术品，反映出丁衍庸标准下的中国"当代名家作品"，它们或是丁氏赏识的画派，或是丁氏熟稔的画人。选用他们的作品不但源于丁氏的审美标准和学术取向，亦是出于短期内取得展示物品的需要。

（三）孙中山民族主义话语下的地方历史与风俗

国民党执政后，公共展览被纳入国家政治规训的范畴，借此讲述一套经过重新整合的国家与地方关系的历史，其早期的践行可由市立博物院窥得一斑。在当时中国的博物馆，历史古物和民族品物的展示屡见不鲜，然如市立博物院那样要建构出一个符合政府需求的本地历史文化展并不多。那么，在市立博物院内到底何谓本地历史，它与国家大历史之间有何种联动？哪里才属于本地的地域范围，又是哪些物品会被选用？

1. "西江流域或准西江流域"

《提案》未明确历史风俗部收集物品的范围和内容，以致具体执行过程中仍持续一段时间的摸索。1928年11月，即筹备委员会成立的第一个月，征集目光首先放在本地收藏的旧器物上。历史风俗部的负责人谢英伯自身喜好古物收藏，且与广州金石收藏家多有交谊，亲自出面向由不少本地金石学家组成的中华考古学会请求协助；② 另外，筹备委员会通过市政府向各县市发函征集各地历史遗物等"有陈列价值者"。③ 筹备委员的谢英伯和何叙甫自身出力颇多，捐展殷墟甲骨等各种古器物、古人之手迹，以及9种200余件各地收集回来的历朝瓦当、钱币、人俑，以及各类器物和拓本等。它们不

---

① 《广州艺术会昨已成立》，广州《民国日报》1929年2月20日，第5版。
② 《市博物院筹备消息种种》，广州《民国日报》1928年11月27日，第5版。
③ 《市博物院筹备消息种种》，广州《民国日报》1928年11月30日，第5版。

愿被捐送出来，仅以借列的形式暂时陈列于博物院。谢英伯之好友蔡守（1879～1941）及其夫人谈月色（1891～1976），20 世纪 10 年代始一直活跃在广州本地金石界，此次共捐送拓本六种。其中南汉铁花盆、南汉经石幢、南越王黄肠题刻字、南华寺造像刻字自此以后几乎成为各大展览必展之物。① 莫鹤鸣捐赠的城砖拓本、赵甫臣捐送的华严经残石拓本皆是谈月色精拓，拓本上留有"蔡守审定"之印戳。上述展品的收藏和关注可说是清代以降金石考据学的遗续。

1928 年 12 月，筹备工作第二个月起，征集内容相继增加少数民族风俗用品和革命相关物品。"民俗上之用品"②的收集主要是通过两个途径实现：首先是向学术研究机构、筹备委员顾颉刚负责的中大语史所着手，要求该所提供他们近年收藏的民族各品物之表册过目；③ 接着通过政府下达政令的方式，发函至少数民族地区如连阳等地方政府采集苗族物品。④ 革命物品方面，筹备委员会最初提出征集的是"先列遗物遗像"，⑤ 未几即进一步拓宽范围，"革命先烈之遗像遗物，著作用品，与其他足为革命纪念品物，均采集之"。⑥

1929 年 1 月，筹备工作的最后一个月，征集工作的范围和革命物品的内容得到最终确定。一方面筹备委员会认定了"西江流域或准西江流域"应是历史风俗的主要收集区，⑦ 不再如此前空泛地称所有中外品物皆可；⑧ 另一方面革命物品被更细致具体地分为 9 种，主要为清末同盟会组织的各种起义至民国肇建后孙中山领导的革命政权的遗物。⑨ 同样是"革命物品"，内容却因政治背景的不同而有所差异，如西湖博览会几乎涵盖了从同盟会一

---

① 南越刻字的认定与蔡氏的关系，详见丁蕾《历史关怀与考古定性：民国时期广州南越王墓的发掘》，《河南大学学报》（社会科学版）2011 年第 1 期，第 94～104 页。
② 《市博物院征集海内名家古物》，广州《民国日报》1928 年 12 月 1 日，第 5 版。
③ 《博物会筹备消息种种》，广州《民国日报》1928 年 12 月 27 日，第 5 版。
④ 《市博物院征集各县品物》，广州《民国日报》1928 年 12 月 21 日，第 5 版。
⑤ 《市博物院筹备进行之近况》，广州《民国日报》1928 年 12 月 6 日，第 5 版。
⑥ 《市博物院积极征集品物》，广州《民国日报》1928 年 12 月 20 日，第 5 版。
⑦ 《市博物院征集品物陈列》，广州《民国日报》1929 年 1 月 9 日，第 5 版。
⑧ 《市博物院积极征集品物》，广州《民国日报》1928 年 12 月 20 日，第 5 版。
⑨ 《征求革命纪念品物》，广州《民国日报》1929 年 1 月 8 日，第 1 版；《捐借本院品物诸先生提名表》，《广州市市立博物院成立概况》，第 47～49 页。

直到北伐胜利的整个国民党的胜利。① 1929 年市立博物院最终收藏的革命物品几乎全部出自蛰伏于粤的粤籍国民党元老之手,包括 1910 年广州起义的信物、1911 年黄花岗起义烈士的遗墨、中华革命党海防支部石印、党务印刷品和孙中山生前的用品及手迹。纪念市立博物院成立的小册子《广州市市立博物院成立概况》中,首页是孙中山遗像和遗嘱,紧接着的两页分别是"总理遗墨"、"总理遗物"和"革命遗物"。值得注意的是,"革命遗物"是广州起义的信物——篆刻"强武"二字的印章,谢英伯所撰的一段说明文字中再三强调胡汉民（1880～1936）、黄克强（1875～1916）、赵伯先（1881～1911）、胡毅生、林直勉（1889～1934）等同盟会的元老都参与过是次起义。② 他们一直是孙中山忠实的追随者,且在孙氏生前于国民党内部担任要职。1927 年北伐胜利后,蒋介石迁都,把革命中心移离广东,并借廖仲恺被刺案打击粤籍势力,林直勉和胡毅生更是廖案中的两个要犯。广州市政府不计前嫌起用他们,胡毅生刚自香港返粤旋被聘为市立博物院筹备委员。同样是同盟会出身的谢英伯和所有聚集在广东的国民党元老们一样,都不免将参加过清末同盟会组织的各种起义和民国肇建后孙中山领导的革命政权等经历当成有力的政治资本。

2. 革命史观与同化论

市立博物院中收藏和展示的物品,无论是朴学影响下的金石、碑碣和砖瓦等旧藏,还是风俗用品、地下"考古"发现的器物和当代的革命纪念品等新物,它们要讲述的地方历史已完全不同于传统史学。谢英伯的《历史风俗部报告书》中将本地历史共划分为六个时期,与以往中国史书按朝代划分的方法不同,各期的划分点分别落在秦始皇岭南设郡县、汉武帝派伏波将军平定岭南、北宋灭亡南汉、南宋最后一个皇帝广东身亡、明亡、两广起义洪秀全创立太平天国、广东人孙中山领导下建立的中华民国出现等政治事件上。③ 史前期到历史第二期,以秦、汉和宋平定岭南为划分点,反映了当时学者将南越和南汉两个独立小王朝放置于中央王朝的历史脉络中,淡化其

---

① 《西湖博览会指南》,《中国早期博览会资料汇编》（四）,全国图书馆文献缩微复制中心,2003,第 287 页。
② 《革命遗物》,《广州市市立博物院成立概况》。
③ 谢英伯:《历史风俗部报告书》,《广州市市立博物院成立概况》,第 7 页。

独立的历史。该历史时期划分的后半部并未完全跟随传统中国正史叙述的脉络，在清代中间加插太平天国。于清王朝，太平天国乃脱离中央的割据政权，是清廷的禁忌；直到清末，孙中山等革命人士将太平天国的史迹发掘出来，赋予太平天国民族革命运动的意义，声称他们提倡之革命运动是太平天国之延续。① 民国建立后，孙中山的民族主义从"排满"转变成五族共存，将朱元璋推翻元朝统治和洪秀全起义反清视为中国人民族思想的表现。② 市立博物院历史时期的第三期至第六期，显然是以宋末、明末和清末三个时期广东人民抗击外族入侵为依归。上述物品展示的时间范围与中央管治下的广东历史相始终，历史划分是按照孙中山民族主义思想，对原有地方历史进行重新界定和叙述。

孙中山三民主义中的民族思想同样贯穿于风俗物品的收藏展示中。《历史风俗部报告书》中的"广东民族俗尚示范图"将广东民族分为"汉民族"与"非汉族"两种，强调汉民族内部的差异只是历史和地理问题造成的，非汉族的人种正逐步被汉族同化。民族同化的观点是孙中山生前三民主义中民族主义的一个重点。孙中山认为中国要成为一个"彻底地民族国家"，须以汉族为中心把其他各族同化。③ 据此示范图，历史风俗部收藏和展示的范围划定在西江流域的原因，一是肯定西江流域原有越文化已被南下的中原文化同化，二是假设尚未同化的民族处仍保存有越文化，故西江流域的原貌可在别处觅得。

综上所述，市立博物院的主办者把"革命"的宗旨贯穿于整个市立博物院展览中。隐没于展览背后的政府，一方面通过革命纪念物的展示彰显出它与清末以来孙中山领导的革命活动的密切关系，强调广东当局的革命正统性；另一方面通过历史风俗和生物科学物品的展示一再强调广东在西南地区历史渊源上的联系和学术上的领导作用。因此历史风俗和自然博物两部门，是属于一个以广州为中心的本地历史自然展览。至于备受争议的美术部，通

---

① 孙中山：《太平天国战史·序》（1904年），广东省社会科学院历史研究室等合编《孙中山全集》第1卷，中华书局，1981，第258～259页。
② 孙中山：《中国革命史》（1923年1月29日），广东省社会科学院历史研究室等合编《孙中山全集》第7卷，中华书局，1985，第60页。
③ 《在中国国民党本部特设驻粤办事处的演说》（1921年3月6日），广东省社会科学院历史研究室等合编《孙中山全集》第5卷，中华书局，1985，第473～474页。

过展示中央政府认可下全国美展评审委员的作品，显示出该部门代表的全国趋势，因此它属于一个在广州的美术展览。

四 展示：革命符号的空间形塑

1929年2月11日（农历正月初一）正式开幕的市立博物院，具象地向世人展示了作为主办者的政府和作为执行者的学者讲述的地方历史文化，镇海楼此时已不再是纯粹的历史建筑，而是承载丰富的政治文化内涵，成为具有公共属性的革命符号。

镇海楼的一至三楼都属于自然博物标本部的范围，呈现出一个有序的生物进化的空间。有关生物标本的展示，自近代博物馆诞生之日起便是其中的重要内容。世界上较古老的近代博物馆大英博物馆，自1753年成立就有标本的陈列展示。清末，自然标本的展览伴随博物馆一起自西学的大潮来到中国，然是时展品纷然杂陈让置身其中的人茫然不已。[①] 在1929年，市立博物院的标本旁则大多附有清晰的说明指示。博物馆的一楼陈列矿物和岩石等标本，展厅中央有两行两列的单层矮柜，墙上悬挂各种图表。矿物和岩石标本平放于柜内，观众环绕柜子参观。柜子有两种：一种柜顶中间立有一长条说明书（见图1，章后附图，下同）；另一种柜面倾斜无说明（见图2）。二楼陈列的是鸟类和昆虫，展柜除与第一层相似的矮柜外，还有一种陈列鸟类的三层高柜（见图3、图4、图5）。三楼陈列的是哺乳类，靠墙的展柜与第二层类似（见图7），展厅中央另有玻璃展柜，柜内展品分三层呈金字塔式叠放（见图6）。三楼中央展柜的展品似乎有过变动，1929年时展示的物品是松鼠等小型动物的标本（见图6），至1934年广州市政府出版的旅游小册子《广州指南》内有一张相关照片（见图12），展示的哺乳类动物则是金钱豹等较大型的猫科动物。[②] 二、三楼的生物标本旁的说明牌上详记"物名、重量、物属、形态、由来、数量、物权、重数、说明、备考"等属性特点，[③] 使

[①] Lisa Claypool, "Zhang Jian and China's First Museum," *The Journal of Asian Studies*, Vol. 64, No. 3（2005）, p. 581.
[②] 广州市政府编《广州指南》，培英印务局，1934，第309页。
[③] 《市博物院积极筹备开幕》，广州《民国日报》1929年1月30日，第5版。

观者"纵无他人解说,也可以得到很明了的认识"。① 市立博物院内说明牌、路线的设置,可以说是依据近代自然科学的定义和安排,悄然无声地将观众从地质带到生物,必须先看到低级动物然后才能看到高级动物。

镇海楼的四、五楼属于人文方面,杂陈美术品和历史风俗物品。四楼主要陈列展示的是西洋画和民俗物品(见图8、图9),五楼主要有中国字画和古代青铜器铭、孙中山图像和塑像(见图10、图11)。

市立博物院的美术品陈列以当代中国名家作品为主,此举在当时政府展览机构中是少有的。1929年以前的中国公共展览机构中收藏和展示的绘画、雕刻等仅有民国以前遗留下来的古物。北平故宫博物院、北平古物陈列所、历史博物馆筹建处等展示的皆是宋元明清以来获得收藏界一致认可的书画、瓷器、雕刻等物,并将它们按自身的种类或年代分类陈列。如1925年成立的北平故宫博物院,分为雕刻、宋元明书画、扇面等陈列室。② 市立博物院内中国画和西洋画分两个展室,该种展示方式或许表现出展览的筹办者认为中西画作风格迥然,不能完全混为一体。

镇海楼将与展示本土历史有关的古物放置于五楼,来自少数民族的衣饰陈列于四楼,营造出有别于此时国内展览的展示空间。就1929年中国仅有的34所博物馆而言,将古物和民族用品放置一起共同作为历史见证的展览并不多见。在全国范围内,陈列历史古物的既有专门展示明清皇宫遗物的北平故宫博物院、北平古物陈列所等,又有综合展示中国古代金石、陶瓷、金玉的历史博物馆筹建处;展示民族物品的既有陈列中国各地风俗物品的北京大学研究院文史门陈列室,又有展览国外其他国家人民的生活器具的河北博物院。③ 倒是在1929年元旦的广州,即市立博物院开幕前的一个月,中大语史所举办了一个为期三天的展览会,其中同时有"风俗物品部"和"古物部"两个专题展。④ 唯此次展览场地有限,各展场因地制宜地分布,与市立博物院有意布置、有序排列不同。

在市立博物院的空间形塑中,革命物品尤其是牵涉到孙中山的物品,无

---

① 辛树帜:《自然博物标本部报告》,《广州市市立博物院成立概况》,第19页。
② 《国立北平故宫博物院》,中国博物馆协会编《中国博物馆一览》,第5页。
③ 中国博物馆协会编《中国博物馆一览》,第1~24、26~32、47~49页。
④ 《中大语言历史研究所展览会盛况》,广州《民国日报》1929年1月4日,第14版。

论对亲蒋还是反蒋势力而言都是相当重要的宣传资本，被放置于镇海楼顶层最显眼的位置。孙中山铜像立于整个空间正中，面朝大门，两旁挂着孙中山"革命尚未成功，同志仍须努力"的遗训，后墙正中挂有孙中山的遗像，四周环绕二三十幅其他人的照片，照片尺寸比孙中山的遗像小，人物身份不详。屋内正中较高处摆放孙中山遗像、两旁挂孙氏遗训的陈设方式，自孙中山追悼会仪式后成为经典布置。

楼高五层的镇海楼自下而上的展示路线每层都隐含进化论的观点，观众置身其中宛如进入一个由低等向高等进化的空间（见图13）。① 一到三层是生物进化的进程：第一层的地质矿物、动植物化石代表的是原生态的世界；第二层的鸟类昆虫标本代表的是低级动物；第三层的哺乳类标本代表的是高级动物。第四到第五层则从生物进入到人类这种高级哺乳类动物的历史发展进程。第四层展示的主要是研究中原文化远古时代需要的少数民族物品及西方绘画，第五层即最顶层集中展示中国传统书画、古器物和革命物品，亦意味着第五层的物品代表的文化明显高于第四层，体现出社会进化的观点。孙中山的铜像更是站立在代表社会进化最高点的第五层的正中间，铜像高高地站立于各种展品之上，不但烘托出孙中山至高无上的地位，而且宣示他是中国社会发展的领导者。在孙中山革命、同化等理论基础上发展起来的革命观、历史观和民族观被市立博物院的主办者融入整个展览。

五　余　论

广州市市立博物院的策划和展示都蕴含特定的权力关系，是政治和学术话语交织的结果。公共展览的政治性，诚如本尼迪克特·安德森所认为：博物馆展示的物品表达的是主观意识，是掌握了话语权的政府手中的工具，同时也成为殖民地人民以后对自我的认识。② 中国近代民族国家的形成，固然

---

① 建筑史研究专家赖德霖教授亦观察到市立博物馆的空间格局，与笔者持相同的观点。《城市的功能改造、格局改造、空间意义改造及"城市意志"的表现——20世纪初期广州城市和建筑的发展》，赖德霖：《中国近代建筑史研究》，第386页。
② 本尼迪克特·安德森：《想象的共同体——民族主义的起源与散布》，吴叡人译，上海人民出版社，2003，第187~209页。

不同于西方或殖民地。作为从军阀混战中刚获得统一、极力摆脱半封建半殖民地社会的国民政府,将孙中山符号化并将三民主义宣传纳入政府构建近代民族国家的范围,体现出西方外来思想和中国本土文化的相互影响。由市立博物院的个案可以看到,博物馆作为建构"民族主义"的场所,背后的政治性非绝对意属中央。坐拥两广的反蒋势力随着1928年后广州政治地位的下降,不断鼓吹广州或广东的革命乃党——国之正统。[1] 他们尝试将孙中山民族主义思想和崇拜纳入博物馆化想象的范畴,体现出以广州为中心的广东从孙中山故乡到"革命策源地"象征符号的转变,旨在于同样的党—国权力模式下掺进自己的话语和内容。公共展览的学术性,就像Francis Haskell 所指出,欧洲美术展览和博物馆出现、发展的历史自始至终与各种学术团体有着千丝万缕的关系。[2] 在市立博物院的策划过程中,作为主办者的地方政府起到奠定基调的作用,至于物品征集和陈列布展等工作则需要来自学界的筹备委员执行。尽管地方政府都是选用其信任的人担任筹备委员,使物品的选择权更多地掌握在地方政府手上,然而事实上具体物品的选择则深受筹备委员个人学术背景和喜好的影响。就本章而言,透过物品从私藏到公共展览,即民间个人的藏品和政府学术机构的收藏成为国家或政府所有的过程可以看到,讨论晚清民国中国知识结构转型不能仅仅关注学术体制的形成、现代学科的发展、知名学者的思想变化等方面的状况,更要关注学科下各种学术观点的表述及其获得话语权的原因。如市立博物院的标本、美术作品、革命纪念物、传统文物和民俗用品等不但有在博物馆内收藏和展示的机会,还被贴上"革命"的标签,最终更成为地方形象的代表。概言之,关于权力和展示的讨论切勿将最初的设想和最终的呈现混为一谈。

值得一提的是,作为"革命策源地"的叙述或许得不到是时南京国民政府的真心认同,却对此后地方历史的建构有深远的影响,甚至是现今当地引以为傲的文化名片。1929年建立的市立博物院是民国时期中国博物馆草创历程的一个个案,对其加以研究,可加深对中央与地方、政治与学术、公共展览与政治

---

[1] 邓正兵:《论广东地方实力派的地方派系意识》,《学术研究》2001年第9期,第113页。
[2] Francis Haskell, *The Ephemeral Museum: Old Master Paintings and the Rise of Art Exhibition* (Yale University Press, 2000).

符号之间关系的认识，厘清公共展览中物品与地方历史文化、国家民族之间的连接过程，为进一步探讨中国传统社会向现代民族国家的转变奠定基础。

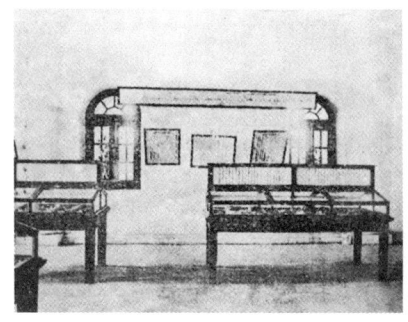

图 1　　　　　　　　　　　图 2

1929 年市立博物院首层矿物及岩石标本

图 3　　　　　　图 4　　　　　　图 5

1929 年市立博物院第二层鸟类及昆虫标本

图 6　　　　　　　　　　　图 7

1929 年市立博物院第三层哺乳类动物标本

图 8　　　　　　　　　　　图 9

1929 年市立博物院第四层美术与历史风俗

图 10　　　　　　　　　　图 11

1929 年市立博物院第五层美术与历史风俗

图 12　1934 年市立博物院哺乳类动物标本

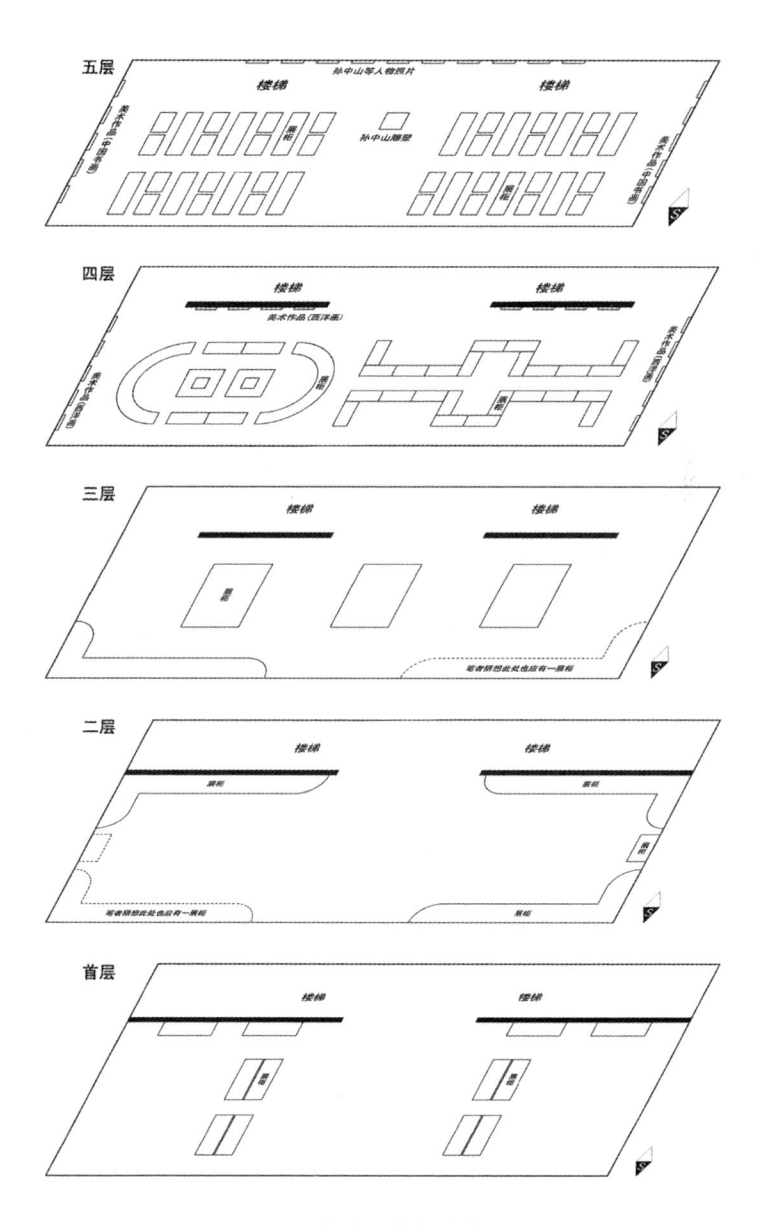

第十四章　民国时期公共展览的策划与展示　275

图 13　1929 年市立博物院楼层平面图

第十五章

乡邦文化与民族精神：
李仙根与1940年香港
广东文物展览会

黄健敏

> 梦断升平世既遥，故家乔木日萧条。楚庭风雅垂垂绝，南海珠尘黯黯消。
>
> 人世渐随征战尽，古魂愁向异方招。寻常一物关兴废，我抱秋琴阅四朝。①

抗战期间广州沦陷后，侨港的广东文化人组成中国文化协进会，联合在香港的有志之士、文化界、学者专家及鉴藏家筹备"广东文物展览会"。②上引七言律诗便是当时侨居在港的著名诗人、书法家和收藏家李仙根（1893～1943，名蟠，广东中山人）展览期间所作，也是其时文化人慨叹战乱频仍、传统文化兴废的普遍写照。

在国家危急存亡之秋举办的广东文物展览会，参与名流、学者、文人、藏家之众，征集展出文物种类及数量之多、规模之大，观众及社会之踊跃都堪称空前，这一"南国前所未有的文化盛举"，通过公共展览、传媒报道和出版专刊等，把"一家一地一国"的文物并置联系起来，打造出直到今天

---

* 本文已发表于《美术学报》2014年第3期。
① 李仙根：《侨港文协主开粤东文物展览征及寒斋纪以一诗》，王业晋主编，黄健敏、李宁整理《李仙根日记·诗集》，文物出版社，2006，第188页。
② 广东文物展览会近年逐渐引起研究者的关注，参见程美宝《地域文化与国家认同——晚清以来"广东文化"观的形成》，三联书店，2006；童宇：《1940年广东文物展览会筹备人物考证及其相关问题》，《美术学报》2012年第3期；等等。

仍余韵悠扬的"广东文化"拼盘。以往关于"广东文化"展览的研究，对于乡邦文化与民族主义并举这个主题已经有过不少讨论，对于展品的提供者及提供者个人对展品的阐释则尚涉及不多。

李仙根出身书香世家，少年即参与辛亥革命，与孙中山及胡汉民、古应芬等一众粤籍元老渊源甚深，抗战前活跃于西南政界。他不但出任广东文物展览会（以下简称"文展会"）筹备委员，还以"李氏秋波琴馆"及"李氏小容安堂"的名义提供了自藏52件（套）文物、文献给展览会展出，①并配合展览的展品及个人收藏撰写发表诗文、讲话多篇，以纪盛事，以抒怀抱，诠释广东文物展览会的主旨——"研究乡邦文化，发扬民族精神"，并把家族与个人的历史借助这个因应时势而设的文物展览写入岭南乡邦文化史与爱国爱乡史中。

七叶芸香：李氏诗文与秋波古琴

李仙根家族世居广东香山（今中山市）县城石岐紫里。李仙根祖上直系七代均为诗人，紫里李氏以"书香七代多专集，科甲联翩萃一门"而闻名。冒广生（1873～1959，字鹤亭，江苏如皋人）跋李仙根曾祖李遐龄《勺园诗抄》的一段概述便颇具代表性：

> 香山文人多有后，黄、李为最著。泰泉之先有双槐、粤洲，其后有仰山、有香石、有吾友日坡及其子慈博，然未有七叶芸香、代有专集如李氏者也。自康熙间惺斋先生司铎开平，有《宦游草》、《小香亭稿》、《怡园集》苍城铎响之刻，惠周惕赠诗所谓"香山香瓣接江门"者也。惺斋生勉村，勉村生剑山、西池，剑山生醇夫及菊水，菊水子曰伯廉、实庭、砚农，孙曰荫田、居北、霁川、香国、子韶，曾孙曰仁波、达庐。其间举秀才者十一，举孝廉者四。自《宦游草》以次，曰鸣盛，

---

① 据《广东文物展览会出品目录》（广东文物展览会编辑《广东文物》卷1，中国文化协进会，1941）及《广东文物展览会出品目录（附广东名人小史）》（中国文化协进会，1940）所附《陈列品目录补遗》，李仙根共提供52件（套）展品供展会展出。"秋波琴馆"及"小容安堂"都是李仙根的斋馆号，前者出于其家藏秋波古琴，后者则源于其曾祖李遐龄之斋馆号"容安堂"。

曰拾月，曰西池，曰醇夫，曰勺园，曰俭一堂，曰诵芬，曰北潜，曰居北，曰小莲，曰道生堂，曰在园，曰仁波，曰晚翠堂，曰惺默，凡专集十有六，而菊水从兄弟漱溪孝廉及春溪秀才所著晓松、翠园诸集，尚不与焉。噫，其盛盛矣！①

紫里李氏书香世家的名声，最早从清嘉道间二十世祖李遐龄便有迹可循。清嘉庆四年（1799）李遐龄延请地方名流杨汝任为曾祖李修凝（惺斋）撰家传，并以小楷恭书刻石，几已可视为李氏有意建立书香世家名声努力之滥觞。②清光绪九年（1883），黄绍昌、刘熽芬合编《香山诗略》，得紫里李氏二十二世祖李荫田等提供资料，收入紫里李氏李修凝、李捷章、李若兰、李遐龄、李文燮、李从吾、李贺镜、李之机六代八名诗人，如此，李氏便已建立起"六叶芸香"的概貌，隐然与何氏、黄氏、刘氏、方氏等香山书香世家相提并论。

在文展会上，李仙根提供家传秋波琴、李遐龄"容安堂著述残稿"及李剑山、李恩富遗墨等8件（套）家族的文物和文献展出，借助公开展览平台展示家族文化，进一步凸显紫里李氏在地方文化史中的位置。

李仙根为文展会提供的家族文物中，最具传奇色彩的当推李氏家传秋波古琴。该琴自清初归十九世祖李剑山收藏，历传三代至二十二世李荫田，为同乡名琴家何斌襄③一借不还。李荫田曾有《秋波叹》记此事，略云："秋波者，予家藏琴名也。拂拭无人，剥蚀殆尽。友人何斌襄一见爱赏，取付琴工修补胶漆，音律清亮，里人羡之，而不知为予家故物。一日偶读剑山祖家传，始知琴传自杨诚斋，为公生平至爱，欲赎无从，殊深怅恨。虽幸珍物之得主，深憾手泽之不存。"④李仙根之父（二十三世）李赞辰梦寐求归琴而不可得，"至使人刳木为琴形，悬于厅事，以志不忘。比逝，亦以归琴诏仙根兄弟"。⑤

---

① 冒广生：《勺园诗抄》卷末"跋"，李仙根辑补重刊本，1936，第1页（下）。
② 杨汝任撰，李遐龄书《李惺斋公家传》，清嘉庆四年石刻拓片。杨汝任，字孟传，香山人，乾隆五十八年（1793）癸丑科进士，官内阁中书。参见道光《香山县志》卷6。
③ 何斌襄（1816～1880），名赞清，香山人，附贡生，军功蓝翎，候选知州。清代岭南琴派鼎盛期的重要人物，著有《琴谱大成》五卷等。小传参见光绪《香山县志》卷15《列传》。
④ 李贺镜：《秋波叹》，黄绍昌、刘熽芬编《香山诗略》卷11，民国二十六年（1937）刊本，第366～367页。
⑤ 黑翁：《秋波琴话》，《广东文物》卷4，第55页。

后该琴由何氏辗转入同邑缪凤群家，李仙根于1924年、1925年两任香山（中山）县县长，几度相求，无功而返。直至民国二十四年（1935），李仙根帮了缪凤群一个大忙，缪凤群才归还秋波琴以报。① 秋波琴重归之时，李仙根赋诗以纪："吾家秋波琴，百年亡复至。失喜告鹤翁，吾楼将易字。一以纪先芬，一以托幽思。虽恨未能弹，终焉感物类。我闻绿绮台，海雪死不弃。千里寄待公，素纸求绘事。或有知音人，怜我弦外意。将此奉大雅，或更张吟帜。书罢抚残徽，黝黝发古味。"② 正如诗中所云，秋波琴之回归对于李氏家族的重要意义，既是"纪先芬"，是对此琴所凝聚之家族文化史的追念；也是"托幽思"，古琴的幽静深远、孤高岑寂与恬逸淡泊，一直是中国文人修身养性追求的意境和完美人格的象征。诗中"我闻绿绮台，海雪死不弃"，即咏明末邝露（海雪）抱绿绮台琴慷慨殉国事，更为岭南古琴赋予特殊意义，寄托读书人文化遗民情结与民族精神。③ 在日寇侵华的背景下，李仙根所言之"弦外意"就更为深长了。

展览期间，名报人李健儿以"黑翁"为笔名发表《秋波琴话》一文，以文学化的笔触讲述了秋波琴曲折离奇的流传经过，大为扩大秋波琴的知名度。其后之关于秋波琴的文献，辗转传抄，几无不受此文之影响。其实李健儿此文错误甚多，如称秋波琴"考为南宋杨诚斋万里所制"。④ 但据秋波琴琴腹题字，实为明万历四年丙子（1576）明益宣王朱翊鈏所制。在香山本地文人家族收藏的众多古琴中，与相传曾经陈白沙使用的"沧海龙吟"琴、萧士贤旧藏宋苏轼题铭的"九霄雷"琴等相比，秋波琴并非最为突出，但其传奇经历和象征意义借助公开展出的平台、报刊的传播及名流诗文的咏叹，声名鹊起而跻身广东"四大名琴"之列。⑤

紫里李氏虽号称"七叶芸香"，但在岭南诗坛真正有较大影响的首推二

---

① 关于秋波琴之制作、流传及相关史事，参见拙文《秋波琴考》，《八叶芸香：李仙根及其家族——秋波琴馆旧藏文物文献研究初集》，广东人民出版社，2014。
② 李仙根：《杂述次展堂先生韵》其二，王业晋主编，黄健敏、李宁整理《李仙根日记·诗集》，第97页。
③ 参见丁蕾《"海雪畸人死抱琴"——明末至民国年间邝露形象的演化与流传》，《学术研究》2008年第11期。
④ 黑翁（李健儿）：《秋波琴话》，《广东文物》卷4，第54页。该文原载于1940年2月26日的《越华报》"纸笔语"专栏。
⑤ 广东四大名琴一般指绿绮台、天蠁、春雷、秋波。亦有主张以"都梁"或"松雪"换去"秋波"的。参见莫尚德《广东古琴史话》，宋婕、冯焕珍主编《岭南琴学论集》，巴蜀书社，2010，第170页。

十世祖李遐龄。李遐龄（1768~1832），名芳健，字菊水，书法有名于时，工诗，尤深乐府，"与黎二樵、冯鱼山、张南山、谭康侯、黄香石诸公齐名"，为紫里李氏叙述家族史时所最津津乐道者。

李仙根提供给文展会展出的家族文物中也以李遐龄相关文物、文献为最多，如"粤东四大家"之一的顺德张如芝（？~1824）等所绘《春水垂纶图》即为其中颇受注目的展品。① 该图描绘郊外乡居小景，远山隐约，近处精舍一楹，周遭花木扶疏，柳遮桃映，景致清幽；精舍之前小桥流水，汇于一湖；湖上扁舟一叶，泊于湖畔枝柯古木之下，主人身着蓑衣于船头悠闲垂钓，书童持船蒿于舟尾。图中的钓者自然就是李遐龄本人的化身。李遐龄为该图自题百字令一首，中有"一湾春水，此间容我垂钓……得鱼沽酒，玉山随意推倒"数句，略见李遐龄于此图寄托之意蕴。该图得刘华东（1778~1841）、谢兰生（1760~1831）、谭康侯（1774~1830）、仪克中（1796~1837）等同时代著名诗人题首、赋诗及填词唱和，可见李遐龄之交游和受时流推重。

文展会展出的李遐龄《梅鸟小轴》绘寒梅数枝，左下梅花朵朵，一鸟居于画中，屹立枝头，回头啄毛，甚为惬意，画面简洁清朗。右上题诗一首："羞随鹦鹉啄余残，来与梅花共岁寒。风雪满天眠不觉，问谁如尔只袁安。"② 画及题诗表达诗人卓荦独立、不与世俗同流的志趣与品格。

李遐龄著述宏富，未刊稿甚多，但多已佚失。③ 李仙根提供家藏《容安堂集零存稿本》供文展会展出，包括以下七种：《五代杂事诗手稿》《十国杂事诗稿本》《胜国遗制录》《书目》《五代史手批》《明诗宫闱录残页》《明天文祥异录》。④ 李遐龄善书法，冒广生曾评李遐龄书法："殊出同时梦

---

① 《春水垂纶图》原件未见，照片载于《广东文物》卷2，第85页。该图之照片及诸家题词亦载《李菊水先生诗集》卷首。中山市博物馆藏该图黑白照片玻璃底片原件。
② 李遐龄：《梅鸟小轴》，原件未见，照片见《广东文物》卷2，第85页。题画诗以《画寒雀》之名收入《勺园诗抄》卷3。
③ 综合道光《香山县志》、何守谧《勺园诗抄跋》、李赞辰《〈勺园诗抄〉述言》、李仙根《容安堂集零存稿本》等相关记载，李遐龄生平著述达31种之多，详参拙著《八叶芸香：李仙根及其家族——秋波琴馆旧藏文献文物研究》，第71~74页。
④ 李仙根：《容安堂集残稿目录（李氏秋波琴馆藏）》，写本原件，中山市博物馆藏。陈德芸《广东未刻之书籍》（《广东文物》卷9，第28页）著录此批残稿。其中《十国杂事诗》《胜国遗制录》稿本现藏中山市博物馆，《五代史手批》稿本现藏五桂山房，《明天文祥异录》稿本现藏翠亨孙中山故居纪念馆，其余原件未见。

楼、山舟之上，而实不副名，则地为之限也。"① 此数种李遐龄手书稿本，足以体现其书贵瘦硬，需心正端肃、远甜熟的书学主张。

值得注意的是，李仙根所藏李遐龄遗稿并不止这七种，提供展出的也未包括李遐龄最为知名的《勺园诗抄》。李仙根选出这七种关涉五代十国及明代史事的李遐龄遗稿供展出，当有所考量。李遐龄批校《五代史》，并撰《五代史诗》《十国杂事诗》考订评述史事，展现其作为学者考据功力与文史交融之本领；而《胜国遗制录》等对明代制度、文献的抄录关注，或多或少是广东遗民文化传统的延续。清末以来革命派中早已流行借宋明时代的历史人物或文献遗物表达革命精神。文展会举办于国土沦亡之际，身历此前20年军阀割据、日寇入侵之多变时局的李仙根，宁不对五代十国分裂割据的历史别有会心？

楚庭风雅：粤人书画与古籍

在时人眼中，粤人书画及著述典籍，最足以表现楚庭风雅，彰显岭南地方文化之发达，甚至与中原文化并驾齐驱。

李仙根收藏明清两代粤人遗墨甚丰，他为大会提供11件粤人书法展品，包括明代陈献章、湛若水、陈子壮、何吾驺、郑一岳、彭睿壦、邝露及清代释光鹫、释今无、海云六释、康有为等的遗墨。展览举行期间，李仙根还撰写发表《楚庭书风（五十绝句并序）——广东文物展览会观后作》（以下简称《楚庭书风》），评点大会展品及个人收藏，彰显"粤风"。

李仙根提供文展会展出的11件粤人书法遗墨，不少是明清岭南书法具代表性的作品。如明代大儒陈献章（1428～1500，广东新会人）的《草书对菊诗轴》及其弟子湛若水（1466～1557，广东增城人）的《草书〈阳明赠方吏部归樵四首金山出示次韵〉诗轴》就深受观众注目，② 观众伍仕强评述说："行草中最著者，则当推明之陈献章，所书草书，气劲

---

① 冒广生：《勺园诗抄》卷末"跋"，第1~2页。
② 陈献章《草书对菊诗轴》现藏翠亨孙中山故居纪念馆，湛若水《草书〈阳明赠方吏部归樵四首金山出示次韵〉诗轴》现藏香港中文大学文物馆。两件展品的照片，均载《广东文物》卷2，第30页。

而力厚，笔墨飞扬，有扶石奔泉之概，闻其特制麻茅笔，下笔作书，尤见卓绝。至其弟子湛甘泉，亦能以行草著于时，书法亦称刚健，笔气悠长。"①观众中为了此幅陈白沙的书法草书立轴，"流连观摩者不下五次之多"。②明彭睿壎（广东顺德人）："其草书脱胎于怀素，而自成一家，于狂放之中，擅用折笔，以蓄其势，不使一笔滑过去。其意境如奔泉咽石，曲折潆回。其留余不尽之处，真有一波三折之妙。"麦华三《岭南书法丛谭》评李仙根提供展出的《千文卷》为彭睿壎代表之作。③清康有为（1858~1927）《菊坡精舍课艺》④当为康氏存世最早的文献和遗墨，更可从中一窥康有为早年书法面貌。康有为曾自述："将冠，学于朱九江先生……得北宋拓《醴泉铭》临之，始识古人墨气笔法。少有入处，仍苦凋疏。后见陈兰甫京卿，谓《醴泉》难学，欧书惟有小欧《道因碑》可步趋耳。习之果茂密，乃知陈京卿得力于此也。"⑤康有为此课卷之书法以欧体为骨，馆阁味甚浓，正是苦学欧书时期之代表，与后期习碑后恢宏奇肆的风格大异其趣。

　　李仙根着眼的不仅在于书法艺术水平的高低，更重视这批展品的作者在岭南文化中的代表性，其中既有陈献章、湛若水、康有为这样影响深远、堪与中原学术主流相颉颃的大学者，更多的是明末清初的忠臣、烈士和遗民，如明末重臣、曾出事明末诸王的何吾驺，"闻崇祯殉国，呕血而卒"的郑一岳，"痛父难，复遇亡国惨痛，佯狂自放"的彭睿壎，明末抗清名将、与陈邦彦和张家玉合称"岭南三忠"的陈子壮，与诸将戮力死守凡十月、于清兵陷广州城时殉节的邝露，以及岭南遗民僧释光鹫、释今无及天然和尚门下海云六释等。这些端人烈士、名将通儒都是建构明末清初以来粤人"革命"与学术传统谱系不可或缺的关键人物，他们的遗墨具有强烈的象征意义。在文展会期间撰写的《楚庭书风》序言中，李仙根指出：

---

① 伍仕强：《参观广东文物展览会述评》，《广东文物》卷5，第23页。
② 沧阁：《广东文物展览会印象记》，《广东文物》卷4，第16页。
③ 麦华三：《岭南书法丛谭》，《广东文物》卷8，第69页。
④ 康有为：《菊坡精舍课艺》，原件现藏翠亨孙中山故居纪念馆。卷首照片载《广东文物》卷2，第59页。
⑤ 康有为：《广艺舟双楫》之《述学第二十三》，《历代书法论文选》，上海书画出版社，1979，第851~852页。

> 楚庭书风，非论书绝句也，书风自与书法异也。稽其源流，析其支派，穷其变迁，审其嫽妍，积学而工，积时成艺，五乖五合，执使用转，会于心而运之笔端，形诸纸上，皆书法也。或不足以觇世运、察人情、断时世、别隆污，则风斯尚矣。楚庭昔邈中原，文明较后，然蛮夷大长，老夫臣佗，一代雄风，至今犹去古未远。自曲江、文溪、白沙、泰泉，以至近世，岭学之盛，反若衣被岭外。宋明遗民之众，抗敌之烈，以迄我总理揭橥主义，倡导革命，一代有一代之风，一朝有一朝之烈，民到于今称之，此真所谓粤风也。于文章见之，于书尤足表之。①

李仙根提供文展会展出的名人墨迹及革命文献，均在《楚庭书风》评点之列，比展览更详细表达出其寓意。在李仙根撰写发表《楚庭书风》的同时，麦华三（1907～1986）也应文展会之约撰写了颇享时誉的《岭南书法丛谭》，撰写过程中麦华三浏览过李仙根的藏品，在观点上与李仙根也有交流与切磋，所以与《楚庭书风》选择评点的岭南"端人烈士、名将通儒"，以至全文主旨都有很多交集。《岭南书法丛谭》第七节"广东书家之特色"指出"吾粤书家"之特色包括重气节、重学问、不求闻达、富创作性等。② 麦华三所论，与李仙根《楚庭书风》所持之"粤风"，几如出一辙。置诸文展会举办之时的时局下理解，足见当时侨港岭南文化人爱国精神之普遍与强烈。

古籍是传统文化的重要载体，李仙根收藏图籍的兴趣与书画相类，专注于忠贞节烈之士及粤人著述文献，其中不乏罕见之孤本与善本。李仙根提供文展会展出的藏书共有14种，包括明黄公辅《北燕岩集》、林承芳《林太史竹窗存稿》（抄本）、黄居石《自知集》、陈吾德《谢山存稿》、韩上桂《朵云山房遗稿》及清徐作霖等编《海云禅藻集》、招子庸《粤讴》、谭宗浚《播荼堂诗抄》（稿本）、谭宗浚《散馆集》（稿本）、《师古堂集》、方天根《风佩轩遗草》、屈大均《广东文选》、黎简《五百四峰草堂集外诗原

---

① 李仙根：《楚庭书风（五十绝句并序）——广东文物展览会观后作》，《广东文物》卷4，第45页。该文最早连载于香港《探海灯特刊》1940年3月13日～30日各期。后又连载于1940年《民族诗坛》第4卷第1、2期。1941年1月收入中国文化促进会编印出版之《广东文物》卷4。李仙根去世后，吕集义筹款重刊，并把书名改为《岭南书风》（桂林文化供应社，1943）。

② 参见麦华三《岭南书法丛谭》，《广东文物》卷8，第80～81页。

稿》（稿本）等。①

李仙根藏书在抗战期间损失惨重，他自云："粤垣沦陷，藏书家莫天一、胡毅生、陈协之等损失甚多，我个人所失约十之八。"② 但据香港大学冯平山图书馆编制的香港沦陷后日军自李仙根家强行掠取的图书清单，总数已达共701种凡5278册，可推想战前其藏书之规模。在大量藏书中精心选出供展览的这14种粤人著述，李仙根自当有所权衡和考量。以内容而论，如收录清初遗民诗僧作品之《海云禅藻集》，冼玉清《广东释道著作考》云，《海云禅藻集》"诸人所作多寡不一，或参悟禅机，随缘山水，或痛深家国，移情空案，虽不足以语正宗，亦可觇天然一派宗风，及明末诸贤之往迹也"。③ 李仙根曾评曰："明亡后，士夫多有复国之志，事不济，每托于道林，余所见诸僧诗翰虽平淡，而侠义之气，于字里行间见之，令人莫不悲其遇，而感其诚也。"④ 黄居石（1626～1690年前后，广东新会人）诗以爱国精神、民族气节和同情民间疾苦而著称，其《自知集》多为忧生念乱之作。《广东文选》则为屈大均（1630～1693，广东番禺人）晚年编选的历代广东名人文集，从雍正以至清末，屈氏的著作都被定为禁书。以作者而论，如黄公辅（1576～1659，广东新会人）、韩上桂（1572～1644，广东番禺人）等均为明亡抗清义士。屈大均也是清初著名的抗清志士和文化遗民。提供展出的文献还包括陈吾德、林承芳、黎简、谭宗浚等明清著名学者诗人的稀见著述稿本。如明林承芳《林太史竹窗存稿》抄本4册即为传世孤本，收入林承芳所撰五言、七言之绝句和律诗，以及祭文、馆课、策论、碑铭、序跋等，书中朱笔评点及眉批遍布。李仙根藏清中叶著名诗人及书画家黎简诗稿手迹亦不少。李仙根提供黎简《五百四峰草堂集外诗原稿》与方天根《风佩轩遗草》展出，固然因为他们在嘉道间广东诗坛的地位，也因为黎、方两人都是李仙根曾祖李遐龄的诗坛知己。

---

① 林承芳《林太史竹窗存稿》（抄本）、谭宗浚《播荼堂诗抄》（稿本）、谭宗浚《散馆集》（稿本）、黎简《五百四峰草堂集外诗原稿》（稿本）等现藏翠亨孙中山故居纪念馆，其余原件未见。
② 简又文笔录《闭幕典礼·筹备委员李仙根致词》，《广东文物》卷3，第26页。
③ 冼玉清：《广东释道著作考》，佛山大学佛山文史研究室、广东省文史馆编《冼玉清文集》，中山大学出版社，1995，第689页。
④ 李仙根：《楚庭书风（五十绝句并序）——广东文物展览会观后作》，《广东文物》卷4，第48页。

建立民国：孙总理与粤籍革命元老遗墨

近代以来，展览会在显要位置辟出革命陈列室，几成惯例。广东是辛亥革命的发源地，以孙中山为首的广东革命党人发动革命、推翻清朝、缔造共和，是近代广东历史中最振奋民族精神的篇章。

文展会筹备委员中，不少曾投身孙中山所领导的革命运动，李仙根也算是其中一员。李仙根与孙中山同是广东香山人，幼年的李仙根在香山即已接触革命书籍，"革命思潮趋吾邑，党人多属世谊，时来过从"。稍长，李仙根考入黄埔陆军小学校，并加入同盟会。广东反正后，李仙根率组学生军拟北伐未果。1912年底，李仙根东渡日本，求学于日本陆军预备学校。① 该校学生人才济济，蔡锷、唐继尧、李烈钧、阎锡山、蒋介石、何应钦、孙传芳等大批近代中国著名将领均有在该校求学的经历。在日本时，李仙根"结识了朱执信、胡汉民、古应芬、廖仲恺、汪精卫等，并受知于孙中山先生"。② 1915～1917年，李仙根在广州、香港从事革命活动。1923年9月获孙中山任命为大元帅行营秘书。③ 孙中山亲临东江讨陈前线督战及督师北伐于韶关，李仙根均追随左右，并在日记中记录了追随孙中山革命的不少珍贵史实。1924年11月，孙中山北上共商国是，途中病情急转直下。李仙根应孙中山急电北上赴天津随侍，并随孙中山入京，侍疾其终。嗣后，李仙根追随古应芬、胡汉民、陈济棠等，活跃于南京国民政府及西南当局，积极促进宁粤合作。又担任粤汉铁路南段管理局局长，为贯通粤汉铁路、拓展华南铁路事业等贡献心力。抗战期间，当选第一、第二届国民参政会委员，并孤身赴重庆担任驻会委员，共赴国难，终病逝于渝。因为李仙根与孙中山的密切关系，又担任秘书职务，所以保有大量孙中山的往来函电文件；同时他负责与革命党人沟通联络，交游广阔，搜集不少兼擅书

---

① 《军事委员会委员长侍从室人事登记片稿（李仙根）》（1941年2月28日），台北"国史馆"藏原件。
② 叶琼：《李仙根先生小传》，政协广东省中山市文史编辑委员会编《中山文史》第10辑，1986，第77页。"叶琼"为李仙根长女婿王业晋笔名。
③ 《孙文任命李蟠为大元帅行营秘书的任命状》（大字第241号，1923年9月6日），中国国家博物馆藏原件。

法的政界名流墨迹。

李仙根为文展会提供了16件革命文献，包括他一生服膺追随、创立民国的孙中山的遗墨4件，其中《知难行易横额》《手批廖仲恺书》《致青云旅长书》展现出孙中山的革命思想、史绩和光辉人格；而孙中山委任李仙根任职的手令，不言而喻地说明了李仙根与孙中山的渊源及对革命的贡献。正如观众所注意到的，"迨民国肇造，尤以吾粤为革命策源地，孙总理为开国元勋，最足表现吾粤民族精神，所遗文物，匪独吾粤之所重视，抑亦国人之所乐睹也"。① 李仙根提供展出的还有胡汉民、古应芬、邓泽如、伍廷芳、萧佛成、唐绍仪、杨鹤龄、陈少白、朱大符（执信）、林直勉诸粤籍革命元老的遗墨。②

李仙根提供展出的革命文献，不独有珍贵的文献价值，孙中山和这些党国元老在书法上也有相当造诣。李仙根《楚庭书风》中多有评点，如评孙中山书迹引谭延闿语云："其书不但似东坡，而往往有唐人写经笔意，正直雍和如其人，真天亶聪明，凡夫虽学，而不能也。"对胡汉民的书法，李仙根评道："展堂胡公，功业彪炳，不掩其诗书之名，合褚米成一家，清挺峻拔，晚写曹全，集字为诗如己出，真绝诣也。"对古应芬、邓泽如、伍廷芳、萧佛成、唐绍仪、杨鹤龄、陈少白、廖仲恺、朱执信诸家有如下评点："湘勤古先生，少习曹娥，晚师吴郡，亦学史晨，规行矩步。泽如邓公小时失学，晚年专学其本家石如，篆隶行草甚得其解。秩庸伍公，书极沉实，子梯云，亦能书。佛成萧公，诗书画不学而能，且通梵文，人少知之。少川唐公，在李合肥幕久，故作字颇似山谷。仲元邓公从军久，三十后极力学书，亦有成就。陈公少白、杨公鹤龄，书均有法度。至仲恺廖公，执信朱公，学有根底，天姿聪敏，于学无所不窥。朱公写吴郡，犹是家学渊源，早成馨逸。"③

---

① 凤坡：《全场出品之蠡测》，《广东文物》卷4，第11页。
② 李仙根提供展出的革命文献，其中孙中山4件遗墨，现均藏中国国家博物馆；杨鹤龄、陈少白遗墨，原件藏翠亨孙中山故居纪念馆。其余原件均未见。孙中山书《知难行易横额》《致青云旅长书》及邓泽如、伍廷芳、萧佛成、杨鹤龄遗墨，均有照片刊印于《广东文物》卷2。
③ 李仙根：《楚庭书风（五十绝句并序）——广东文物展览会观后作》，《广东文物》卷4，第50页。

李仙根提供遗墨以展出的胡汉民、古应芬、邓泽如、伍廷芳、萧佛成、唐绍仪、杨鹤龄、陈少白、朱大符、林直勉诸粤籍革命元老，与孙中山及其领导的革命运动渊源极深，与李仙根亦都交情匪浅，在其《小容安堂诗抄》中几乎均有唱和或寄怀的诗篇。对于古应芬，李仙根甚至有"公视余若弟，我视公如父"之句，可见交情至深。若单从书写内容来看，这些遗墨与"革命"虽并无十分直接的关系，李仙根所看重的是这批粤籍国民党元老在近代革命史上的象征意义，通过展览凸显这批粤籍国民党元老（也许还包括李仙根自己）追随孙中山先生参与辛亥革命以来的贡献与地位。李仙根在文展会闭幕式上发言时便特别强调革命文献是最受观众瞩目的展品，他说："或许有人前来专事鉴赏美术和古物的，但从各方面实际的观察，则大多数人都注意'革命室'的陈列品，日日时时室内伫立数百人，简直无从转身，甚至无容足之地，可见影响之大而深了。"①

乡邦文化与民族精神

上文具体而微地展示出李仙根如何为文展会提供精心挑选的藏品并配合诗文去诠释大会主题。

文展会开办在乱世之际，其时抗战陷入僵局，国内沿海城市相继沦陷，国人保存、研究乡邦文物文化以振奋国家民族精神的情感也空前高涨。正如简又文（1896～1978，广东新会人）所指出的举办文展会的意义："在此国难正殷的期间，中国文化协进会乃有此举，非为提倡风雅或粉饰太平也。其主旨端在借观摩乡邦之文化遗迹，以激发爱乡爱国之精神；次则在于乡邦沦丧之后试行检点所获保留之文物，记录而整理之，且加以系统的研究使为新中国文化进步之阶梯也。"②

近代以来，随着公共展览传入中国，原本属于私人的藏品走入公众视野。尽管之前友朋同好之间通过雅集等形式使秋波琴馆（小容安堂）的藏品已得到不少文人墨客的观赏和品评，但文展会却是李仙根收藏的书画文献文物第一次也是唯一一次较具规模的公开展示。李仙根的收藏以爱好及种类

---

① 简又文笔录《闭幕典礼·筹备委员李仙根致词》，《广东文物》卷3，第26页。
② 简又文：《文展之概观》，《广东文物》卷4，第6~7页。

而言十分传统，除了祖传秋波琴及个别印章文玩之类，主要集中于书画与古籍；以性质而言则取向鲜明，偏重于广东古代的端人烈士、名将通儒，尤其是明末抗清英雄与文化遗民之墨迹与著述，以及孙中山及其粤籍革命追随者的相关文献与手迹。这显然与李仙根的经历与志趣相关。李仙根成长于清末革命风起云涌的时代，深受孙中山民族国家思想的影响，一生忠诚于孙中山的革命理想，他在日记中曾以"当事之如父"表达他对孙中山的深厚感情。他积极投身革命活动，并浮沉政海多年，曾自言"人知志士多狂简，谁识书生是老兵"。[①] 但与此同时，李仙根出身书香世家，骨子里又是一个传统文人，他继承七叶芸香、代有专集的文人家风，兼擅书法与诗文，手不释卷，吟啸自乐，好蓄书画与古籍图书。在政坛与李仙根最为同气相求的古应芬、陈协之、胡汉民等，都是兼有革命者经历与传统文人气质的人物。现实的经历和传统文化的熏陶，使李仙根有着强烈的国家民族感情，从其诗集收入大量感时忧世、爱国悯民的诗篇足以体味。

文展会标榜的宗旨是"研究乡邦文化，发扬民族精神"，筹备委员会主任叶恭绰（1881~1968，广东番禺人）明确指出，文展会"征求收集出品，皆以此为标准，凡与此十二个字无干的，不论什么贵重稀罕的东西，我们一概不要；凡合乎这十二个字的标准的东西，一草一木，片纸只字，会中都极其欢迎"。[②]

李仙根在文展会上闭幕式的讲话，更具体地表达了他对文展会主旨的理解与认同：

> 我觉得一般民众所受的印象甚深，而以学生为尤甚。人人一登二层楼，即仰见高悬当中的孙总理遗像在党国旗之中，左右则有历代名贤鸿哲、烈士大儒的遗像，如张曲江、丘琼山、黄公辅、陈白沙等，个人瞻仰遗容自起瞻仰之心，其爱国爱种的精神，没有不油然兴起的。遗容影响之大，真是不可言喻。至第一室则陈列有邝湛若的玛瑙冠和绿绮台琴及张家玉的造像遗著等，皆足以引起观者民族精神的。这一次的展览会与从前所参观过的展览会大不相同。从前的艺术展览会，名贵书画虽琳

---

① 李仙根：《己卯生朝》之三，《小容安堂诗抄》卷6。
② 叶恭绰：《广东文物展览会出品目录序》，《广东文物》卷1，第1页。

琳满目，但可以说是"纸币"展览。此次则于古代民族英雄所遗文物之外，更有革命文献，陈列品比广州市展览者为尤多。在此时期在此环境而有此成绩，更为难得，至使人得极深刻的印象，极不辜负大会的两条标语了。①

李仙根不但是文展会的展品提供者，也是文展会主办方筹备者之一。从1939年11月1日《文化通讯》第一号公布的首份名单，至中华文化协进会官方前后刊布的四份筹备委员名单，李仙根一直都名列其中。筹备委员的职责包括：1. 参加筹备会议，协商决定重要事项，交由执委会办理；2. 把自己家藏的文物拿出来陈列；3. 向各方面分头征集并捐助大会的经费等。② 李仙根也是文展会全情投入的观众。广东文物展览会公开展出八天期间，李仙根每天都到会场参观，并赋诗十四首，抒发感怀，如其一："血战玄黄八表昏，可堪回首望中原。登临此亦伤心地，零落新魂况古魂。"慨叹国土沦陷，充满悲伤之感。其二："可爱生斯复长斯，一花一木系人思。衣冠海外重相见，草草还堪记乱离。"表达观赏展览激起的对生于斯长于斯的国家和故乡的深厚感情。其三："风流不绝今如缕，文物能存是劫灰。观览漫嗟残与缺，尽多辛苦贼中来。"对劫后遗存乡邦文物深沉感叹。随后数首，描述参观展览中先贤遗像、典籍室、绿绮台琴、明末诸方外及遗民遗墨遗物、书画、革命文献、太平天国文物文献及家藏文物之感慨，抒发怀古思乡之情。③ 他撰写《楚庭书风》于展览期间在《探海灯》报纸上连载半月，与展览遥相呼应，评述包括提供文展会展出的个人所藏明清两代粤籍烈士、志士、学者、遗民的书法遗墨，彰显粤风，诠释他心中宋明以来的地方文化发展和民族英雄的系谱。其实这些英雄人物的形象和爱国事迹大抵是在不同的语境下经过漫长的历史时期累积建构起来的，是否全部经得起历史的考究大可斟酌。通过精心选择展品和发表一系列诗文，李仙根也把家族的历史及个人与近代中国革命的渊源写进了岭南乡邦文化史与爱国爱乡史中。

---

① 简又文笔录《闭幕典礼·筹备委员李仙根致词》，《广东文物》卷3，第26页。
② 陆丹林：《广东文物展览会纪事·筹备概况》，《广东文物》卷3，第21页。
③ 李仙根：《赴广东文物展览会感赋十四首》，王业晋主编，黄健敏、李宁整理《李仙根日记·诗集》，第189~191页。

抗战期间举行的文展会为包括李仙根在内的侨港文化人提供了一个公开展出其珍贵藏品、展示其乡邦文化研究心得、表白其爱乡爱国强烈感情、参与书写广东地方文化史的极佳机会，共同演出一台研究乡邦文化、发扬民族精神的精彩戏码。直至今天，这一幕精彩大戏仍让热衷于"岭南文化"者回味不已。

第十六章

廖恩焘和粤语文学

卜永坚

若起廖恩焘先生于九泉之下,请他自选代表"终身成就"的文学作品,他会选什么?是以粤语写作的滑稽咏史诗《嬉笑集》,还是从"追踪梦窗……见青虹倚天之概"的六百多首词作中选其得意之作?[①]换言之,是粤语文学作品还是古典文学作品?

这样一个问题的提出,有何理论指涉?其知识脉络是什么?众所周知,都市是19世纪以来"现代性"安身立命之所,密集的人口、震撼人心的机械生产节奏、频繁而普及的大众传播媒介、尽情挑动感官的商品消费,为人类带来前所未有的生活经验,也因而产生近代以来独特的都市大众文化和都市身份认同。这种都市大众文化的表现之一,就是以都市流行的语言来创作的

---

* 本文最初以电子简报形式,发表于2010年6月25日香港中文大学中国语言及文学系举办的"中西与新旧——香港文学的交会"研讨会,复以会议论文形式,发表于2012年9月28~30日中山大学历史人类学中心"省港澳大众文化与都市变迁"学术会议,蒙与会师友批评指正,不胜感激,尤其感谢香港中文大学中国语言及文学系樊善标教授、中山大学历史系程美宝教授的鼓励与鞭策。兹修改补充,一切谬误仍系作者责任。

本文得到香港特区政府大学教育资助委员会(RGC)第五轮卓越学科领域计划"中国社会的历史人类学研究"的支持;本文的后期资料搜集、研究和写作,得到香港特区政府大学教育资助委员会2016~2017年度优配研究金(GRE)项目"Speak for Sages, Print for Profit: The Commercialized Commentaries on Confucian Classics for the Imperial Civil Examination in Qing China"(#14647516,笔者为项目主持人)的支持,特此致谢。

近期有关廖恩焘的研究,参见卜永坚、钱念民编《廖恩焘词笺注》,广东人民出版社,2016。该书为廖恩焘词作之汇集及笺注。书之末尾有朱志龙编写之廖恩焘年谱,极为详尽,对于廖恩焘之研究极有价值。

① 这是钱仲联在《近百年词坛点将录》中对廖恩焘词作的评价,见钱仲联《梦苕庵清代文学论集》,齐鲁书社,1983,第164页。

各种文学作品。德国魏玛共和国时代柏林的酒馆歌姬克莱尔·瓦尔朵芙（Claire Waldoff），即以柏林方言入歌，名噪一时。大约同时，我国的粤人吕文成，也在上海建立起其粤语音乐事业。廖恩焘利用粤语创作的咏史诗《嬉笑集》和各种服务于政治宣传的粤讴，固然有其传统的一面，意即粤语文学有其本身渊源和历史，但也绝对有其"现代性"和都市化的一面。当然，像廖恩焘这样的方言文学作者，还必须面对"国语文学"的庞大身影。在大众文化和都市变迁这样一个脉络下，方言文学与"国语文学"的关系如何？"俚俗"和"雅正"的关系如何？像廖恩焘这样既能够用方言文学创作，又能够从事中国古典文学创作的人，会怎样看待自己？本章尝试予以回答。因此，也就有了本章开头向廖恩焘先生提出的问题。在探讨这些问题之前，首先介绍一下廖恩焘的生平。

廖恩焘生平

廖恩焘（1865～1954）的家族谱系，可用图1说明：

廖恩焘的名气，没有他的弟弟廖恩煦（即廖仲恺）那么大，但也曾经活跃于政坛。他早年留学日本，回国后历事清朝及北洋政府，曾出任北洋政府驻日本大使和驻古巴大使，中年隐居香港，1954年逝世，他和他夫人的坟墓，至今仍保存于香港华人基督教联会薄扶林道坟场。[①] 廖恩焘和他弟弟廖恩煦似乎有意识形态上的分歧，但这种印象分别由廖仲恺夫人何香凝、廖恩焘外孙女陈香梅的叙述所造成。[②] 由于这两位女士各有其鲜明的政治立

[①] "（民国）四十三年（1954）四月十三日，（廖恩焘）因病在坚尼地道寓所去世……年九十一岁……十五日，葬于港岛'香港华人基督教联会薄扶林道坟场'……五十五年（1966）十月七日，夫人邱琴（碧桐）于久病后去世，年九十九岁……与廖恩焘（墓碑作廖恩涛）合墓。"刘绍唐主编、关国煊撰稿《民国人物小传·二〇〇·廖恩焘》，台北《传记文学》第59卷第5期，1991年11月，第132～134页。

[②] 何香凝的《回忆孙中山和廖仲恺》至少三处提及廖恩焘，都没有好话："仲恺的哥哥亦在美国长大，懂一些英文，当上清政府的外交官。虽然父亲剩下的钱不多，可是仲恺的哥哥却都把它拿到官场中作为出排场的资本去了。""在当时，中国读书人赴日留学已成为风气，因此仲恺也希望能去日本留学。可是他的父母已死，哥哥亲戚虽然都在官场中纸醉金迷，可是没有一个人肯帮助他，他想去日本也没有盘缠。""（辛亥革命）袁世凯来和临时政府议和，清帝退位，建立民国。那时仲恺和他哥哥都参加了议和的事。但是仲恺站在临时政府这一边，他的哥哥却跟袁世凯站在另一边。兄弟两人立场不同，双方对峙，举行谈判，一时传为新闻。"见何香凝《回忆孙中山和廖仲恺》，三联书店，1978，第48、49、51页。

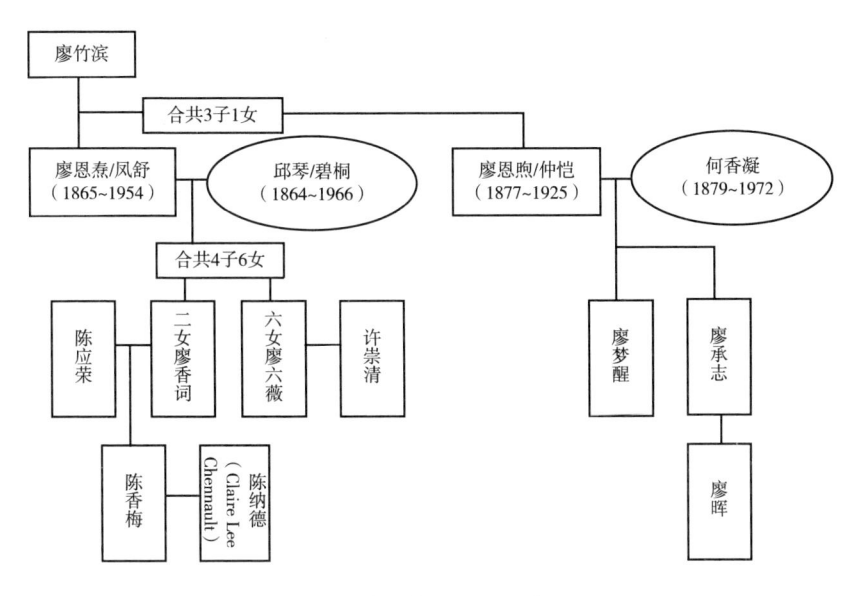

```
                    ┌─────────┐
                    │ 廖竹滨  │
                    └────┬────┘
                         │
                    ┌────┴─────┐
                    │合共3子1女│
                    └────┬─────┘
       ┌─────────────────┼──────────────┬────────────┐
  ┌────┴────┐      ╱──────╲      ┌──────┴──────┐  ╱──────╲
  │廖恩焘/凤舒│    │邱琴/碧桐│   │廖恩煦/仲恺  │ │何香凝  │
  │(1865~1954)│   │(1864~1966)│ │(1877~1925) │ │(1879~1972)│
  └──────────┘    ╲──────╱      └─────────────┘  ╲──────╱
                     │                                │
                ┌────┴─────┐                    ┌─────┴─────┐
                │合共4子6女│                    │           │
                └────┬─────┘               ┌────┴───┐  ┌────┴───┐
    ┌───────┬───────┬───────┬───────┐      │廖梦醒  │  │廖承志  │
 ┌──┴─┐ ┌──┴──┐ ┌──┴──┐ ┌──┴──┐             └────────┘  └────┬───┘
 │陈应│ │二女 │ │六女 │ │许崇│                                │
 │ 荣 │ │廖香 │ │廖六 │ │ 清 │                           ┌────┴───┐
 │    │ │ 词  │ │ 薇  │ │    │                           │ 廖晖   │
 └────┘ └──┬──┘ └──┬──┘ └────┘                           └────────┘
           │       │
       ┌───┴──┐ ┌──┴──────┐
       │陈香梅│ │陈纳德   │
       │      │ │(Claire Lee│
       │      │ │Chennault)│
       └──────┘ └─────────┘
```

图 1　廖恩焘家族谱系简图

资料来源：据刘绍唐主编，关国煊撰稿《民国人物小传·二〇〇·廖恩焘》（台北《传记文学》第 59 卷第 5 期，1991 年 11 月）第 132～134 页，陈香梅《往事知多少》（台北，时报文化出版事业公司，1978、1980）第 139～143 页，王韶生《当代人物评述》（台北，文镜文化事业有限公司，1985）第 65～66 页，曾清《嬉笑集校正后跋》，廖恩焘著，曾清校录《嬉笑集》，香港，出版者不详，约 1971）绘制而成。

场，又同属一个家族，她们的叙述在多大程度上反映二廖之间的意识形态分歧，在多大程度上反映亲属矛盾，或许值得我们三思。

廖恩焘的诗作甚丰，除了梁启超留意到的"粤讴""解心"十数首之外，还有粤语咏史诗《嬉笑集》和其他粤语近体诗。《嬉笑集》有两个版本，第一个刊行于 1924 年（甲子），是刻本，目前至少仍能见于台湾中研院历史语言研究所傅斯年图书馆和广州中山图书馆；第二个刊行于 1949 年（己丑），由曾清誊写再版于 1970 年，是手抄本的影印本。黄坤尧教授从近体诗格律的角度，分析廖恩焘这些诗作，其研究值得我们参考。[①] 有关廖恩焘粤语诗的风格，详见下文分析。

---

① 黄坤尧：《廖恩焘"广东俗语七律诗"与诗律探索》，香港《文学论衡》第 20 期，2012 年 2 月，第 26～36 页。

至于廖恩焘的词作，则多达六百余首，相比起他不足百首的粤语诗，可谓数量庞大。关于这六百多首词的编集、刊行、庋藏、目录，详见本章附录。这里只需强调一点：廖恩焘词作基本上走的是周邦彦的风格路线，并且获得近代古典文学批评界的一致好评。例如，钱仲联的《近百年词坛点将录》，谓廖恩焘词以周邦彦为榜样：

忏盦词追踪梦窗，于奇丽万态之中，见青虹倚天之概。近人学梦窗一派者，难得此风力。①

朱孝臧《题〈忏盦词〉》也留意到廖恩焘词走的是周邦彦、吴文英一路，但认为廖不仅模仿成功，而且有传承更有创新，成就很高。

胎息梦窗，潜气内转，专于顺逆伸缩处求索消息，故非貌似七宝楼台者所可同年而语。至其惊彩奇艳，则又得于寻常听睹之外，江山文藻，助其纵横，几为倚声家别开世界矣。②

叶恭绰则认为廖恩焘师法觉翁即吴文英，并将廖恩焘"疏快清浑"的词十首收录于自己的《广箧中词》。③ 兹以叶恭绰收录的廖恩焘《忏盦词续集》卷三《秣陵集》的《蓦山溪·游船多少》为例，说明廖恩焘词作风格，也印证上引诸家之评论，以便读者与下一节廖恩焘粤语咏史诗的风格做比较。该词有题记谓："癸酉岁未尽十日立，甲戌春玄武湖上作"，甲戌为1946年，词曰：

游船多少，长是城根舣。飞梦着湖天，杳闲年、沿堤歌吹。渡江梅柳，早早约春回，莺未巧、燕犹痴，怎会提壶意。□□阴晴不定，猜偏云行止。

---

① 钱仲联：《梦苕庵清代文学论集》，第164页。
② 这是朱祖谋为廖恩焘《忏盦词》所写的序言，第1页，上海图书馆藏，编号：线普长63917。
③ 叶恭绰选辑，傅宇斌标点《广箧中词》，人民文学出版社，2011，第417～421页，"疏快清浑"一语，见第421页。

独立吊苍茫，洒烟芜、词人费泪。夕鸦啼后，还剩几斜阳。桃李下，渐成蹊。莫问今何世。①

这首典雅、沉重的词作，很能够体现廖恩焘的古典文学造诣，几乎很难想象，这位典雅、沉重的作者，居然会用粤语写出轻松活泼的咏史诗。

廖恩焘及其粤语文学创作

廖恩焘早年曾经用"粤讴""解心"这种粤语文学体裁来创作，成为抵制美货运动、晚清启蒙运动的一员。廖恩焘自己1921年刊行《新粤讴解心》时的序言谓：

> 辛亥壬子以后，海内人士大声疾呼，提倡白话文字。顾一省有一省方言，音别义异，以云普及，夐夐独难，则惟有出于各借其土音以为诱掖之一道。然而，为下流社会说法，又非择其平日口头惯语，衍为有韵之文，未易声入心通，矍然感觉。三百篇不失风人之旨，岂不由于采及里巷歌谣哉！②

廖恩焘以上认识，与当时新文化运动的主张一致，难怪赢得梁启超"文界革命一骁将"的美誉。

> 乡人有自号珠海梦余生者，热诚爱国之士也……顷仿粤讴格调成新解心数十章。吾绝爱诵之。其新解心有《自由钟》、《自由车》、《呆佬拜寿》、《中秋饼》、《学界风潮》、《唔好守旧》、《天有眼》、《地无皮》、《趁早乘机》等篇，皆绝世妙文。视子庸原作有过之无不及。实文界革命一骁将也。③

---

① 廖恩焘：《忏盦词续集》卷三，第7a页，上海图书馆藏，编号：线普长638828。
② 廖恩焘：《新粤讴解心》，1921年序，香港，出版者不详，1977。
③ 梁启超：《饮冰室诗话》，转引自余祖明编纂《广东历代诗钞》卷6，香港能仁书院，1980（"能仁书院丛书"第一种），第627页。

今天看来，这种以方言创作的革命文学，大抵只剩下文学史和声韵学的价值，杜甫所谓"不废江河万里流"的"当时体"是也。廖恩焘仍然为人传诵的粤语文学作品，不是《新粤讴解心》，而是用粤语创作而遣词造句用典对仗造诣极高、完全符合近体诗格律的七律咏史诗《嬉笑集》。兹以其中的《楚项羽》为例，说明廖恩焘粤语咏史诗的内容、风格。

  声大条腰又咁粗，杀人放火乱糟糟。
  恶爷点忿嚟丢架，病佬唔啱就啋煲。
  一对公婆流出尿，八千子弟剩揸毛。
  吟诗睇白吟唔甩，跑到乌江就一刀。①

懂粤语的人士，立即明白这些字句的俚俗滑稽；懂粤语而又懂近体诗的人，更会钦佩其对仗用典的老练高超。"声大条腰又咁粗"，可对应《史记·项羽本纪》"籍长八尺余，力能扛鼎，才气过人，虽吴中子弟皆已惮籍矣"一句。项羽"杀人放火乱糟糟"的暴行太多，注不胜注，则《史记·高祖本纪》"项羽为人剽悍猾贼。项羽尝攻襄城，襄城无遗类，皆坑之，诸所过无不残灭"一句，以及《史记·项羽本纪》"于是楚军夜击坑秦卒二十余万人新安城南"，足矣。"恶爷点忿嚟丢架，病佬唔啱就啋煲"，第一句"恶汉怎能忍受丢脸"之谓，指项羽不能忍受屈辱挫败；第二句指项羽中了刘邦的离间计，驱逐谋士范增。"啋煲"是拆伙、分手之意。这一对颔联对仗工整，安排典故亦佳。"一对公婆流出尿，八千子弟剩揸毛。吟诗睇白吟唔甩，跑到乌江就一刀。"把"流泪"称为"流马尿"，是粤语之粗鄙用语，把中国悲剧史诗例如十面埋伏、四面楚歌、霸王别姬、乌江自刎这一幕，做后现代的、喜剧的、反高潮的处理，可以说是廖恩焘咏史诗的一贯风格，又加以老于近体诗格律，用典对仗无懈可击，所以让懂粤语而又懂近体诗的人拍案叫绝！

---

① 廖恩焘著，曾清校录《嬉笑集》，原书无页码。

粤语文学的来龙去脉

用粤语来创作的文学作品,最早可以追溯到何时?钱谦益《列朝诗集小传》丁集下,提及广东南海文士韩上桂(1572~1644),谓韩"晚年好填南词,酒间曼声长歌,多操粤音"。① 可见至少从明末开始,用粤语来填词唱歌就受到注意,而且得到钱谦益这位明清之际文化界"两朝领袖"的认可。但是,正如上引梁启超称赞廖恩焘的评语所指出的,廖是有所模仿的,他模仿的是招子庸的粤讴。

招子庸(1816年举人)刊行于1828年的《粤讴》,可说其来有自。而从特意在书中解释粤语词汇这一点来看,招子庸显然是希望面对非粤语读者的。同治年间的何淡如粤语诗,则可以说更是廖恩焘咏史诗的鼻祖。以何的《代人访失猪母赏帖七律》为例:

> 立出帖人陈有兴,只因猪乸为风情。
> 每思红拂狡难禁,称醉文君节不贞。
> 昨晚私奔跟佬去,今朝遍访冇人明。
> 四方君子知其落,谢佢烧哥大半埕。②

幽默至于粗俗,用典对仗工整老练、平仄合格,是否无一不像廖恩焘?可见廖恩焘有所师法的,除了招子庸,更有何淡如。

梁启超本人也是粤语文学的支柱之一。1905年,梁启超亲自操刀,撰写《班定远平西域》的粤剧剧本,并掺杂英语、日语:

> 匈奴使者:我个种名叫做 Turkey,我个国名叫做 Hungary,天上玉皇系我 Family,地下国王都系我嘅 Baby。今日来到呢个 Country,堂堂钦差实在 Proudly。可笑老班 Crazy,想在老虎头上 To play。叫我听来好

---

① 钱谦益:《列朝诗集小传》,上海古籍出版社,1983,第587页。
② 何淡如著,梁纪佩编纂《何淡如先生妙联》,出版者不详,2000~2004年据民国甲寅年(1914)广州小说丛书馆摘录本重印,第22页。

生Angry。呸！难道我怕你Chinese？难道我怕你Chinese？

随员唱杂句：オレ（ware）系匈奴嘅副使，除了アノ（ano）就到我エライ（erai）。哈哈好笑シナ（shina）也闹是讲出へ（イ）タイ（heitai），叫老班个嘅ヤ（ツ）ツ（yattsu）来ウルサイ（urosai）。佢都唔闻得オレ（ware）嘅声名咁タ（ツ）カイ（takai），真系オ丨バカ（obaka）咯オマへ（omahe）。（拉丁文拼写为引者所加）①

与廖恩焘同时的另一位粤人胡汉民，不仅写粤语诗，还写咏史诗，风格也和廖恩焘《嬉笑集》互相发明，例如《新生晚报》1948年曾经刊登胡汉民的八首粤语咏史诗，其《汉高祖》云：

> 江山个阵□喇喇，地保居然做恶爷。
> 醒水就孖人趋路，有钱能使鬼推车。
> 老婆拿手嚟劏狗，皇帝开头就斩蛇。
> 临死找番条笨伯，算渠后代有揸拿。②

从上引何淡如、梁启超、胡汉民的粤语诗看来，近代粤语文学的特点有二：第一固然是使用粤语，第二是风格滑稽俚俗。这两个特点，也充分体现于廖恩焘的粤语诗中。这两个特点也许能够解释作为方言文学的粤语文学的境遇。

方言与文言

方言文学有一段很长的历史；以方言腔调、词汇、语法来创作的文学作品，即使不追溯到《诗经》十五国风，撇除戏曲这一大类别，也至少能确立于明清时期，特别是晚清到民国初年这一段时期。但是，对于方言文学产

---

① 转引自程美宝《地域文化与国家认同：清末以来"广东文化"观的形成》，三联书店，2006，第160~161页。
② 金人：《胡展堂之粤歌》，《新生晚报》1948年9月24日，"新趣"版。感谢香港中文大学中文系樊善标教授的提示。

生重视，并赋予其某种文化使命，则是近现代的产物。五四新文化运动对于方言文学的重视，可用鲁迅先生的文字说明之：

> 其实，只要下一番工夫，是无论用什么土话写，都可以懂得的。据我个人的经验，我们那里的土话，和苏州很不同，但一部《海上花列传》，却教我"足不出户"的懂了苏白。先是不懂，硬着头皮看下去，参照记事，比较对话，后来就都懂了。……不错，汉字是古代传下来的宝贝，但我们的祖先，比汉字还要古，所以我们更是古代传下来的宝贝。为汉字而牺牲我们，还是为我们而牺牲汉字呢？这是只要还没有丧心病狂的人，都能够马上回答的。①

当然，肯定方言文学只是鲁迅先生的第一步，他最终目标是废除汉字，把中文拉丁化，并提出不牺牲汉字就牺牲"我们"这样一个命题，且认为"只要还没有丧心病狂的人"都会同意"牺牲汉字"。现在想起来，鲁迅先生如此激烈的主张，似乎也不无"丧心病狂"之嫌，幸好没有被忠实贯彻执行。相对而言，金庸先生的处理，则甚能体现中庸之道：

> 那少女嫣然一笑，道："啊唷！我是服侍公子抚琴吹笛的小丫头，叫做阿碧。你勿要大娘子、小娘子的介客气，叫我阿碧好哉！"她一口苏州土白，本来不易听懂，但她是武林世家的侍婢，想是平素官话听得多了，说话中尽量加上了些官话，鸠摩智与段誉等尚可勉强明白……（按：阿碧的吴语，书中只能略具韵味而已，倘若全部写成苏白，读者固然不懂，鸠摩智和段誉加二要弄勿清爽哉。）②

金庸很清楚和自觉地把方言（苏州土白）的作用局限于点缀，"略具韵味而已"，理由是假如全部写成苏白，读者将无法理解。这个解释，假设了一个为（中国）各个方言群所或多或少共同尊重、共同理解、共同使用的

---

① 鲁迅：《汉字和拉丁化》（1934年8月25日发表），《鲁迅全集》第5卷，人民出版社，1957，第584~586页。
② 金庸：《天龙八部》第十一回《向来痴》。

语言（书面中文）的存在。在五四新文化运动之前，这种书面中文的存在及其正当性是无人质疑的，是不成问题的，不成问题到"无以名之"的状态。因此，当人们说"读书写字"时，不会有人想到是去学苏白腔、写粤语诗，因此也没有"国语文学""方言文学"之说。

在五四新文化运动以前，传统中国文化体系如何处理方言和国语的关系？当然，"国语"本身也是近代的发明。这个问题，在顾炎武《日知录》中，是以方言与文言的对立来展开的。

> 五方之语虽各不同，然使友天下之士而操一乡之音，亦君子之所不取也。……至于著书作文，尤忌俚俗……若乃讲经授学，弥重文言。……是则惟君子为能通天下之志，盖必自其发言始也。①

顾炎武承认各种方言存在差异，但是，既然要"友天下之士"，为了"能通天下之志"，绝不可"操一乡之音"，一定要"弥重文言"。可见顾炎武是反对方言文学，至少不认为方言应享有更高地位的。

至于上文指出《诗经》十五国风和中国各种传统戏曲都有强烈的方言色彩这一点，也许是有意提高方言文学地位的论者所乐于引用的。不过，不要忘记，《诗经》十五国风已经经过列国朝廷的"经典化"处理，其只字片语，成为高层政治外交场合上的通用辞令，只有春秋战国时期的"国际化"和"经典化"味道，完全没有春秋战国时期"乡土味"和"地方性"；至于中国各种传统戏曲，虽然唱腔和对白有很强的方言色彩，但同样混杂大量的文言和古典诗词用语，其强烈的"乡土味"和"地方性"也伴随着强烈的"经典味"。

有趣的很，以上征引顾炎武所代表的中国传统文化内对于方言和文言的看法，与马列主义体系的认知，居然殊途同归，惊人的一致。在马克思理论体系中，方言是"民族语言"的成分。随着现代民族国家的形成，方言从属于"统一的民族语言"的情况，更加明显。②

---

① 《方音》，《日知录》卷29，《续修四库全书》子部第1144册，总第472页。
② 马克思、恩格斯：《论德意志意识形态》，《马克思恩格斯全集》第3卷，人民出版社，1960，第500页。

其实，在任何一种发达的现代语言中，自然地产生出来的语言之所以提高为民族语言，部份是由于现成材料所构成的语言的历史发展，如拉丁语和日耳曼语；部份是由于民族的融合和混合，如英语；部份是由于方言经过经济集中和政治集中而集中为一个统一的民族语言。

斯大林则把方言定性为"低级"，从属于"高级"的"统一的民族语言"。

可见马克思承认必须有统一的民族语言作为高级形式，而作为低级形式的方言则从属于高级形式。[①]

由上引文字可见，无论依循传统中国文化的进路，还是依循马列主张，殊途同归，粤语文学的命运最终都是一样。

小 结

我们可以从廖恩焘的文学创作中，总结出几点方言文学创作者的文化策略：

（1）作者充分掌握粤语的语言艺术（方言词汇、比喻、谐音、歇后语等）；

（2）但更加重要的是，作者在"古典"中国文学方面要有相当造诣，仿佛不如此不足以获得"文坛"的承认；

（3）作者往往把粤语词汇运用于"古典"中国文学作品内，并不改变"古典"中国文学的体裁；

（4）"古典"中国文学代表"雅""正"，粤语文学只能寄命于"谐""俗"，或因政治需要而暂时立足。

《新生晚报》专栏作家金人1948年抄录胡汉民的粤语咏史诗，已见上文引述。但金人有一段说明，极其值得玩味，也很能够支持本章的

[①] 斯大林：《马克思主义和语言学问题》（原发表于1950年），《斯大林选集》下卷，新华书店，1979，第509页。

论点。①

胡展堂先生《不匮室诗钞》，如皋冒鹤亭评为"如干将莫邪之出匣"。惟展堂先生能用粤语入诗，世人多未知之，近阅旧书刊，得其少作咏史八首。仿《岭南即事》体，语妙一时，而妇孺可解。惜易大厂居士等为胡刊诗，不敢收入集中也。沐手抄之，以实新趣。

为何易大厂等编纂胡汉民诗作时，"不敢"收录胡的粤语诗？难道是因为顾炎武的警告在前？所以，招子庸不止于"谐词"和"妙联"，而必须能够写出让中国文人首肯的近体诗。② 胡汉民也不仅只有粤语咏史诗，而有其《不匮室诗集》。同样，廖恩焘除了《嬉笑集》之外，还有《忏盦词》，他在香港组织的"坚社"，也是遗老旧诗词工作坊。

所以，现在大概可以回答本章开头的问题了：如果请廖恩焘先生自选代表终身成就的文学作品，恐怕他还是会从自己六百多首以模仿周邦彦、吴文英风格为主的词作中挑选得意之作，而粤人大概还是会继续欣赏他的《嬉笑集》。

附录：廖恩焘词作四种目录

一　《忏盦词》

《忏盦词》及续集序言写于1931年，但所收词作，有晚至1947年者。就笔者所知，上海图书馆藏两版本，其一仅八卷，姑称为八卷本，上海图书馆藏有一式三本，编号分别为线普长63917、线普长22557、线普长624584，香港大学图书馆特藏部编号"杜822.5 590"即属同一版本；其二则八卷后添续集四卷，姑称为十二卷本，上海图书馆藏有一式两本，编号分别为线普长638828、线普长22558。十二卷本显然后出，但往往将八卷本内词作之详细序言删削。

---

① 金人：《胡展堂之粤歌》，《新生晚报》1948年9月24日，"新趣"版。
② 余祖明编纂《广东历代诗钞》卷3，第189~190页。

编号	词作目录
	卷一《初航集》(丙寅、丁卯)
001	琵琶仙·西子西湖
002	扫花游·东风
003	侧犯·浪轮缓鼓
004	倦寻芳·醉眉压恨
005	琐窗寒·断絮飘镫
006	高阳台·烟拂花须
007	蝶恋花·落尽酴醾如雨细
008	蝶恋花·碧瓦红墙谁院宇
009	蝶恋花·绿满枝头阴万顷
010	蝶恋花·折了秋千人自觉
011	蝶恋花·彻夜歌筵镫不烬
012	蝶恋花·滴向泪盘多少蜡
013	蕙兰芳引·镫颤九华
014	渡江云·袚愁无酒
015	眉妩·便游鳞猜饵
016	祝英台近·鹜孤飞天一色
017	长亭怨慢·问蛛网
018	双双燕·梦千树
019	双双燕·又还见
020	夜合花·浅晕描蛾
021	暗香·古香玉色
022	疏影·寒漪映玉
	卷二《梦强集》(戊辰春)
023	烛影摇红·鲸沫黏天
024	氐州第一·花气筛帘
025	望海潮·沙都沉铁
026	贺圣朝·瓦鸳不见炊烟碧
027	留客住·飞鸥鹭
028	花心动·休问茶烟
029	宴清都·午槛花枝
030	解蹀躞·片红点茵似绣

续表

编号	词作目录
	卷三《柳雪集》(戊辰夏秋冬)
031	摸鱼子·翠筼筜
032	一萼红·故园思
033	绿盖舞风轻·一笑水仙王
034	天仙子·日听采菱歌一曲
035	天仙子·十二回廊连曲苑
036	天仙子·馈沁鞠尘初过雨
037	大酺·带橘烟
038	木兰花慢·记梁州乍别
039	木兰花慢·镇逍遥海上
040	月下笛·籁寂青林
041	临江仙·莫问成连东海去
042	转应曲·鹦鹉鹦鹉
043	转应曲·明镜明镜
044	转应曲·清酒清酒
	卷四《啸海集》(己巳)
045	过秦楼·紫勒飞骝
046	霜花腴·怨眉恨额
047	一斛珠·脂侵粉掠
048	荷叶杯·烛影捎帘
049	蝴蝶儿·蝴蝶儿
050	减字木兰花·雁汀春暮
051	唐多令·篆灶睡前添
052	唐多令·烟水正迢迢
053	定风波·自送春归燕倍亲
054	蓦山溪·眉梢眼底
055	八节长叹·风午
056	莺啼序·泱泱大风表海
057	三部乐·真个诗仙
058	惜秋华·万缕柔情
059	齐天乐·不闻催唤人归去
060	暗香·满庭雪色
061	喜迁莺·金筝弹裂

续表

编号	词作目录
	卷五《拜梦盦集》（庚午春）
062	寒垣春·萧暮喧城笳
063	声声慢·困花增媚
064	绛都春·风欺露井
065	玉京谣·鹢彩霓仙
066	珍珠帘·薄寒乍向
067	永遇乐·黏蝶红墙
068	瑞龙吟·映歌袖
069	绕佛阁·艳春未了
070	金缕歌·策蹇西湖上
071	如梦令·蝴蝶未穿花去
072	如梦令·燕子画梁间语
073	如梦令·鸾管凤弦无数
074	换巢鸾凤·残客归迟
075	虞美人·旧时帘底纤纤月
076	凤衔杯·心事将花都瞒了
	卷六《读山海经集》（庚午夏秋）
077	倒犯·醉眼看江山
078	秋霁·江雁萧萧
079	醉蓬莱·一声河满
080	念奴娇·渊明归未
081	法曲献仙音·月押帘低
082	贺新郎·忍对西风说
083	新雁过妆楼·岛屿荒寒
084	惜黄花慢·雾縠轻裳
085	送入我门来·池影金浮
086	朝中措·潮声刚趁碧烟平
	卷七《知稼集》（庚午冬）
087	江城梅花引·宵来风雨送残秋
088	点绛唇·一晌心情
089	点绛唇·九折回肠
090	探芳信·无人劝杯酒
091	金盏子·信宿云鸿滞去程

续表

编号	词作目录
092	霓裳中序第一·墙窥杏靥窄
093	一寸金·吹箫荒城
094	玉蝴蝶·塔远风摇镫
095	渔家傲·一桁小钩帘放下
096	渔家傲·倦绣已妨茶破睡
097	双双燕·罗浮睡了
098	六丑·乍天寒念远
099	浪淘沙慢·远吹动
100	月当听·玉液满注琉璃
101	柳梢青·说寿身难
102	三姝媚·鞠尘波影外
103	八归·笙吹髻散
104	玉漏迟·晕镫红
105	凤池吟·笑语围炉酌椒杯
106	满庭芳·笑拥彤云
	卷八《咏而集》(辛未春夏秋)
107	探春慢·风信头番
108	瑞鹤仙·为谁留画本
109	绛都春·花分酒气
110	丁香结·娇绿藏鸦
111	还京乐·画檐底
112	烛影摇红·春色花深
113	桃园忆故人·绿阴窗户镫摇旧
114	高阳台·云海词仙
115	八声甘州·引天梯
116	解连环·满头华发
117	西河·烟景霁
118	花犯·浸斜枝
119	西子妆慢·云拥碧幢
120	梦芙蓉·飞朱霞染绮
121	兰陵王·暝烟直
122	江神子·天风不洗
123	夜飞鹊·双星度河夜

续表

编号	词作目录
124	石州慢·急雨敲窗
125	采桑子慢·维摩病起
	《忏盦词续集》
	卷一《鸣蛰集》(辛未秋冬壬申春)
126	霜叶飞·雁边零绪
127	浣溪沙·自入冬来意更消
128	探芳新·趁飞云
129	婆罗门引·征帆洗雨
130	满庭芳·颓柳撑波
131	木兰花慢·冷笳吹戍垒
132	祝英台近·瞥霜钟
133	丑奴儿慢·宵深市远
134	江神子·东风和雨送春回
135	古香慢·恨铅染水
136	红林檎近·分泉华煮茗
137	绮寮怨·旧恨青衫
138	蝶恋花·屹屹丰碑花外峙
139	浣溪沙·晓起妆成麝染衣
140	浣溪沙·团扇依依转似人
141	浣溪沙·一抹峰眉太瘦生
142	浣溪沙·斗草年光冉冉过
143	浣溪沙·六幅湘裙曳夕烟
144	浣溪沙·荇佩牵风翠未残
145	风入松·春郊无雨过清明
146	水龙吟·越王台榭登临
147	水龙吟·人生难得相逢
148	隔浦莲近·啼绡枯泪已久
149	琵琶仙·霜老芙蓉
150	玉楼春·紫台一去无消息
151	好事近·宝枕碧颇黎
152	杏花天·商量欲便随春去
	卷二《枌榆集》(壬申夏秋冬)
153	荔枝香近·送了秾春

续表

编号	词作目录
154	澡兰香·明漪荡垢
155	十二郎·素馨乍蕊
156	西江月·十里湖山放犊
157	西江月·钏玉痕深臂雪
158	菩萨蛮·杨花扑帐春云热
159	菩萨蛮·中天夜久高明月
160	菩萨蛮·千山浓绿生云外
161	菩萨蛮·鸦雅向晓鸣森木
162	菩萨蛮·日丝繁散曛罗洞
163	菩萨蛮·窗含晓色通书幌
164	菩萨蛮·春营骑将如红玉
165	菩萨蛮·无情有恨何人见
166	菩萨蛮·芙蓉泣露香兰笑
167	菩萨蛮·秃襟小袖调鹦鹉
168	菩萨蛮·舍南有竹堪书字
169	菩萨蛮·落花起作回风舞
170	六幺令·半痕烟景
171	垂丝钓近·嘶风嘶水
172	万年欢·戏鼓沿花
173	恋绣衾·笼镫初上屧响廊
174	贺新凉·岸际冬冬鼓走
175	芳草渡·夕照里
176	透碧霄·白云边
177	花上月令·慵云翻峡雨飞声
178	泛清波摘遍·歌征舫小
179	齐天乐·飞星无语蛾天坠
180	过涧歇近·午醒噪
181	三姝媚·戎州悭置郡
182	喜迁莺·午幕透
183	清平乐·笛楼天半
184	中兴乐·世尘历历入苍黄
185	秋思·杯影孤亭侧
186	更漏子·玉燕钗

续表

编号	词作目录
187	暗香疏影·素枝一一
188	望江南·天尺五
	卷三《秣陵集》(癸酉甲戌)
189	宴山亭·千载莺花
190	木兰花慢·水明楼在否
191	八声甘州·沂空明半醉倚危栏
192	渡江云·平湖歌咏地
193	澡兰香·钗符正卸
194	醉花阴·莫说鸳盟狼藉尽
195	桃园忆故人·玉箫吹皱鸳池水
196	满江红·明镜姮娥
197	满江红·无数青山
198	扬州慢·寒水笼烟
199	玉烛新·葱屏飞雀后
200	临江仙·啼鴂那知人世恨
201	永遇乐·秋色篱开
202	水龙吟·重阳有约登高
203	声声慢·家家团扇
204	双荷叶·拜公遗像鬐如戟
205	双荷叶·羡公蕤苙携双屐
206	双荷叶·祝公应献诗成帙
207	蓦山溪·游船多少
208	秋思·暾影砖花觉
209	高山流水·种湖——柳荑
210	三部乐·鹎鵊声沉
211	最高楼·六朝恨
212	霜叶飞·乱鸦啼起秋阴
213	水调歌头·桐叶下如雨
214	水龙吟·梦中行遍江南
215	瑞鹤仙·翠笭飞午峤
216	笛家傲·青墨频磨
217	鹧鸪天·瑟瑟秋归雨外橙
218	鹧鸪天·梦里胡云卷作沙

续表

编号	词作目录
219	鹧鸪天·多事寒灰拨雀钗
220	减兰·君前双泪
221	愁倚阑令·离筵月
222	小重山·随分衣香试画簾
223	小重山·漫把心情问去鸿
224	东坡引·彩毫谁梦授良工
225	隔溪梅令·年年赁庑
226	隔溪梅令·才名夹袋
227	清平乐·湖平水浅
228	清平乐·禽鸣竹外
229	清平乐·临流照影
230	清平乐·凭高吊古
231	临江仙·西北浮云倦眼开
232	浣溪沙·荒尽高僧说法台
233	浣溪沙·只有流尘涅石斑
234	安公子·惹梦鸳鸯枕
235	临江仙·绣屧响廊下粉香
236	捉拍满路花·绡薄笼肌雪
237	㜷人娇·无雪岩扃
238	拜月星慢·劲竹鸣条
239	拜月星慢·废堞吹笳
240	望江南·红烛底迟散
241	采桑子·茜裙新绣花和蝶
242	霜天晓角·鹤苔绣屐
243	竹马儿·是谁画
244	千秋业·早梅寒勒腊
245	少年游·闲门几处断桃符
	卷四《教萧集》（乙亥春）
246	一剪梅·小尊疏梅聊强簪
247	虞美人·寒林昨夜霜痕酽
248	虞美人·丹枫自向亭皋舞
249	醉翁操·人生浮萍
250	忆旧游·绀云明醉眼

续表

编号	词作目录
251	燕山亭·林点绯霞
252	绛都春·承平旧馆
253	倾杯·鹤栅烟新
254	倾杯·沃雪香肌
255	倦寻芳·晕霞笑影
256	古香慢·引泉刈蕨
257	念奴娇·市朝几换
258	花犯·似云飞
259	天香·京洛名花
260	换巢鸾凤·桃叶无娇
261	绮寮怨·美酒宁同愁酽浅

二 《半舫斋诗余》

1939年刊，上海图书馆藏有一式四本，编号分别为线普长019369、线普长019370、线普长019371、线普长23471，但最后一本馆藏状况为"架缺"。

编号	词作
001	还京乐·梦飞到
002	四园竹莺·如簧弄舌
003	玲珑四犯·匀紫敷红
004	渡江云·瘗梅干底事
005	氐州第一·堆绿屯绯
006	氐州第一·郊柳筛黄
007	遐方怨·花窈窕
008	浣溪沙·簇簇鸦群散似烟
009	浣溪沙·歌哭平生且勿论
010	浣溪沙·渐觉禅林报晚钟
011	玉楼春·低鬟一笑浑何似
012	虞美人·江天尺幅丹青稿
013	虞美人·春风着意娇杨舞
014	薄幸·海棠开处

续表

编号	词作
015	风流子·珠箔卷红楼
016	龙山会·落帽风何早
017	龙山会·忽放登楼眼
018	龙山会·蓦又过重九
019	十二郎·丽花灿管
020	汉宫春·天上霓裳
021	忆旧游·正苔凝古甃
022	丹凤吟·镜底韶光
023	江城梅花引·拖笻桥上趁飞鸦
024	还京乐·故山在
025	解连环·应门惟鹤
026	高阳台·文字缘深
027	八声甘州·渺昆明在眼汉旌旗
028	花心动·簇粉堆云
029	瑞鹤仙·凤笙吹绣甸
030	满江红·邺架縑缃
031	蝶恋花·绿未成阴
032	蝶恋花·怕卷珠帘
033	蝶恋花·旧日池台
034	蝶恋花·有美人兮
035	蝶恋花·门外尘香
036	蝶恋花·蝶梦回时
037	归国谣·宵永
038	归国谣·呼酒
039	荷叶杯·镜阁髻螺刚妥
040	荷叶杯·酿得艾成清酒
041	卜算子·长记莫愁湖
042	卜算子·出水晓妆妍
043	卜算子·叶叶现如来
044	卜算子·粉靥晕潮红
045	卜算子·花漫对侬羞
046	绿盖舞风轻·约客醉深杯
047	望湘人·乍呼鸠战雨
048	玉京谣·觅句兰窗底
049	水龙吟·春然云裂烟飞

续表

编号	词作
050	霜叶飞·旧游诗草飘零外
051	垂丝钓·锦书滞羽
052	雪梅香·健腰脚
053	木兰花慢·昆山劫灰后
054	小梅花·白堕酒
055	齐天乐·文章海内推宗匠
056	玉女摇仙佩·封姨陛下
057	撼庭竹·六尺低墙
058	越溪春·春入来年犹腊日
059	东风齐着力·瑶笛吹晴
060	沁园春·天地生才
061	菩萨蛮·年年一度梅花放
062	菩萨蛮·倾人城又倾人国
063	菩萨蛮·湿花微雨黏双翅
064	望江南·歌筵畔
065	减兰·闲花闲草
066	如梦令·旖旎春光堪爱
067	更漏子·鸭炉添
068	定西番·醉浅不胜寒
069	黄鹂绕碧树·风拂繁阴翠
070	山查子·闲课玉笼鹦
071	忆秦娥·风前烛
072	鹧鸪天·嶰谷疏疏澹澹云
073	江城子·峨眉新画月初三
074	红窗迥·窗眼底
075	黄鹂绕碧树·春色窗纱
076	清平乐·鹊声喧旦
077	清平乐·欲歌偏咽
078	清平乐·不留客住
079	祝英台近·访流莺
082	祝英台近·问人间
081	点绛唇·晓起开窗
082	点绛唇·对酒当歌
083	点绛唇·牵引柔情
084	诉衷情·脸霞消晕髻云松

续表

编号	词作
085	阮郎归·恨深如海倩谁填
086	阮郎归·断魂不向别时销
087	一落索·巧被春风裁剪
088	少年游·滹沱河上带禽归
089	少年游·清歌宛转下莺林
090	醉花间·休相问
091	醉花间·深相忆
092	风入松·回廊修竹动清吟
093	风入松·花朝才过又清明
094	春从天上来·烟水吴淞
095	春从天上来·柳发凋零
096	太常引·先生不媿号耕烟
097	昭君怨·懒尽酒情诗兴
098	昭君怨·漫道十回花事
099	昭君怨·长是月圆花好
100	谒金门·声满树
101	齐天乐·天涯飘燕
102	永遇乐·山额匀黄
103	扫花游·访梅探鹤
104	淡黄柳·春残几日
105	珍珠帘·拂墙淡沱
106	双双燕·夏圭画稿

三 《扪虱谈室词》（壬午）

壬午当为1942年，由香港的蔚兴印刷厂出版，藏于香港中文大学图书馆，编号 PL2781.A63M3。

编号	词作
001	夏初临·搔首阶桐
002	金缕曲·残雪鞭丝
003	沁园春·今古谁
004	长亭怨慢·又飞满
005	一寸金·飞雪山巅
006	水龙吟·古来云海

续表

编号	词作
007	满庭芳·官带拖金
008	醉吟商小品·乍换了春衫
009	谒金门·镫影共缥缈
010	卜算子慢·丹青得气
011	玲珑四犯·咫尺吴淞
012	紫黄香慢·闹重阳
013	摸鱼子·莽狼氛
014	金人捧露盘·岁寒姿
015	惜黄花慢·漫说登高
016	木兰花慢·繐帷镫过雨
017	菩萨蛮·后湖栽遍□□柳
018	小重山·如画江山
019	惜秋华·战雨鸣檐
020	临江仙·寂寞纱窗
021	定风波·吴江枫落
022	定风波·白云乡里
023	定风波·忘荃心事
024	花犯·口吹兰
025	一叶落·抶一曲
026	点绛唇·休听
027	点绛唇·休嫁
028	点绛唇·休教
029	迎春乐·人家几处
030	虞美人·山河寸寸
031	秋蕊香·省忆渊明
032	少年游·轰然一疏
033	喜迁莺慢·一声羌管
034	繐人娇·蕊破思飞
035	一丛花·天心应未厌雄争
036	一落索·援得冬郎先例
037	夜半乐·豆镫冷飐危夜
038	鹧鸪天·雪意今宵易放梅
039	瑞龙吟·花盈路
040	玉楼春·红入战尘镫最觉
041	定风波·八十残年鬓不青

续表

编号	词作
042	早梅芳·酒螺红歌
043	角招·为诗瘦
044	征招·南朝迹剩浮屠古
045	玉蝴蝶·暮霭远空横
046	西平乐慢·泛得兰桡
047	西河·争战地
048	念奴娇·市朝几换
049	蝴蝶儿·舞酣时
050	蝴蝶儿·影迷离
051	水调歌头·四百卅峰外
052	渡江云·随花追野步
053	满江红·半箧秋词
054	八声甘州·倚曲栏
055	玉漏迟·卖花深巷
056	念奴娇·满园春色
057	应天长·幔窥艳杏
058	声声慢·淞烟摇梦
059	月下笛·有约芳园
060	安公子·几阵喧帘雨
061	雨霖铃·檐鸠声切
062	醉花阴·不放春愁
063	添字采桑子·沿花唤月
《扣虱谈室集外词》（乙酉）	
064	丑奴儿近·明霞寸绮
065	解连环·画阑干角
066	澡兰香·筵斟艾酒
067	瑞鹤仙·一星南极寿
068	石州慢·乱翠河山
069	鹧鸪天·半世揩磨砚早穿
070	青玉案·残烽不碍细车路
071	琵琶仙·春好江南
072	望海潮·霜鸯翻瓦
073	泛清波摘遍·沉阴翳满
074	燕归梁·日永花砖影未低
075	女冠子·巫山云远

续表

编号	词作
076	女冠子·数声啼鸠
077	醉公子·半弹蜗髻发
078	望江怨·绮筵夕
079	望江怨·柳条色
080	望江怨·有倾国
081	望江怨·李王笔
082	浣溪沙·正约编茆隐翠微
083	渔家傲·消与残山和剩水
084	减字木兰花慢·词仙潇洒
085	杏花天·唤翁羞作闺蟾语
086	杏花天·玉箫飞出红栏半
087	风入松·门临器市绝溪流
088	好事近·吟袖㸃淞云
089	虞美人·隔江喧彻夷歌旧
090	西江月·二十年前别去
091	西江月·楼起仙山有阁
092	鹧鸪天·去岁元宵度好春
093	鬲溪梅令·此花不是斗春妍
094	南歌子·倒屣长迎客
095	南歌子·顺水飞轻楫
096	祝英台近·卖花声
097	定风波·怕唱江南李十郎
098	江神子·春残燕子尚无家
099	江神子·佗城咫尺隔重天
100	思越人·数峰青
101	怨王孙·帘卷心随云影渺
102	怨王孙·闲了寻春双屐
103	归朝欢·山在九龙城更古
104	浪淘沙·江水带春流
105	浪淘沙·春去恁匆匆
106	新雁过妆楼·幔卷涛来
107	新雁过妆楼·酹盏无言
108	看花回·鹭飞烟渺
109	南歌子·暑逭山间屋
110	虞美人·点睛飞去龙无迹

续表

编号	词作
111	更漏子·箔珠垂瓶
112	如梦令·皮相漫猜娇贱
113	浪淘沙·鸠鹊为巢争
114	浪淘沙·巧者拙之奴
115	浪淘沙·牛女绛河边
116	怨王孙·日日檐前占鹊喜
117	杏花天·忆窥眉月江楼展
118	风入松·卷帘空羡越山奇
119	买陂塘·买山钱
120	好事近·记唱鹤南飞
121	庆春宫·花影阑干
122	浣溪沙·唤取笙歌烂漫游
123	浣溪沙·巷陌风光纵赏时
124	清平乐·平生挟策
125	清平乐·词坛故老
126	清平乐·花簪乱鬓
	《影树亭和词摘存》
127	霓裳中序第一·飞骈碎辗月
128	惜秋华·战雨窗蕉
129	夺锦标·潮落虹梁
130	八归·粉墙云凝
131	侧犯·艳容未老
132	高山流水·霁虹飒飒彩云间
133	高山流水·线涛隔不断江风
134	塞翁吟·飑湿窗镫
135	三部乐·寒却山盟
136	满江红·急雨敲残
137	南浦·离亭喷笛
138	齐天乐·城阴塔影涵兵气
139	忆江南·休浪说销魂
140	忆江南·风景画能描
141	秋霁·收响芭蕉

四 《影树亭词》

1951年由香港的华强印务公司出版，藏于香港中文大学图书馆，编号PL2781. A63Y5。

编号	词作目录
001	沁园春·千古佳人
002	陌上花·江天幻点
003	玲珑四犯·风约池萍
004	东风第一枝·早泄秾春
005	浪淘沙·明日是新年
006	风流子·依约点蜻蜓
007	水龙吟·春从天上来
008	小重山·碧浸壶天漾晓霞
009	点绛唇·不见刘郎
010	瑞鹤仙·蕙风熏绣陌
011	梦江南·挡锦瑟
012	梦江南·吹翠笛
013	菩萨蛮·天公恶紫将朱夺
014	惜奴娇·鞭叱飞云
015	烛影摇红·隔断横波
016	三姝媚·江山残画稿
017	玉烛新·波帘收宿酒
018	满江红·庄蝶飞回
019	夜合花·影转蝉槐
020	荔支香近·引破唇丹
021	祝英台近·染乌丝
022	鹧鸪天·劫避秦灰问水滨
023	寿楼春·轮纤葱流光
024	鹧鸪天·风不雄当负此襟
025	花心动·聒耳新蝉
026	探芳信·渑镫晕
027	拜星月慢·驾鹊天河
028	蕙兰芳引·凉雨洗空
029	丑奴儿近·香车遥辗
030	诉衷情·宵冷金井梧
031	诉衷情·不断镫漪摇
032	诉衷情·高枝院树不闻蝉
033	摊破浣溪沙·犹记掀髯赋菊残
034	新雁过妆楼·镜影盘螭添蛾皱

续表

编号	词作目录
035	夜游宫·山馆敲窗雨止
036	满江红·乌帽红萸
037	三姝媚·丁桥寻梦路
038	金盏子·赏菊年时
039	思越人·枝到花残尚傲霜
040	采桑子·危楼耸翠临沧海
041	采桑子·卅年前泛鹅潭水
042	玉楼春·头上秃残霜几缕
043	朝中措·花枝摺处早名留
044	六丑·正笙吹劝饮
045	念奴娇·天南支柱
046	念奴娇·紫云歌罢
047	眼儿媚·花枝折尽酒添筹
048	瑞龙吟·近云际
049	念奴娇·筵开清夜
050	八犯玉交枝·花下书年
051	阳春曲·柳堆金
052	如鱼水·生几梅修
053	溪浣沙·忍更题诗寄草堂
054	一萼红·伫庭阴
055	一萼红·小阑干
056	归朝欢·生出两仪凭太极
057	风入松·杨花芳草遍天涯
058	风入松·平沙浅草绿铺茵
059	风入松·堕红休管涸和茵
060	风入松·清明影事未全虚
061	紫玉箫·莲社词心
062	惜余春梦·径甓萤飞
063	解连环·怨红愁碧
064	解连环·伞云垂碧
065	琵琶仙·掀动闲愁
066	定风波·水殿风来漾月天
067	洞仙歌·窗声淅沥逗镫痕
068	千秋岁·水花飘黛
069	虞美人·倾盆一雨霄无暑

续表

编号	词作目录
070	虞美人·籁和檐溜签声下
071	虞美人·世情暗里千端变
072	虞美人·化为萍后同生活
073	烛影摇红·花灿银台
	《影树亭词续稿》
074	遇秦楼·酒挟襟痕
075	遇秦楼·几日花愁
076	遇秦楼·过眼烟云
077	石州慢·北海开樽
078	酷相思·百度杞忧天不坠
079	酷相思·驿路骝嘶人别后
080	千秋岁·向松称叟
081	酷相思·落絮黏泥犹啄燕
082	烛影摇红·江夏乔松
083	忆旧游·记云容望
084	玉蝴蝶·话劫园抛水绘
085	鹧鸪天·莫讶飞莺困绣笼
086	渡江云·残念杯酒送
087	渡江云·林霞飞蜃幻
088	渡江云·如潮汹涌际
089	沁园春·健鹤鸣皋
090	喜迁莺·疑啼山鸟
091	喜迁莺·绿荟翘鹊
092	喜迁莺·历番风儿
093	疏影·池水镜涤
094	南浦·倒影入垂虹
095	暗香·控鸾雪色
096	南浦·雨荡縠纹平
097	南浦·忍道石仍塘
098	南浦·鸳波皱碧漫
099	玉女摇仙佩·销魂舞也
100	春风袅娜·渐红衰青盛

粤人之声的扩散变易

第十七章

近代地方文化的跨地域性：
20世纪二三十年代粤剧、
粤乐和粤曲在上海

程美宝

今人论中国地域文化，都会从各种被标签为"文化"的现象中寻找地方特色，其中，由于戏曲大多以方言演绎，并往往在音乐形象上最能贴近人们对"地方特色"的感受，自然而然被看成是最不容置疑的具有鲜明"地方性"色彩的"文化"，人们研究的视野，也就由此集中在特定的地域范围内。不过，由于戏曲一类的文化活动是由特定的人群在他们现实的生活中创造并传承的，这些人群活动空间的流动性，往往会让"地方文化"呈现出跨地域的意义，使研究者不得不沿着前人的足迹穿州过省搜寻线索。

本章将要讨论的粤剧、粤乐和粤曲，在音乐及演绎方式上都可说是别具岭南特色，自成一派，毫无疑问根植于本地的土壤。粤剧较早的历史，固然可以追溯到自明代起从外江吸纳的以梆黄为主要声腔的戏曲传统，但其浓郁的地方特色，却主要是在清季民初吸收了广东地方民间说唱艺术如南音、木鱼、粤讴和后来的广东谱子而变得越显突出的；也就是在这段时间，粤语逐渐取代官话成为唱念的主体，至20世纪30年代左右，今天我们所熟悉的粤剧就基本定型了。"粤乐"又称广东音乐，是珠江三角洲的本土音乐与古乐、昆、弋牌子曲及江南小曲小调等外省传入的音乐互相融合发展的结果，成形于1860~1920年，今天我们最熟悉的多首广东音乐，也主要是在20世纪二三十年代编撰完备的。"粤曲"既指从粤剧中抽取出来的包含各种曲牌的唱段，也可以是单独创作但仍依照粤剧习惯组合的曲子，自二三十年代开

---

* 本文已发表于《近代史研究》2007年第2期，并收入姜进编《都市文化中的现代中国》（华东师范大学出版社，2007）。

始，随着国语时代曲的流行，又出现了一些以广东音乐或国语时代曲的谱子填词、完全摆脱粤剧曲牌的小曲，这类小曲可说是后来的粤语时代曲的前身。粤剧、粤乐和粤曲的发展既各有蹊径，演变的过程不完全一致，但又彼此互为影响，你中有我，我中有你。

然而，从粤剧、粤乐和粤曲发展的历史来看，其"地方特色"并非只是在本地历史的脉络中形成的。"现代"的粤剧、粤乐、粤曲都是20世纪上半叶才成型的，它们孕育的土壤固然离不开两广地区，但由于自19世纪中期以后，随着各通商口岸的开放，粤人经商流寓各商埠者日众，本来根植于岭南的戏曲、音乐活动也遍及粤人足迹所至。其中粤人寓居最众的上海，作为当时中国的经济和文化中心，汇聚了来自五湖四海的各色人等。不少人都希望在这个十里洋场的大舞台上一展身手，为练就出他们认为能够代表中国的文化而做出各种努力——不管这个"中国"意味着什么，不管这个"文化"包含了哪些内容。恰恰就在这个"制造中国"的过程中，各种"地方文化"也被重新拿捏与创造。本章通过考察20世纪二三十年代粤剧、粤乐和粤曲在上海的活动情况，指出粤剧、粤乐和粤曲虽被定位为"地方文化"，但其"地方性格"却在许多方面是由一群寄寓上海、为追求"中国性"而吸取诸多外来元素的艺人和玩家塑造而成的。

沪上粤人与粤剧

近代广东文化认同的形成，是清末以后的创造。① 承接18、19世纪经济繁荣而崛起的广东商人，是延续和强化这种文化认同的基础。鸦片战争以后，随着各大通商口岸开放，粤商的势力也空前膨胀。1843年开埠的上海，为粤商谋求更大的发展提供了一个更广阔的舞台。正如林辉锋在其有关旅沪粤商的研究中指出的，19世纪中后期粤商在上海经营着各式各样的生意，包括茶栈、杂货店、玻璃店、印刷店、机器花行，还有大量的押店等；当时上海大洋行的买办和通事，也多为粤人；甚至一些社会地位较低的工种如工

---

① 详细的讨论可参阅拙著《地域文化与国家认同：清末以来"广东文化"观的形成》，三联书店，2006。

匠、船匠，以至"细崽""西崽"等，都为粤人所盘踞。据估计，至1934年左右，旅沪粤人"大约有三十万余人之多"。① 19世纪粤人充斥沪上的情况，历任中国各地海关税务司的马士（H. B. Morse，1855—1934）的描述最是生动。马士在太平天国事变前后寓居上海，一位外国商人跟他谈到事变期间消息传递的情况说："我的童仆是个广东人，他从一个掌柜听闻某个买办的职员的消息，他们也是广东人；后者的消息从东门旁的老银号老板处得知，他是个广东人；这个广东商人的消息乃从城内另一个广东人那里听来，那个广东人是三合会的成员。"② 可见，在19世纪中叶的上海，黑白两道都堪称粤人的天下。

广东商人在上海势力日隆，陆续建立起各种同乡、同业和其他类型的组织。其中较有影响力的，是广肇公所与精武体育会。同治十一年（1872）由广东商人徐润、叶顾之、潘爵臣、唐景星倡建的广肇公所，是广州、肇庆两府人士在上海最有势力的商人组织。③ 精武体育会创办于1910年，尽管精武会奉河北人霍元甲为宗师，但其实在精武会创办前一年，霍已去世，精武会的创立及其活动，实际上由粤、沪商人主导，其中又以粤人为主。在长年主持精武会的三位核心成员——陈公哲、卢炜昌、姚蟾伯——当中，陈和卢都是广东中山人，在沪从事五金生意；姚是江苏吴县人，经营颜料业。他们三人被时人称为"精武三公司"，也是以当时广东人在上海开办的三家百

---

① 见林辉锋《广帮与潮帮：晚清旅沪粤商管窥》，《中山大学学报》（社会科学版）2004年第5期，第95~99页，其1934年的旅沪粤人数字引自当年的《广东旅沪同乡会月刊》，林文对清末民国时期旅沪粤人的数量有比较详细的考察，估算也较谨慎。

② Hosea Ballou Morse, *In the Days of the Taipings, Being the Recollections of Ting Kienchang, Otherwise Meisun, Sometime Scoutmaster and Captain in the Ever-Victorious Army and Interpreter-in-Chief to General Ward and General Gordon: An Historical Retrospect* (Salem, Mass.: The Essex Institute, 1927), pp. 40-41. "广东人"在原文中的用词是 Cantonese。

③ 清代广州、肇庆两府，基本上涵盖了广东省操广府方言的县份，但广肇公所的成员主要来自广州府。广肇公所的创办情况见《上海广肇公所略历》（1950年），上海市档案馆藏，上海市公所会馆山庄联合会暨各公所、会馆、山庄，档案号：Q118/12/140/9；又参见宋钻友《一个传统组织在城市近代化中作用——上海广肇公所初探》，《史林》1996年第4期，第54~66页；关于旅沪广东商人的活动和势力，可参考林辉锋《广帮与潮帮：晚清旅沪粤商管窥》，《中山大学学报》（社会科学版）2004年第5期，第95~99页；顾德曼（Bryna Goodman）：《民国时期的同乡组织与社会关系网络》，《史林》2004年第4期，第112~118页；张晓辉、孙利平：《民国前期粤商文化在上海的辐射效应》，《学术月刊》2004年第12期，第57~62页。

货公司——永安、先施、新新"三大公司"——为借喻。① 清末民国时期上海的粤剧、粤乐和粤曲活动，多以这类组织为依托。这些组织的成员，又组成各类专门的团体，在沪上展开种种创作和演出活动。

精武会与广肇公所以及沪上其他团体关系密切，在人员方面互有重叠。广肇公所的部分董事同时也是精武会的董事。广肇公所在四川北路横浜桥约15亩房地产中，有小部分为精武体育会用地。② 1917年，广肇公学增授国技科，请精武体育会派员担任教授。1924年广肇公学举行典礼，余兴节目包括由精武会成员司徒梦岩和吕文成演出的梵亚铃（小提琴）、线琴合奏。③ 为《广肇周报》长期提供粤曲曲谱的撰稿人"铁腥"（笔名），应该就是长年任精武会国文书记的陈铁生。1918年，上海工界协进会成立"粤乐部"，而1923年就任工界协进会会长的，就是精武三公司之一的卢炜昌。在1919年在上海成立的"中华音乐会"，创始人是精武会的陈铁生。④ 支持中华音乐会的粤绅当中，又有卢炜昌。在1924年《申报》有关中华音乐会演出新剧的报道中，就提到该会由"粤绅"梁树棠和卢炜昌等赞助，且"多粤帮会员"；又宣传说在演出当天舞台上高悬粤侨商业联合会与粤商医院相赠之缎额。⑤ 另一个需

---

① 关于卢、姚、陈三人的情况，见《精武本纪》，（序于1919年，编者及出版社不详），第9、171~175页，上海市档案馆藏，上海精武体育会，档案号：Q/410/10/—48；陈公哲：《精武会五十年》，春风文艺出版社，2001（1957年香港初版）；《精武体育会史料选》，《档案与史学》1998年第1期，第21页。卢、姚、陈三人均自称是霍元甲弟子，属精武会最早的会员。卢炜昌原在上海德国礼和洋行当文员，后任陈公哲开办的新瑞祥五金号经理，曾先后出任精武会的会计、书记、技击部武器主任等职。姚蟾伯在精武会任过会计、总务主任、技击部技击主任、游艺部部长等职。陈公哲（1890~1961）自幼生长在上海，是上海粤瑞祥五金号老板陈升堂之子，家世颇丰，1910年入读上海精武体操学校习拳；入民国后在精武会先后担任过总干事、坐办、庶务长、理事长、技击部技击主任、文事部摄影学教授、游艺部畋猎主任等职。精武会位于上海倍开尔地段的会址是陈公哲父亲的产业，陈在该址前半段兴建精武会的会所，后半段辟屋自居（见陈公哲《精武会五十年》，第30~31页），可以说，陈公哲长年是精武会的领军人物。
② 见《上海广肇公所工作概况》（1950~1951年），上海市档案馆藏，上海市公所会馆山庄联合会暨各公所、会馆、山庄，档案号：Q118/12/140/21。
③ 佚名：《各学校之毕业礼》，《申报》1924年7月15日，本埠增刊第2版。本章所引《申报》皆为上海书店出版社，1983年影印本。
④ 广东炎黄文化研究会编《粤韵香飘——吕文成与广东音乐论集》，澳门出版社，2004，第50页。《中央》第17期，1923年3月15日，第54页，上海市档案馆藏，上海精武体育会，档案号：Q/401/10/36。
⑤ 佚名：《中华音乐会昨演"爱河潮"》，《申报》1924年3月19日，本埠增刊第2版。

要交代的旅沪粤人组织是在1933年设立的"广东旅沪同乡会",该会是在一些旅沪广东商人、广肇公所与东华医院的资助下创建的。① 不论是广肇公所、精武会、上海工界协进会,还是广东旅沪同乡会,都可以说是代表广东商人在上海的议政场所,它们与广州、香港和其他地方的粤商组织,在人事上互有重叠,在许多事情上相互沟通,集结力量,经常与不同的政权讨价还价。②

粤商在上海资源丰厚,其赞助的文娱活动,亦有声有色。据称,早在同治十一年,就有一个叫"童伶上元班"的广东戏班来上海演出。③ 宋钻友指出,时至清末民初,上海的粤剧演出逐渐增多,甚至有寓居上海的粤籍人士组织的粤剧新剧演出活动。时人陈无我在其《老上海三十年见闻录》中有谓:"光绪丁酉、戊戌间,宝善街有同庆茶园,系粤东富贵名班……惟系粤调,故座客亦粤籍居多。"④ 宋钻友认为,1919~1937年堪称上海粤剧的高峰期,当时不但上演次数频繁,来沪演员和戏班名气之高,更是前所未有;而粤籍商人,每有著名戏班演出,经常会在戏院大量订座,延客观赏。⑤ 有商人从中窥见商机,在上海投资相关的娱乐事业,兴建专门演出粤剧的戏院。1919年,上海四川北路的上海大戏院聘请以李雪芳为台柱的广东戏班"群芳艳影"来沪演出,掀起热潮,使旅沪粤商看到了投资戏院组织演出有利可图,遂建立"广舞台",于1920年竣工,自此粤班在上海有了一个固定的演出场所。⑥ 在很长一段时间内,"粤剧在沪,仅广舞台一家演之"。⑦ 1928年,又有广东大戏院竣工。二三十年代,省港粤剧戏班到沪上演出者,

---

① 卢涣泉:《广东旅沪同乡会创设记》,《广东旅沪同乡会月刊》1933年10月1日,第1~2页。
② 例如,陈公哲和卢炜昌都是广肇公所的董事;上海北区横浜桥福得里内一块空地为广肇公所的产业,陈公哲在出任广肇公所的董事时,将之租给精武会筹建精武中央大会堂之用,见陈公哲《精武会五十年》,第40、112页。
③ 姜斌:《旧上海的广东戏》,广州市政协文史资料研究委员会、粤剧研究中心合编《粤剧春秋》(《广州文史资料》第42辑),1990,第107~108页;原载《广州日报》1988年12月19日。
④ 陈无我:《老上海三十年见闻录》,上海书店出版社,1997,第74页。
⑤ 宋钻友:《粤剧在旧上海的演出》,《史林》1994年第1期,第64~70页。
⑥ 参见宋钻友《粤剧在旧上海的演出》,《史林》1994年第1期,第65页。宋文提及上海大戏院位于"四川路虹江路上",疑"虹江路"为"虬江路"之误植。
⑦ 草将:《粤坤班竞争之精神》,《申报》1925年2月17日,第7版。

多达20多个。①

此外，当时粤商在上海开设的百货公司，都设有自己的粤剧团或粤乐队。据1925年《申报》报道，先施公司组织的"先施职员粤剧团"，因利乘便地利用先施公司设置的乐园影戏场作为表演场地。②从新新公司的档案所见，新新公司也设有粤乐组和粤剧组。③寓居上海的广东商人以及他们支持的音乐活动，随着抗日战争爆发，上海沦陷而沉寂，④但迟至中华人民共和国成立初期，上海仍有相当数量的粤剧和粤乐活动。永安公司的永安乐社，在总经理郭琳爽的支持下，50年代初仍然十分活跃。郭琳爽同时也是广肇公所筹募义务学校平民诊所福利经费委员会的副主任委员，在他的推动下，永安乐社在1950年和1952年为广肇公所筹募教育医药经费，在上海九江路的永安天韵剧场演出。⑤从广东来沪上演出的粤剧团，会拜访永安乐社，有需要时甚至会请其出资帮助。⑥从其为1950年这次演出的筹备工作看，永安乐社的水平可能与专业的粤剧剧团在伯仲之间。

汇集沪上的广东文人，每每会为粤班在当地的活动制造声势。上述广东戏班"群芳艳影"的花旦李雪芳在1919年首次在上海演出后，据说随即引起轰动。翌年，上海东亚书局即出版了我佛山人编撰的《李雪芳》一书，叙述李之生平及其1919年到上海演出的盛况，其中提到：

通衢张艳榜

雪芳初次到申之时，南海康有为，为书斗大之告白字，极龙蛇飞舞

---

① "广舞台"邀请广东戏班到沪演出情况，可见于佚名《广东名角纷纷来沪》，《申报》1923年2月8日，第18版。更多的情况可参见宋钻友《粤剧在旧上海的演出》一文。
② 安然：《先施职员演粤剧》，《申报》1925年1月15日，第8版。
③ 《私营上海新新公司业余社团——文体等组织，壁划队、足球队、篮球队、国术队、游泳队、同人〈旬报〉、话剧组、平剧组、歌咏队、消防队、青年会》（约1944~1949年），上海市档案馆藏，新新股份有限公司，档案号：Q226/1/50。
④ 宋钻友《粤剧在旧上海的演出》一文指出，1938年秋，香港的粤剧协会做出了一项决定，禁止剧协会员和剧团到沦陷区演出，从此便很少有剧团到沪，上海粤剧演出的高峰期由此结束。
⑤ 《公私合营永安公司永安乐社及广肇公所往来信件》（1948~1951年），又见《上海广肇公所教育经费筹募委员会敦请永安乐社义演特辑》（1950年11月、1952年2月），上海市档案馆藏，上海永安股份有限公司档案，档案号：Q225/2/7。
⑥ 《公私合营永安公司永安乐社及广肇公所往来信件》（1948~1951年），上海市档案馆藏，上海永安股份有限公司，档案号：Q225/2/7。

之妙，台主以南海宠锡倍加，异常感激。为精即其字（原文如此——引者注），印刷万张，彩色煊烂，炫人眼帘，命张诸通衢，一时李雪芳之芳名，万人争称，识与不识，皆赞书法之妙，而雪芳之声名，亦从此雀起焉。①

康有为且给李雪芳"加尊号曰雪艳亲王"。② 当 1920 年 11～12 月李雪芳再次到上海刚落成的"广舞台"进行赈灾筹款演出时，得到旅沪粤侨商业联合会的推动，"所有群芳影全班演剧之代价，均由南洋烟草公司简实卿捐资担任"。③ 李雪芳是南海西樵人；④ 康有为是南海人；简实卿是南洋兄弟烟草公司的董事兼协理，也是南海人，同时又是精武会会员；⑤ 至于撰写《李雪芳》一书的"我佛山人"，则很可能是一位袭用了吴趼人的笔名、原籍南海佛山的文人。⑥ 总之，简实卿的襄赞、康有为的书法、我佛山人的撰著，无疑都为他们的同乡李雪芳在上海伶界扩大名声发挥了一定的广告效用。1923 年，李雪芳下嫁居于上海虬江路的粤商韦渌泉的儿子韦伯贵，宣布从此息影。⑦

在 20 世纪 20 年代已经成为全国文化中心的上海，汇聚了来自不同地方的戏曲和音乐，时刻激发着各门各派艺术之间的交流，粤班在这个时候来到上海，也自然有更多机会让广东以外的人士观赏和点评。李雪芳至沪上演出时，"沪人观客居十之六"，后来另一个粤班坤角西丽霞莅沪时，"沪人亦多往观"。⑧ 不过，相对于京剧和昆曲来说，粤剧毕竟属后起之秀，当时上海的戏曲活动又唯京剧马首是瞻，粤班被评比议论时，每每显得相形见绌。就

---

① 我佛山人：《李雪芳》，东亚书局，1920 年第 2 版，第 17 页。
② 光磊室主：《粤坤角短评》，《申报》1925 年 1 月 16 日，第 8 版。
③ 佚名：《李雪芳之临去秋波》，《申报》1920 年 12 月 12 日，第 11 版。在此报道中，"群芳艳影"写作"群芳影"。
④ 据我佛山人《李雪芳》，第 1 页。
⑤ 中国科学院上海经济研究所、上海社会科学院经济研究所编《南洋兄弟烟草公司史料》，上海人民出版社，1958，第 753 页。简实卿在 1917 年 9 月加入上海中国精武会成为会员，见《精武本纪》，第 199 页。
⑥ 吴趼人卒于 1910 年（见李菀荣《我佛山人传》，手稿，广东省中山图书馆藏），故"我佛山人"不可能是吴趼人。
⑦ 佚名：《名女伶李雪芳昨日于归》，《申报》1923 年 4 月 10 日，第 18 版。
⑧ 草将：《粤坤班竞争之精神》，《申报》1925 年 2 月 17 日，第 7 版。

连广东自身的剧评家亦云："吾粤戏剧粗疏，久贻笑于外省。"① 从《申报》上刊登的评说粤剧的文章中，也可屡屡读到顾曲者对粤剧的批评，有谓"惟粤剧对于机关之设备，往往因陋就简，敷衍了事，以之点缀，转觉减色不少"。② 也有人对粤剧在服饰方面殊不严谨而评曰：

> 粤剧为汉调枝流，故其服装，颇多相类……洎乎清季，乃改御旗装……鼎革后，凡百维新，潮流所趋，不可遏止，于是又由旗装再变为时装……故在粤剧，勿论表演何朝代之事迹，亦从不变换其服装，只顾衣饰之新奇，不计剧情之牴牾，滋可怪已。③

上海也是当时中国出版报刊最发达的城市，各色表演活动都会被放到印刷媒体上评头品足。20世纪20年代出版的《申报》，不时载有粤剧的评说。④ 上海出版的《戏杂志》多论京戏昆曲，偶然有评论粤剧者，亦有褒有贬，例如，在一篇题为《粤班与京班之异同》的文章中，就有如下评论：

> 李（雪芳）扮相仅中驷，艺亦平常，所恃者嗓音清亮，吐字较真。……余稍知粤剧，眼光渐及于男班，若周丰年、人寿年、周康年、祝华年、咏太平、颂太平、乐其乐诸班。先后顾曲，各班固不乏名角，而余心目中最赞成者，则惟邝新华、福成二伶，盖邝福二伶，善能体贴剧情。惜粤班脚本，根本不如京班……
> 粤班多重全本戏，原本结构不良，往往使顾曲者乏味……
> ……近因粤班常有来沪演唱者，故男伶福成、靓少华、千里驹，女

---

① 见《剧潮》第1期之"剧评"专栏，香港，优界编译公司，1924，第2页。
② 光磊室主：《广舞台观剧记》，《申报》1924年3月25日，第7版。
③ 月池：《粤剧服饰之今昔观》，《申报》1925年3月9日，第7版。
④ 20世纪20年代在《申报》上刊登的粤剧剧评多不胜数，举隅如佚名《观演粤剧〈白芙蓉〉志》（1923年2月21日，第22版）；佚名：《观粤剧〈夜宴锦屏宫〉志》（1923年3月8日，第18版）；光磊室主：《广舞台之〈桃花扇〉剧记》（1923年3月10日，第18版）；光磊室主：《记粤剧〈聚珠崖〉及〈玉梅花〉》（1923年11月27日，第18版）；光磊室主：《评粤剧〈夜光珠〉》（1924年2月12日，本埠增刊第2版）；佚名：《广舞台编演〈珍珠钗〉》（1924年2月14日，本埠增刊第2版）；洁贞女士：《评粤剧〈万古佳人〉》（1924年2月15日，本埠增刊第2版）；光磊室主：《粤角小评》（1924年2月29日，本埠增刊第2版）；等等。

伶李雪芳、林绮梅、黄小凤等，最近私置行头，大都摹仿京班，其剧本亦多窃取京班脚本，惜台步及武功终不如京班纯熟。①

诚然，李雪芳在上海的演出，要得到广东同乡的追捧也许比较容易，但要获得上海顾曲者的认可，可能会有较多争议。上述我佛山人所撰《李雪芳》一书有曰：

名士谑评量

雪芳第一次来沪演剧，在八年九月中，茬申之盛况，前已言之矣。一般观客，虽间有不满意者，然究属少数。海上文人，有谓雪芳不如苏州妹者，作小诗三章以评量之，然非实在情形也，亦非正当评剧。雪芳之技术与歌喉，究瑕不掩瑜。有陈小蝶诗云：

一曲低徊天上少，如何沦落在人间，断肠此是韩娥节，莫作江城五月看。

一段行云出峡时，雪肤花貌认参差，休将梅雪评量到，此向旬郎尚不如。

齐人来听楚人咻，强把吴歈当越讴，只觉笑啼浑不似，满台猿鹤使人愁。②

"满台猿鹤使人愁"一语，大抵隐含了顾曲周郎对海上某些"捧角家"之不屑，我佛山人续说：

争来一棒雪

雪芳在粤，初红时，有棒雪者十余人，名曰棒雪团。然此辈每以著述诗歌，登诸报纸，艳称雪芳技术之精熟、品行之端正，以表示其敬爱之诚。不若海上一般下流捧角家，专于歌场中现身说法，每见所捧之人，搴帘初出，而"好吗"之声已脱口而出，如袁某之捧刘翠仙然，人皆讥之曰："两岸猿声啼不住"。此种行为，令人憎恶，而棒雪团无

---

① 无我：《粤班与京班之异同》，《戏杂志》第6号，1923年1月，第12~13页。
② 我佛山人：《李雪芳》，第8~9页。

此习气。记者在粤时,每见三四文人,方在属稿棒雪中,有予之交好曰:足下快来一棒雪,予虽却之,然此犹得谓之文人雅事,逢场作戏,固无不可耳。①

而"齐人来听楚人咻,强把吴歈当越讴"等句,似乎也道出了方言差别对欣赏地方戏曲可能造成的障碍。不过,这里必须说明的是,20世纪20年代的粤班仍然有不少沿用官话演出,这或许也是当时的粤剧比较容易让非广东人理解和欣赏的原因。以1924年为例,多个粤班在上海演出,事后在《申报》上都登有剧评,从这些剧评可见,当时粤剧仍然是官话和粤语混杂的。在《申报》上刊登之《评粤剧〈万古佳人〉》中,就有这样的描述:

张文侠去俞礼士……二簧一段,多用粤语,唱至"胡笳阵阵万马奔腾"及"我系英雄气短儿女情痴"二句,吞吐自如,字字咬线。②

从"多用粤语"四字,我们可以想象,20世纪20年代中期的粤剧正处于官话、粤语混杂的阶段,并且已经开始有粤语成分逐渐凌驾官话之势。其实,除却语言的转变外,治粤剧史者早已指出,时至二三十年代,粤剧在剧本、唱腔和功架各方面也发生了重大的变革。③ 我们相信,这些变革与广东戏班的伶人经常往来于上海和其他粤人聚居的城市,有更多机会观摩外省剧种特别是京剧和昆曲的演出,有相当密切的关系。宋钻友指出,粤剧在上海广泛传播,让不少戏剧界同行重新认识粤剧的价值,如李雪芳莅沪时,好些

---

① 我佛山人:《李雪芳》,第9~10页,原文"捧""棒"二字混用。
② 洁贞女士:《评粤剧〈万古佳人〉》,《申报》1924年2月15日,本埠增刊第2版;其他例子如光磊室主《千岁鹤之〈拐卖庶母〉》一文(《申报》1924年3月3日,本埠增刊第2版),有议曰"是剧桥段甚短,不见若何佳妙,千岁鹤去张袋,为剧中之主角,唱情绝妙,仅拉车一场之二簧而已,予意末场尽可加入一段白话慢中板,借资劝世,实较拉车时借题发挥之议论之为愈也";另一篇剧评《千岁鹤演新粤剧(二)》(光磊室主,《申报》1924年4月11日,本埠增刊第2版)说明"豆皮元之梁上君子,出场所唱之慢板,词句绝长,全属白话,能将时事,谱入曲词,最为观众所激赏者,历诉年来军阀殃民祸国之种种罪状",其中提到的"白话",应该就是指粤语。
③ 参见赖伯疆、黄镜明《粤剧史》,中国戏剧出版社,1988,第2章。

京剧演员多次前往观摩；而粤剧演员对其他剧种也相当尊重，尝试把对方的技巧融会到自己的演出之中。① 粤剧与其他剧种在上海交流的盛况，或可以1926年在上海举办的"伶界联合会十四班会戏"的会演活动为标志。据《申报》广告称：

> 更有一事为从来所未有者，则粤省同志，素不接近，今广东新中华班来沪献艺，虽仅数月，早已名满申江，近亦加入敝会，以资团结，此次会戏亦担任夜渡芦花一剧，此剧为粤剧之结晶，亦为新中华班之绝作。敝会此举实欲借以联络南北名角之感情，饱餍各界人士之眼福。②

这类联合演出，无疑大大增加了地方剧种之间互相观摩的机会，这种跨地域的交流，也大抵只有在上海这类都会城市才能够实现。

如果说戏曲还可能会因为方言之不同而造成一定的交流障碍的话，纯粹的音乐就应该没有什么"省界"或"国界"之别，而更便于互相借鉴了。在以下的讨论中，我们会发现，汇聚在上海的粤籍音乐玩家，在与来自其他地方的乐手频繁交流，吸取诸多外来养分的过程中，也在改造和创制自身的地域文化，编撰出被认为"粤味十足"的广东音乐。随着粤语在粤剧的唱腔和念白中应用日广，人们又在广东音乐甚至国语时代曲上填入粤语歌词，创作出一批独立于粤剧梆簧系统之外的粤语小曲。这些粤曲也许不像同时期的国语时代曲一样流行全国，但它们同样借靠了唱片灌制等技术手段，得以大量复制、留存和广播。这样的形式又逐渐与传统粤剧融合，为后来三四十年代渐以粤语为主体演绎的粤剧增添了新鲜的养分。这种种的尝试，都与粤人在上海的组织和经济力量是分不开的。

国乐改良运动中的粤乐革新

上文已经提到，自20世纪10年代伊始，各种旅沪粤商是粤剧、粤乐和粤曲活动的主要赞助人、组织者，甚至参加者。然而，要对粤乐在二三十年

---

① 见宋钻友《粤剧在旧上海的演出》，《史林》1994年第1期，第69页。
② 《伶界联合会十四班会戏缘起》（广告），《申报》1926年3月19日，本埠增刊第4版。

代在上海的发展有更深刻的思考,我们不能把眼光仅限在粤乐活动和粤人组织本身,而必须对当时上海的音乐和语言环境有更多的认识。

在这个来自五湖四海的商人文士云集的城市里,在国语尚未普遍通行的年代,不同方言在同一场合中交相使用,是十分普遍的现象。上海广肇公所设立的书报社,经常举办演讲活动,在1920年1月的一次活动中,就有如下的安排:

> 胡君系以普通语演讲,由林颖超君用粤语传述;唐君系以粤语演讲,由周锡三君用沪语传述……本星期晚(廿五下午八时)主讲者乃温钦甫、罗伯夔二君,并有粤乐助兴,表演者多工界协进会会员。①

当时"多语传译"的文化活动在上海很可能是十分常见的安排,而音乐助兴更是像广肇公所的书报社一类的组织常有的节目。② 事实上,当时上海各种音乐活动,每每是"众乐齐鸣"的。我们只要一瞥各种"同乐会"的节目单,仿佛就可以聆听到当年丰富的乐音。1920年6月,上海青年会举办音乐会,据说是"锣鼓喇吹笙箫管笛,无不齐全,集古今中外音乐于一堂,开海上从古未有之创举",其节目内容包括(1)汪昱廷君琵琶独奏:《淮阴平楚》《夕阳箫鼓》二大折;(2)著名歌曲家豪立夫女士唱新歌;(3)工部局乐队32音具合奏:《春游乐》《好事近》《闺中怨》《生别离》《望夫归》《相思引》;(4)福建榕庐乐社闽乐十锦;(5)郑觐文君琴瑟合奏:《欧鹭忘机》,琴操《平沙落雁》共六段,琵琶《新龙舟》;梅特铃用西洋乐器弹中国曲调;(6)昆曲《絮阁》;(7)广东群贤乐部粤乐:《柳如金》;(8)少年宣讲团游艺部合奏新薰风。③

---

① 佚名:《广肇阁书报社演讲记》,《广肇周报》第43期,1920年1月25日,第9页。
② 广肇阁书报社经常举办粤乐活动,如该社在1920年1月25日举办演讲之余,就有"粤东音乐"演出,表演项目有"黄忠可君之《桃柳思》,吕文成君之《仕林祭塔》,刘北连君之三弦,黄桂辰君之提琴,杨贵熙君之二弦,杨藻荣君、鲍公勉君之月琴合奏,数君皆工界协进会会员",见佚名《广肇阁书报社演讲记》,《广肇周报》第44期,1920年2月1日,第7~8页。
③ 佚名:《青年会音乐大会秩序》,《申报》1920年6月12日,第11版。据《申报》1920年6月13日第11版报道(佚名:《青年会音乐大会纪》),此"豪立夫女士"原名Myra B. Olive,是中西女塾音乐主任。

粤人主导的上海工界协进会"鉴于多数工人向少高尚完善之娱乐方法，因特自行筹款组织"工界音乐部，"置有西乐、鼓乐、京乐、沪乐、粤乐种种"。1920年11月，该会举办同乐会活动，节目次序为：（1）摇铃开会；（2）西乐（精武军乐队）；（3）宣布开会理由；（4）粤乐（合奏凤凰台谱）；（5）演说；（6）粤乐（《闺怨》，黄忠可扬琴并唱）；（7）滑稽演讲；（8）琵琶扬琴合奏（《到春雷》，音乐大家严老烈遗谱）；（9）演说；（10）沪乐；（11）京乐；（12）演说；（13）粤乐；（14）致谢来宾；（15）茶会。①

同样的，以粤人为主的中华音乐会的演出活动，也不拘泥于粤乐。1923年4月8日，该会举办春季同乐会，节目便包括"合奏粤乐""京曲""丝竹""古调""梵唱""胡琴合奏""弹筝""铜线琴""粤曲"等。②同年12月15日、16日上海精武会举办的游艺会，15日晚的节目便有：（1）铜乐；（2）报告；（3）粤曲《山东响马》；（4）古乐《梅花三弄》；（5）《滑稽跳舞》；（6）大同乐《三级浪》；（7）国技；（8）优秀舞；（9）粤曲《闺怨》；（10）韩江丝竹（由潮州音乐会演出）；（11）西调《野玫瑰》；（12）《剑舞》（调拍《到春来》）；（13）滑稽歌舞；（14）粤曲《潇湘琴怨》；（15）京剧《拾黄金》。中华音乐会的主导者实为精武体育会的成员，据精武会的官方刊物《中央》报道，在这两晚的活动中，"山东人江苏人，差不多占三分之一，亦无一不满意者，只听得那些非广东人说道：我们虽非广东人，然亦觉得殊为动听云云"。③

笔者之所以不厌其烦地列举几种20世纪20年代在上海举行的音乐会活动的节目单，是希望说明，在这些场合中，各种源自不同地方的音乐，一方面因为有了更多混杂交流的机会有可能发生变化；另一方面，其本来不一定十分明显的地域标签，也在这种更能意识到你我之别的情境中得到强化。据扬琴演奏家项祖华（1934~）称，在他师傅任晦初活跃的20世纪20年代，上海除了"中华音乐会"外，还有"文明雅集""清平集""钧天集""雅

---

① 佚名：《工界音乐部之同乐会》，《广肇周报》第53期，1920年11月28日，第9页。
② 佚名：《中华音乐会同乐会纪》，《申报》1923年4月10日，第18版。
③ 陈铁笙（即陈铁生——引者注）：《听歌杂记》，《中央》第36期，1924年1月1日，第39~40、42页，上海市档案馆藏，上海精武体育会，档案号：Q/401/10/36。

歌集"等丝竹乐社,这些乐社当时曾在上海城隍庙举行首次各地丝竹高手的空前盛会。项祖华说:

> 当时(指20世纪20年代的上海——引者注)在诸多国乐社团之间,惯用"清客串"的雅集方式,借此让各乐师之间和各种乐种流派之间得以互相交流。我少年时师从江南丝竹扬琴泰斗任晦初先生,1917年上海创办丝竹乐社"清平集",云集了王昱庭、李廷松、王巽之等国乐名家,任老曾最早将江南丝竹《三六》与《中花六板》改编为扬琴独奏并在上海百代公司录制唱片,他和吕文成先生笃谊甚深,经常切磋交流。广东音乐的创作与演奏,也从江南丝竹中吸收借鉴,是和任老的传播媒介分不开的。同样吕先生也将《三六》、《欢乐歌》、《霓裳曲》丝竹乐曲引进广东音乐曲目,他还用扬琴独奏《三六板》和《汉宫秋月》两曲。吕先生创作的代表作品《平湖秋月》,取材于杭州西湖的著名景观而命名,受益于江南丝竹乐曲《中花六板》的启发,借鉴了该曲的内在元素,加以变化发展而成,取得异曲同工之妙,成为粤乐高胡的经典杰作。①

笔者对作曲是门外汉,只能根据音乐家的评说做出这样的假设:不少乐曲实际上是广汇百川地"编"出来的,而并非无中生有地"作"出来的。上述引文已经提到,广东音乐的经典作品《平湖秋月》是受益于江南丝竹乐曲的启发的,据曾经在香港跟过吕文成学习拉奏椰胡的何晃忆述,吕文成曾经当面向他证实,"《平湖秋月》不是我吕文成所作的,只能算我吕文成根据江南小曲加花变奏而成,说是我吕文成改编可以"。②

生于中山,长于上海,终老在香港的吕文成(1898~1981),就是在上海这个混杂的音乐环境中成长的近代广东音乐宗师。吕于1901年随父到上

---

① 项祖华:《国乐瑰宝,星空灿烁——纪念吕文成诞辰105周年》,广东炎黄文化研究会编《粤韵香飘——吕文成与广东音乐论集》,第185页。
② 何晃1934年生于广东开平,10岁时在抗日战争最后阶段,参加乡团自卫队少年哨组,抗战胜利后到香港同济中学读书,后跟堂兄学习理发手艺,在这段时间认识吕文成。见余其伟《关于粤乐的一些"活史料"——何晃谈吕文成及其他》,《广东艺术》2002年第3期,第43页。

海，1908年入读广肇义学，肄业后在龙凤饼店和加工金银首饰摊档当学徒工。21岁时，吕文成即参加了上海精武体育会及俭德储蓄会的粤乐队，同时也是中华音乐会会员，与甘时雨、陈铁生、司徒梦岩、钱广仁、尹自重、何大傻等人，经常在上海中央大会堂、精武体育会、广东大戏院、虹口基督教青年会演出，又常到广州、武汉、北京、天津、香港等地表演。① 20世纪20年代，吕文成便誉满粤沪，以擅长演奏二胡闻名。1925年《申报》之《游艺丛刊》辟"音乐号"，向吕文成约稿，吕即发表《铜线琴与二胡之奏法》一文，指出"铜线琴本产自扬州，今则成为重要粤乐之一矣"，并略论演奏铜线琴与二胡当注意的技巧。②

不论《平湖秋月》是吕文成"编"的还是"作"的，今天我们每听到《平湖秋月》，无不感觉到它"非常广东"，③ 但这个例子也充分说明，地方艺术的产生过程，往往充满着许多悖论——不少经典的"广东音乐"，是在上海孕育的。有论者甚至认为，"广东音乐"是上海的"外省人"首先叫出来的；也有人说，原来只有"玩音乐""奏谱子"的说法，以"粤乐"冠名的曲谱，是后来才出现的。④ 这些说法都有待进一步考证，但从以下精武会会员陈铁生对1924年精武会举办的某次游艺会所做的评述看来，我们至少可以说，"粤乐"或"广东音乐"一词在当时已经是一个惯用语，而且逐渐得到上海人的认识以至认可。陈铁生对"广东音乐"采用了一个广义的定义，⑤ 将之分成"广州"和"潮州"两类，谓：

> 我们广东音乐，广州潮州，分为两派。从前上海人，不知我们广东音乐为何物，自甘时雨、吕文成、陈慧卿辈出，奏于精武各会场后，而

---

① 林韵：《我国乐坛上一位杰出的民族音乐家》，广东省民间音乐研究室编《吕文成广东音乐曲选》，人民音乐出版社，1990，第6页；广东炎黄文化研究会编《粤韵香飘——吕文成与广东音乐论集》，第57、263页。
② 吕文成：《铜线琴与二胡之奏法》，《申报》1925年5月18日，第7版。
③ 有音乐研究者认为，就音调而言，粤乐的特色体现在其与人声发出的粤语音调贴切和谐，具有"近人声"的韵味风格，见黎田、黄家齐《粤乐》，广东人民出版社，2003，第128~131页。
④ 见广东炎黄文化研究会编《粤韵香飘——吕文成与广东音乐论集》，第100、173页。
⑤ 在文化的层面上，如何划定"广东"或"粤"的范围，在历史上也有很多变化和论争，相关讨论可参见拙著《地域文化与国家认同：晚清以来"广东文化"观的形成》，第43~53页。

非广东人乃知广州音乐之价值；自郭唯一辈出奏于市政厅，然后非广东人，知潮州音乐之价值。①

吕文成与当时许多在沪上的广东音乐玩家，都是精武体育会的成员。在这里必须强调的是，在20世纪20年代，精武体育会的业余玩家在发扬粤乐和粤曲方面扮演着举足轻重的角色。精武会除了是一个"提倡武术，研究体育，铸造强毅之国民"的武术组织外，也举办不少音乐活动，部分理由是精武会的其中一项锻炼是兵操，有演奏军乐的需要，而其设立的舞蹈班，也需要用各种"今乐"拍和，因此，精武会的游艺部下设音乐科，分西乐、京调、粤调三种，每周定期排练。② 新中国成立前夕，精武会分会已遍布全国多个城市和海外东南亚各地；除自设分会外，还派技击员到各中学教授武术。③ 精武会在推广武术和音乐活动方面，对当时中国年轻人所发挥的影响实不可小觑。

精武会的成员认为，音乐和武术活动是互为配合的，由于精武会为粤人主导，其演练的乐曲就自然以粤乐、粤曲为主，精武会国文书记陈铁生就粤乐与技击的关系，便有这样的见解：

> 技击家多与音乐结不解缘……吾党有能兼唱京调者，谓京调须用丹田气，似难唱，然粤曲腔调最多，就比较上言之，粤调实难于京调云。④

除了兵操和武术之外，精武会也编排各种舞蹈，以作游艺表演之用，这些舞蹈往往用配上歌词的粤乐伴奏，由少儿演出。饶有趣味的是，在精武会成员的眼中，这些舞蹈创作绝非仅仅以声色娱乐为目的，而是承担着弘扬中

---

① 陈铁笙：《听歌杂记》，《中央》第36期，1924年1月1日，"纪事"，第42页，上海市档案馆藏，上海精武体育会，档案号：Q/401/10/36。
② 《精武体育会史料选》，《档案与史学》1998年第1期，第18页。
③ 仅就1919年出版的《精武本纪》（"职员教员表"，第175~176页）所见，当时获精武会派遣技击员教授武术的学校和社团共有40多所，较知名者有广东省商团、上海复旦大学、上海青年会、上海商务印书馆、上海圣约翰大学等。
④ 陈卓枚（即陈铁生——引者注）：《粤乐拉杂谈》，《精武本纪》，"游艺"，第118页。

国文化的使命。据精武会领导人之一陈公哲忆述，他们当时受青年会游艺会活动的启发，希望摸索出一条适合国人的路子，创作一些适合国人的舞蹈。① 从这些今天看来稀奇古怪的舞蹈所见，精武会创作的《武化舞》《剑舞》《凤舞》《滑稽舞》等舞蹈，尝试结合粤乐、武术、舞步及精武会发明的"国操"。精武会的中坚分子像卢炜昌和罗啸璈等，在为这些舞蹈作序时，更赋之以"规复完全之国乐"的使命。在为《武化舞》作序时，罗啸璈说：

> 武化者何？本会所编之一种跳舞术也。我国古代教育，原有乐舞，故礼经有十三舞勺，成童舞象之文，自乐亡，而舞并亡，遂不复见此彬文之盛轨。迨近世倡言新学，乃采用欧西教化于普通学校中，并设音乐一科，然其所取材不特非我国原有之乐，即其所施教，亦只声歌而已，不能完成其为乐也。……本会因此欲规复完全之国乐，即不能不注意讲求良好之舞法。现在国中所办之体育学校，其所教授之外国乐舞，一切手法，虽于体育微有所合，而态度柔靡，未免和而失之于流。本会欲以精武提振积弱之人群，故本其平日所习练之国操，融合手法数十种，编一庄严之跳舞术，名曰武化，拍以最艳丽之《到春来》粤调（此调为西人所最欢迎者，去年本会在沪市政厅开中西音乐会时，座中西人无不击节叹赏），洋洋盈耳，悦目赏心，令人神往我国二千年前之大武乐焉！②

即便是身穿西洋小丑服演出的《滑稽舞》，也被卢炜昌联系到"吾国固有之舞蹈"，说"稚子舞勺，成童舞象，是即滑稽舞之滥觞"，而用来伴舞调寄《柳摇金》的《滑稽舞歌》，其歌词看来是东拉西扯，杂乱无章，粤语平仄与粤曲《柳摇金》的音韵亦多不吻合，个中却原来隐含着"挽祖国学术将亡"的深意。歌词曰：

> 三星旗招展，盾形章堂皇大精武，为我邦家之光。据德依仁游艺，

---

① 陈公哲：《精武会五十年》，第30~31页。
② 罗啸敖（璈）：《武化舞序》，阮原编辑《怡保精武二周年纪念特刊》，南洋怡保精武会，1927，"游艺"，第13~14页。

挽祖国学术将亡。跳舞名滑稽,嬉笑怒骂成文章,今日里,我们小孩子粉墨就登场,舞袖何琅珰。君呀!你不见乌衣巷口剩斜阳,君呀!你不见高堂明镜鬓如霜。看衣冠优孟效东方,曼倩猖狂,此中意君知否?待我从头说端详。民之初生,含哺鼓腹乐熙攘,寿而康,可怜世人寻烦恼,名缰利锁梦黄梁〔梁〕。歧路亡羊,踽踽凉凉,枉用心肠,纵石崇汾阳,朝露无常,何处是故乡?何如徜徉,玩世栩栩学蒙庄,掉臂游行,真好一比大罗仙模样。莫笑荒唐,此是精武国操变相。①

那么,在精武会成员的眼中,到底何谓学术呢?至少从精武会的领袖人物陈公哲勾画的"学术系统表"看来,其理想的中国学术就包罗万象,涵盖了国术(即武术)、摄影、电报、书学、法帖、音乐、史地、文学、文字学、课本等范畴。② 其实,自清末"国学""国粹"等概念被提出以来,这些概念该如何定义向多争论。精武会的例子显示,企图定义何谓"国学"的,并不限于在大学或研究机构中有正式位置的所谓学界中人。不论是舞乐歌词,还是陈公哲的"学术系统表",在我们看来可能杂乱无章,甚至有点"猖狂"和"荒唐",但都反映了社会上其他人士的政治甚至学术理念,值得进一步探讨。③

当时精武会等团体在上海的粤乐创作和实践活动,是在一个探索何谓"国乐"的大语境中进行的。这种探索,也是当时专业或业余的音乐家的共同愿望。正如韩国鐄总结中国近代音乐初期的演进趋向时指出,"随时都有人在尝试着西化后本土化的方法,以建立一个既现代又本土的新音乐传统"。早在1916年,蔡元培、萧友梅便在北京大学组织国乐部和西乐部,至1919年,更建立起北京大学音乐研究会,出版《音乐杂志》,所收入的乐曲工尺谱、简谱和五线谱并陈,体现了"西化"和"本土化"同举的尝试。④

---

① 佚名:《滑稽舞歌》,阮原编辑《怡保精武二周年纪念特刊》,"游艺",第21~22页。
② 陈公哲:《精武会五十年》,附页"陈公哲先生学术系统表"。
③ 这从精武会的军政背景、其成员的政治言论,以及精武会员的自我形象各方面均有所反映,笔者将另文讨论。
④ 韩国鐄:《从音乐研究会到音乐艺文社(新论)》,刘靖之编《中国新音乐史论集(1920~1945)》,香港大学亚洲研究中心,1988,第260页。

至于在上海，1923年成立的"大同乐会"也致力于国乐的研究与改良，企求达致中西音乐之大同。大同乐会的成员研究乐律、乐理和演奏技能，经常举办中西乐演出，致力研制仿古乐器。① 有鉴于"笙箫管笛，粗细厚薄，皆无定率，而京腔丝竹社会等所用宫调之主旨，亦多随便高低，不知律准"，为求"定一正确之音度"，改良国乐，大同乐会曾做出十分具体的操作性倡议，包括：（1）恢复古法，融会西法，定十二律为一音阶；（2）无论何种乐器，皆以西琴之C音为基本；（3）改良中国乐谱，嗣后作谱，改直行为横行，调名与音号，通用中西二法对照，琴瑟笙琶，本多复音，用五线谱对照，箫、笛、胡琴、三弦等，本属单音者，则用阿拉伯字之简谱对照。② 这些关于国乐往何处去的讨论在《申报》的副刊中屡见不鲜。1925年，某论者在《申报》刊载《改良我国音乐之意见》一文中就认为：

> 我国乐器，最大的弊病，就是音韵不完全，弦乐除了古琴三弦二种外，其余如琵琶月琴，以及有律枕的乐器，和吹奏管的乐器，大都是全音进行的，并且出音的范围很小，音的出声也非常柔弱，因是作曲的人，都要受他规律，受他约束，设使编出一种惊人伟大的作品，这般范围狭小出声柔弱的乐器，所能配合演奏的，到现在仍是一种单调的声音，实在是一件憾事，所以我们要改良音乐，第一着先在乐器上改良，然后再从第二步着手。③

"改良中乐""力臻大同"等理念，就是在这个情况下用来涵盖当时中乐西化（或现代化）和西乐中化（或本土化）的各种尝试的。致力推广粤乐的精武会成员，也抱持这样的理想。上面提到的广东音乐大家吕文成在《申报》上发表的文章，就表达了"吾国音乐，种类之繁，冠于全世界，设能研究而整顿之，微特可以发扬国光，抑且保存国粹，勿令失传，固较竞尚

---

① 有关该会研制古乐器的情况，见兰花馆主《大同乐会新制古乐器》，《申报》1925年1月8日，第8版；相关研究见陈正生《大同乐会活动纪事》，《交响——西安音乐学院学报》1999年第2期，第12~16页。
② 佚名：《大同乐会筹备修正中西乐》，《申报》1924年2月13日，本埠增刊第2版。
③ 玉嵩：《改良我国音乐的意见》，《申报》1925年4月7日，第7版。另外一个例子是《申报》1925年10月15日（本埠增刊第4版）刊登的李炳星《国乐改良谈》。

西乐之计为得也"之愿望。① 1923 年，陈铁生编就了《新乐府》一书，也尝试把类似的主张付诸实践。在《新乐府》中，陈铁生将精武会和中华音乐会当时经常演奏的各种乐曲，分为"古乐""今乐""大同乐"三大类，其中，"古乐"似乎是指更早的时候已存在的如《梅花三弄》等乐曲；"今乐"大抵是指近人及今人创作或改编的乐曲，包括《到春来》《小桃红》《柳摇金》《浪淘沙》《凤凰台》等；在《新乐府》中，不论是"古乐"还是"今乐"，都是以工尺谱记谱的，但其中四首"今乐"，即《凤凰台》《柳摇金》《到春来》《小桃红》，同时也被谱成五线谱，它们连同数首谱成工尺谱的西乐，被归类为"大同乐"。对于"大同乐"这种说法，陈铁生有如下解释：

> 中西乐器虽然形式上不相同，但凡工尺上乙士合与独览梅花扫腊雪（即 d、r、m、f、s、l、t 七个音阶——引者注）七个音，并无所异，连那西乐所谓半音复音，无不可以融会贯通。近日会中乐的人诋毁西乐，会西乐的人诋毁中乐，通通不对。一个人须有世界眼光，当然知道互助，他日有人能读透中西各种音乐书籍，世界音乐自然大同，因此我便发了一个大愿，请自朕始，姑且做花和尚，求一求那些懂得西乐的朋友们布施十只八只中西互译的调子来装点装点，以后自然有人光大佛门，岂不是好么？②

《凤凰台》《柳摇金》的五线谱是由旅美归沪小提琴家司徒梦岩③负责译写的，《到春来》和《小桃红》的五线谱则出自精武会主持人陈公哲的手

---

① 吕文成：《铜线琴与二胡之奏法》，《申报》1925 年 5 月 18 日，第 7 版。
② 陈铁生编《新乐府》，上海，中央精武，1923，第 4 ~ 5 页。在 1923 年之前，坊间不乏常用的梆簧小调曲谱，就粤乐而言，就有台山人丘鹤俦（1880 ~ 1942）编纂，在香港出版的《弦歌必读》（1916）、《琴学新编》（1920）和《增刻弦歌必读》（1921）几种，但这些都是直排之工尺谱，而丘鹤俦编定的曲谱分类，是"小调谱""过场谱""大调""班本之曲"四种，陈铁生的做法显然有所不同，见丘鹤俦编《弦歌必读》，香港，亚洲石印局，1916，目录页；并见谢佩诗《粤乐研究先驱丘鹤俦简介》，《香港戏曲通讯》2003 年 12 月 1 日，第 9 ~ 10 页。
③ 据称，司徒梦岩原在美国麻省理工学校念造船科，兼学小提琴于美国小提琴制造家 Walter Goss 等人，见陈公哲《精武会五十年》，第 34 页。

笔。陈通晓五线谱，大抵与他曾习小提琴有关。陈对小提琴情有独钟，也是因为小提琴在西方的发展，让他联想到中国音乐一直以来的局限。陈在《记梵玲 Violin》一文中说：

> 吾向所称美于国乐之雅音者，梵玲殆无不备之。异其曲者同其工正，不必孰轩之而孰轻之也。余因之有所感矣，吾国之所谓雅乐者，自太古以于至今（原文如此，疑为"以至于今"之误——引者注），知尊之而不知所以发扬光大之，故三代之琴瑟至于今，一也而无所损益。若梵玲则不然，始制之时，不过一弦乐已耳，与今之所谓胡琴者殆相似之。然自创制至今，代有损益，至史氏 Stradivarius 而其制益精备。苟取今之所谓梵玲者，与创制之器，比而观之，盖有不相侔者。夫岂独不相侔？其和于音而美于形者，犹有与日俱进之势，则因革之功为不可没也。吾国之善言乐者，必曰琴瑟不和，则改弦而更张之，而独于雅乐，则抱残守缺，更千百年不敢一议其制度，西乐之所以日行于世，而古调不弹，琴瑟钟鼓，乃日就湮没而不振者，未必不原于此也。余之执是说也，初非欲世之言乐者，必变夏而专取泰西也，夫亦曰不登其堂，不嗜其馔，则虽美备浓郁者，日陈于前，犹不足一动其心，况音乐之精微者，而欲以浅尝得之，不綦难乎？抑尤有进者，主奴之见太深，则惮于变易，而墨守准绳，将无改进之可言。吾是以欲取古今中外之乐，联贯研习，合其所长，交互损益之，俾成一统系之学，传诸无穷，梵玲云乎哉！①

"取古今中外之乐，联贯研习，合其所长，交互损益之"的实践结果，就是中西乐器合奏，也可以说是陈铁生所说的"大同乐"。在 1922 年中华音乐会的某次游艺会上，就有这样的尝试，在合奏《小桃红》时，乐器有钢琴、琵琶、胡琴、月琴和小提琴。② 1925 年 1 月，精武会成员吕文成用子喉演唱《燕子楼》一曲，司徒梦岩以小提琴伴奏，这种做法，颇得顾曲者之赞许，有人认为：

---

① 陈公哲：《记梵玲 Violin》，《精武本纪》，"游艺"，第 121 页。
② 姚蟾伯：《中华音乐会游艺会心得》，《中央》第 2 期，1922 年 8 月 1 日，第 25~26 页，上海市档案馆藏，上海精武体育会档案，档案号：Q/401/10/33。

《燕子楼》一曲，词句典丽雅驯，既善写情，复善叙景，以视昆曲，未遑多让。顾唱此曲者，多用弦律拍奏，虽觉佳妙，然总嫌过于嘈杂而激越，远不及用洋琴清唱，较为雅韵响逸，而耐听也。昨聆中华音乐会会员吕文成君之唱片，即纯以洋琴拍奏清唱者，实获我心，复助以司徒梦岩君之梵亚铃拍和，尤觉清婉悦耳。①

用西乐演奏粤乐或伴奏粤曲，不仅别有一番风味，而且在某些方面弥补了中乐的不足。一位老唱片收藏家中华人民共和国成立初期在福州一家旧货店里淘得一张百代唱片公司出品的广东音乐唱片，是粤乐名师尹自重用小提琴演奏的《柳娘三醉》，该收藏家认为，此曲可能是《柳青娘》和《三醉》两支小曲的联奏。据这位收藏家描述这首曲子的录音说：

虽然音色是小提琴的，但那韵味却是中国的，而且是浓郁的南国味。虽像高胡用了钢丝弦的声音，却又比高胡更明媚浏亮。尤其妙的是，不难听出那弓法有新名堂。琴弓不再夹在两弦之中，便可以拉些顿弓、跳弓了。但最迷人的仍是二胡上原有的滑指、加花等装饰技法所造成的"如歌"的效果，都移植到提琴上了。②

小提琴除了被用作演奏粤乐和伴奏粤曲外，还启发了中国乐器的改良。一般认为，高胡是吕文成创制的。一个说法是，吕文成在1925年左右在上海"中华音乐社"结识了当时兼习小提琴的二胡演奏家刘天华，受小提琴、扬琴的启迪，把原来的丝线二胡改造成钢丝二胡；另一个说法是，吕文成在1926年带二胡到广州演出，受小提琴的影响，用钢线把二胡加以改良。③ 由于这种钢丝二胡声调高昂，音域广阔，故称高音二胡，简称高胡。20世纪

---

① 月池：《纪吕文成之"燕子楼"唱片》，《申报》1925年1月16日，第8版。
② 辛丰年：《老唱片怀旧——百代老唱片中的珍品》，《视听技术》1997年第6期，第139页。关于尹自重如何改变小提琴的音调，以适应广东音乐的音色、调式和加花的要求，可参见梁锐祥《论乐器在广东音乐发展史中的地位与作用》，《星海音乐学院学报》1999年第3期，第28页。
③ 前一个说法见赖伯疆、黄镜明《粤剧史》，第106页；后一个说法见广东炎黄文化研究会编《粤韵香飘——吕文成与广东音乐论集》，第53页。

20年代以前，粤乐的乐器主要由二弦、三弦、竹提琴、月琴、洋琴、喉管、笛、箫、钹、锣、鼓等组成，① 自20年代中期始，高胡和小提琴加入粤乐的行列，其后更成为粤剧的领奏乐器。可以说，粤乐的"粤味"，是在为中乐寻求出路的过程中，在各地玩家云集的场景里逐渐形成，并通过小提琴这种西洋乐器和高胡这种新发明创造的乐器的演绎，得到充分的发挥，而当时的上海，就是这种种实验的一个重要场所了。

上海的唱片灌制事业与粤曲

同样是在20年代，灌制唱片和无线电广播等现代技术手段进一步把已经逐渐形成自身特色的粤曲和粤乐加以发扬和流传，而由于当时广播的技术和人才都集中在上海，粤曲、粤乐的录制，不少都在上海进行，并且在"国货"的包装下推广。本节的主要讨论对象——大中华留声唱片公司和新月留声机唱片公司，就是在这个背景下经营其粤曲唱片的制作与销售的。②

早在1905年，上海的英商谋得利有限公司就代理英美厂商出售"京调、徽曲、广调、昆腔、梆子、各省小曲、洋操时调"等唱片，这里的"广调"应该就是指广东戏班演唱的班本。1917年，东方百代公司在上海自设厂房，开始生产粗纹唱片，③ 百代与其他外国公司如美国无线电胜利唱机

---

① 见光磊室主《谈粤乐》，《申报》1925年5月18日，第7版；黎田、黄家齐：《粤乐》，第5章。
② 关于这个课题，新加坡国立大学容世诚教授的研究尤为细致精辟，其已发表的文章有：《光绪年间的粤曲唱片——"谋得利"和"爱迪生"唱片公司的灌录制作》，《岭南学报》2000年新第2期；《清末民初的粤乐唱片业与广东曲艺（1903~1913）》，《中国文化研究所学报》2001年新第10期；《二三十年代的粤曲唱片与唱片粤曲：一个音乐文化史的观察》，《中国文化研究所学报》2003年新第12期；《从业余乐社到粤乐生产：钱广仁及其新月留声机唱片公司（1926~1936）》，《东方文化》2005年第1期。另外，安德鲁·琼斯（Andrew F. Jones）的研究也讨论到大中华唱片厂和新月留声机唱片公司的性质，认为它们表现了华人力抗外国势力垄断的爱国主义情绪，而新月制作的"混血"音乐，更让我们重新思考20世纪30年代"民族主义"和"地区认同"的关系，见安德鲁·琼斯《留声中国：摩登音乐文化的形成》，宋伟航译，台湾商务印书馆，2004，第94~98页；Andrew F. Jones, "The Gramophone in China," in Lydia H. Liu ed., *Tokens of Exchange: The Problem of Translation in Global Circulations* (Durham & London: Duke University Press, 1999), pp. 215-236。
③ 东方百代公司始创于1908年；上海胜利唱片公司则在1930年由美国无线电公司设立；同年，百代唱片公司为英国留声机公司（即今之EMI）所收购，仍然保留"百代"的称号，相关研究见葛涛《声音记录下的社会变迁——20世纪初叶至1937年的上海唱片业》，《史林》2004年第6期，第53~60页。

联合公司都有灌录粤曲出售。① 这些唱片公司的外国背景，到了 20 世纪 20 年代中国反帝反殖的声音日益高涨的时候，往往就成为被攻击的对象。1923 年，孙中山大力扶持并亲自命名的"中国留声机器公司"（后改名"大中华留声唱片公司"）在上海成立，该公司于 1924 年率领技师赴粤请孙中山灌录"教训国人演说片"，可说是专门为孙中山的政治宣传服务的，② 其后更打出"国货"的旗号，标榜自己属"完全华商资本，所组织经向国民政府注册，现在中国工厂之能自行灌音及制造唱片者，只有大中华留声唱片公司一家"。③

颇有政治背景的大中华留声唱片公司也灌制粤曲。1925 年，精武会会员钱广仁因事到上海，吕文成邀请他参观大中华留声唱片公司，钱在那里试唱了几首粤曲，获该公司的负责人青睐，请他灌录唱片。正如本章提到过的许多人物一样，钱广仁既是粤乐玩家，也是商人。他在香港、上海和广州都经营五金生意，1922 年前后在上海精武会任游艺主任，同时又是中华音乐会的成员，经常参与精武会和中华音乐会的演出。④ 钱广仁小试啼声后，对唱片灌录这门生意也萌生兴趣，随即与大中华签订了一个南方总经理的合同。1926 年，在当时身在上海经营电影事业的粤剧名伶薛觉先的鼓励下，钱广仁办起了自己的"新月留声机唱片公司"，与大中华留声唱片公司合作，灌制了大量粤曲。粤曲唱片有利可图还有另一个原因，1925～1926 年，"适有省港罢工风潮之役，戏班不能来港演唱，而留声机一物，遂得挺然而露厥头角"。⑤ 可见，在无法亲临现场观赏的情况下，唱片成为解戏迷之渴的重要媒介，而由于唱片能够重复播放，戏迷也就更容易学习，进一步推动各新旧曲目的流行。

大抵是由于钱广仁和精武会的关系，更由于上文所述的粤曲在当时中

---

① 见《世界弦歌》，美国无线电胜利唱机联合公司，编者及出版年不详。
② 上引葛涛文说"中华唱片厂"设于 1917 年，没有注明出处。"中国留声机器公司"成立于 1923 年之说及其演变情况，见于邓颂角编《新月集》，香港，新月唱片公司，1930，第 4 页。
③ 邓颂角编《新月集》，第 32 页广告。
④ 见姚蟾伯《游艺会心得》，《中央》第 2 期，1922 年 8 月 1 日，第 25～26 页；佚名：《乒乓比赛纪》，《中央》第 2 期，1922 年 8 月 1 日，第 27 页，上海市档案馆藏，上海精武体育会档案，档案号：Q/401/10/33。
⑤ 是我：《论唱片之变迁与最近之要求》，邓颂角编《新月集》，第 18 页。

第十七章　近代地方文化的跨地域性：20世纪二三十年代粤剧、粤乐和粤曲在上海

西乐并陈的实验场所中吸收了不少新鲜的养分，在新月留声机唱片公司1926～1930年灌录的粤曲中，有不少是"中西音乐拍和"的。例如，由"九龄神童新马师僧"演唱的《生生猛猛》，何志强演唱的《柳摇词》，伴奏的乐器就有小提琴、喉管、秦琴、胡琴；广州女子歌舞团演唱的《快活生涯》，调寄《饿马摇铃》，也是西乐色士风（即saxophone，萨克斯）、吐林必（即trumpet，小号）和中乐二胡、秦琴并用；歌词夹杂广东方言和英语的《寿仔拍拖》，则全然用钢琴伴奏；描写"战争时代之真景"的《太平犬》，为了达到身临战地的效果，作者"蔡了缘于撰此曲之前，要灌音部答应于灌片时，除中乐拍和外，更能邀西乐能手拍和，及有物可能发出枪炮炸弹等声者，然后始肯动笔"。从曲谱所见，该曲表现的特别声效包括枪声、炮声、喇叭声、炸弹声以及"火船啤啤声"，很可能也是用西乐奏出的。①

我们很难想象，没有像吕文成和尹自重这些长年在上海参与"众乐争鸣"的乐手做过的种种试验，后来的粤乐演奏家能够这样毫无顾忌地采用西乐演奏粤曲。今天伴奏粤曲的乐器，领奏者（在粤乐乐团中称"头架"）或奏小提琴，或用高胡，其他伴奏的乐器除了扬琴、笛子、洞箫、秦琴、中胡、电阮、琵琶以及锣鼓等"中乐"外，往往还有萨克斯、大提琴、木琴、班祖（banjo）、夏威夷吉他、电吉他等西洋乐器，"洋为粤用"已经成常规了。

当时粤曲唱片的制作，也主要得益于上海多年来在灌音方面累积的人才与技术。钱广仁的新月留声机唱片公司，名义上在香港开办，但其商标是向国民政府注册的，而第一、第二期出品的唱片的具体灌音工作，则全部在上海进行。1927年8月，上海精武会致函钱广仁，"叫兄弟约多几位钟声慈善社的同志到上海去，唱几天广东戏，给那里的同乡听，替他们筹点款子，兄弟便再约蔡子饶君、尹自重君和大傻君，一同前去"。1928年5月，该公司进行第三次灌音，也是在上海进行。同年冬季，钱又和吕文成到上海会同几位旅沪的朋友。翌年6月，钱再去上海，适值广州著名女伶梅影也在沪上。这些频繁往来于上海、广州和香港之间的乐师和伶人，都是钱广仁的公司在

---

① 邓颂角编《新月集》，"曲谱"，第8～9、15～16、28～29、30页。

上海进行灌音的主力。到了 1930 年，钱筹备第五期灌音，决定在香港进行，"但港中适宜之地甚难其选"，几经波折，才向私人借得"名园"这个地方，而大抵因为香港缺乏熟练的录音师，需要"特请沪厂派技师到港来"，才能够完成该期灌音工作。①

20 年代末在上海兴起的时代曲，也为粤曲注入了新的调子。这种做法本来并不新鲜，从现存的清末民初广东戏班班本所见，较早期的剧本，在梆簧系统之外，偶然也会插入外江小调，常见者有《仙花调》（有时又写成《鲜花调》）、《送情郎》、《红绣鞋》、《茉莉花》等。② 因此，在 20 世纪一二十年代出版的各种粤曲曲谱中，这些外江小调也被收录进去。③ 清末梁启超在撰作"通俗精神教育新剧本"《班定远平西域》时，主要用"粤剧旧调旧式"，但为了抖擞士气，在剧中也插入《从军乐》和《旋军歌》等调子和"吹喇叭""奏军乐""用兵式礼操喝号"等表演形式。④ 不过，根据现存的《仙花调》乐谱，以及梁启超附在其剧本后的《从军乐》和《旋军歌》的乐谱，我们知道，早年用外来调子谱写的歌词，是不符合粤语平仄的。这种不合声韵的现象，至迟在新月唱片公司于 1926 年灌制的用旧曲谱上新词的《快活生涯》和《柳摇词》中，仍然存在。

从 20 世纪三四十年代配合当时推出的粤曲唱片印制的曲谱可见，秉承过去吸纳外江小调的传统，新兴的国语时代曲也被大量地引进粤曲之中。其中，黎锦晖（1891～1967）在上海创作、被卫道之士认为属"黄色歌曲"的国语时代曲《毛毛雨》，在三四十年代创作的粤曲中屡被采用。翻阅 1944 年出版的《播音名曲选》，信手拈来，就至少有三首粤曲是加入了用《毛毛

---

① 邓颂角编《新月集》，第 13～15 页。
② 见《百里奚会妻》卷下，五桂堂版，出版年不详，第 2 页。据粤乐研究者黎田说，《百里奚会妻》属清末民初"八大曲本"之一，其中第三段的开头，连续使用了《仙花调》、《送情郎》和《红绣鞋》三首小调（见黎田《正本清源，还粤乐本来面目——对粤乐三个问题的剖析》，广东炎黄文化研究会编《粤韵香飘——吕文成与广东音乐论集》，第 160 页）。笔者所见的五桂堂（总局设在广州市第七甫，分局在香港文武街）版的《百里奚会妻》，则只有《鲜花调》。
③ 例如 1924 年上海百代公司出版的《粤伶秘本·名曲大全》里，就有《仙花调》《剪剪花》等曲目，见该书第 71、75 页。
④ 梁启超：《（通俗精神教育新剧本）班定远平西域》（原载《新小说》1905 年 8～10 月第 19～21 号），收入梁启超著、夏晓虹辑《〈饮冰室合集〉集外文》（下），北京大学出版社，2005，第 1300～1304 页。

雨》谱就的小曲的，① 而其他采用了20～40年代创作的广东音乐和国语时代曲的粤曲的例子更是不胜枚举。② 从其歌词所见，此时谱入国语时代曲的粤语歌词，是按照粤语的平仄音律来填写的。③ 粤曲的粤方言特色，也在这个时候得到前所未有的发挥。

余论：超越地方的地方性

本章就20世纪二三十年代粤剧、粤乐和粤曲在上海的发展做出了一些初步的钩稽，一方面是为了对三者演变的脉络取得较精确之认识，另一方面则希望借此研究，对探讨近现代中国城市大众文化提出一些值得进一步关注的问题。近现代都会城市的兴起导致的人口流动和汇聚，新媒体和技术的出现对艺术创作产生的影响，知识分子对民族身份和文化认同的探求，都在影响着中国城市大众文化的塑造。粤剧、粤乐和粤曲可以说是"传统地方文化"——事实上，不少戏班除了在大城市如香港、广州和上海的舞台上表演外，更多的是下乡演出神功戏，而在乡村活动的戏班，有时会保留更多旧传统，与不时在城市演出的戏班在剧目、声腔、语言运用等各方面，有所分别；但同时，我们也应看到，在上海这种大城市中，粤剧、粤乐、粤曲更容易受西乐新风的熏染，借着留声机和无线电广播的技术，又以另一种形式得以保留和传播。这种"城乡差别"，往往会让一种"地方文化"在原生地以外得以突破传统，变革更新。

这种超越地方的地方文化的缔造，也是在清末民初以来中国知识分子努力创造一个理想的新中国文化的语境中进行的。在这个"创造中国"的过程中，新的、旧的、中的、西的，都被重新诠释和组合。不少以"国"为

---

① 这三首小曲是《闺怨》、《忆王孙》和《长生殿》，胡泽枌主编《播音名曲选》（广州，协荣印书馆出版，序于1944年），第61、65～66、109页。
② 如《杜宇啼红》一曲，便用了《平湖秋月》和《何日君再来》；《富士山之恋》采用了《月儿弯弯照九州》；《笼中小鸟》采用了《何日君再来》；《还君娇子在龙城》用了《秋水伊人》。见胡泽枌主编《播音名曲选》，第52页；另见《最新录音粤曲皇上皇》，编者、出版年地不详，第159、220、463页。
③ 例如《闺怨》一曲采用了《毛毛雨》的音乐填上粤语歌词，歌词曰："雨纷纷，蝶蜂无痕；绝花心，早教缔盟；苍发，渐老红裙；花开，蝶蜂争吻"，这是符合粤语平仄声韵的，见胡泽枌主编《播音名曲选》，第61页。

名的事物，诸如国学、国语、国乐，都先后在不同的人的手中拿捏塑造，并随着政治和教育机制的逐步建立，某些声音得到凸显或巩固，另一些则隐退消沉。[①] 罗志田在其有关国学的研究中强调，与国学相关的一系列论争以至史学研究中备受重视的清季民初新旧之争，其实都是充满士人关怀，主要在精英之间展开的，不过，他也提出，这些论争"远远超出了'学术'的范围，而形成了社会参与相对广泛的思想论争"。[②] 本章论及的许多人物，在他们的天地里缔造出他们在感性上能够认同的地方文化，这多少反映了某些"学术"范围以外的人群，是如何参与了20世纪这场创造"国家文化"的竞逐，它值得我们从不同的方面做进一步的探索。

[①] 以"国学"概念为例，其出现与定义的过程是充满诡论意味的，桑兵认为，是"数百年间中西文化的交流融合，特别是晚清西学东渐之风的鼓荡，最终导致中国文化在学术层面上融入近代世界体系"（见桑兵《晚清民国的国学研究》，上海古籍出版社，2001，第1页）。罗志田也指出，"清季国粹或国学概念的出现与西潮特别是西学的冲击直接相关"，并归纳了20世纪中国新文化人化解内心之中新旧思想资源混杂、竞争和互动而造成的紧张的策略，即"引入一个新的空间范畴'世界'而赋予传统与现代的时间区分以新的含义：世界常常代表'新'的未来，而中国则更多象征着'旧'的过去；空间上的'世界'虽约等于'欧美'，而未必包括'中国'，但只要时间上'现在'的中国割断与'已死的'历史的联系而认同于'正在生长'的世界，便可以成为想象中的'未来世界'之一部分"（罗志田：《国家与学术：清季民初关于"国学"的思想论争》，三联书店，2003，"自序"，第11、17页）。

[②] 罗志田：《国家与学术：清季民初关于"国学"的思想论争》，"自序"，第1页。

第十八章

播音里的广东声音
——兼论地域文化在上海传播的原因

宋钻友

近代上海因人口来源的多元，城市文化带有鲜明的杂糅色彩，不同的方言及不同的建筑、戏曲、音乐、烹饪、工艺制品（如绣品中的潮绣、湘绣、苏绣等）风格，在城市的不同场景有广泛的呈现。不同地域文化的竞争和交融促进了都市文化的成长，也扩大了市民的视野，涵化出开放包容的心态。

但在研究上海大众文化的过程中，我们发现，不同的地域文化在上海的传播力度和广度是不同的，同样是戏剧，苏北的淮剧很晚才在上海的舞台上得到传播，但如果由此得出地域文化的流传取决于商业势力大小的结论，又不尽然。宁波人在上海有很大的势力，四明文戏却因甬商的长期抵制，无法与沪剧、粤剧比肩。[1] 那么促成一种地域文化在移居城市广泛传播、流行的原因有哪些？本章以上海广播电台的广东节目播出历史为案例，希望就此做出自己的解答。

在以吴越方言为主要流行语言的上海，按理在以声音传播为媒介的播音节目中难有广东节目的存在和发展空间。然而事实却是，尽管不少民营电台排斥广东节目，但自1923年第一家电台创办至1949年，上海的公私营电台一直播出广东节目，包括粤曲、粤乐及粤语新闻，播出的电台数量和时间均呈逐步上升趋势，如1934年上海有7家电台播出广东节目，1939年有16家将近全市一半的电台播出广东节目。

作为一种传播效率极高的大众媒体，电台播音无疑极大推动了一种独特

---

[1] 宋钻友：《同乡组织与上海都市适应》，上海辞书出版社，2009，第142~144页。

的地域文化的传播,如粤乐《小桃红》《雨打芭蕉》及诸多粤乐名曲得到上海市民的欣赏和喜爱,在舞厅、酒吧和音乐会被反复演奏,构成上海流行音乐不可或缺的一部分。① 对广东节目播出原因的探讨,无疑有助于我们对上海大众文化的生成机制有更深入的理解。

粤语新闻报道及其他广东语言类节目

新闻传播通常被各国政府视作无线电广播最重要的功能,播出时间大多较长,是西方国家促成社会共识、强化国家认同的重要工具。

中国国民政府同样重视新闻播报。1932年新建的南京中央广播电台将每晚八至九时定为新闻播报时间,要求各地电台届时转播。南京中央广播电台的新闻播报使用国语,为统一各地的播音语言,1936年,无线电广播管理部门还下令各地须用国语播报新闻。

国民政府的这一做法,是对肇始于晚清、持续数十年的国语统一运动的积极回应。国语统一运动的宗旨是希望通过国语普及,拆除人际交往的语言屏障,促进国家统一。中国社会各界尤其是教育界、出版界对国语统一运动投入了很高的热情,上海的不少中小学开设国语教学课,中华书局、商务印书馆大量出版国语注音读物,民间还成立不同规模、形式的国语推广团体。广播电台传入中国后,借助电台播音,加快国语普及成为社会共识,赵元任编撰的国语教学读本在电台长期播送。南京中央广播电台推出国语新闻播音,以行政命令向全国推行,便是在这一背景下发生的。

但中央广播电台并没有禁止闽粤方言的新闻播报。播音节目表显示,中央广播电台长期播出闽粤方言新闻广播。国民党对海外华侨及华南一直十分重视,用两种方言播送新闻,意在保持和扩大国民政府的影响。受此影响,上海的广播电台不仅播出国语、外语新闻,也播出粤语新闻。据有关文献,1938年大上海电台开始播报粤语新闻。抗战结束后,复员的上海市广播电台开始播报粤语新闻的广播电台明显增加,在以吴越方言为流行语言的上海

---

① 吟风野禅:《粤曲节目之暗淡前途》,《广播无线电》1941年第1期,第4页。

显得十分突出。

粤语新闻之外，上海的广播电台播出过不少粤语语言类节目，如粤语故事、粤语商情报告、粤语宗教节目。

经常在电台用粤语播讲故事的有胡章钊、苏桂笙、陈二叔、崔君侠等人。胡章钊曾在利利电台、中美电台播讲粤曲故事，苏桂笙在华英电台播讲，陈二叔在新华电台播讲，刘曜龙在李树德堂播讲。经常播讲粤曲故事的还有通灵社。用粤语播报商品广告负有时誉的有安华电台的毕弗溢，以及新新电台的黎兆瑶。毕弗溢有"粤语播音皇后"之称，黎兆瑶则被赞为粤语播音之翘楚。抗战结束后上海粤语播音员成立联谊社，成员不下二十人，足见阵营之盛壮。其灵魂人物为胡章钊、苏桂笙，顾问为龙舟大家崔君侠。[①]联谊社出版《粤声》杂志，探讨如何更好地做广东节目的播音，仅出版了一期，是研究沪上粤语播音难得的资料。

粤剧、粤曲、粤乐的播出

作为一种地方戏曲，粤剧、粤曲输入上海的时间很早，19世纪70年代，与京剧、秦腔、绍剧等一起进入上海，在茶园和专业剧场演出。1918年李雪芳来沪演出，引起沪上轰动，揭开了粤剧在上海近20年的演出盛况。粤剧在上海的影响并不局限于广东旅居者，海派京剧名伶对粤剧一直另眼相看，赞誉有加。粤剧团在沪演出期间，京剧、粤剧演员经常互相观摩、交流，平面媒体大量发表粤剧评论，普及粤剧知识。与其他戏剧品种相比，粤剧在百戏杂陈的上海，称得上备受好评。但囿于语言关系，普通的上海市民难以像接受北方大鼓那样接受粤剧、粤曲。故每次广州的粤剧团来沪演出，营业收入并不理想，有时甚至连回程的盘缠都发生困难。即便如此，粤剧、粤曲一直是上海公私营电台长期播出的节目之一。早在1924年外商开洛电台开播后，便经常播送粤曲、粤乐。至1935年，播出广东戏曲、音乐节目的电台开始增多。

据播音节目表，1935年新声电台每日下午2点15分至3点15分播送潮

[①] 《播音家动态》，《粤声》1947年第3期，第11页。

州唱片。新新电台下午1点30分至2点30分播广东唱片，下午9点至10点播送杨氏兄弟的清音粤曲。华侨电台每日下午12点至1点播送广东唱片，下午6点至8点播粤乐。华美电台每日上午11点至12点播广东唱片，下午12点至1点播广东唱片，7点至8点播天声团粤剧。惠灵电台11点30分至12点30分播潮州唱片。敦本电台下午2点45分至3点30分播王家骏、王家凤演唱的粤曲。李树德堂每日下午9点45分至10点播王家骏、王家凤粤乐。中西电台每周星期六上午11点至11点45分播杨氏粤乐。大中华电台下午12点30分至1点15分播王家骏、王家凤演奏的广东音乐。播出粤剧、粤曲、粤乐的电台计7家，每天大都播出一档。①

战时八年，上海广东节目的播音较前趋于活跃，不仅电台增加，时间延长，且出现纯粹的广东节目播音电台。1938～1939年的两年间，固定播送广东节目的电台有福音、大上海、利利、明远、新新、建华、李树德堂、中义、佛音、东陆、新华、雷通、美声、中美、大来、东方等16家，将近同时期广播电台的一半。播送的时间也大都延长，不少电台每天播送两档。下为笔者随机摘录的1939年某周的广东节目播出表。

新华电台	下午12点40分至2点	陈二叔 粤语故事
	7点20分至8点	粤曲唱片
建华电台	上午10点至11点	粤乐
福音电台	下午5点至5点30分	潮州音乐
大上海电台	下午8点至8点30分	粤曲（星期六）
	9点25分至9点50分	潮州音乐（星期一）
李树德堂电台	下午1点至1点40分	刘曜龙粤曲
金鹰电台	下午1点至2点20分	崔君侠粤曲
明远电台	下午9点至9点45分	黄心本粤曲
利利电台	上午9点15分至10点	粤片
新新电台	下午1点至2点	粤曲
	5点20分至6点	粤曲

---

① 据《咪咪集》第2卷第1期至第4期刊登的播音节目整理。

	7点20分至8点　粤片
	8点至8点50分　粤片
中义电台	下午12点40分至1点20分　岭南团粤曲
	4点40分至5点40分　天一广告社粤乐
	9点至9点40分　岭南团粤曲
	8点40分　益生广告社粤曲
佛音电台	下午8点40分至9点20分　广东戏（星期二、四、六）
东陆电台	下午1点至1点40分　粤曲
	6点40分至7点20分　粤曲
雷通电台	下午6点　粤曲唱片
	10点　粤乐唱片
美声电台	下午12点至12点40分　粤曲
中美电台	下午9点至9点40分　故事、粤曲
大来电台	下午9点　粤曲
东方电台	下午1点至1点50分　粤曲[①]

1941年，广东节目的播出又呈现新的特点，出现一些播出非常集中，或以广东节目为主的广播电台，如雷通电台、安华电台。

雷通电台设立时间不详，1939年濒于倒闭，每日仅播出数小时，很少有广告客户问津。安华电器公司经理、粤人黄寅初领衔的安华电器公司广告社联合益生广告社、中原播音广告社、雷电华广告社、天一广告社等十几家广东广告社，租借该台，以播放广东节目为号召，大幅度提高粤剧、粤曲、粤乐的播放时间，获意外成功，广告客户纷至沓来。[②] 这里摘引一张黄寅初租借雷通之后的播音节目表。[③]

上午0：00　薛筱卿、赵惠卿　弹词开篇

---

① 据《上海无线电》1939年播音节目整理。
② 《电台消息：广东节目在上海是已经成为各电台拒绝播音的节目了》，《广播无线电》1941年第3期，第1页。
③ 《广播无线电》1941年第9期。

0：40　薛筱卿、赵惠卿　弹词开篇

1：20　薛筱卿、赵惠卿　弹词开篇

8：00　粤曲唱片

8：40　粤曲唱片

9：20　粤曲唱片

10：00　粤曲唱片

10：40　粤曲唱片

11：20　粤曲唱片

下午12：00　粤曲唱片

1：40　粤曲唱片

1：20　粤曲唱片

2：00　粤曲唱片

2：40　粤曲唱片

3：20　粤曲唱片

4：00　粤曲唱片

4：40　粤曲唱片

5：20　粤曲唱片

6：00　赵崇正　各种故事

6：40　冯光平　各种故事

7：20　粤曲唱片

8：00　粤曲唱片

8：40　粤曲唱片

9：20　任君明　常识演讲、粤曲唱片

10：00　粤曲唱片

10：40　粤曲唱片

11：20　刘天锡　故事

　　由节目表可见几乎清一色全是广东节目。在商业上黄寅初也取得了成功，每月盈利300余元。对于一家濒于倒闭的电台，这样的经营成绩令人惊讶。然而雷通的成功并没有让黄寅初打造一家广东电台的理想变为现实，雷通投资人见好就收，不久将雷通出售给某洋商，黄寅初的计划被彻底打乱，不无沮丧。但雷通的实践给了他信心，在友人的帮助下，黄寅初创办了上海广播史上独一无二的广东方言电台安华电台。① 节目表只有8个字："全日播放粤曲唱片。"② 安华到底维持了多久，因资料缺乏并不清楚，但它的出现值得研究：是什么支撑黄寅初不计成败创办广东方言电台？吟风野禅有如下解释："广东因地处岭南，故歌谣风俗多与中原异……然粤人秉性爱乡，无论天涯海角，常喜以无线电收音机收听粤曲唱片，若有收音机，而不能聆取广东唱片节目者，则视为莫大之恨事焉。"③ 对故乡的挚爱当然是一个原因，但如果节目得不到广告客户的青睐，无企业投放广告，黄寅初不可能由着性子大播特播。雷通的成功、安华的出现，表明广东节目的广告市场比一般人想象的大得多。

除前述安华电台外，经常播送广东节目的还有新新电台和华美电台。

新新电台由新新公司于1927年初创办，同年3月19日正式播音。新新公司于1926年创立，开张后营业日渐发达，为推进无线电部收音机的销售，遂创办无线电台，加强广告宣传。电台由电器部工程师邝赞主持，电台电力100瓦特，长期居华商电台首位。设备也优于其他电台。新新电台每日播音，除推介商电所售商品外，还播送新闻、商情、娱乐节目。新新电台一直是沪上广东节目的大本营，粤曲、粤乐、龙舟等，常一日安排多档。

华美电台。上海广播史上曾有两个华美电台，另一个称西华美，可能由外资设立。华商华美电台，由港粤沪华美电料行上海分行设立。该行总行设香港，1926年设立上海分行，股东兼总行经理陈静波，股东兼上海分行经理陈知新，原以电料销售为主，收音机热销后，增设收音机销售业务。为促进销售，华美和一些大电料行一样，在门店三楼设立播音台，播出了不少广东节目。

除粤商投资或管理的电台，非粤资电台热衷播出广东节目的有中西电台，由中西大药房开办，抗战时期大量播出广东节目，"生涯鼎盛"。

---

① 面包居士：《安华电台突然成立纪详》，《广播无线电》1941年第15期，第1页。
② 《广播无线电》1941年第18期。
③ 吟风野禅：《粤曲节目之暗淡前途》，《广播无线电》1941年第1期，第4页。

唱片制售、戏剧音乐票房与广东节目之播出

上海、广东天各一方，相距遥远，故常驻上海讨生活的专业艺人不多，与江浙评弹、越剧艺人、四明文戏艺人以上海为主要演出市场不同，节目以唱片播放为主。一家电台有没有充足的唱片储存与能否组织好广东节目的播出关系甚大。有报道称，黄寅初藏有八千张粤剧、粤曲、粤乐唱片，这是雷通、安华电台长时间播放粤调节目不可或缺的基本保障。①

上海是中国唱片制售业中心，全市有多家中外唱片公司，粤调唱片是各厂重要出品之一，华商唱片企业新月留声机公司以保存、传播广东戏曲、音乐艺术为宗旨，出品以粤调作品为主。仅第三期出品的唱片就有《热血男儿》《追悼郑旦》《霸王别姬》《秋江别》《贵妃乞巧》《花飘零》《骂玉郎》《怨东君》《灯花报喜》《王宝珠》《毒玫瑰》《韩王泪史》《烬余哀艳》《扬州梦》《祭梨娘》《春游》《班超投笔从戎》《出关山》《二叔公卖松糕》《小桃红》《雨打芭蕉》《饿马摇铃》《娱乐升平》《走马》。参加灌制的粤曲粤乐艺术家有陈慧卿、何志强、梁以忠、梅影、丽芳、马师曾、马少英、罗慕兰、薛觉先、英仔、肖丽章、蔡子锐、牡丹苏、曾瑞英、白驹荣、陈非侬、靓少凤、小昆仑、伊秋水、冼干持、靓影侬、新马师曾、大傻、苏州女、廖了了、佩珊、陈非侬、陈剪娜、钱霭轩、吕文成、尹自重、钱广仁、宋郁文、宋洪、陈朝福、温得胜、郭利本、赵恩荣、麦少峰、杨祖荣、高毓彭、陈德巨、彭国琪、何仿南、梁达朝、李觉民、杨衍华。熟悉粤剧、粤曲、粤乐史的学者不难从中找到艺术大师的名字，如粤剧表演艺术家薛觉先、马师曾，粤乐名家吕文成、尹自重等。新月唱片的销售成绩甚佳，第一期唱片售出 22000 件，第二期 31000 件，第三期 46000 件，第四期 61000 件，销售业绩直线上升，表明公司取得异乎寻常的成功。

20 世纪 20 年代，上海是外国唱片公司最集中的中国城市，百代、璧架、物克多、蓓开等皆在上海设厂或分部，早期大多在国外制片，尔后输入中国销售，上海的粤资大百货公司是舶来唱片的重要销售窗口。兹以永安公

---

① 《播音家动态》，《粤声》1947 年第 3 期，第 11 页。

司为例。表1摘录的是1926~1927年《申报》关于永安公司粤调唱片的销售报道。

表1　1926~1927年《申报》关于永安公司粤调唱片的销售报道

来自何国	品牌	演唱者	曲目、乐目	《申报》刊载时间
美国	物克多	飞天英	《三伯爵》	1926年2月6日
		李雪霏	《夕阳红泪》	
		曾瑞英	《司马相如别妻》	
德国	璧架	陈非侬	《鬻缘》《沙三少》	1926年6月5日
		肖丽章	《渔女诉请》《倒乱芦山》	
		白驹荣	《泣荆花后园相会》《蝴蝶美人》	
		马师曾	《佳偶兵戎之点兵》《妻证夫凶之乞食》	
德国	璧架	白驹荣、马师曾、肖丽章、陈非侬		1926年6月12日
美国		肖丽章	《爱娜姑娘吊影》	1926年7月4日
		牡丹苏	《唐明皇醉酒》	
		曾瑞英	《聚珠崖》《司马相如》	
			《柳摇金》	
美国	物克多	肖丽章	（南音）《快活将军》	1926年7月24日
		牡丹苏	《名士风流》	
中国	大中华	陈慧卿	《杨花恨》	1926年10月24日
		薛觉先	《玉梨魂》	
		肖丽章	《新黑妹党》	
		伍燕芳	《宦海情天》	
		新蛇仔秋	《红豆相思忆美》	
		蔡子锐	《玉哭潇湘》《店房忆美》	
		吕文成	《新小青吊影》	
		陈慧卿	《闺中怨》	
		大傻	《傻仔怕老婆》	
		尹自重	《鬻缘》	
德国	璧架	肖丽章	《三剑侠却婚》《甥缘》	1927年3月12日
		白驹荣	《再生缘》	
		陈非农	《绿林红粉》	
		马师曾	《孤寒种忏悔》	
		新蛇仔	《盲公访妻》	
		郑玉女工	《夜出昭关》	

续表

来自何国	品牌	演唱者	曲目、乐目	《申报》刊载时间
法国	百代	马师曾	《喜得妻怜》《轰天雷》	1927年6月15日
		陈非侬	《卅年苦命女郎》	
		女状师	《兄妹相遇》	
		廖侠怀	《新龙遇仙》《盲公问米》	
		任碧珊	《天火明珠》《捧药侍亲》	
		桂妹师娘	《献西施》	
美国	物克多	陈非侬	《红楼梦及宝蟾送酒》	1927年6月23日
		新苏仔	《顽婢串婚》	
		牡丹苏	《莲花血吊影》《玉梅花对质》	
		蛇仔应	《错采红丛卖花》	
德国	璧架	马师曾、陈非侬	《赢得青楼薄幸名》	1927年12月3日
		蛇头苗	《疑云疑雨》	
		红玫瑰	《奠夫遇夫》	
		白玉堂、肖丽章	《冲破红鸾》《贼船相会》	
美国	物克多	陈非侬	《红楼梦及宝蟾送酒》	1927年12月15日
德国	璧架	马师曾、陈非侬、蛇头苗	《疑云疑雨》	1928年3月21日
		白玉堂、肖丽章	《冲破红鸾》	
		冯显荣	《夜吊海棠》	
		朱顶鹤	《贾瑞误进相思局》	
		靓蛇仔	《化学皇帝游山》	

表1列举的仅为销售唱片的一小部分。据报道，每次永安公司进货品种可达百余种，往往上柜未及一周，即销售一空。一个广东戏曲音乐爱好者在上海有着研习广东戏曲音乐艺术的良好条件，如果有一定财力，也不难大量收藏，黄寅初藏有数千张广东唱片绝非虚言。

上海深厚的广东戏曲音乐业余活动为艺术人才的成长提供了良好的环境，也给电台播送广东节目准备了人才。据播音节目表，业余爱好者（粤语叫"玩家"）杨氏兄弟曾在新新电台演唱粤曲、演奏粤乐，天声团在华美电台演唱粤剧，王家骏、王家凤在敦本电台演唱粤曲，黄心本在明远电台演唱粤曲，岭南乐团在中义电台演唱粤曲。经常到电台演唱的著名艺术家还有长期寓居上海的龙舟大家崔君侠等。崔君侠编有龙舟集，并在上海出版了第一集。龙舟系广东独特的说唱艺术，与北方的大鼓、苏州评弹相似，深受广东民众喜爱。崔君侠多年潜心龙舟的创作和旧作改编，经常应邀到电台演出。

电台也曾邀请省港粤剧粤曲名家来沪做播音演出，如1936年华侨电台邀请白驹荣、廖侠怀、张月儿、小燕飞、胡美伦等粤曲艺术家从香港来沪到电台演唱。①

不同地方文化在移居城市传播的原因

上海播音电台长期播出广东节目，从城市地域人口的结构来看，不免令人诧异，因为数量上旅沪广东人远低于江浙人群。但考虑到收听者并不限于上海的十余万广东旅居者，又并不让人意外，事实上华南甚至东南亚不少地方都能收听到上海的播音。此外，广东播音节目的传播，尚有数种原因值得注意。

一是商人的作用。粤剧在上海的传播即得益于商人的资助。1918年后，广州的粤剧戏班经常到上海演出，虽备受同乡欢迎，但票房收入并不理想，有时回程的盘缠也需同乡商人帮忙。戏班在沪演出期间，旅沪粤商或大摆筵席，竭力捧角、炒作，为戏班的演出造势，扩大粤班在上海的影响。电台广东节目的播出，粤商黄寅初、新新公司、华美公司等也尽了很大的责任。

美国学者顾德曼（Bryna Goodman）在《家乡、城市和国家》一书中指出，共同的习俗以及对家乡的烹饪、戏剧的自豪感是同乡认同构成的基本要素。这是正确的分析，但据此认为同乡一定无条件喜爱家乡戏剧，则稍显简单。旅沪宁波商人团体数十年如一日坚持抵制四明文戏，表明同乡只喜爱那些能给自己带来荣誉的戏剧。粤剧对旅沪广东人来说就是这样一种地方戏剧，梅兰芳等京剧大师曾对粤剧给予高度评价，上海的媒体对粤剧、粤曲的评论基本上是正面的，这是旅沪广东商人以其经济实力大力推广粤剧、粤曲的重要原因。

---

① 华侨无线电播音台编《粤曲》第2集插图（照片），1936年3~6月发行。

同乡商人在移居城市推广家乡戏剧的例子还有不少，兹以川剧进入上海做进一步引申。

1931年，上海专售参茸的四川商店在《申报》上刊载广告，预告将通过电台播出川剧《江油关》，告曰：

> 今者适有敝省之著名之三庆会川剧团多人，来沪灌收唱片，敝店以乡谊与友谊关系，商请该剧团，自本月14日起，假座友联电台（周波880）每晚8时至9时，播唱川剧7天，以饱各界人士之耳福。并为有收音机者收听时之便利起见，特赠印《川剧唱词》……欢迎索阅。可向上海四川商店总分店索取。

做参茸生意的四川商店与川剧的推广无任何关系，但对家乡戏剧的挚爱让这家商店破天荒做起戏剧推广工作，这份预告还对上海人做了川剧知识普及，字里行间充盈对家乡戏剧的自豪感。

> 考四川戏剧起源于宋代以前，后经川中名贤苏东坡等之品评提倡，遂风行全川，至今益盛，其词句之雅训脱俗，韵调之抑扬耐听，风味别具，凡曾到过敝省之各省人士，无不击节赞赏。盖四川戏剧之取材，多趋重于忠孝节义，如《江油关》一剧，描写三国时代之蜀将马邈，于魏将邓艾寇蜀渡阴平时，竟举江油关全城纳降，独其夫人李氏，力持大义，劝夫一战。纵不战亦应守。均不听，乃自经殉国。……爱国出诸妇女，洵可风矣。又如《柴市节》即《文天祥殉国》一剧，叙述宋朝文天祥，当国家危急时，募兵勇大战元兵，力图恢复，不幸兵败被执，不屑靦颜事仇，作正气歌以见志，就义于北京之柴市口刑场，忠烈之气，浩然长存。夫戏剧之创设，原为补助教育之所不及，而四川戏剧，对于诸如上述各剧，尤能尽描写刻画之能事。丁兹叔世，足以针砭人心而劝末俗。①

---

① 《四川戏剧定期播音》，《申报》1936年2月13日，复印本（337）第336页。上海不仅播放过川剧，还设有一家专演川剧的剧场——四川大舞台。《申报》报道"（翰记）成渝川剧社促进社主办之四川大舞台，业已租定爱多亚路大华舞厅屋顶，不日献演。按川剧唱做，比京剧繁重百倍，唱法帮腔，各不相袭，且净末丑，交互申插，故场面热闹紧凑"。《申报》1936年10月17日，复印本（345）第420页。

蹦蹦戏是流行于北方的戏曲，把它传入上海的也是同乡商人。据载，1935～1936年，河北旅沪商人为赈济灾民，邀请蹦蹦戏艺人在天蟾舞台举行义演，这是蹦蹦戏首次出现在上海的舞台。① 嗣后，白玉霜、朱宝霞、朱紫霞等人在新世界等游艺场长期演出，名声大震。白玉霜被上海观众捧为蹦蹦戏皇后，演出还被摄成电影。1937年蹦蹦戏虽被禁止在上海演出，抗战结束后还是回到了上海舞台。

二是文化因素。大众文化以通俗流行为特征，和精英文化形成鲜明对比。它未必低俗，但一定是大多数民众喜闻乐见的。上海戏曲演出市场、无线电广播不断上演此消彼长的活剧。那些能长久占据舞台、播音台的，必定是雅俗共赏的品种。昆曲是高雅的，被誉为幽谷兰花，并无市场，电台也少有播音。脱胎于昆曲的苏滩，品位高洁，一度在电台播音中很活跃，未久便消息杳然难觅踪影。评论指出，书卷气太重是其没落的主要原因。相反蹦蹦戏有半拉子评剧之称，因情节生动，对白生活化备受上海观众追捧。有媒体以白玉霜主演的《潘金莲》为例分析蹦蹦戏在上海走红的原因，指出京剧的水浒戏很多，演武松的也不少，但蹦蹦戏《潘金莲》借鉴欧阳予倩的同名话剧，颠覆了传统戏剧中潘金莲的形象，把一个荡妇重塑成不畏恶霸，受尽凌辱，依然敢恨敢爱的倔强女子，武松为报杀兄之仇，要杀潘，潘对武松怀有爱，却因杀夫，无法得到对方的理解。临死前潘金莲与武松的对白，在京剧中大都是文绉绉的念白，蹦蹦戏中潘金莲说的却是话剧化台词，十分生活化。一出传统的剧目如此演来，确实让人耳目一新。②

广东戏剧因语言关系很难像蹦蹦戏那样为江浙市民欣赏，但要为普通粤民接受，同样面临挑战。20世纪二三十年代，粤剧的改革虽然屡遭批评，但不能说没有一点成绩。题材上，不少粤剧根据广东地方的民间传说、新闻报道、外国电影改编，通俗易懂；表演和舞台布景、伴奏等方面，也有不少改进。粤剧、粤曲得到那么多广东民众的喜爱，与其雅俗共赏必有关系。粤乐的改革尤为成功，上海是粤乐的发源地之一，西洋音乐的全面输入，给粤乐借鉴外来艺术提供了最佳条件，吕文成、尹自重、甘时雨等粤乐大师的崭新创作赢得了不同地域音乐爱好者的喜爱。

---

① 不迷：《蹦蹦戏在上海》，《艺海周刊》1940年第23期。
② 《蹦蹦戏演出的潘金莲》，《申报》1936年7月，复印本（342）第132页。

三是政治考量的影响。粤语新闻的播放反映了国民政府控制华南和扩大在华侨中影响的政治考量。为加强对华南的控制及对海外华侨的影响,南京中央广播电台长年播放粤语新闻,一定程度刺激了地方台的广东节目播放。抗战前上海市政府电台即长期播放粤曲、粤乐。抗战后开始播送粤语新闻,延续了抗战前中央电台的做法。公营电台的这一做法,对民营电台有一定影响。此外,政府管理部门的审查对戏曲音乐艺术的演出、播音同样深具影响,既能抑制一种地方性戏曲的成长,也可助其兴旺。

上海广播电台广东声音——粤语新闻、粤剧、粤曲、粤乐的播出表明,在移居城市,一种地方文化能否顺畅流行、传播,取决于政治、商业、文化等多种因素的综合作用。粤语新闻的播报,反映了政治考量的影响,粤剧、粤曲、粤乐的播放,表明对家乡戏曲音乐艺术的自豪感,可以让商人成为地方文化输出的推手。而一种特定地方文化本身是否具有足够的魅力,也是重要因素。上海大众文化受惠于多种地方性文化的输入,加之其有着吸纳、融会西方文化的便利,从而创出新的境界。

第十九章

由"大陆腔"一词引出的思考：
粤剧"芳腔"探微

沈秉和

粤剧腔派，论之者不少，但对近二三十年粤剧圈内人人皆知的所谓"大陆腔"，似少人有说。

此词出于港澳。80年代改革开放之始，内地剧团赴港澳演出骤然增加，而粤剧从来以唱为重，所谓"一音判妍蚩"，乃有此评之出。言之者不详，听之者会心。评者以无形的"香港腔"来"导赏"和判断是不言自明的。追寻下来，20世纪50年代末60年代初大量内地同胞偷渡港澳时，首现"大陆人"一词，或即是"大陆腔"一词之"词根"（前此从未有港澳人视来自珠三角的乡亲为"大陆人"者）。如同"大陆人"一称非自然地理乃政治地理；回内地之前红线女俏压全行之"女腔"乃一纯美感判断，而"大陆腔"云云则在艺评之余隐然指向红线女的"红腔"及其追随者，以辗转投射某种对内地六七十年代那段政治，尤其对"文革"历史的不满，非纯然的美感判断；若不依流行的网络语言义，也就是颇为"任性"之作。

本来，从艺术史上看，常见跟表演者有相近文化认识和社会背景的人，很容易便体会到表演者的声音和旋律模式，从而得到共鸣，而对其他人来说则不然，"红腔"之在广州即其例；但"不然"本身对港澳观众又不应是负面的，若认真回顾粤剧唱腔的发展历程，毋宁说，"不然"的提出正好是新一轮"视域融合"的开端。借用美学家成中英先生的意见，美当然会引起快乐，但当它带给你一种为了达到快乐而引起的问题时（和快乐愿望有一种冲突），那就需要思考，直至明白个中因由，乃可以提升之为一种可以从中得快乐的东西。这也是一种美感。反之，若因某些人比另外一些人更易得到"共鸣"（如"芳腔"之在香港）就判断其因此拥有更

"正确"的情感,或有更好的音乐能力等,实际是一种文化独断。当然,若因此就轻视"大陆腔"这一"台下声气"所衍射出来的文化和历史意义,也未必有当。披沙拣金,不难发现此"任性"之语蕴有港澳票友渐修艺事多年的"顿悟"在,它编织成一个饱含历史和文化、技艺与世情的译码网络,演唱者乃如堕入此网之飞蛾,激起他们的兴趣和评赏创造力——"大陆腔"云云乃隐然成为座上不同心灵和主体之间沟通的文化及历史符码。若把其中某种葛藤清除,其内核实是他们的"期待水平"和实际所得的落差,是以为粤曲"本该如此"的一种艺术评价,只不过在"急急风"的锣鼓经中出场时胡乱穿了不合身的"泛政治"戏服,本有所见而类同插科打诨。

芳艳芬(见图1)和红线女,是粤剧百数十年来难得一见的双子星座。"红腔"在广东粤剧花旦行中,一腔独大;"芳腔"亦早为香港旦行祭酒。"红腔"人说已多,这里多说一下"芳腔";由"芳"反视"红",是谓一举两得。

一

话说从头。"粤剧"一名是晚近才出现的。它由始发之"外江班"至今,经历了内地其他曲种所少有的剧烈变化,如中途发生了舞台语言由高亢的"官话"转向低沉的粤语这样分水岭式的转变,成为今日我们所看到的名副其实的"粤戏"。从文化的和地理的角度观察,粤语语音重鼻喉音,阳平字声多,闭口音多,音韵的组成在5612四个音阶之间,即"徵"调的五声音阶,音势总是下行,比较中沉柔和,和藏民之说话像上山坡大异其趣;而因为以字行腔是戏曲"唱"的核心,字音既如是,粤曲,进而粤乐也一般在"中沉柔和"中舒展腔韵曲味,30年代之后所谓"无腔不薛"的薛腔即其中著者。这不徒然是一种创作者的态度和理想,同时是岭南人对于成为"粤戏"之后的粤剧的一般审美态度。但是,粤曲、粤乐自有以来便从不间断吸纳西方音乐(包括乐器),粤伶又素有向京昆学习的风气,遂发生种种激扬变化,不时有"绿中出红"的惊艳。例如伶王新马师曾在成就大名后尚追随京剧老生马连良数年(50年代初),最终淬炼成功自己高腔俊爽的流派。

第十九章　由"大陆腔"一词引出的思考：粤剧"芳腔"探微　369

图 1　粤剧名伶芳艳芬

芳艳芬的唱法本从名伶上海妹来。上海妹用大喉唱中板调式，但改用 G 调即反线唱，尽低回沉郁之情，当时就叫"新腔"反线中板。芳艳芬由此种新唱法而明白中音的条舒妙用，也由此悟得传统戏曲音腔线条顿挫和留白的上乘功夫。不仅如此，芳艳芬虽未有长期学习京剧青衣的经历，但她的唱腔音束紧致（行家说是"起线条"），重"骨"，与京剧程派大有款曲暗通之处。中国艺术，无论书法、绘画、音乐，向来不尚块状，而重线条。粤剧唱腔之由气势高昂的官话梆子高腔转入中沉尚韵的粤语平喉、子喉过程中，如芳艳芬者自觉或不自觉地向这一传统靠拢；中和音调配铁划银钩之音质，字字撩耳①，柔和中有坚韧，谓之恪守传统可，谓之岭南风味亦可。红线女"红腔"之成，则与粤剧大量引入西方乐器、曲调乃至西方话剧、电影表演方法等有关。红线女和早早退出艺坛的芳艳芬大不同，她有更长的、一甲子以上的艺术生涯和不同社

---

① "粤俗，娶妇匝月，新人须雇盲妹唱曲，以娱姑嫜，谓之撩耳。"（清陈坤著，吴永章笺证《岭南杂事诗钞笺证》，广东人民出版社，2014，第 438 页）盲人唱曲，多沉郁缭绕，后成粤曲的"美典"之一。

会环境的历练；她本人亦倔强好胜，时有"变法"之志。早在香港时，她追随过欧洲学成归来的声学家费明仪，是最早向西方声乐传统取经的粤剧花旦。她的声腔不停恋于赖以成名的尖脆娇媚（"女腔"时期）而向宽亮壮丽过渡，及回内地后博取诸家，最终形成表现力更强，声近刚阳，既有"龙头凤尾"的字，又注重腔音共鸣厚度（重"肉"）的"红腔"，恰与特重情节内容的"再现"性粤剧表演方式丝丝入扣。出新于传统，这是红线女的一大贡献。

申言之，"芳腔""红腔"，阳阴互映。芳艳芬、红线女二人自五六十年代以来，一直在广州和香港发挥其唱腔特色和影响力，也各有受众，持续至今，说明粤剧唱腔"青山未老"，仍然有生命力。

二

本来戏曲有与中国文艺传统即内化抒情美感融合这一通途，但戏曲更是时间艺术，要强烈地将创造者的意图和想象世界向观众投射，求直接快速地诉诸观众的感官；情欲既为先，不可避免地便有各种"理"的教化功能介入以为折冲；又由于戏曲原有从"表现"向更多的"再现"过渡这一定势，"现实"的意味叠叠而来，某种时代的落实变化易入于其中。两者之出原无碍，但行之太过便容易堵塞快感向心灵美感上升反思之通途。例如，在社会斗争复杂尖锐的时候，人们就往往将崇高阳刚的艺术风格视为道德，正面有益；婉约柔美的风格则与颓废心情划上等号，负面消极。在京剧，谭鑫培是开天辟地式的人物，他的老师原是以阳刚气势扬名的程长庚，谭却将老师的黄钟大吕直腔直调改为柔美以求韵味的唱腔。程去世之前乃说："谭唱的那腔儿，全都是靡靡的亡国之音！"连圈中人尚且把"韵胜"和"国亡"不恰当地捏在一起，社会大众可想而知。不巧，程的话"应验"了大半——清末之后天下大乱，继之日寇侵华，也确实差不多亡国了！谭之腔、国之亡如此"若合符契"，难怪"阳刚"在新中国建立后的艺术圈易受褒扬，"阴柔"常遭贬斥；麒派大受捧场，马派受抑。① 在粤剧，"某时期有个别人曾对'反线中板'、'乙反'的出现大为恼火"，说其"冲击了粤剧高昂激越

---

① 徐城北：《一种绝对否定流派的历史》，王元华编《京剧丛谈百年录》，河北教育出版社，1999，第366页。

的传统唱腔云云";① "小明星腔不能为社会主义服务"这类提法亦曾在羊城通行无阻。在这种氛围下，红线女唱腔之高亢入云乃和"大跃进"的"热火朝天"直接挂勾，到样板戏盛行的时代，声宏响震更成为省城地区声音美的唯一标准，乃不知柔美而有坚韧的底层，将壮美误为叫嚣，美感内化层次被闲置了。

当承平之世，一个成熟的欣赏者，既应让那些一度以非艺术的因由（社会功能）而风行一时的艺术品露出其真正可供欣赏的珍贵一面，更应对其他艺术品，如戏曲中因其表面与"奋发图强"相冲突而被取消或打入另册，进而简单地和颓废心情划上等号的"婉约""柔美"风格来一番重新认识，并阐扬其结构完美的一面。

三

快感在即时，但美感、生命的层次往往需要时间的沉淀才能显示，如老子所云："涣兮其若释，敦兮其若朴（融和可亲像冰柱消融，淳厚朴质像未雕琢的素材）。"试举两例。

（1）正在"华北之大放不下一张平静的书桌"的抗战前夕（1935年），学者马叙伦在北京。他没有去特意接受什么"抗战教育"，而是去听了余叔岩，感言"如食橄榄，可数日味";②

（2）学者浦江清抗战时（1942年）留寓北京，某日邻室有歌者唱京戏，他在日记中写道："因念吴歌则触动离乡之思，京调唤起燕市十年生活，当日何其太平。甚矣，声音感人之多方也。"③

苏珊·桑塔格在评论一位画家的作品时指出："画作是许多决定添加在一起的结果（例如说，层次、笔触），有时需要经历数年才找得到感情正确的厚度。"④

---

① 编剧家陈自强之言。见谢彬筹、陈超平《粤剧研究文选二》，广州市文艺创作研究所，2008，第179页。
② 马叙伦：《石屋余渖》，上海书店出版社，1984，第164页，转引自蒋锡武《京剧精神》，湖北教育出版社，1997，第38页。
③ 《浦江清日记》"艺坛"卷四，上海书店出版社，2006，第132页。
④ 苏珊·桑塔格：《重点所在》，陈相如译，台北，大田出版社，2008，第182页。

吴歌京调，其魅力就在于它会激扬起人们过去在大脑中留下的痕迹并使之复活。"燕市十年生活，当日何其太平"的回忆便是再活过的生命，那才是真正能"抗拒失落，抗拒摧毁"的生命，是心灵自由反思的能力展现。人们通过这样的"第二人生"激发了内在的生命冲动，恢复了主体的人的生命力，乃从根本上拯救了自己。莫言获得诺贝尔文学奖后说希望大家多关心教人恋爱的文学，少关心教人打架的政治即含此真致。粤剧唱腔，因着时化多元文化的生成，从创作者到观赏者，似都面临着一个由娱乐、教化、快感的功能层次上升到审美的、生命的层次的瓶颈；若说有"都市粤曲"，这便是它的一个任务。

四

葛藤梳理至此而毕。但若把上述所言直接拿去和"芳腔"对号入座，所得不免也是"口号"。当代诗词大家叶嘉莹先生在分析古典诗词曾引入一个叫microstructure（显微结构）的分析工具，指语言符号中有非常精微细小的一种质量的因素，在文本中可以产生种种微妙的作用，把文本中带有的丰富潜能勾带出来。笔者尝试应用上述的"显微结构"看一看芳艳芬的运腔和用嗓技巧，以证其生命的、美感的结构之圆满，所得可归纳为以下几点。

1. "阙"之曲

《芳腔新唱》是芳艳芬晚年（1987）为慈善筹款而灌录的一个旧曲集中的曲目，若一言以蔽之，就是"阙"之歌，不圆满之歌。

不圆满，可呼天抢地，但"芳腔新唱"中却偏偏绝少激烈的唱段。《窦娥冤》中叫头白"飞霜，飞霜！"只闻得若有似无的轻轻嗟叹而已，此即传统中"作乐者所以节乐"之旨。"节"，就要求含蓄、收敛、矜持。中国人是非常敏感的，有关个人内心生活的一切，只能够间接地、暗示性地表现出来。例如，木兰远征归来，弟弟不是来一个拥抱，而是把欢欣转化为"磨刀霍霍向猪羊"。由于向内，"敏感"的心便留有不少供回想、重塑的空间。补阙，可以如吴冠中在水墨画"朱颜未改"中之把李煜词的悲怆提炼成色彩斑斓至极的视觉符号。他说："李煜哀痛地思念他失去的豪华宫殿：只是朱颜改。流水留不住落花，落花留不住红，谁也留不住红。我浓抹重彩，一味显示朱颜未改，或朱颜不改。"① 但芳艳芬别具一格。"芳腔"是温柔之最，那怕面对严重的"阙"，也自有她的从容。"却为畏羞向檀郎示爱"（《愿为蝴蝶绕孤坟·泣残红》）仍是她的永远记忆。"阙"的悲愤呈现在春花软语中才是一个圆的太极。又如《鸳鸯泪》反线二黄，"只见有累累白骨"的"骨"字后有极微弱的缭绕音线"尺上尺·工六工"，它不是用口腔把音符带出来，而是用气向上拱带出来的。李义山《月》诗所谓"未必圆时即有情"即是。苏珊·桑塔格曾调侃说："致力于高标准散文的书，永远会因为没有给予读者足够的信息而遭到指摘。"② 芳艳芬的"高标准"便是从不让声音充满你的耳朵，若有若无是"希"声，你总感到"芳腔"没有听完。粤曲票友有所谓"歌场散罢语喃喃"者，就是启动起自己的感官，循着曲中指引的点滴星光去追寻那未尽的余音，这也就是老子所谓"有无相生，高下相盈"。都给了，就没有"喃喃"。

芳艳芬的曲，或纯出于个人咏叹而已，未必故有"作为"和显现多少崇高的目标，但伶人是通过腔音来思考的，芳艳芬的腔即是对"阙"的思考，是对"满"的一个必要的反拨和补充。

2. 蜿蜒之曲

唱一个"我"字果然就是你我说话皆同的"我"字，短极；但腔若得法，也可以创出一个人们听而不觉、习焉不察的类如"句法元素"的功能，即以其"法口"③ 反过来给某一语音（词的声音载体）重新"命名"，乃至让音声超越字义。若比以"树是绿色的"这句话，乃陈述句的强调句型，"是"为句法元素，那如同"法口"；"是"，既让"绿色"这个被强调的特性得以和主体"树"牵合，也呈现树之为绿色这个事态本身——它并非默然存在的"客观"，乃是"被我们所意向"到的"客观"。"法口"各各不同的发挥所创生抑扬于原语词以外的"句法元素"便是"粤曲味"。试听何非凡唱的《重台泣别》那句"江山万里胡尘重"的"里"字："里"，五音中的舌音，但他偏在韵尾尽处添以上唇力一翘，这一特殊的"法口"恰如虎尾

---

① 香港《明报月刊》第 47 卷第 3 期。
② 苏珊·桑塔格：《重点所在》，第 45 页。
③ 法口，或写作"发口"，京剧称为"口法"。程砚秋说"口法"一词创自昆腔，又名"口诀"，指以自己天赋的嗓音配合"嘴里"的功夫。见程砚秋编《程砚秋戏剧文集》，文化艺术出版社，2003，第 496、523 页。

之倒立，蓦地尽现主人公对伴侣的爱怜熨贴和对胡人的愤懑喷薄；这种新的"句法元素"由之产生强烈对峙的张力，可以说，他是以"法口"把"里"那个词的灵魂掘出来了，绝非原词中的字义所能有。芳艳芬的字要小腔也是以"法口"造字的创味过程。她的小腔往往有带一下就是几个音符的"口风"，是她个人独有的。这种"口风"的气息有如灵蛇乱窜，试听《鸳鸯泪》中的首板"风雨飘摇残梦醒"的"醒"字腔，按乐谱，是"尺·工尺上士·上士上·上尺工六·工尺工尺"，但实际上，在最后一节"工尺工尺"旋律中的"工""尺"两音之间有极幽微繁密的倚音"工"在蜿蜒抖动，旋律恍惚，音阶模糊，似乎差点就荒腔走调了——那是芳艳芬以自由恣意的方式来唤起那个"醒"字里边的深密记忆，以"口风"形成跳跃性和"环佩归来"的高华仙气，重新再造出一个"醒"字。乐谱再也无法找到适合它的音符载体，只好驯服地由着她的心意驾驭着乐音滑翔，乃是人性在"伸展的身姿中凝固的瞬间"（罗兰·巴特《恋人絮语》）。"伸展"在此一瞬的呈现又比"伸展"现象本身更有意义。为什么？因为美的起始处乃是一种自我认知，是一种怡然自得的整体性，它独立于行为以外，不以行为为目标，而只是以维护自我状态的呈现为目标，老子所云"道冲"，"湛兮，似或存"（道体是虚空的，幽隐啊，似亡而又实存）即是。腔音这一"语法"意义对某些人而言明晰不过，但对某些人却又是模糊不清；难明只在欠"显微"。腔音的文化意味是潜藏的，需要找寻，即广东话所谓"嗒"，要舔多次，尝多次，彼"歌场散罢语喃喃"者，便是"喃喃"挖掘、寻味的历程。

　　唱曲者若以游动的线条为基本的造型手段，必然追求艺术的节律感、深邃感和虚灵感。芳艳芬的反线二黄长腔正是她"线性开展"的拿手好戏。"芳腔"惯以独特的气托声的方法（技术）行走，以粤曲传统的发声方法绽开了内在，恰如"断续声随断续风"的草书，绵远、模糊、有空间距离感（审美的和空间的），绝非西方的歌剧女高音所能复制。曾有论者形容程砚秋之腔"唱到情感至深处，其声竟细若游丝。观众聆听，大气都不敢喘。这是他声腔艺术最讲究的地方，也无人能及"。[①]在粤剧，芳艳芬《窦娥冤》中"一朝成永别"的反线二黄长腔，也是吞声为歌，吐气如兰，其最弱处

---

① 章诒和：《伶人往事》，香港明报出版社，2006，第319页。

如灵光倏忽将灭，但宛转之间又魂兮归来，受者只有在将心先"虚"出来、先"空"出来的前提之下，才可能领受这微小的音，分辨出每一个音的刚柔深远与音量有无之间的变易。

"蜿蜒"，让狭实的音线游走其间，好就好在给它提供了进入灵府的空间和时间。试听芳腔中名曲《洛水恨》中开首一段小曲："飘飘，渺渺，茫茫"，真是仙气高华，缭绕入虚。另一段《鸳鸯泪》中的反线二黄"点点流萤"的"流"字，初用橄榄腔，彷佛见萤火由远而近，及"萤"字长腔则由强而弱，由显而衰微至几乎不见，乃似萤火入草而灭。香港古琴家叶明媚在谈到古琴的虚音时说，要得到"虚"的韵味，就得"音量幽微"，"由沉实变为幽微，而再跟着的拖音滑行已脱离物化的声音层面而进入抽象的精神境界……客观来说声音已消失，所留有的听觉上的空间正好俾精神有所休游"。① 行家说，芳艳芬擅用细气流，高音也是轻轻就飘上去的，较少借助共鸣。她自言"我喜欢令别人的耳朵舒服"，"我不喜欢尖锐的声音"，"我就是喜欢圆滑的声音"。② 无疑，这是传统阴柔美熏陶出来的艺术自觉。

3. 阴阳妙用之曲

"字重腔轻"，"字为阳腔为阴"，这是南北皆然的戏曲行话，会家必以腔就字，才可在阴阳共生、宾主互动中引出无穷的变化。"芳腔"之妙，即在其吐字技巧和人物、性格、激情相结合，把整个旋律点燃，统率行腔，凸显形象，缩短审美主体与对象的距离。芳艳芬声柔语温，多自然的快吐字，令人有距离的近、乡土味的近。例如：

（1）落盘之大珠小珠不作为单独呈现的美出现，而是与细微而又坚韧的短腔线相交时呈现出立体的、点线交串的美。最显著的如《窦娥冤》中的小曲"飞霜令"，芳艳芬用轻重交置、虚实互表、速度由慢至快之法处理了"若有霜，越更香，还我芬芳，怎得六月飞霜"这16个字，参差错落，极尽灯火下楼台的凄美；生死之情在流动的腔音中呈现，字的清刚和线形的阴柔趋向形成对比，大珠小珠和腔线的蜿蜒形成了穿线贯珠的美态。《乐府传声》有云："快板字字分明，遇紧要字眼，又必以跌宕出之，使听者知其字音之短，而音节反觉其

---

① 叶明媚：《静远淡意趣益然》，《中国音乐》1988年第4期。
② 冯梓：《芳艳芬传及其戏曲艺术》，香港获益出版公司，1998，第138页。

长。"何以至此？程砚秋所云"愈跳荡愈从容"便是。①

（2）如果我们再用微观结构这个工具去听，当知粤剧如京剧，有一种用嗓法为歌曲唱法所没有的"虚灵"之劲，即在行腔或拖腔的转折点、着重点、收腔处，用口腔软腭后部或喉头阻挡气流，产生一个摩擦音。若以腔为阳，则这个摩擦音是阴。摩擦音本身亦有阴有阳：阴是虚的喉阻音，阳是实的喉阻音。② 实阻音，是吐字以后行腔时的韵母再发音，如逍遥韵的"描"字，出"描"字后即"问字攞腔"，用韵母 iu 随旋律和情绪轻重行腔，红线女就比较多用实阻音的韵母行腔到底，以配合其华丽、昂扬、挺拔的表情力量和高音音符群。③ 虚阻音，即在吐字行腔中韵母再发音时，略加极轻音的声母（京剧谓之"嗽音"），在拉腔中穿插使用。我们在听芳艳芬曲中很明显便感到她在反线二黄长腔拉腔中每每通过用气弹动喉管而得出非常灵活的虚阻声音，对形成声情的伤感和忧郁起着非常重要的作用。例如《鸳鸯泪》中的那句"身飘飘"的连续"五五五五·五"的拉腔中，便有虚实的声母 h 音和韵母 iu 音的快速变易；曲末的二黄滚花"可怜洒尽鸳鸯泪"的"鸳"字短腔"工尺工六"用实阻音，至"鸯"字"工尺乙士·合仜合士乙尺乙士乙"一行低腔则转用弹动声带的方式出声母虚音。两字间不仅有高低的音阶变化，还有虚实的渗透性变化。《窦娥冤》中沉花下句"桥下身亡"的"亡"字腔、二王慢板"只余芳草白杨"的"杨"字腔、叹板"惨听两旁之喝似虎狼"的"狼"字腔都使用了较多的虚阻音，形成低回中的空灵之感。

凡是艺术天才总能以其难以规限、逸出常轨的独创魅力和别具一格的"尺度"引导我们不断拓宽、加深对美感的判断并丰富我们的趣味修养。芳艳芬以其独特的方法（技术）造出偏于阴柔的气韵，在技术上、文化上都是非常值得研究者斟酌的粤之魂、国之宝。它用言语无法表达的细节和真实性来表达人类情感的特征，也以语言无法表达的一种方式与中华文化紧密相连。借由唱腔的形式，也就是透过赋予无形事物、难言之隐以同构的生命形

---

① 程砚秋编《程砚秋戏剧文集》，第 504 页。
② 详见陈幼韩《戏曲表演美学探索》，中国戏剧出版社，1985，第 11 页。
③ 例如她在回内地前录的《采石矶前鹣鲽泪》，乙反二黄"想亦难成比翼鸟"的"鸟"字长腔，h 声母的虚阻音只在转折和音阶略低时闪现，主要是 iu 韵母的实阻音领扬招展。

式,她找到一条合适的出路将某一生命境界呈现出来。"芳腔"唱情,常"不在于它说出了什么事情,而在于它发出什么音"。① 我们因而可由个体音色知道一个人整体人格的显现,读到对方的心理状态与人格特质。

余话:兼论"红腔"及其他

程砚秋说戏曲表演"一切要含而不露",美学家叶秀山总结:"含蓄在京剧演唱艺术中就是'韵味'。"② 这些见解对"再现"中尤重"表现"的京剧来说再合适不过。京剧"唱"和"演"密不可分,没有呆唱的。但透底分析,其唱因为要配合演,不可能太长,宜于抒发某种心理的"顶峰体验",即情重而事轻;再进一步体验,儿女私情戏素不为京剧所重,家国情怀倒是摆脱不了的寄托,因而其"韵味"不能不暗藏某种"气势"为基底,程派、余派莫不如是,梅派之在青衣外再出花衫,此理昭然。粤剧不然,它始于"外江班"而终为草莱土戏、渔歌粤调所化;及入城后饱沾欧风美雨,追求情节内容成为重点,"再现"又远远走在"表现"前面,"歌舞演故事"乃成"故事衍歌舞"。重心既挪入为"故事",原有的戏曲形式美遂不能适应这种时代幻变,"有声必歌,无动不舞"对于粤剧乃是"存而不论"的,尤其在"舞"这一块;但"歌"相对不然。"粤人好歌"是屈翁山所记的岭南传统,婚嫁酬神,庆典功德无不有唱。粤剧的唱腔艺术是维系粤剧之为戏曲的最根本要素、也相对稳定。粤剧的演唱系统承外省本地,中外古今,五花八门;演唱之不足,粤人尚有只唱不演的"歌坛"独步全国。但不论剧曲也罢,"单支曲"也罢,概因情节之重而包含大量的叙事成分(不然无法推展繁多之情节),而生旦言情戏又为粤戏之重,武戏无与,于是唱曲以低回婉转为胜,"解心"独擅胜场,③ 一唱有十数分钟亦不为少见。若

---

① 在声乐艺术中,声质,即自然之声是声乐艺术的重要条件,所有西方歌剧的声音都以"美声"为标准,在歌剧中无论身份境遇如何,歌者总用"同样美"的声音唱出。但中国传统乐论以为,艺术化的音色是后天发展的、可塑的,音质非必要条件;大多数成宗立派的戏曲家嗓音都有瑕疵。
② 叶秀山:《古中国的歌》,中国人民大学出版社,2007,第67页。
③ 解心,原粤讴中有此《解心事》一题,其腔因被衍为"解心腔",曲艺名家梁以忠引之入粤曲,因成一时风尚。

比喻京剧是重境界韵味的词中晏欧小令，则粤剧缘情绮靡，是井水饮处皆有的柳永长调，乃可与稍后的越剧称为"姊妹"。这些从历史和人类学观点看来自然不过的岭南情怀形成不同的"前意义"，不仅对演者，更对听者形成某种"快感"导向性，也自然有不同的坚持，有时甚至十分"顽固"。但在特殊的情形下它亦剧变。内地由"戏改"以来的种种改革，大大提高了艺人的社会地位；艺人以其所长回应某种社会功能所需亦为事理，"红腔"为时所重乃然。但艺人"做"的永远比"讲"的更多。"红腔"在回应社会功能以外还有更珍贵的"艺"。例如，红线女之重字头字腹，口劲超人，是充分使用了"字腔"这个音乐空间，恰恰是针对性地纠正了一般"美声唱法"光靠唱在气流上，形成韵腹通畅宽亮而肉多骨少，字不成"形"的缺点。从这个意义上说，红线女乃戏曲是"歌"这个中国传统最伟大的捍卫者之一。① 红线女的第二个贡献在接字过腔。《香君守楼》"一声薄命桃花扇"，前一字"薄"字字腔，嘴皮多有力。清晰的字形一建立，于是后面"花"字高腔虽高入云霄但接"地气"，乃如宋人词所谓"斜阳冉冉春无极"，壮而婉，这就完整了。从这个意义上说，红线女又是戏曲传统"唱"这一环最伟大的推进者之一。人又只见红线女行腔高处未算高的激扬波叠，如艳称《昭君塞上曲》一句"何日见子规春雨后"，但红线女以之和其吐字阴柔慢吐的特殊音型相结合却少人理会。试看同曲"漫道西出玉门无亲故，远望云山深处，是我家"（二黄慢板），她唱这个"我"字不是在卖弄她的功夫，它是和剧情紧密地靠拢在一起的；"我"字在技术上是阴柔慢吐，充分使用了韵头到韵尾的音乐空间，也因而把汉家女由水乡家变成胡毡帐幕那说不尽的、非悲非喜、还悲还喜的丰富感受尽吐。戏曲原不离行当，但红线女顺着时代潮流走出了行当，以人物、主题为中心创造了一种比婉约青衣多一点阳刚，比妩媚小旦更多一点壮丽，带有浓重当代女性觉醒色采的演法和唱腔。台湾学者项退结说："中国人情感脆弱，尤其有悲愁的倾向，缺乏西方雄伟的气概。"从这个角度看，她回应了时代，也贡献了粤剧前所未有，或有但不及她精致、不及她名贵的品种。"红腔"具有现代感，气势外扬，深有阳

---

① 先秦时只说"歌"，"诗言志，歌永言"，永言，就是诗，长言也，言之不足故咏歌之，首要把"言"悠长地吟诵出来，而中国文字本身有声调，这就成了"歌"。"唱"较后出现，重在声和音乐，倾向"娱乐性"了，但源头还是歌，起跑线是字音。

刚美，这无疑是对充满阴柔美的粤剧唱腔的一个珍贵和必要的补充。美学家成中英讲述不同的"美"时说："康德的'优美'应属于现实的、我的心智能接受的感情与形态，是喜是忧都在我的一般生活情感之中。然而有强烈的力量存在的刚强之美方面，客观的状态必然带动、转化感受者的自我提升与扩大，透露出人的主体存在及自我内涵可能蕴含的精神深度、广度或高度。"① 明人魏良辅十年不下楼创出水磨腔，我们对红线女创腔的精神深度、广度或高度不是知得太多，而是太少，要进一步挖掘。

太极原就在我们的生命处境中。有音乐研究者指出，对音乐素材本身以及音响的感知和记忆，同时也是对与之相联系的情绪特征的感知和记忆。内在旋律感是人对感知过的音乐中的旋律线条产生的一种内在感知，它在人的内心能形成一种波浪起伏的曲线，产生一种倾向性，是内心音乐听觉的重要组成部分。内在旋律感还体现在对音色的记忆上。不注重对人的内心音乐听觉的培养，大脑没有音乐的音响体验与记忆，就体会不到乐曲的律动，即大脑对这种节奏和旋律的感知太少，缺乏听觉上的预想，没有形成经验的积累，就无从进一步走向审美之途。"芳腔"的"音响体验与记忆"显然未被广州粤剧圈内外人普遍认识，一如"红腔"之于港澳人。打开大门，让"音响体验与记忆"交流互动是必要的。如本章开头所提，由"问题"引起的对文化、历史的深入认识也是美感之一源。

粤剧不同于昆曲、京剧，形式和内容的尖锐矛盾始终是粤剧一个未解决的难题，二者也远未达到和谐融合的程度；它仍在转变和寻求自身的最佳定位，包括声腔在内的改变不是没有可能和理由的。今日之"粤人"既不同于60年前的省港澳不分，也不同于建国后广州和港澳的"各行各路"，而彷佛又走回到重新融合成为新的一体的路途中。粤剧在它的时代新旅中可以走得更远。

---

① 成中英：《美的深处：本体美学》，浙江大学出版社，2011，第13页。

第二十章

从粤剧《再世红梅记》
看多元文化的现象

戴淑茵

引 言

粤剧①《再世红梅记》由唐涤生（1917~1959）编写，仙凤鸣剧团于1959年9月14日在香港利舞台首演。② 香港粤剧的历史，可以分多个阶段来看。③ 在不同的阶段中，粤剧都在固有的传统表演程式下，吸收和融合中西社会文化的精髓，不断地演变和改进。20世纪50年代香港粤剧的发展，正是香港传统文化和中西文化多元融合的表现。因此，它的现象绝对值得我们研究和关注。

《再世红梅记》改编自明代周朝俊的《红梅记》，《红梅记》今存于庆堂刊本④、玉茗堂评本⑤、剑啸阁刊本⑥、三元堂刊袁中郎评本及《古代戏曲丛刊》。⑦

---

① 粤剧是广东地区流行的戏曲音乐之一，以广东方言（粤语）演唱。
② 仙凤鸣剧团是香港的粤剧团体，成立于1956年，主要演员有任剑辉、白雪仙、梁醒波、靓次伯等人。利舞台曾是香港的大型戏院之一，设有1200多个座位，除了播放电影外，还有粤剧、演唱会的表演。利舞台于1991年9月停业，1995年改建为一幢商业大厦。见仙凤鸣剧团《"再世红梅记"特刊》（仙凤鸣剧团第八届演出特刊），香港，仙凤鸣剧团，1959，第4~5页。
③ 王宏志：《历史的沉重》，香港，牛津大学出版社，2000，第26~29页。
④ 现收入《明清善本小说丛刊初编》。
⑤ 汤显祖撰，明代作品，现收入《四库全书存目丛书·集部别集类》。
⑥ 令昭（袁于令）撰，明代作品，现收入《明清善本小说丛刊初编》《古代戏曲丛刊》。
⑦ 王星琦：《红梅记》，上海古籍出版社，1985，第5页。

创意与传统的交融——创作历程的开展

在1949年中华人民共和国成立前，香港本土文化即为中国内地文化，尤其是华南文化的延伸，未有独特的本地风格，"省港班"① 和戏曲艺人可自由进出香港、澳门和中国内地。而在1949年关禁设立之后，香港本土文化与中国内地文化交流受到阻隔，本地逐渐发展出独立的文化现象，慢慢形成独特的文化风格。同时香港政府在文化政策上采取"消极不干预"政策，② 粤剧得以独立自主地蓬勃发展。香港粤剧的编剧、音乐及演员人才辈出，为香港粤剧此后的发展奠定了稳固的基础。编剧名家包括李少芸（1916～约2002）、陈冠卿（1920～2003）、唐涤生（1917～1959）及潘一帆（1922～1985）等。音乐名家有王粤生（1919～1989）、朱毅刚（1922～1981）及林兆鎏（1917～1979）等。当时活跃的演员有新马师曾（1916～1997）、陈锦棠（1906～1981）、靓次伯（1905～1992）、芳艳芬（生于1929年）、何非凡（1919～1980）、红线女（1927～2013）、任剑辉（1913～1989）、白雪仙（生于1928年）、吴君丽（生于1930年）和梁醒波（1908～1981）等。这个年代的粤剧剧目很多成为经典，当代仍然经常上演，如《洛神》（1956年4月，芳艳芬、陈锦棠及黄千岁合演）、《牡丹亭惊梦》（1956年11月，任剑辉、白雪仙合演）、《帝女花》（1957年6月，任剑辉、白雪仙合演）、《紫钗记》（1957年8月，任剑辉、白雪仙合演）、《双仙拜月亭》（1958年1月，吴君丽、何非凡合演）、《白兔会》（1958年6月，吴君丽、何非凡合演）、《西楼错梦》（1958年9月，任剑辉、白雪仙合演）及《再世红梅记》（1959年9月，任剑辉、白雪仙合演）等。

戏曲是歌、舞、戏三位一体，结合了剧本、音乐、舞蹈的演绎，《再世红梅记》在创作与改编的过程中，以传统古典剧目为题材，再加以修改，从剧本改编的角度说，若要忠实原著、保留原著的基本精神，只删不改是一条非常重要的原则。可是，为了配合粤剧的表演形式，不可能完全照搬先前

---

① 指往来于香港、澳门和珠江三角洲一带的大型粤剧戏班。
② 香港艺术发展局：《香港文化艺术政策回顾（1950～1997）》，香港艺术发展局研究部，2000，第3页。

的程序，而要做到适当的删改，并且必须应用配合粤剧的板腔、说唱、曲牌或说白体系。编剧唐涤生使用立体布景及旋转舞台，编插舞蹈于粤剧《再世红梅记》中，并且重视灯光效果，以灯光的变化营造气氛。细心的创作，使传统粤剧的辞藻优雅、严谨，带出新的创意，达到雅俗共赏，深入浅出。

20世纪50年代，大部分粤剧只重视主题曲中生旦的对唱。反之，剧情并不太重要，重要的是演唱者的唱腔与主题曲的动听程度。演唱者因而集中表现个人唱腔的独特性，出现了何非凡的"凡腔"、芳艳芬的"芳腔"等。①《再世红梅记》改变了这种只重视主题曲的风气，力求令剧本的剧情合理完善，而非追求主题曲动听。因此，《再世红梅记》的每次改动，都是着重"演戏"方面的改动，如剧本内容的改动，身段、舞蹈、唱词的加添，而非"唱腔"方面的改动，如唱腔的铺排、新唱腔的设计等。

西方的歌剧与电影剧本结构完整，灯光、布景变化万千。②《再世红梅记》受到西方文化的影响，较为着重剧本的内容和结构。剧本修改的时候，也较为着重"演戏"方面的改动，而非"唱腔"方面的改动。

多元文化的结合与香港人多元化身份的关系

1949年中华人民共和国成立后，内地政权的转变影响了社会经济的发展方式，内地的商人唯有到别处经营。③ 1950年，一些知识分子、商人从上海、南京迁到香港，从事工商业及转口贸易。④ 他们也带来了内地的艺术文化。

自1840年鸦片战争香港被纳入英国殖民统治后，吸收了外来的西方文化。同时，城市的发展，使香港走上现代化的道路，构成了中国内地文化、外来西方文化、香港本土文化和城市文化的相互交融。"传统"、"现代"、"西化"、"中"和"西"的概念透过不同的途径影响粤剧音乐。仙凤鸣剧团各成员于1956年共同创作一系列的新戏，包括《帝女花》、《紫钗记》和

---

① 赖伯疆、黄镜明：《粤剧史》，中国戏剧出版社，1988，第208~209页。
② Mary A. Cicora, *Wagner's Ring and German Drama* (Westport: Greenwood Press, 1999), p.147.
③ 王宏志：《历史的沉重》，第77页。
④ 周亮全：《香港金融体系》，王赓武：《香港史新编》上册，香港三联书店，1997，第372~377页。

《再世红梅记》等，正反映了当时的大众文化现象。

《再世红梅记》的创作，融合了多种文化，可归纳为中国内地文化、香港本土文化与西方文化三种。首先，在中国内地文化方面，《再世红梅记》具备了中国传统文化的特质，保留了中国戏曲的表演程式与音乐特征。它运用了传统的伴奏手法，如"补"、"齐"、"引"和"随"等。运用了多首中国古曲，包括《汉宫秋月》《秋江别》，亦运用了多种中国乐器，如琵琶、洞箫和古筝等。同时，它力图发扬中国传统文化，引用了中国古典文学中的明朝传奇——《红梅记》作为剧本的蓝本。《再世红梅记》亦吸收了京剧、戏曲片和国语片的剧本、舞蹈、身段与表演的技巧。第五段"鬼出"和第七段"登坛鬼辩"的身段就参考了京剧的表演身段。中原文化方面，演员的演出吸收了京剧、戏曲电影和国语电影的剧本、舞蹈、身段与表演的技巧。

其次，在香港本土文化方面，香港本地文人协助白雪仙修改《再世红梅记》的剧本，将本地文学界的文化精神带到粤剧中。而粤剧从神功戏的戏台走进商业的剧场，使粤剧不得不以香港剧场观众的口味为标准。① 剧场的观众有别于神功戏的观众，剧场粤剧的收入完全依赖票房的收入，即观众对剧团的支持和喜爱程度。因此，商业剧场的文化亦影响了《再世红梅记》的创作方向。

最后，《再世红梅记》结合了西方文化，吸收了西方电影的灯光、分场、布景等技巧。西方音乐的和声亦影响了《再世红梅记》的新曲创作，一些新作的小曲，如《未生怨》就运用了和声的伴奏手法。

西方音乐文化被吸收到粤剧中后，很快便与香港的音乐文化和中国传统音乐文化相互交流。在唐涤生的剧作中，明显可以看到西方文化的渗入。如《再世红梅记》的《未生怨》中就出现了主旋律式的配器分谱、和弦等西方音乐的伴奏形式。同时，粤剧使用由西方传入的乐器，如小提琴、萨克斯、吉他、大提琴等。

《未生怨》由白雪仙饰演的李慧娘独唱，是"新曲"及"依词作曲"的作品。它用了主旋律谱的形式演奏，着重的是伴奏乐器的音色变化、西方和

---

① 从演出场合角度看，粤剧可分为神功戏与戏院戏。

弦的演奏技巧，制造的是音乐气氛上的效果，以此突出演唱者的唱腔。分谱、和弦、乐器增减的变化仍然大大影响了此首乐曲，丰富了乐曲的感染力。

表1 粤剧《再世红梅记》与多种文化的关系

	类型	内容
中国内地文化	中国传统戏曲文化	《再世红梅记》的表演程式与唱腔
	中国古典文学	《红梅记》的改编工作
	中国地方剧种与戏曲片之影响	京剧、广州粤剧、戏曲片《天仙配》与《再世红梅记》的交流
	中国古曲与乐器	古曲与中国乐器的运用
香港本土文化	香港文学	香港文人御香梵山与《再世红梅记》
	商业剧场	商业剧场利舞台与《再世红梅记》
西方文化	西方好莱坞电影	西方电影灯光与布景的技巧
	西方音乐	和声

表1显示的是《再世红梅记》与多元文化的关系，它保留了中国的"传统"，融合了香港本土文化，并受到西方文化的影响。多种文化的交流与融合深深表现在《再世红梅记》中。

1959年仙凤鸣剧团的《再世红梅记》，是粤剧发展历程中"创新"的起点。它有别于传统粤剧，带来了一种新的思想、新的表现形式。传统粤剧着重即兴，以提纲的内容演出全剧。《再世红梅记》则着重剧本的精确性，演员透过排戏明确精准地演绎。除此之外，在音乐、布景、服饰、舞蹈、身段等方面，都有其创意，或称为革新（innovation）。以上的创新透过进化、发明、发现及传播的过程，最后导致文化变迁。

西方文化透过"传播"渗入粤剧中。中国的现代化始于五四运动之后，它由知识界推及整个国家民族的层面。[①] "现代化所指（有的径称西化），包涵文化诸方面（文学、哲学及伦理）、社会制度、政治及经济、及至于习俗等。"[②]《再世红梅记》出现了主旋律式的分谱、和弦等西方音乐的伴奏形

---

① Chow Tse-Tsung, *The May Fourth Movement: Intellectual Revolution in Modern China* (Stanford: Stanford University Press, 1967), pp. 358 – 361.
② 刘创楚、杨庆:《中国社会：从不变到巨变》，香港中文大学出版社，1989，第162页。

式。使用的乐器，如小提琴、萨克斯、吉他、大提琴，都在20世纪20~30年代传入广东，并且被粤剧所吸收，逐渐成为"粤乐化"的伴奏乐器。"依词作曲"的小曲与西方由既有诗词谱上音乐的歌剧类同。以上种种，可见西方文化的"传播"。

　　西方文化被吸收到《再世红梅记》之中后，很快便与香港本土文化和中国传统文化相互涵化。西方乐器的"粤乐化"，板腔的"复古"与《再世红梅记》的音乐融为一体，产生了一个全新的文化整体。这个整体是三种文化的混合物，但不是一种简单的混合，而是一种新的创造。在政府"消极不干预"政策的影响下，20世纪50年代的香港人在生活方式及价值观方面，接受价值多元化和社会高度自由的信念，粤剧《再世红梅记》不仅反映香港人多元文化的生活方式，也酝酿及深化了"香港人"的身份认同和本地意识。由此看来，《再世红梅记》的创意是一个文化变迁的结果，创意与多种文化的混合组成一个全新的文化整体。这个整体经过长时间的演变，最终透过文化变迁而达到认同。

第二十一章

从《七十二家房客》到《功夫》：
谈香港电影史上三个关键阶段的面貌

黄爱玲

香港电影与广州的因缘

香港位于广东南端，粤港本是一家，即使在英国的管治下，早年香港普通民众的生活习惯、风俗人情，还是跟广东非常接近。翻看20世纪二三十年代的香港报纸如《华字日报》，可见来往省港的交通频繁，每日都有来往省港轮船的船期告白，而老伶倌们领着粤剧戏班穿梭往来粤港澳的广告，就更是热闹非常了。在报纸的篇幅上，粤省新闻常比本港新闻占更大的比重；电影院里正片前加映的新闻纪录片，也常以发生在广州的时事为主，例如《金钱孽》（1924）在香港青年会上映，先放映时事新闻短片，内容便是广州警卫队及商团军的大会操。[①]

中国第一部全部片上发声的粤语片是《白金龙》（1933），有趣的是，此片并不是摄于香港，也不是摄于广东，而是摄于上海，是天一影片公司的出品，即邵氏兄弟（香港）有限公司的"前身"。《白金龙》卖座成功，天一于是在1933年到香港设立驻港办事处，翌年设立天一港厂，专门拍摄粤语电影，1937年易名为南洋影片公司，成为30年代规模最大的粤语片生产商。自此，粤语电影便成为香港电影（或更广义来说，中国电影）磨灭不了的一支系统，市场遍及港澳、两广、东南亚、美洲，甚至远及加勒比海的

---

① 竞明：《对于香港影戏事业的谈话》，香港《华字日报》1924年11月1日；又，关于粤港两地电影的关系，也可参考黄爱玲编《粤港电影因缘》，香港电影资料馆，2005。

古巴；七八十年代后更打着"香港电影"或"港产片"之名而现身非洲、欧洲和大洋洲。留意看看30年代有声电影发展初期的电影广告，常见强调"广东人"或"粤影界"的用词，倒鲜见"香港"这面招牌，可见当时粤港两地的关系极为密切，在民间交往的层面上几乎无分彼此，甚至以"省"为主，因为更大的市场在那里，普通市民的文化根源也在那里，我们今天常谈及的"香港身份认同"当时还未建立。

也许，我们可以回到香港电影本身，来看看两地的关系是何等密切。香港民新制造影画有限公司出品的《胭脂》（1925）是香港电影史上第一部故事长片，但它的摄制地是广州，而非香港。事缘民新的创办人黎氏兄弟（即黎海山、黎北海、黎民伟）在香港建厂房的用地申请久久未获批准，于是在广州租下西关宝华中约（多宝坊）前清探花李文田的"探花第"大屋做片厂，整部戏便是在那里拍摄，而洗印工作则在香港进行。① 30年代，香港电影基本上只有粤语片，内容多以广州（广东）为中心，如改编自广东民间曲艺《木鱼书》中名曲的《客途秋恨》（1936），标榜广州/广东的《广州一妇人》（1936）、《广东王先生》（1937）、《广州三日屠城记》（1937），以广州真人真事为题材的影片如《食人太太》（1939）等，其中曲线宣扬抗日的《生命线》（1935）在香港几乎被禁，却获得广州戏剧电影审查会颁发嘉许状，之后还得到广州国民政府第一集团军司令陈济棠给予500元奖金以示鼓励。②

抗战期间，不少人因为逃避战祸，南来香港，如左翼影人蔡楚生便曾两度来港，1937年11月上海失陷后第一次到来，其间编导了几部"国防电影"③，其中《前程万里》（1941）描写的就是一对北方的难兄难弟南来香港的故事。同年，汤晓丹导演的《民族的吼声》（1941）也描写南来香港的两类中国人：发国难财的有钱人家和出卖劳力的贫苦大众。香港沦陷期间，

---

① 周承人、李以庄：《早期香港电影史1897~1945》，香港三联书店，2005，第68~70页。
② 黄淑娴编《香港影片大全第一卷（1913~1941）》，香港电影资料馆，1997，第62页。
③ "一二·九"学生运动爆发后，上海文化界于1935年12月12日发表了"上海文化界救国运动宣言"，并于28日成立了上海文化界救国会。1936年1月，上海电影救国会成立，同年5月提出"国防电影"的口号，以挽救"民族的危机"与提出"抗敌反汉奸"为首要任务。狭义地说，"国防电影"指的是从1936年下半年到1937年上半年，上海电影界的爱国力量所拍摄的一批电影；这里取了广义的意思，泛指抗战期间所有带有抗日意识的作品。

日本人虽然想借香港影人来宣扬"大东亚共荣圈",无奈本地影业人士走的走,藏的藏,令他们的如意算盘打不响,有几年香港影业几乎全面停顿,直到抗战胜利后才重新投入制作。这一时期的香港电影,内容上多了些省港两地交流的故事,例如以战争所带来的流徙为题材,或者侧写内战期间的国共角力;无论如何,香港作为一个政治避风港,位置已开始确立。

三四十年代香港电影中的广州是"现在时"的当下现实,1949年之后,香港电影里的广州是"刚过去时"的近距离忆念,踏入60年代,这印象已开始有点模糊;再往后,大抵就要加上几分想象了。香港这个城市,表面上安稳平静,底子里却从来是暗涌四伏,这里的电影虽然素来号称商业挂帅,不涉政治,事实上却处处跃动着时代的脉搏。回归后,香港电影经历了明显的变化,很多人高呼"香港电影已死!"2003年末,内地与香港签订了"内地与香港关于建立更紧密经济贸易关系的安排"(Mainland and Hong Kong Closer Economic Partnership Arrangement,CEPA),将香港电影带入了一个新阶段。正当香港电影似乎日趋沉寂的时候,周星驰集监制、编剧、导演和演员于一身的《功夫》(2004)卖座鼎盛,评论沸腾。片中的"猪笼城寨",不期然让人联想到两部较早期的电影:王为一为珠江电影制片厂编导的《七十二家房客》(1963)以及楚原为邵氏兄弟(香港)有限公司编导的同名影片(1973)。把这三部电影串起来,竟然可以勾勒出香港电影史上三个关键的转折点。[①]

王为一的《七十二家房客》:冷战年代的产品

20世纪50年代出生的一辈,谁不是呼吸着冷战的空气长大呢?那空气,就如今天污染度极高的空气,无论我们如何躲避,还是会通过呼吸系统渗透到我们身体的每一个细胞里去。王为一的《七十二家房客》明明是广州珠江电影制片厂的出品,跟香港又有什么关系呢?

[①] 最初将这三部电影串联起来思考,是在筹编《粤港电影因缘》一书的时候,见黄爱玲编《粤港电影因缘》,"前言"。友人何思颖在其近作《从"双周一成"看香港电影困境》一文中也做此联想,刊于《回归十五年:香港电影专辑》,《今天文学杂志》2012年冬季号(总第99期),第44页。

第二十一章 从《七十二家房客》到《功夫》：谈香港电影史上三个关键阶段的面貌

我们今天常把合拍片挂在口头，却原来早在50年代末60年代初，香港左派影圈已以本地资金与独立公司的名义，与内地的国营制片厂搞"合拍片"，类型以戏曲片为主，如鸿图公司的粤剧片《彩蝶双飞》（1959）和潮剧片《苏六娘》（1960）、金声公司的上海越剧《红楼梦》（1962）和曲剧《杨乃武与小白菜》（1963），再以香港出品的名义销往海外华侨市场。王为一的《七十二家房客》就是在这样的文化统战背景下出现：

> ……香港的廖一原来了。他拍了许多部潮语片，主要给海外的华侨看，潮剧拍完了，已经没有甚么好选的了，便想拍故事片，问我有没有材料。我说上海大公剧团在这里演出滑稽戏《七十二家房客》，是讲上海话的，讲旧社会的。他说可以想法子拍粤语的……大公剧团认为这是他们的看家戏，不给我们改编；但从政策上来说，我们是为了华侨的需要，最终电影局出来干涉了。结果是拍粤语片……只能在两广地区上映……廖一原他们也不管国内是否放映，他要拿到国外华侨地区上映。①

换句话说，王为一的《七十二家房客》百分百是冷战年代的产品。上海滑稽剧，由一个艺员加一个"下手"联合演出，跟北京的相声类似，特别注重方言的趣味，要拍成粤语片，首先就要从方言上着手。王为一不是广东人，但他有拍摄粤语电影的经验，1949年在香港就曾在左翼导演蔡楚生的指导下，拍了粤语片《珠江泪》（1950）。蔡楚生祖籍广东潮阳，当年在香港大力推动粤语电影，当中除了统战海外华侨的政治任务外，相信也有感情因素。王为一则是上海出生的苏州人，虽然不是广东人，但深明语言的重要，筹拍《珠江泪》时在这方面便下了很多工夫，② 结果成绩斐然，著名导演费穆便曾经高度赞扬此片：

> ……《珠江泪》的地方背景是广东，人物是广东人民……这一影片不能不采用广东人民的语言，这里不能说官话（国语），要说人民自

---

① 《王为一口述历史访问》，黄爱玲编《粤港电影因缘》。
② 《王为一口述历史访问》，黄爱玲编《粤港电影因缘》。

己的语言。……《珠江泪》的作者有勇气使用广东话写戏，导演有勇气导出，制片家有勇气用国语片的实力投掷于一部"方言片"，是值得钦佩的。……看了《珠江泪》这样一个戏，也深深地呼吸了一口新鲜空气，感觉到只有在《珠江泪》里面，听到了真正的活的语言。而自己呢，就像一向在戏里说假话了。①

《七十二家房客》由黄谷柳改编，原来的故事写金圆券崩溃时代的上海小市民，熟悉香港、广州两地的黄谷柳将地域改为广州，时间则保持在同一个年代，香港1963年公映时的广告语便写着："华南情调，广州风味。"片中的语言运用生动地道，片中演包租婆八姑的谭玉珍尤为"生鬼"。新中国成立后的电影，除了少数戏曲片，基本上全用普通话，这当中涉及一个权力建构的问题。在这个意义上，1963年是很特殊的一年；那一年出现了两部以方言拍摄的电影——四川话的《抓壮丁》②和粤语的《七十二家房客》，在新中国成立后的中国电影里，这是罕见的例外。这种状况直到90年代中期才开始有明显的改变，如贾樟柯和宁浩导演的作品，便以方言为主。

当年的《七十二家房客》，身负统战海外华侨的重任，成为新中国成立后中国电影的一个异数；十年后，这条"漏网之鱼"竟然又出乎意料地影响了日后香港电影的发展。

楚原的《七十二家房客》：新香港电影的催生者

20世纪五六十年代的香港影业，国语、粤语电影两大阵营壁垒分明。60年代初、中期，香港影业蓬勃，年产200部左右，但其中粤语片仍占绝大多数，如1965年，粤语片接近170部，国语片则只有35部左右。踏进60年代后期，情况产生了变化，国语片明显增产而粤语片则渐渐弱化，如1967年的182部中，国语片占了78部，而粤语片有104部。到了1969年，

---

① 费穆：《珠江泪的光彩》，《文汇报》1950年2月5日。
② 《抓壮丁》改编自话剧，本为四川旅外剧人抗敌演剧队1938年创作演出的幕表戏，1943年吴雪等人在延安对原作进行改写，曾在青年艺术剧院演出近百场（抓壮丁_百度百科网，http://baike.baidu.com/view/330528.htm）。

国语片已稳占上风，产量上升至 94 部，而粤语片则下降至 70 部。1971 年，全年只有一部粤语片上映，翌年粤语片更是零产量，① 绝迹市场，其背后原因错综复杂。

东南亚华侨主要来自广东，他们是香港粤语电影的重要支柱。自 50 年代开始，粤语电影一向仰赖"卖片花"到星马地区，即开戏之前，制片商可以片名和演员名单先向院商或发行商收取定金。所谓成也萧何，败也萧何，粤语电影没有国语电影那么雄厚的资金来源，片花让小成本制作的粤语片业得以生存，发展出多样化的流行类型，五六十年代的粤语影坛因而相当蓬勃，但同时助长了跟风之弊，使粤语电影业根基单薄。② 60 年代东南亚政局动荡，马来西亚于 1963 年成立，民族运动继而风起云涌；1965 年新加坡脱离马来西亚宣布独立，其时的李光耀重英轻中，在中文里又重华语轻方言，1970 年便全面推行以英语为第一教学语言，以母语为第二语言的双语教育政策，方言备受压抑。③ "片花潮"于是消退，东南亚电影市场萎缩，粤语片业遭受严重的打击。

与此同时，国语片的制作生态又起了大变化。邵氏兄弟（香港）有限公司于 1958 年成立后，锐意求新，兴建大型片场，以豪华大制作吸引观众，壮大了国语电影的声势。1964 年，邵氏的劲敌国际电影懋业有限公司（简称"电懋"）的老板陆运涛及多名高层不幸空难离世，电懋从此一蹶不振；邵氏少了一个竞争对手，一厂独大。60 年代中期，邵氏的巨型摄影棚可同时拍摄六组戏；设立了自己的彩色影片冲印室，技术上不再需要外求，从此如虎添翼，年产量由十余部激增至数十部。60 年代初，一部国语片的票房收入达三十几万已很不错，1967 年张彻导演的《独臂刀》票房 100 万，1968 年每部影片的平均收入为 65 万，1969 年升至 75 万，是年票房超过 100

---

① 以上数据，参考自香港电影资料馆编纂的《香港影片大全第六卷 一九六五～一九六九》（2007）和《香港影片大全第七卷 一九七〇～一九七四》（2010）。
② 关于粤语片的工业模式和 20 世纪 60 年代末的困境，可参看钟宝贤《香港影视业百年》（修订版），香港三联书店，2007；郭静宁：《前言》，《香港影片大全第六卷 一九六五～一九六九》，香港电影资料馆，2007。
③ 关于新加坡的语言政策，可参考洪镰德《新加坡的语言政策》，发表于"各国语言政策研讨会——多元文化与族群平等"，见 http://mail.tku.edu.tw/cfshih/ln/paper17.htm，以及李光耀著，《新加坡联合早报》编《李光耀 40 年政论选》，新加坡报业控股华文报集团，1993。

万的邵氏片共有 5 部，成绩直追票房一直远超国语、粤语片的西片，① 可说气势如虹。

60 年代中期可说是香港的多事之秋——1965 年银行挤兑，1966 年天星码头加价、苏守忠绝食，之后的"六七暴动"更可说是"二战"后香港历史的分水岭。"二战"后出生的一代跟父母辈对生活的要求、对社会的期许已产生了极大的变化，他们浮躁不安，传统粤语片已远远不能满足他们的要求，至 60 年代末，粤语电影全面没落，70 年代初期完全是国语片（特别是武侠动作片）的天下。

1967 年，香港大众传媒的生态也发生了影响深远的变化。是年 11 月 19 日，香港电视广播有限公司（通称"无线电视"或"无线"）推出免费电视广播服务，对粤语电影市场无疑是一记沉重的打击。电视的主要语言是粤语，是香港人的生活语言；大型综艺节目《欢乐今宵》从无线开台的第二天就启播，每天晚上走进家庭，一众电视艺员变得犹如家庭成员般熟络。1973 年，香港"影视剧团"演出粤语话剧《七十二家房客》，极受欢迎，半年间演出约 60 场，收入超过 120 万元，打破了香港有史以来大型话剧的票房纪录。影视剧团的这出舞台剧，标明是"战后的广州——一九四八年"。② 邵氏看到了商机，同年把话剧改编成电影，由楚原导演，全部粤语对白，结果影片大受欢迎，当年李小龙的《猛龙过江》（1972）票房收 530 多万，《七十二家房客》却收 560 多万，打破了当时香港的卖座纪录。③

同样是大宅院里的故事，在楚原的版本里，故事的时代、地域并不清晰，但人物背景殊异，除了八姑、太子炳等地道的本地广东人外，还有患肺病的知识分子韩先生夫妇、从山东来的金医生、洗烫维生的上海婆上海佬等，处处指涉着香港这个政治避风港。片中的消防员和警察贪污腐败，一如六七十年代的香港社会；影片摄制于 1973 年，同年本地大学生发起"反贪污，捉葛柏"大游行，翌年香港成立了廉政公署，1975 年葛柏被引渡回港受审并判刑，香港从此踏进了一个新时代。导演楚原在口述历史访谈里有如下的忆述：

---

① 岑安：《回顾一九六九年　展望香港娱乐事业》，《华侨日报》1970 年 1 月 1 日，转引自郭静宁《前言》，《香港影片大全第六卷　一九六五～一九六九》。
② 叶千山：《谈"七十二家房客"》，《文汇报》1973 年 10 月 13 日。
③ 《香港影人口述历史丛书 3——楚原》，香港电影资料馆，2006，第 33 页。

至于《七十二家房客》，成功的不是我，而是原来的舞台剧剧本，我不过是当时灵感到，把它和香港当年的情况结合而已。……在我成长的时候最流行的是新写实主义，我也受到影响，所以我把当时的社会环境都包括在《七十二家房客》里，像"有水有水、无水无水、要水放水、无水散水"这些，全部都是真事。①

从电影的角度来看，影片拍得粗糙，但演员生动（特别是电视艺员），对白"生鬼"。一年后，嘉禾拍出了《鬼马双星》，由同样是电视台出身的许冠文自编自导自演，凭其独特的冷面笑匠喜剧风格、鬼马抵死的生活语言和反传统的小人物形象，取得了票房和评论双赢；但更重要的是，它建立了吻合新一代的"港式新粤语文化"。② 1978年之后，粤语配音已成主流，不过跟昔日的粤语片已大异其趣，大步迈进了我们后来所熟悉的"港产片纪元"。70年代正值香港社会的转型期，也是香港电影一个重要的转折阶段。一部无心插柳的《七十二家房客》，却起了鸣锣打鼓的作用，把香港电影引进了一个新的历史阶段。

周星驰的《功夫》——全球化与北移大潮下的香港电影

踏入千禧年，香港走进一个需要与中国内地融合的新时期。20世纪90年代的香港电影无复80年代的活力充盈，近年谈起香港电影的衰落，大部分的论述都将之归咎于1997年香港回归，但深究起来，它走下坡早于1993年开始，③个中因由盘根错节——台湾市场的逆转、好莱坞大片的泰山压顶，在在都狠狠地动摇了香港电影的优势。当然，1997年仍是关键的一年，金融危机加上香港回归，香港影业有如登上了一辆过山车，颠簸动荡。接下

---

① 《香港影人口述历史丛书3——楚原》，第33页。
② 这方面的讨论，笔者不是第一人，早于20世纪80年代即有人展开了研究，见李焯桃《前言》，李焯桃编《七十年代香港电影研究》，香港国际电影节，1984；石琪：《楚原，跨界的浪漫导演》，《香港影人口述历史丛书3——楚原》。
③ 根据香港电影资料馆网上提供的片目，从1993年开始计算，本地电影的年产量已每况愈下，从1993年的186部下降至1998年的84部，可参考http://www.lcsd.gov.hk/CE/CulturalService/HKFA/b5/index.php。

来，本地电影的票房收入如江河日下，一向甚为倚仗的外埠市场也迅速萎缩，盗版 VCD 的猖獗常被视为罪魁祸首，但东南亚地区本土电影的发展日渐成熟，也是一个不能忽视的因素。① 香港需要寻找新的出路，内地市场无疑是一块新大陆，潜力无限。

2003 年末，内地与香港签订 CEPA，对奄奄一息的本地影业，宛如打了一剂强心针，甚至对世界电影王国好莱坞而言，这也是守候已久的良好时机，《功夫》就是在这种背景下出现的一部标志性作品。它由美国的哥伦比亚电影制作（亚洲）有限公司、内地的华谊兄弟太合影视投资有限公司和中国电影集团公司北京电影制片厂，以及香港的星辉海外有限公司等联合制作。以本土色彩浓郁见称的周星驰，挟着美国资金，跑到上海拍起《功夫》来。其实，他在上一部作品《少林足球》（2001）里，已开始新尝试，电影的资金来自香港，但大部分都在内地拍摄，并运用大量电脑特效；结果票房评论俱佳，却因内容有不少反映内地负面的东西而进不了内地市场。在市场的考虑上，《功夫》显然吸收了上次的教训，审慎得多。

一如 1973 年《七十二家房客》里的大宅院，《功夫》里的"猪笼城寨"也聚集了很多来自五湖四海的人。猪笼城寨谐音九龙城寨，九龙城寨在香港历史里的位置非常独特——1898 年，英国希望租借九龙半岛，将它变成跟香港岛一样的英国殖民地，但中国坚拒将九龙城寨列入租地范围，令这个小城寨成为中国对香港宣示主权的象征之地，英国人不得入内管理，令它成为"三不管"地区。周星驰的作品里没有说明城寨的所在，但从场景里的地道老香港式招牌（大观洋服、白花油等），香港观众轻易会看到自己的城市。这是一方卧虎藏龙之地——粗鄙自私的包租婆夫妇竟是隐姓埋名的杨过和小龙女，苦力强、面店老板油炸鬼和裁缝原是虎落平阳的江湖好汉；人们沟通的语言是粤语，但不少人南腔北调。显而易见，猪笼城寨就是香港。

《功夫》也是一则香港电影的寓言。周星驰属于在电视的小小荧幕上看粤语片长大的一辈，他在片中饰演的阿星，小时候痴迷武侠世界，从骗钱的流浪汉（由袁家班的袁仁祥饰演）手中买下了一册"如来神掌的失传武林

---

① 上述关于香港电影走下坡的讨论，不少总结自李焯桃的《后九七香港电影新阶段》，该文载于黄爱玲编《回归十五年：香港电影专辑》，《今天文学杂志》2012 冬季号（总第 99 期）。

秘籍",长大后一事无成,做了小混混,被火云邪神打到"贴地",竟神奇地打通了任督二脉,最后以"如来神掌"击破火云邪神的"蛤蟆功"。片末,阿星在十里洋场的上海滩,开了一家体面的糖果店,而那骗钱的流浪汉又向一个流着两行鼻涕的小男孩兜售各式各样的"武林秘籍";本来嘛,商业电影出售的就是七彩缤纷的梦幻,众生在黑墨墨的戏院里,投进想象的世界,暂忘琐碎的生活,在现实里开个小差。

在全球化和工业北移的大潮下,香港电影是否能如片中的小混混一样,置之死地而后重生呢?影片开端,身穿唐装的鳄鱼帮大佬冯小刚发现自己身陷绝境,身穿西装的死敌斧头帮头目说:"当你在这里打警察的时候,你的马仔全都去学广东话了。"放在千禧之初的特定时空里,这句对白自有丰富的指涉意义。2004年的周星驰,似乎满怀自信。香港电影虽然大不如前,但内地要向商业电影进军,还需要一个学习的过程;在这方面,香港电影还占有优势。事实上,《功夫》当年卖座鼎盛,不但在香港创港产片卖座纪录,票房超过6000万港币,① 在内地也有1.6亿元人民币的票房收入,② 甚至在美国也有很不错的进账。接着下来的几年里,中港合拍片的数量及票房均有骄人的成绩。当然,表面繁华背后的种种,又自当别论,而几年下来,无论从制作、发行还是人才的角度来看,内地商业电影都已大有进步。

小　结

好一出上海滑稽剧《七十二家房客》,在冷战的60年代被移形换影搬去了广州,在60年代香港左派的资金和社会主义红旗下的片厂里,重塑羊城40年代的旧时风貌。这一趟政治和岭南文化的偶然结合,却于70年代,以另一个形式借尸还魂,并开启了一个新的历史阶段。这次,同一个故事在香港邵氏影城的梦工场里再次包装,令几已寂灭的粤语片起死回生,幻变成活力充沛的"港产片"。30余年后,香港电影面临全球化和内地电影市场化

---

① 《功夫》在香港的票房纪录,直到2011年才由台湾电影《那些年,我们一起追的女孩》打破,成为香港华语电影史上最卖座的电影,见http://zh.wikipedia.org/wiki/那些年,我们一起追的女孩。

② 《"中港合拍片"面临冲击》,《香港贸易局经贸研究》,2012年10月8日。

的大潮,转战内地。有趣的是,片中的小混混并没有在猪笼城寨留下来(虽然那里已恢复平静),而是在貌似旧上海的繁华地带创业,似乎为CEPA后的香港电影下了一个脚注。近年来内地流行以"大中华电影"的概念来谈内地、香港和台湾电影事业的发展,俨然扮演着领军者的角色,而曾经号称东方好莱坞的香港影业,一方面无法抗拒内地市场与资金的威力,大举北上;另一方面又担忧香港电影的特色消失殆尽,本地影业无以为继。《七十二家房客》的故事从上海开始,经广州去了香港,最后又回到上海,某种程度上概括了香港电影史上三个重要的转折点。①

---

① 幸得香港大学中文学院蔡思行先生的提示,笔者方注意到广州的南方卫视摄制了粤语情景喜剧《七十二家房客》,这个长寿片集共八季,2008年启播,2012年完结。有趣的是,2009年,邵氏兄弟、TVB与中资背景的银都机构也合作拍了《七十二家租客》,以1973年楚原导演的版本为蓝本,故事横跨两代,从60年代延伸到今时今日旺角的西洋菜街。影片以粤语为主,夹杂了一些普通话,反映了近年香港城市面貌与内地和香港关系的变迁。

图书在版编目(CIP)数据

省港澳大众文化与都市变迁/程美宝,黄素娟主编.——北京:社会科学文献出版社,2017.1
ISBN 978-7-5097-9803-4

Ⅰ.①省… Ⅱ.①程… ②黄… Ⅲ.①文化发展-研究-中南地区 ②城市经济-经济发展-研究-中南地区 Ⅳ.①G127.6 ②F299.276

中国版本图书馆 CIP 数据核字(2016)第 239173 号

省港澳大众文化与都市变迁

主　　编/程美宝　黄素娟

出　版　人/谢寿光
项目统筹/宋荣欣
责任编辑/邵璐璐　孔　军

出　　版/社会科学文献出版社·近代史编辑室(010)59367256
　　　　　地址:北京市北三环中路甲29号院华龙大厦　邮编:100029
　　　　　网址:www.ssap.com.cn
发　　行/市场营销中心(010)59367081　59367018
印　　装/三河市东方印刷有限公司

规　　格/开　本:787mm×1092mm　1/16
　　　　　印　张:25.75　字　数:408千字
版　　次/2017年1月第1版　2017年1月第1次印刷
书　　号/ISBN 978-7-5097-9803-4
定　　价/108.00元

本书如有印装质量问题,请与读者服务中心(010-59367028)联系

△ 版权所有 翻印必究